GAOZHONG WULI PEIYANG XUESHENG CHUANGXIN
—— TANTAN QIANGJI J

高中物理
培养学生创新能力途径探索
——谈谈强基计划与奥赛指导

龚 彤 张 凯 蒋 彬 羊自力 编著

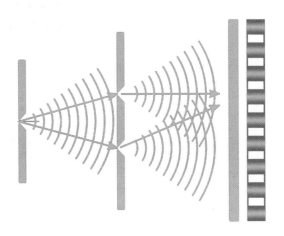

重庆大学出版社

内容简介

本书是在江津中学物理教研组奥赛与自主招生培训讲义的基础上编著的,倾注了多位老师多年的心血,也是江津中学高中物理课程基地集体智慧的结晶。本书紧紧围绕中学物理竞赛的主要板块:力与运动、动量与能量、机械运动与机械波、热学、光学、近代物理,精要地介绍了有关概念、定律和公式,旨在突破高中物理自主招生和竞赛中的热点、难点内容。同时辅助典型习题和练习题,在科学训练的基础上,促使中学生整体物理素质的提高。

本书既可以作为广大高中生参加强基计划与奥赛和物理竞赛的备考书籍,也可作为物理综合学习和素质提高的工具书,还可作为广大高中物理教师不可多得的教学参考书。

图书在版编目(CIP)数据

高中物理培养学生创新能力途径探索:谈谈强基计划
与奥赛指导/龚彤等编著. -- 重庆:重庆大学出版
社,2020.7
 ISBN 978-7-5689-2044-5

Ⅰ.①高… Ⅱ.①龚… Ⅲ.①中学物理课—高中—升
学参考资料 Ⅳ.①G634.73

中国版本图书馆 CIP 数据核字(2020)第 060373 号

高中物理培养学生创新能力途径探索
——谈谈强基计划与奥赛指导
龚 彤 张 凯 蒋 彬 羊自力 编著
策划编辑:范 琪
责任编辑:范 琪 版式设计:范 琪
责任校对:邹 忌 责任印制:张 策

*

重庆大学出版社出版发行
出版人:饶帮华
社址:重庆市沙坪坝区大学城西路 21 号
邮编:401331
电话:(023)88617190 88617185(中小学)
传真:(023)88617186 88617166
网址:http://www.cqup.com.cn
邮箱:fxk@ cqup.com.cn(营销中心)
全国新华书店经销
重庆俊蒲印务有限公司印刷

*

开本:787mm×1092mm 1/16 印张:18.75 字数:459 千
2020 年 7 月第 1 版 2020 年 7 月第 1 次印刷
ISBN 978-7-5689-2044-5 定价:60.00 元

编委会

编著者：龚　彤　张　凯　蒋　彬　羊自力

编委会成员（排名不分先后）：

王　建　李明远　谢义友　张　建　徐荣刚

严川文　万　李　陈　浩　胡远刚　张万强

姚棋苧　张　畅　郑源丰　杨红兵　牟世辉

前　言

2020年1月14日,教育部印发《教育部关于在部分高校开展基础学科招生改革试点工作的意见》,吹响了"强基计划"的号角。相关院校的招生工作相比以前有了更大自主权,更加青睐拥有创新品质的学生,因此,基础学科竞赛指导的重要性体现得越发明显。江津中学作为一所百年名校,历来注重对拔尖人才的培养,在学校几代老师的共同努力下,江津中学的物理竞赛培训已体系化。在成功申请了重庆市高中物理课程创新基地之后,学校教研组决定对已经成熟的内容进行出版,这既是对一直从事物理竞赛培训工作的老师的肯定,又是学校物理竞赛资料校本化、个性化的重要举措。

全书紧紧围绕中学物理竞赛的几大主要板块:力与运动、动量与能量、机械运动与机械波、热学、光学、近代物理,在中学生能够接受的层面精要地介绍了相关概念、定律和公式,书中精选了典型习题和竞赛原题,能够训练思维、活跃思想;书中还附有相关的配套练习题,希望能够全面提升学生的学科素养和创新能力。

本书是全校物理教研组集体智慧的结晶,全书基于龚彤校长竞赛辅导讲义的加工整理,由张凯进行统稿,编写过程中有多位老师参与:王建、牟世辉负责第1章至第3章;李明远、杨红兵负责第4章和第5章;万李、郑源丰、严川文负责第6章;张建、胡远刚负责第7章;谢义友、张畅负责第8章和第10章;徐荣刚、姚棋苧、张万强负责第9章、第11章、第12章;张凯、陈浩负责第13章和第14章。

最后,特别感谢陈刚等几位退休老师,他们多次认真审阅书稿,对本书的编写提供了大量宝贵的意见。教研组内多位物理组老师尽管未在书中署名,但他们的鼓励和支持一直是我们的主要动力,在此表示感谢!

本书的编写是教研组的一次尝试,期望和现实难免会有一定差距,对于书中出现的不当之处,还望各位读者批评指正!

编著者

2020年2月

目 录

第1章 物体的平衡

1.1 共点力作用下物体的平衡

1.1.1 常见的力与运动形式

1 重力

(1)重力与万有引力的关系

重力是由于地球对物体的吸引而产生的力,在地面附近的物体都受到重力作用。重力的方向竖直向下,作用点是物体的重心。从力的来源来看,**重力其实是万有引力的一个分力**,如图1.1所示。物体受到地球产生的万有引力,产生两种作用效果:一个分力提供物体随地球自转做圆周运动的向心力,另一个分力就是重力(重力和万有引力的夹角 α 最大值约为6″)。由于向心力的关系,重力随地理纬度的不同而略有差异,在赤道处所受重力最小,在两极处所受重力最大,两者数值相差约千分之三。由于物体随地球自转做圆周运动的向心力远小于万有引力,因此,在粗略计算时可以认为物体所受的重力等于万有引力。

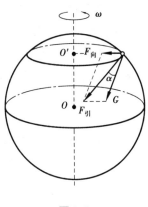

图1.1

(2)重心(质心)

物体的重心是物体各部分所受重力的合力(即物体的整体重力)的作用点。均匀、规则物体的重心在其几何中心上。由此,物体的重心有可能不在物体上,而在它附近空间的某个点上。只要物体的质量分布情况确定,物体的重心与物体各部分的相对位置就确定了,所以无论物体(刚体)怎样运动,其重心对物体(刚体)的位置保持不变。

通常的物体可以看成是由多个质点组成的质点系(系统),如果组成质点系的各个质点的质量分别为 $m_1,m_2,m_3,\cdots,m_n$,各个质点在 xOy 坐标系中的坐标分别是 (x_1,y_1),(x_2,y_2),(x_3,y_3),$\cdots$,(x_n,y_n),则物体的重心(质心)坐标 (x_c,y_c) 可以表示为

$$x_c = \frac{\sum m_i x_i}{\sum m_i} = \frac{m_1 x_1 + m_2 x_2 + m_3 x_3 + \cdots + m_n x_n}{m_1 + m_2 + m_3 + \cdots + m_n} \tag{1.1}$$

$$y_c = \frac{\sum m_i y_i}{\sum m_i} = \frac{m_1 y_1 + m_2 y_2 + m_3 y_3 + \cdots + m_n y_n}{m_1 + m_2 + m_3 + \cdots + m_n} \tag{1.2}$$

除了表达重力的"作用点",质心还是物体上的一个特殊位置,**如果物体所受外力的作用线没经过该物体的质心,则该物体会产生转动。**

2 弹力

弹力是物体由于发生弹性形变而产生的力,产生弹力的条件是两个物体接触且发生弹性形变。弹力的作用点在两个物体的接触处,方向与物体形变的方向相反,作用在使物体发生形变的另一个物体上。

弹簧的弹力 F 同其形变量 x 有关,满足胡克定律,即 $F = kx$,其中 k 为弹簧的劲度系数,取决于弹簧的材料、圈数、每圈的形状及大小等因素。如果劲度系数分别是 k_1 和 k_2 的弹簧并联,等效劲度系数为 $k = k_1 + k_2$,即弹簧变硬;若两个弹簧串联,则等效劲度系数为 $\frac{1}{k} = \frac{1}{k_1} + \frac{1}{k_2}$,即弹簧变软。由于我们处理的弹力往往都是由微小形变产生的,所以在确定弹力的大小时需借助物体的受力情况。

[绳子张力的特点]

绳子的张力属于微小形变而产生的弹力,其特点需分开说明:

如果是光滑的、不计形变的轻绳,绳上的张力大小处处相等;

如果不是上述的理想条件,绳子有质量且不光滑,上述结论不成立。

[杆的弹力特点]

通常研究的杆有两种:固定的轻直杆和光滑铰链连接的轻直杆。固定的轻直杆产生的弹力不一定沿杆的方向;通过光滑铰链连接的杆,杆可以自由转动,则弹力沿轻直杆的方向。

3 摩擦力

摩擦力包括滑动摩擦力和静摩擦力,它是一个物体在另一个物体表面有相对运动或者相对运动的趋势时,在接触面上所产生的阻碍相对运动或相对运动趋势的力。产生摩擦力的条件是两个物体必须有弹力作用、接触表面不光滑且有相对运动或相对运动趋势。由其产生条件分析可知:摩擦力的方向沿接触面的切线且**沿阻碍物体间的相对运动或相对运动趋势**的方向。

滑动摩擦力的大小,由公式 $f = \mu N$ 确定。其中 μ 为动摩擦因数,决定于两个接触面的粗糙程度。一般情况下,可以认为滑动摩擦力的大小与物体接触面的面积和物体相对速度的大小无关。

静摩擦力 f_s 的大小可表示为 $0 < f_s \leq f_{max}$,其中 f_{max} 为最大静摩擦力,其值为 $f_{max} = \mu_s N$,其中 μ_s 为静摩擦因数,一般来说稍大于动摩擦因数,通常在计算时,可以近似认为 $\mu = \mu_s$。静

摩擦力 f_s 的大小在区间 $(0, f_{max}]$ 内,具体的数值要根据物体的状态由平衡条件和牛顿运动定律求解。

下面着重介绍解题中常用的摩擦角和自锁概念。

(1)摩擦角(φ_f)

如物体与接触面间有力的作用,则接触面对物体施加的力称为约束力,除接触面,其他施力物对物体产生的力叫主动力。如图 1.2(a)所示,当有摩擦时,接触面对平衡物体的作用力包含法向的支持力 N 和切向的静摩擦力 f_s,这两个力的合力 F_R 称为接触面的全约束反力(简称全反力)。全反力的方向同接触面法线有一夹角 φ。当物体处于平衡的临界条件,即静摩擦力达到最大静摩擦力时,夹角 φ 达到最大值,如图 1.2(b)所示。全反力与法线间的最大夹角 φ_f 称为摩擦角。

由图 1.2(b)可知,摩擦角的正切等于静摩擦因数 μ_s,即 $\tan \varphi_f = \dfrac{f_{max}}{N} = \mu_s$。

所以,同静摩擦因数 μ_s 一样,摩擦角 φ_f 也是表征材料表面性质的物理量。

设作用于物块的力等于最大静摩擦力,如果将该力的作用线在水平面内连续改变方向,则物块的滑动趋势也随之改变,全约束力的作用线将画出一个以接触点为顶点的锥面,此锥面称为摩擦锥,如图 1.2(c)所示。若接触面各个方向的摩擦因数相同,摩擦锥是一个顶角为 $2\varphi_f$ 的圆锥。

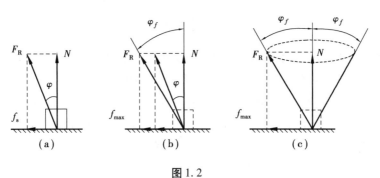

图 1.2

(2)自锁现象

物块平衡时,静摩擦力与切向外力平衡,所以全约束力与法线的夹角在 0 与 φ_f 之间变化,即 $0 \leqslant \varphi \leqslant \varphi_f$。由于静摩擦力不可能超过最大静摩擦力,因此全约束力的作用线也不可能超出摩擦角之外。

如图 1.3 所示,当作用在物体上的全部主动力(除接触面作用力之外的力)的合力的作用线在摩擦角(摩擦锥)之内,则无论这个力有多大,物体必能保持静止,这种现象叫**自锁**现象,如图 1.3(a)所示。反之,当全部主动力的合力在摩擦角(摩擦锥)之外,则无论主动力有多少,物体一定不能保持平衡,这种现象称为**不自锁**,如图 1.3(b)所示。

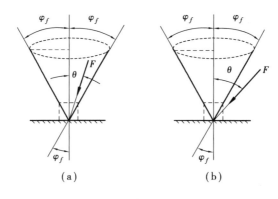

图 1.3

1.1.2 共点力的平衡

只从质点平动的观点研究物体的受力状态。

①共点力平衡的条件。物体在任何一个方向所受合力为零,即

$$\sum F_x = 0, \sum F_y = 0, \sum F_z = 0 \qquad (1.3)$$

②三力交汇原理。一个物体受到三个非平行力的作用仍处于平衡状态,则这三个力的作用线或延长线一定交于一点。

典型例题

例1 如图 1.4 所示,无穷多个质量分布均匀的圆环,半径依次为 $R, R/2, R/4, R/8, \cdots$ 相切于一公共点,则该系统的质心距公共点的距离为多少?

解 根据质心的定义,可知质心产生的力矩等于每个圆环产生的力矩之和。以右切点为坐标原点、向左为 x 轴的正方向建立坐标轴,则从大到小各环的质量依次为 $m, m/2, m/4, m/8, \cdots$,各环对应的圆心坐标分别为 $R, R/2, R/4, R/8, \cdots$,则

$$x = \frac{mR + mR/4 + mR/16 + \cdots}{m + m/2 + m/4 + \cdots} = \frac{2}{3}R$$

因此,质心距最大圆的圆心距离为 $R/3$。

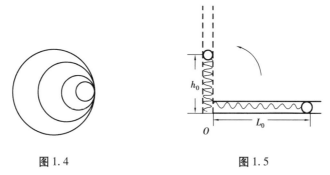

图 1.4   图 1.5

例2 如图 1.5 所示,原长 L_0 为 100 cm 的轻质弹簧放置在一光滑的直槽内、弹簧的一端固定在槽的 O 端,另一端连接一小球,这一装置可从水平位置开始绕 O 点缓缓地转

到竖直位置,设弹簧的形变总是在其弹性限度内,试在下述(1)、(2)两种情况下,分别求出这种装置从原来的水平位置开始缓缓地绕 O 点转到竖直位置时小球离原水平面的高度 h_0。

(1)在转动过程中,发现小球距原水平面的高度变化出现极大值,且极大值 h_m 为 40 cm。

(2)在转动过程中,发现小球离原水平面的高度不断增大。

解　设小球质量为 m,弹簧劲度系数为 k。当槽转至倾角 θ 时,球的高度为 h,由胡克定律有

$$k\left(L_0 - \frac{h}{\sin\theta}\right) = mg\sin\theta$$

转到竖直位置时,有

$$k(L_0 - h_0) = mg$$

解得

$$h = -(L_0 - h_0)\sin^2\theta + L_0\sin\theta = -(L_0 - h_0)\left[\sin\theta - \frac{L_0}{2(L_0 - h_0)}\right]^2 + \frac{L_0^2}{4(L_0 - h_0)}$$

(1)由上式可知,当 $\sin\theta = \dfrac{L_0}{2(L_0 - h_0)}$ 时,h 有极大值 h_m。

由此可得

$$h_m = \frac{L_0^2}{4(L_0 - h_0)}$$

则

$$h_0 = L_0 - \frac{L_0^2}{4h_m}$$

代入数值后,得

$$h_0 = 37.5 \text{ cm}$$

(2)当 $\dfrac{L_0}{2(L_0 - h_0)} \geqslant \sin 90°$ 时,在转动过程中,小球离原水平面的高度就一直不断增大。

由此可得

$$\frac{L_0}{2(L_0 - h_0)} \geqslant 1$$

解得

$$h_0 \geqslant \frac{L_0}{2}$$

代入数值后,得

$$100 \text{ cm} > h_0 \geqslant 50 \text{ cm}$$

例 3　一架均匀梯子,一端放置在水平地面上,另一端靠在竖直的墙上,梯子与地面及梯与墙的静摩擦因数分别为 μ_1、μ_2,求梯子能平衡时与地面所成的最小夹角。

解　当两接触点处的静摩擦力都达到最大时,梯子处于极限平衡状态,此时梯子与地面所成的夹角最小。现把两接触点处的弹力、摩擦力合成为一个力(全反力),则杆仅受三个力

作用,这三个力必共点,如图 1.6 所示。

设 A、B 两处全反力的方向与该处法线方向的夹角分别为 φ_1、φ_2,则

$$\tan \varphi_1 = \mu_1, \tan \varphi_2 = \mu_2$$

由几何关系,可得

$$\tan \theta = \frac{BC}{AC} = \frac{DH - DE}{2AH} = \frac{DH}{2AH} - \frac{DE}{2EB}$$

$$= \frac{\cot \varphi_1}{2} - \frac{\tan \varphi_2}{2} = \frac{1}{2\mu_1} - \frac{\mu_2}{2} = \frac{1 - \mu_1\mu_2}{2\mu_1}$$

即梯子与地面所成的最小角为 $\theta = \arctan \dfrac{1 - \mu_1\mu_2}{2\mu_1}$。

图 1.6

例 4 三个半径均为 r,质量相等的球放在一个半球形碗内,现把第四个半径也为 r,质量也相等的相同球放在这三个球的正上方。要使四个球能静止,大的半球形碗的半径应满足什么条件?不考虑各处摩擦,碗的半径足以放下所有球。

解 假设的球面半径很大,把碗面变成平面,因为各接触面是光滑的,当放上第四个球后,下面的三个球会散开,所以临界情况是放上第四个球后,下面三个球之间刚好无弹力。把上面的球记为 A,下面三个球分别记为 B、C、D,则四个球的球心连起来构成一个正四面体,正四面体的边长均 $2r$,如图 1.7(a)所示。

设 A、B 球心的连线与竖直方向的夹角为 α,设碗面球心为 O,O 与 B 球心的连线与竖直方向的夹角为 β,碗面对上面三个球的作用力都为 F,如图 1.7(b)所示。先以整体为研究对象,受重力、碗面对三个球的弹力 F,在竖直方向上有

$$3F \cos \beta = 4mg \tag{①}$$

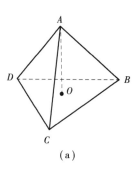

(a)

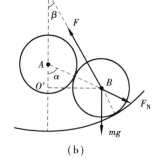

(b)

图 1.7

以 B 球为研究对象,受重力 mg、碗面对 B 球的作用力 F、A 球对 B 球的压力 F_N,根据共点力的平衡条件,有

$$F \cos \beta = mg + F_N \sin \alpha$$

$$F \sin \beta = F_N \sin \alpha$$

消去 F_N,得

$$\tan \alpha = \frac{F \sin \beta}{F \cos \beta - mg} \tag{②}$$

①、②式联立,消去 F 得

$$\tan \beta = \frac{1}{4}\tan \alpha \qquad\qquad ③$$

因为四个球的球心构成一个边长为 $2r$ 正四面体,如图 1.7(b)所示。根据几何关系,可以知道

$$\tan \alpha = \frac{BO'}{AO'} = \frac{BO'}{\sqrt{AB^2 - BO'^2}} = \frac{\frac{2}{3} \times \frac{\sqrt{3}}{2} \times 2r}{\sqrt{(2r)^2 - \left(\frac{2\sqrt{3}}{3}\right)^2}} = \frac{1}{2}$$

代入③式得

$$\tan \beta = \frac{1}{4\sqrt{2}}$$

于是碗面的半径为

$$R = BO + r = \frac{BO'}{\sin \beta} + r = BO'\sqrt{1 + \cot^2\beta} + r = 7.633r$$

所以,半球形碗的半径需满足 $R \le 7.633r$。

巩固提升

1. 有两个质量分别为 m_1 和 m_2 的光滑小环,套在竖直放置且固定的光滑大环上,两环以细线相连,如图 1.8 所示。已知细线所对的圆心角为 α,求系统平衡时细线与竖直方向间所夹的角 θ 为多少?

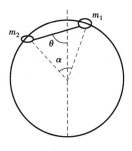

图 1.8

2. 有一质量为 m,半径为 r 的半球放在盛有密度为 ρ 的液体的容器底部,它与容器底部紧密接触(即半球表面与容器底面间无液体),如图 1.9 所示,若液体深度为 H,求半球对容器底部压力是多大?(P_0 为大气压强)

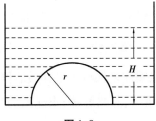

图 1.9

3. 有一水平放置的半径 R 的圆柱体光滑槽面,其上放有两个半径均为 r 的光滑圆柱体 A 和 B,如图 1.10 所示为其截面图。图中 O 为圆柱面的圆心,A、B 分别为两圆柱的圆心,OQ 为竖直线。已知 A、B 两圆柱分别重 G_1 和 G_2,且 $R=3r$。求此系统平衡时,OA 线与 OQ 线之间的夹角 α 为多少?

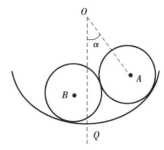

图 1.10

4. 如图 1.11 所示,质量为 m 的立方块固定在弹簧上,两弹簧的劲度系数分别为 k_1 和 k_2,未形变时长度分别为 l_1 和 l_2,固定弹簧的另一端,使立方块可以沿水平面运动。立方块与平面之间的动摩擦因数为 μ,弹簧两固定点间距离为 L,立方块大小可不计。求立方块能够处于平衡状态的范围。

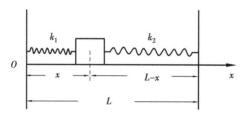

图 1.11

5. 两个质量相等的物体,用绳索通过滑轮加以连接,如图 1.12 所示。两物体和平面之间的动摩擦因数 μ 相等,试问要使这两个物体所组成的系统开始运动,角 φ 的最小值应为多少?(已知 A 物体所在平面恰好水平)

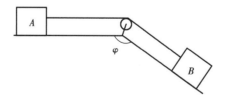

图 1.12

6. 半径为 R 的刚性球固定在水平桌面上,有一个质量为 M 的圆环状均匀弹性绳圈,原长 $2\pi a$,$a=\dfrac{R}{2}$,绳圈的弹性系数为 k(绳圈伸长 s 时,绳中弹性张力为 ks)。将绳圈从球的正上方轻轻放到球上,并用手扶着绳圈使之保持水平并最后停留在某个静力平衡位置上,设此时绳圈长度为 $2\pi b$,$b=\sqrt{2}a$,考虑重力,忽略摩擦,求绳圈的弹性系数 k(用 M、R、g 表示,g 为重力加速度)。

1.2　力矩、定轴转动物体的平衡条件

1.2.1　力矩

1　力矩(M)

　　力使物体转动的效应,决定于力矩,通常只讲力对转动轴的力矩。如果力的作用线在与转轴垂直的平面内,力臂就是转轴到力作用线的距离,力矩的大小等于力和力臂的乘积,如图1.13所示;如果力的作用线和转轴平行,力矩的大小等于零;如果力 F 既不在垂直于转轴的平面内,又不平行于转轴,则可以将力 F 分解,其中一个分力 F_1 的方向和转轴平行,它对转轴的力矩为零;另个分力 F_2 在与转轴垂直的平面内,它对转轴 MN 的力矩等于力臂 L 和 F_2 的乘积,这个力矩也是力 F 对转轴的力矩。而 F 对定点 O 的力矩更一般的表示则写成 $M = r \times F$, r 为力的作用点相对给定点 O 的位矢, M 表示力 F 对给定点 O 的力矩, M 的方向由右手螺旋定则确定。通

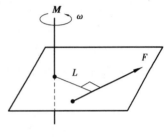

图1.13

常规定:使物体围绕转动轴逆时针方向转动的力矩为正值,顺时针方向转动的力矩为负值。其大小可以用标量形式表示出来: $M = rF\sin\theta$, θ 为 r、F 的夹角。在后面的内容里,对力矩的表述时,用标量的形式写出其大小,对其方向只从顺时针、逆时针的角度来进行描述。

2　力矩的合成

　　对于某一固定轴而言, n 个力产生的合力矩有两种算法。合力矩等于 n 个力力矩的代数和或者等于 n 个力的合力相对于固定轴的力矩。

1.2.2　定轴转动物体的平衡条件

　　作用于物体上所有力对固定轴的力矩等于零,即

$$\sum M_x = 0, \sum M_y = 0, \sum M_z = 0 \tag{1.4}$$

1.2.3　力偶和力偶矩

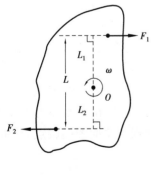

图1.14

　　作用在物体上的大小相等、方向相反、作用线平行的两个力组成一对力偶。力偶相对于特定转轴产生的力矩叫力偶矩,其大小等于力与力偶臂的乘积,力偶臂为两个力的作用线之间的距离。力偶矩的大小与转动轴选取的位置无关,其正负亦由它使物体转动的方向来确定:逆时针为正,顺时针为负。如图1.14所示,物体的转动轴为过 O 点垂直于纸面的直线,物体受力偶(F_1, F_2)的作用。因 $F_1 = F_2 = F$,力偶对物体的转动作用可由 F_1、F_2 对转轴的力矩求和可得: $M = -(F_1 L_1 + F_2 L_2) =$

$-FL$。式中，$-FL$ 为力偶(F_1,F_2)产生的力偶矩，力偶与转轴 O 点的位置无关，"$-$"表示是顺时针方向转动的力偶矩。

力偶是一对大小相等的力，不会使物体产生平动加速度，**故力偶对物体只有转动作用**，一对力偶产生的效应只能由另一对力偶来平衡。

典型例题

例 1 如图 1.15(a)所示，质量分布均匀的细杆靠在光滑的竖直墙壁 A 上。已知细杆长为 L、所受重力为 mg，其与地面的摩擦系数足够大。当细杆在竖直平面内保持静止时，它与水平方向的夹角为 θ，求墙壁 A 对细杆产生作用力。

解 如图 1.15(b)所示，对细杆进行受力分析可知，细杆受到的四个力必须能使细杆保持质点的受力平衡：墙壁 A 的支持力 N_A 和地面 B 的静摩擦力 f、细杆自身的重力 mg 和地面的支持力 N_B 必为两对力偶。

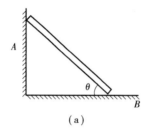 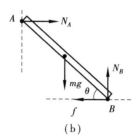

(a)　　　　　　　　　(b)

图 1.15

所以

$$N_A = f, mg = N_B$$

则题目的关键是分析 N_A 或 f。

细杆也必须同时满足任意点为轴的力矩平衡，为计算方便，选取细杆与地面的接触点 B 为转轴，有

$$N_A \cdot L \sin \theta = mg \cdot \frac{L}{2} \cos \theta$$

则

$$N_A = \frac{1}{2} mg \cot \theta$$

例 2 如图 1.16(a)所示，质量为 M 的均匀圆板边缘固定一个质量为 m 的小重物，重物大小可以忽略。将圆板放在倾角为 α 的斜面上，当 m 与圆心 O 点的连线与竖直线夹角为 θ 时，圆板恰好静止，求 $\sin \theta$ 的值。假设圆板与斜面间的摩擦因数足够大。

解 圆板和小重物构成了一个系统，对该系统受力分析可知，系统的所受的外力共有四个：圆板和小重物受到的重力 Mg 和 mg，斜面对圆板产生的支持力 N 和静摩擦力 f，如图 1.16(b)所示。由于所受力中只有 Mg 和 mg 为已知的力，选择圆板与斜面的接触点 P 为转轴，根据力矩平衡有

$$MgR \sin \alpha = mgR(\sin \theta - \sin \alpha)$$

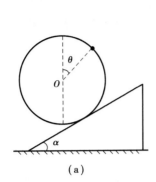

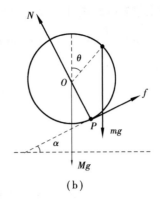

$$(a) \qquad\qquad (b)$$

图 1.16

解得

$$\sin \theta = \left(1 + \frac{M}{m}\right)\sin \alpha$$

由此也可以看出,选择点 P 为转轴可以避免求解力 N 和 f。

例3　结构均匀的梯子 AB 靠在光滑竖直墙壁上,已知梯子长为 L、重为 mg 与地面的动摩擦因数为 μ,如图 1.17(a)所示。地面和梯子间的最大静摩擦力可认为等于滑动摩擦力。

(1)求梯子不滑动时,梯子与水平地面夹角 θ 的最小值 θ_0;

(2)当 $\theta = \theta_0$ 时,一重为 mg 的人沿梯子缓慢向上攀登,问人到达什么位置时梯子开始滑动?

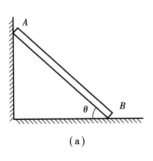

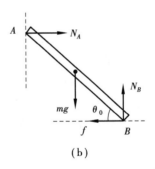

$$(a) \qquad\qquad (b)$$

图 1.17

解　(1)梯子与水平地面夹角 θ 的最小值 θ_0 对应 B 处所受的静摩擦力最大,此时杆的受力如图 1.17(b)所示。细杆受到的四个力必须能使细杆保持质点的受力平衡:墙壁 A 的支持力 N_A 和地面 B 的静摩擦力 f、梯子自身的重力 mg 和地面的支持力 N_B 必须为两对力偶,则

$$N_A = f, mg = N_B$$

因为要分析摩擦力,选取点 A 为转轴,有

$$mg \cdot \frac{L}{2} \cos \theta_0 + f \cdot L \sin \theta_0 = N_B \cdot L \cos \theta_0$$

解得

$$\theta_0 = \operatorname{arccot}(2\mu)$$

（2）进入向上攀登到距离 A 点 x 处时梯子开始滑动，仍取点 A 为转轴，则

$$mg \cdot \frac{L}{2}\cos \theta_0 + f \cdot L \sin \theta_0 + P \cdot x \cos \theta_0 = N_B \cdot L \cos \theta_0$$

而力偶平衡变成

$$N_B = 2mg$$
$$f = \mu N$$

联立解得

$$x = \frac{L}{2}$$

例4 两个质量分布均匀的相同小球 A 和 B，半径为 r，重为 P，置于两端开口的圆筒内，圆筒半径为 R，且 $r < R < 2r$，并竖直放在水平面上，如图 1.18（a）所示。设所有接触面均光滑，为使圆筒不至于倾倒，圆筒的最小重量 Q 为多少？如果换成有底的圆筒，情况又如何？

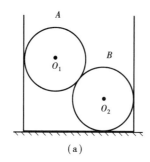
（a）

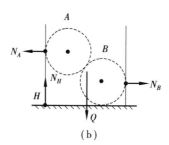
（b）

图 1.18

解 对圆筒进行受力分析可知，圆筒受到力有：两个小球产生的弹力 N_A 和 N_B，自身受到的重力作用 Q，以及地面在接触点 H 上产生的支持力 N_H，如图 1.18（b）所示。需要指出的是，N_A 和 N_B 是一对力偶；圆筒恰好平衡，有倾倒的趋势，故与地面的支持力作用只出现在点 H 上，N_H 和 Q 也是一对力偶。

为计算方便，将转轴选在 H 点上，圆筒的力矩平衡

$$Q \cdot R = N_A \cdot \sqrt{(2r)^2 - (2R - 2r)^2}$$

分析小球 A 的受力，由共点力平衡可得

$$N_A = P \cdot \cot \theta = P \cdot \frac{2R - 2r}{\sqrt{(2r)^2 - (2R - 2r)^2}}$$

联立求解，得

$$Q = \frac{2(R - r)}{R} \cdot P$$

如果筒有底，则底部会受到两个小球产生的压力，圆筒不会倾倒。

巩固提升

1. 质量为 m、长为 L 的均匀杆 AB 由系于杆两端的长也为 L 的两细线悬挂于 O 点，如图 1.19所示。在 B 点悬挂质量为 m 的重物，求平衡时杆与水平方向的夹角 θ。

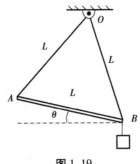

图1.19

2. 如图1.20所示,重物 G 挂在均匀硬棒上,离光滑转轴 O 为 L,硬棒单位长度的质量为 m,为使棒保持静止,问:该棒长度为多少时,可使加于其左端的竖直向上的托力 F 最小?

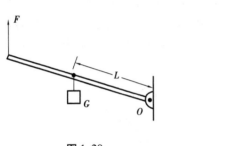

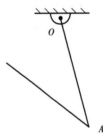

图1.20　　　　　　　　图1.21

3. 如图1.21所示,人字形金属杆的臂长相等且质量分布均匀,两臂间的夹角可以改变。用一光滑铰链悬挂一个臂的端点 L,为使金属杆的顶点 A(即两臂连接处)位置最高,求金属杆两臂张开的角度为多大?

4. 如图1.22所示,一根重为 G 的均匀硬杆 AB,杆的 A 端被细绳吊起,在杆的另一端 B 作用一水平力 F 把杆拉向右边。整个系统平衡后,细绳、杆与竖直方向的夹角分别为 α、β。求证:$\tan \beta = 2 \tan \alpha$。

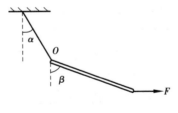

图1.22

5. 半径为 R 的匀质半球体置于水平面上,其重心在球心 O 正下方 C 点处,$OC = 3R/8$,半球质量为 m 且在半球的平面上放一质量为 $m/8$ 的物体,它与半球平面间的动摩擦系数为 0.2,如图1.23所示,则物体刚要滑动时离球心的最大距离为_____。(假定最大静摩擦力等于滑动摩擦力)

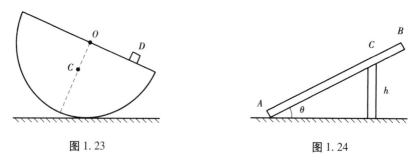

图 1.23　　　　　　　　　　　图 1.24

6. 如图 1.24 所示,匀质管子 AB 长为 L、重为 G,其 A 端放在水平面上,点 C 靠在高为 h 的光滑铅直支座上,$h = L/2$。设管子与水平面成倾角 $\theta = 45°$ 时能够保持平衡状态,求管子与水平地面之间的动摩擦因数值至少为多大?

7. 有一块均匀木板 AC 长为 L_1,重为 G_1,A 端用铰链固定在地面上。先用长为 L_2、重为 G_2 的撬棒 BD 把木板 AC 支起达平衡位置,如图 1.25 所示。假定木板与撬棒的接触是光滑的,地面足够粗糙,图中 $\alpha = 30°$,$\beta = 60°$,且 $L_1 : L_2 = 2 : 3$,问作用于撬棒端点 D 的外力 F 至少为多大?

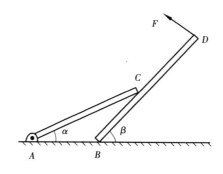

图 1.25

8. 质量为 80 kg 的人沿如图 1.26 所示的梯子从底部向上攀登,梯子质量为 25 kg,顶角为 30°,已知 AC 和 CE 都为 5 m 长且用铰链在 C 点处相连,BD 为一段轻绳,两端固定在梯子高度一半处。设梯子与地面的摩擦可以忽略,求在人向上攀登的过程中轻绳中张力的变化规律。

9. 如图 1.27 所示,轻杆 AB、BC 由铰链相连,并通过铰链固定在竖直墙壁上,构成一直角支架。一个质量为 m 的物体,从最高处由静止开始沿 AB 杆无摩擦地滑下,求作用于 AB 杆的 B 端的作用力随时间的变化关系(物体到达 B 端之前)。

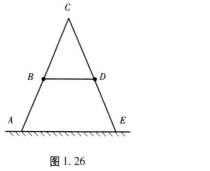

图 1.26

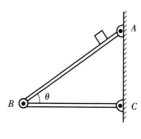

图 1.27

1.3 一般物体的平衡条件

受任意的(共点的)平面力系作用的物体,平衡条件为

$$\sum F_x = 0$$
$$\sum F_y = 0 \qquad (1.5)$$
$$\sum M_i = 0 \quad (对任一转轴)$$

这三个方程组成平面任意力系的平衡方程式。值得注意的是,所有力对于某一点的力矩代数和为零时,则对任一点的力矩代数和也等于零。因此,上述方程组中只能有一个力矩平衡方程。当然,平衡方程组也可用两个力矩平衡方程来表示。即

$$\sum F_x = 0$$
$$\sum M_{Ai} = 0 \qquad (1.6)$$
$$\sum M_{Bi} = 0$$

其中,直线 AB 不能与 x 轴垂直。

用三个力矩平衡方程表示物体的平衡条件时,要注意选做转轴的三点 A、B、C 不能在同一直线上。对于空间力系,一般可列出六个独立平衡方程,即所有力在任意 x 轴上投影的代数和为零(三个方程),所有力对任意 x 轴力矩的代数和为零(三个方程)。

典型例题

例1 如图 1.28(a)所示,一个质量分布均匀的直杆搁置在质量分布均匀的圆环上,杆与圆环相切,系统静止在水平地面上,杆与地面接触点为 A,与环面接触点为 B。已知两个物体的质量线密度均为 ρ,直杆与地面夹角为 θ,圆环半径为 R,所有接触点的摩擦力足够大。求:

(1)地面给圆环的摩擦力;

(2)A、B 两点静摩擦因数的取值范围。

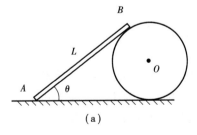

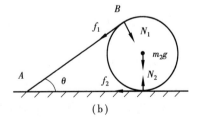

图 1.28

解 (1)圆环受力分析如图 1.28(b)所示。

水平方向合力为零,则

$$f_2 + f_1 \cos \theta = N_1 \sin \theta$$

以圆心为轴有

$$f_2R = f_1R$$

圆环以 A 点为轴有

$$N_2l = m_2gl + N_1l$$

整体以 A 点为轴有

$$N_2l = m_2gl + m_1g\frac{l}{2}\cos\theta$$

解得

$$f_2 = \frac{R\cot\dfrac{\theta}{2}\rho g\sin\theta\cos\theta}{2(1+\cos\theta)}$$

（2）B 处静摩擦因数

$$\mu_2 \geqslant \frac{f_1}{N_1} = \frac{f_2}{N_2 - m_2g} = \frac{\sin\theta}{1+\cos\theta} = \tan\frac{\theta}{2}$$

A 处静摩擦因数

$$\mu_1 \geqslant \frac{f_A}{N_A} = \frac{f_2}{m_1g + m_2g - N_2} = \frac{f_2}{m_1g(1-0.5\cos\theta)} = \frac{\tan\dfrac{\theta}{2}\cdot\cos\theta}{2-\cos\theta}$$

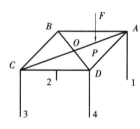

例 2　如图 1.29 所示的正方形轻质刚性水平桌面由四条完全相同的轻质细桌腿 1、2、3、4 支撑于桌角 A、B、C、D 处，桌腿竖直立在水平粗糙刚性地面上。已知桌腿受力后将产生弹性微小形变。现于桌面中心点 O 至角 A 的连线 OA 上某点 P 施加一竖直向下的力 F，令 $\dfrac{\overline{OP}}{\overline{OA}} = c$，求桌面对桌腿 1 的压力 F_1。

图 1.29

解　设桌面对四条腿的作用力皆为压力，分别为 F_1、F_2、F_3、F_4。因轻质刚性的桌面处于平衡状态，可推得

$$F_1 + F_2 + F_3 + F_4 = F \tag{①}$$

由于对称性，可知

$$F_2 = F_4 \tag{②}$$

考察对桌面对角线 BD 的力矩，由力矩平衡条件可得

$$F_3 + cF = F_1 \tag{③}$$

根据题意，$O \leqslant c \leqslant 1$，$c = 0$ 对应于力 F 的作用点在 O 点，$c = 1$ 对应于 F 作用点在 A 点。

设桌腿的劲度系数为 k，在力 F 的作用下，腿 1 的形变为 F_1/k，腿 2 和 4 的形变均为 F_2/k，腿 3 的形变为 F_3/k。依题意，桌面上四个角在同一平面上，因此满足

$$\frac{1}{2}\left(\frac{F_1}{k} + \frac{F_3}{k}\right) = \frac{F_2}{k}$$

即

$$F_1 + F_3 = 2F_2 \tag{④}$$

由①、②、③、④式,可得

$$F_1 = \frac{2c+1}{4}F, \quad F_3 = \frac{1-2c}{4}F$$

当 $c \geqslant \frac{1}{2}$ 时,$F_3 \leqslant 0$。$F_3 = 0$,表示腿3无形变;$F_3 < 0$,表示腿3受到桌面的作用力为拉力,这是不可能的,故应视 $F_3 = 0$。此时②、③式仍成立。

由③式可得

$$F_1 = cF$$

综合以上讨论得

$$F_1 = \frac{2c+1}{4}F, \quad 0 \leqslant c \leqslant \frac{1}{2}$$

$$F_1 = cF, \quad \frac{1}{2} \geqslant c \geqslant 1$$

例3 如图 1.30(a)所示,匀质圆柱体夹在木板和竖直墙之间,其质量为 m,半径为 R,与墙和木板间的动摩擦因数均为 μ。板很轻,其质量可以忽略。板的一端 O 与墙用光滑铰链相连,另一端 A 挂有质量为 m' 的重物,OA 长为 L,板与竖直墙夹 θ 角,$\theta = 53°$。试问:m' 至少需要多大才能使系统保持平衡? 并对结果进行讨论。

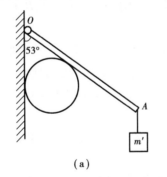
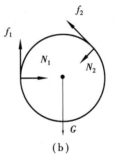

（a） （b）

图 1.30

解 圆柱体受力如图 1.30(b)所示,取圆柱体中心为转轴,则

$$f_1 R = f_2 R \tag{①}$$

又因合力为零,有

$$mg + N_2 \sin\theta = f_1 + f_2 \cos\theta \tag{②}$$

取 f_1 和 f_2 的交点为转轴,则

$$mgR + N_2 R \cot\frac{\theta}{2} = N_1 R \cot\frac{\theta}{2}$$

即

$$N_1 - N_2 = mg \tan\frac{\theta}{2} \tag{③}$$

显然 $N_1 > N_2$,这说明平衡打破时,圆柱体与木板先滑动,当 m' 最小时,对应有

$$f_2 = \mu N_2 = f_1 < u N_1 \tag{④}$$

④式代入②式有

$$N_2 = \frac{mg}{\mu + \mu \cos \theta - \sin \theta}$$ ⑤

对木板,取 O 为转轴有

$$m'gL \cos \theta = N_2 R \cot \frac{\theta}{2}$$

故 m 的最小值满足

$$m' = \frac{mR \cot \dfrac{\theta}{2}}{L \sin \theta (\mu + \mu \cos \theta - \sin \theta)}$$

$\theta = 53°$时,有

$$m' = \frac{25mR}{8L(2\mu - 1)}$$

讨论:要求 $m' > 0$,即 $\mu > 0.5$。若 $\mu < 0.5$,则无论 m' 多大,系统都不能平衡。

巩固提升

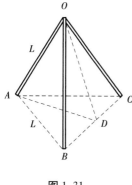

图 1.31

1. 质量为 m、长为 L 的三根相同的匀质细棒对称地搁在地面上,三棒的顶点 O 重合(不拴接),底端 A、B、C 的间距均为 L,如图 1.31 所示。求:

(1)求 A 棒顶端 O 所受的作用力 F 的大小;

(2)若有一质量也为 m 的人(视为质点)坐在 A 棒的中点处,三棒仍保持不动,这时 A 棒顶端所受作用力 F 的大小又为多大?

(3)在上一问的情况下,棒与地面间的静摩擦因数 μ 至少为多大?

2. 质量为 m 的立方体 $ABCD$ 放在粗糙的水平面上,在左上棱 A 处施加力 F,使立方体向前或向后翻转,如图 1.32 所示。现要求立方体不与水平面发生相对滑动,求向前和向后施力的最小值以及相应的摩擦因数 μ。

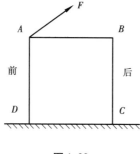

图 1.32

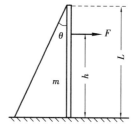

图 1.33

3. 如图 1.33 所示,质量为 m、长度为 L 的均匀细直杆竖直放置。杆的下端与地面之间的动摩擦因数为 μ,其上端用绳索拉住,绳与细杆之间的夹角为 θ。在离地面高度为 h 处以

水平力 F 作用于直杆,试问:为使直杆不滑倒,作用力 F 的最大值应为多少?(最大静摩擦力等于滑动摩擦力)

4. 一块均匀分布的长方形板,沿中线折成直角,放置在水平固定的半径为 R 的圆柱体上,如图 1.34 所示。问:圆柱体和板之间的静摩擦因数需要多大,才能使板子不滑开?

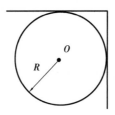

图 1.34

5. 直径各为 d 和 D 的两个圆柱,置于同一水平的粗糙平面上,如图 1.35 所示。在大圆柱上绕一绳子,作用在绳端的水平拉力为 F。设所有接触点的静摩擦因数均为 μ,试求大圆柱能翻过小圆柱时,μ 值必须满足的条件。

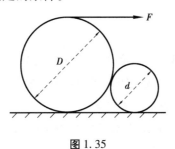

图 1.35

参考答案与解析

第 2 章　运动学

2.1　运动学初步

2.1.1　基本概念

1　参考系和位置的表示

要正确确定质点的位置及其变化,必须事先选取另外一个假定为不动的物体做参照才有意义。这个选来做参照的物体,就叫作参照物。为了定量地描述物体的运动,还需要在参照物上建立坐标系,这样参照物就成了参考系。

参考系通常选用两两相互垂直的直角坐标系 $O\text{-}xyz$。在直角坐标系里,用 x、y、z 三个坐标表示质点的位置。当质点运动时,它的坐标随时间而变,可表示为时间的函数: $x = x(t)$, $y = y(t)$, $z = z(t)$,此即质点的运动方程在质点运动过程中,其空间位置所构成的曲线,称为轨迹。

质点的位置也可以用一位矢 $\boldsymbol{r}$ 表示。$\boldsymbol{r}$ 是从坐标原点 O 指向质点空间位置 P 的有向线段 $\overrightarrow{OP}$,$\boldsymbol{r}$ 的长度为质点到原点之间的距离。在直角坐标系中,设 $\boldsymbol{i}$、$\boldsymbol{j}$、$\boldsymbol{k}$ 分别为沿 x、y、z 方向的单位矢量,则 $\boldsymbol{r}$ 可表示为

$$\boldsymbol{r}(t) = x(t)\boldsymbol{i} + y(t)\boldsymbol{j} + z(t)\boldsymbol{k}$$

在直角坐标系中,位矢 $\boldsymbol{r}$ 定义为自坐标原点到质点 $P(x,y,z)$ 所引的有向线段,故有 $\boldsymbol{r} = \sqrt{x^2 + y^2 + z^2}$,方向为自原点 O 指向质点 P。

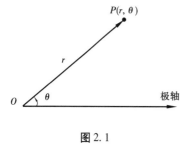

图 2.1

虽然直角坐标系是最常用的坐标系,但对有些运动,如质点在有心力作用下的运动等,用平面极坐标(简称极坐标)表示会很方便。在极坐标系里,用 r、θ 两个坐标来表示质点的位置。r 是质点到极点的距离,而 θ 则是质点与极点连线同预先规定的极轴的夹角(图 2.1)。这里 r 是坐标,不是位矢的大小,但当位矢的原点取在极坐标的极点上时,两者数值相同。在直角坐标系里,"$x = $ 常量"与

"y = 常量"的点的轨迹分别是一些与 y 轴、x 轴平行的直线;在极坐标系里,"r = 常量"与"θ = 常量"的点的轨迹分别是一些同心圆和辐射线。

2 位移和路程

位移指质点运动过程中,在一段时间 Δt 内位置的变化,即位矢的变化量 $\Delta s = r(t + \Delta t) - r(t)$,它的方向为自始位置指向末位置。在直角坐标系中计算位移时,通常先求得 x 轴、y 轴、z 轴三个方向上位移的三个分量,再按矢量合成法则求合位移。

路程指质点在 Δt 时间内通过的实际轨迹的长度,它是标量。只有在单方向的直线运动中,路程才等于位移的大小。

3 速度

速度是质点在某一时刻或通过某一位置时的速度,它定义为 $\Delta t \to 0$ 时平均速度的极限,即 $v = \lim\limits_{\Delta t \to 0} \dfrac{\Delta s}{\Delta t} = \dfrac{\mathrm{d}s}{\mathrm{d}t}$。

速度是矢量,它的方向就是平均速度极限的方向,也就是质点运动的方向。

4 加速度

加速度是描述运动速度变化快慢的物理量,等于速度对时间的变化率,即 $a = \dfrac{\Delta v}{\Delta t}$。

这样求得的加速度实际上是物体运动的平均加速度。根据平均速度和瞬时速度的相关知识可知,瞬时加速度为 $a = \lim\limits_{\Delta t \to 0} \dfrac{\Delta v}{\Delta t} = \dfrac{\mathrm{d}v}{\mathrm{d}t}$。

加速度也是矢量,其方向就是当 $\Delta t \to 0$ 时速度变化量的极限方向。

2.1.2 矢量和矢量运算

既有大小又有方向的量统称为矢量,如位移、速度、加速度等。矢量合成按平行四边形定则或三角形法则。只有大小、没有方向的量称为标量,如质量、功、能量等。标量运算可以直接代数加减。

若求多个矢量的和,一般先求任意两个矢量的和,再与第三个矢量相加,以此类推。同一直线上的矢量运算可以简化为代数运算,不在同一直线上的矢量运算一般通过正交分解求得。

设 A 和 B 是两个任意矢量,它们的标积(常用 $A \cdot B$ 表示,故称为点乘)$A \cdot B = C = AB \cos \theta$,式中 θ 为 A、B 两个矢量间的夹角,C 为矢量的点积,它是一个标量。在物理学中标积最经典的例子是功。它同时服从以下规律:

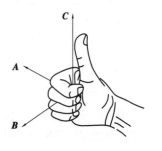

$$A \cdot B = B \cdot A \ (交换律)$$
$$A \cdot (B + C) = A \cdot B + A \cdot C \,(分配律)$$

设 A 和 B 是两个任意矢量,它们的矢积(常用 $A \times B$ 表示,

图2.2

故称为叉乘)$A \times B = C = AB \sin \theta$,式中$\theta$为$A$、$B$两个矢量间的夹角。$C$为矢量的叉积,仍是矢量。叉积的方向:垂直$A$和$B$确定的平面,并由右手螺旋定则确定方向,如图2.2所示。在物理学中矢积最经典的例子有角动量、力矩等。它服从以下规律

$$A \times B = -B \times A \quad (交换律)$$

$$A \times (B + C) = A \times B + A \times C \quad (分配律)$$

2.1.3 运动的合成法则

运动的合成包括位移、速度和加速度的合成,遵从矢量合成法则。我们一般把质点对地面或地面上静止物体的运动称为绝对运动,质点对运动参考系的运动称为相对运动,而运动参考系对地的运动称为牵连运动。以速度为例,这三种速度分别称为绝对速度、相对速度、牵连速度,有

$$v_{绝对} = v_{相对} + v_{牵连}$$

位移、加速度之间也存在类似上述的关系。但应注意具体运算是按平行四边形定则或三角形法则进行的。只有在一条直线上,矢量式才可化为代数式。

另外,在处理复杂运动时,常把它分解为两个或几个简单的分运动来研究。任何一个方向上的分运动,都按其本身的规律进行,不会因为其他方向的分运动是否存在而受到影响,这叫做运动的独立性原理,如平抛运动就可看作是互不影响的水平方向的匀速直线运动和竖直方向的自由落体运动的合成。

2.1.4 物系相关速度

所谓的物系相关速度是指不同物体之间或同一物体不同部分之间的速度有一定的联系,找到这类联系,常是求解连接体问题的关键。一般会遇到以下两类问题:

(1)求由杆或绳约束物系的各点速度

杆或绳约束物系各点速度的相关特征是:在同一时刻,**沿杆、绳方向的分速度必须相同**。因此,解题时可以先确定所研究各点的实际速度,再将该速度沿杆、绳方向和垂直杆、绳方向进行分解。

(2)求接触物系接触点的速度

有刚体的力学性质及"接触"的约束性可知,**沿接触面法线方向,接触面双方必须具有相同的法向分速度**,否则将分离或形变,违反刚体和接触的性质。至于沿接触面的切向解除双方是否有相同的分速度,则取决于该方向上双方有无相对滑动;若无相对滑动,则接触双方将具有完全相同的速度。因此,接触物系的接触点上,速度的相关特征是:**沿接触面法向的分速度必定相同,沿接触面切向的分速度在无相对滑动时也相同**。

在学习动量时,会遇到一种接触物系的速度问题:

例题 如图2.3所示,竖直平面内的轨道$ABCD$由水平轨道AB与光滑的四分之一圆弧轨道CD组成。AB恰与圆弧CD在C点相切,轨道固定在水平面上。一个质量为m的小物块(可视为质点)从轨道A端以动能E_k冲上水平轨道AB,沿着轨道运动,由DC弧滑下后停

在水平轨道 AB 的中点。已知水平轨道 AB 长为 L。问：为了保证小物块恰好不从轨道的 D 端离开轨道，则圆弧轨道的半径 R 至少为多大？

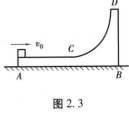

图 2.3

分析 小物块和轨道在 D 点接触时，轨道在此位置的法线在水平方向上，因此小物块和轨道的速度都必须在水平方向，二者保持相对静止。

（3）线状交叉物系交叉点的速度

线状交叉物系交叉点的速度是相交物系双方切线运动分速度的矢量和。

2.1.5 参考系的选取和变换

在运动学的问题中，参考系的选取对解答问题十分重要。灵活的选取和变换参考系，能够将有些复杂的物理问题进行简化，从而进行解答。

下面举两个例子进行说明：

例题 1 一小船在河中逆水划行，经过某桥下时，一草帽落于水中顺流而下，半小时后船夫发觉，并立即掉头追赶，结果在桥下游 8 km 处追上草帽，求水流速度的大小及船夫追赶帽子的时间。设船掉头时间不计，划船速率及水流速率恒定。

分析 按照常规的思路，以地面为参照物，则题中的运动过程十分复杂，不易求解。

如果以流水作为参考系，那么题中的运动过程可被描述为：草帽落水后已知保持"静止"；小船最初在"静水中"划向上游，发现草帽不见后，仍以在"静水"中的速度 v 划向下游。这样，在流水的参考系中，草帽始终"不动"，船始终是以静水中的速度进行往返运动，总时间为 1 h。以水流为参考系，小桥在 1 h 内以水流速度 v 向上游运动了 $v \cdot 1$；变换到地面参考系，水流相对于小桥，以水流速度 v 向下游运动了 $v \cdot 1$，则 $v \cdot 1 = 8$ km，即水流速度为 8 km/h。

图 2.4

例题 2 如图 2.4 所示，质量为 m 的物体静止在桌面上，上接一根劲度系数为 k 的轻质弹簧。现施加一力在弹簧上端，使其以速度 v 匀速上升，求物块速度的最大值。

分析 以地面为参考系，物体的运动情形不易分析。

如果选取弹簧顶端为参考系来观察物体的运动：物体所受弹力和重力刚好平衡，速度 v 的方向竖直向下。可见在该参考系中，物体的运动刚好是经过平衡位置时的简谐振动。根据简谐振动的运动对称性，当弹簧从最低点再次经过平衡位置时，速度 v 的方向竖直向上。将坐标系转移到地面，则此时物体相对于地面的最大速度为 $2v$，方向竖直向上。

典型例题

例 1 如图 2.5(a) 所示，A 船从港口 P 出发去拦截正以速度 v_0 沿直线匀速航行的船 B，P 与 B 所在航线的垂直距离为 a，A 船起航时，B 船与 P 的距离为 $b(b > a)$，若忽略 A 船启动时间，认为它一起航就匀速运动，求 A 船能拦截到 B 船所需的最小速率。

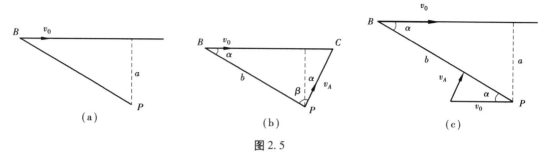

图2.5

解法一 设 A 船经过一段时间 t 在 B 船航线上 C 处截住 B 船,C 的位置由于 A 船的航向不同而不同,若欲求 A 船的最小速率 v_{min},就要设法求出 v_A 与图2.5(b)中 β 的关系,根据正弦定理,在 $\triangle BPC$ 中有关系 $\dfrac{\overline{PC}}{\sin\alpha}=\dfrac{\overline{BC}}{\sin\beta}$,又 $v_A=\dfrac{\overline{PC}}{t}$,所以 $v_A=v_B\dfrac{\sin\alpha}{\sin\beta}$,式中 $\sin\alpha=\dfrac{a}{b}$,且 $\sin\beta\leqslant 1$,故 $v_A\geqslant v_0\cdot\dfrac{a}{b}$,所以 $v_{min}=v_0\cdot\dfrac{a}{b}$。

解法二 若巧取 B 船为参考系,则只要 A 相对 B 的速度 v 的方向沿 PB 指向 B 船,如图2.5(c)所示,根据相对速度的关系,$\boldsymbol{v}_{A岸}=\boldsymbol{v}_{AB}+\boldsymbol{v}_{B岸}$,即 $\boldsymbol{v}_A=\boldsymbol{v}+\boldsymbol{v}_0$,它们组成的矢量三角形中,要令 v_A 最小,则应有 $v_A\perp v$,所以 $v_A=v_0\sin\alpha=v_0\cdot\dfrac{a}{b}$,这就是 A 船的最小速率。即 $v_{min}=v_0\cdot\dfrac{a}{b}$。

例2 如图2.6(a)所示,一个半径为 R 的半圆柱体沿水平方向向右以速率 v 匀速运动。在半圆柱体上搁置一根竖直杆,此杆只能沿竖直方向运动。当杆与半圆柱体接触点 P 与柱心的连线与竖直方向的夹角为 θ 时,求竖直杆运动的速度和加速度。

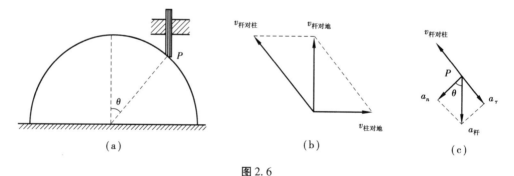

图2.6

解 取半圆柱体为参照系。在此参照系中,P 点做圆周运动,即 $v_{杆对柱}$ 的方向沿圆上 P 点的切线方向。根据题意,$v_{杆对地}$ 的方向是竖直向上的。因为

$$\boldsymbol{v}_{杆对地}=\boldsymbol{v}_{杆对柱}+\boldsymbol{v}_{柱对地}$$

做出如图2.6(b)所示的矢量三角形,由此可知

$$v_{杆对地}=v_{柱对地}\cdot\tan\theta=v\tan\theta$$

在半圆柱体参照系中

$$a_{\text{杆对地}} = a_{\text{杆对柱}} + a_{\text{柱对地}}$$

因为 $a_{\text{柱对地}} = 0$，所以 $a_{\text{杆}} = a_{\text{杆对柱}}$。$a_{\text{杆对柱}}$ 由切向加速度 a_τ 和法向加速度 a_n 构成，如图 2.6(c) 所示

$$v_{\text{杆对柱}} = \frac{v}{\cos\theta}$$

$$a_n = \frac{v_{\text{杆对柱}}^2}{R}$$

$$a_{\text{杆}} = \frac{a_n}{\cos\theta}$$

联立解得

$$a_{\text{杆}} = \frac{v^2}{R\cos^3\theta}$$

例3 如图 2.7(a) 所示，在距离竖直墙壁为 d 的位置 O 安放有一点光源。某一时刻，从 O 处将一小球倾斜抛出，初速度 v 与水平方向的夹角为 θ。如果小球运动轨迹所在的平面同墙壁也相互垂直。问：在未到达竖直墙壁前，小球在墙壁上的投影做何运动？

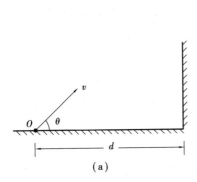 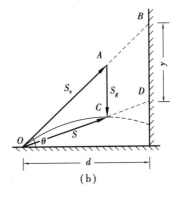

图 2.7

解 可以将抛体运动分解为沿初速度方向的匀速直线运动和竖直方向上的自由落体运动。

如图 2.7(b) 所示，小球在与水平方向的夹角成 θ 的方向进行匀速直线运动，因为该方向不受力，分位移的表达式为 $S_v = vt$；另一个分运动是竖直向下的自由落体运动，分位移的表达式为 $S_g = \frac{1}{2}gt^2$；小球的实际位移为 S。

小球最初的投影在 B 点，如果小球在某时刻运动至位置 C，则小球在竖直墙壁上的投影由 B 点移动至 D 点。若初速度 v 的延长线交于竖直墙壁的 B 点，设 B、D 两点的间距为 y，由于 $\triangle OAC \sim \triangle OBD$，可得 $OA : OB = AC : BD$。

代入相关数据可得

$$\frac{vt}{\dfrac{d}{\cos\theta}} = \frac{\dfrac{1}{2}gt^2}{y}$$

则

$$y = \frac{gd}{2v\cos\theta}t$$

所以,小球的投影做匀速直线运动。

巩固提升

1. 木块放在光滑水平面上,子弹以速度 v_0 射入木块并穿出,木块获得的速度为 v_1;若用另一颗质量相同但速度更大的子弹射入相同的木块,木块仍能被击穿,且子弹穿出后木块获得的速度为 v_2,则(　　)。

A. $v_1 > v_2$ 　　　　　　　　　　B. $v_1 = v_2$

C. $v_1 < v_2$ 　　　　　　　　　　D. 条件不足,无法确定

2. 蚂蚁离开巢穴沿直线爬行,它的速度与到蚁穴中心的距离成反比,当蚂蚁爬到距离中心 $L_1 = 1$ m 的 A 点处时,速度是 $v_1 = 2$ m/s。试问:蚂蚁从 A 点爬到距离中心 $L_2 = 2$ m 的 B 点所需的时间是多少?

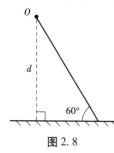

图 2.8

3. 已知一质点做变加速直线运动,初速度为 v_0,其加速度随位移线性减小的关系即加速过程中加速度与位移之间的关系满足 $a = a_0 - ks$,式中 a 为任一位置处的加速度,s 为位移,a_0、k 为常量,求当位移为 s_0 时质点的瞬时速度。

4. 如图 2.8 所示,距河岸(看成直线)500 m 处有一艘静止的船,船上的探照灯以转速 $n = 1$ r/min 转动,当光束与岸边成 60°时,光束沿岸边移动的速率是多少?

5. 如图 2.9 所示,某同学设计了一个测定平抛运动初速度的实验装置,O 点是小球抛出点,在 O 点有一个频闪的点光源,闪光频率为 30 Hz,在抛出点的正前方,竖直放置一块毛玻璃,在小球抛出后的运动过程中当光源闪光时,在毛玻璃上有一个小球的投影点,在毛玻璃右边用照相机多次曝光的方法,拍摄小球在毛玻璃上的投影照片。已知图中 O 点与毛玻璃水平距离 $L = 1.2$ m,连个相邻的小球投影点之间的距离为 $\Delta h = 5$ cm,则小球在毛玻璃上的投影点做_____运动,小球平抛运动的初速度为多少?

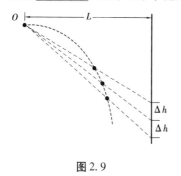

图 2.9

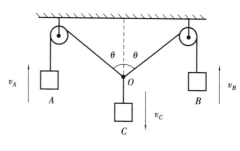

图 2.10

6. 如图 2.10 所示,物体 A、B、C 质量均为 m,试求图示时刻绕过定滑轮的绳子所悬物体 A、B 的瞬时速度 v_A、v_B 与物体 C 的瞬时速度 v_C 之间的关系。

7. 如图 2.11 所示,顶杆 AB 可在竖直滑槽 K 内滑动,其下端由凹轮 M 推动,凸轮绕 O 轴以匀角速度 ω 转动。在图示的瞬时,$OA=r$,凸轮轮缘与 A 接触,法线 n 与 OA 之间的夹角为 α,试求此时顶杆 AB 的速度。

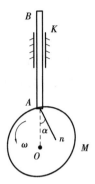

图 2.11

8. 如图 2.12 所示,AB 杆的 A 端以匀速 v 运动,在运动时杆恒与一半圆周相切,半圆周的半径为 R,当杆与水平线的交角为 θ 时,求杆的角速度 ω 及杆上与半圆相切点 C 的速度。

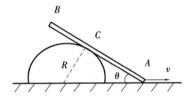

图 2.12

9. 如图 2.13 所示,合页构件由三个菱形组成,其边长之比为 $3:2:1$,顶点 A_3 以速度 v 沿水平方向向右运动,求当构件所有角都为直角时,顶点 B_2 的速度 v_{B_2}。

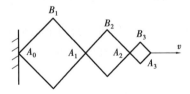

图 2.13

10. 如图 2.14 所示,水平直杆 AB 在圆心为 O、半径为 r 的固定圆圈上以匀速 u 竖直下落,试求套在该直杆和圆圈的交点处一小滑环 M 的速度,设此时 OM 与竖直方向的夹角为 φ。

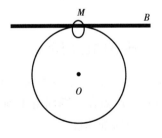

图 2.14

2.2 曲线运动

2.2.1 抛体运动

抛体运动——物体在地面附近不大的范围内仅在重力作用下的运动。被抛物体只受恒定的重力作用,故做匀变速曲线运动,其加速度为重力加速度 g,其速度变化的方向总是竖直向下的。

(1)平抛运动

物体水平抛出后的运动,可看成是水平方向的匀速直线运动和竖直方向的自由落体运动这两个分运动的合成。

(2)斜抛运动

物体斜向上或斜向下抛出后的运动。下面以斜上抛运动为例讨论:

1)特点

加速度 $a = g$,方向竖直向下。初速度方向与水平方向成一夹角 θ 斜向上,$\theta = 90°$ 为竖直上抛运动;$\theta = 0$ 为平抛运动。

2)常见的处理方法

①将斜上抛运动分解为水平方向的匀速直线运动和竖直方向的竖直上抛运动,这样有:
在水平方向

$$v_x = v_0 \cos \theta, x = v_0 \cos \theta \cdot t$$

在竖直方向

$$v_y = v_0 \sin \theta - gt, y = v_0 \sin \theta \cdot t - \frac{1}{2}gt^2$$

由此可得如下特点:a.斜向上运动的时间与斜向下运动的时间相等;b.从轨道最高点将斜抛运动分为前后两部分,这两部分具有对称性,如同一高度上的两点,速度大小相等,速度方向与水平力线的夹角大小相等。

②将斜抛运动分解为沿初速度方向的斜向上的匀速直线运动和自由落体运动两个分运动,用矢量合成法则求解。

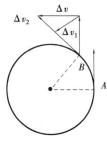

图 2.15

③处理在斜面上的斜抛运动问题时,一般将沿斜面和垂直斜面方向分别作为 x、y 轴,再分别分解初速度和加速度后用运动学公式解题。

2.2.2 质点的圆周运动

做圆周运动的质点,速度不仅大小可以变化,方向也在不断变化。如图 2.15 所示,质点在沿圆周由 A 到 B 的过程中,其速度的增量 $\Delta v = \Delta v_1 + \Delta v_2$。其瞬时加速度

$$a = \lim_{\Delta t \to 0} \frac{\Delta \boldsymbol{v}_1}{\Delta t} + \lim_{\Delta t \to 0} \frac{\Delta \boldsymbol{v}_2}{\Delta t} = a_n + a_\tau$$

上式中，a_n 为向心加速度，它描述速度方向的变化快慢，大小为 $a_n = \dfrac{v^2}{R}$；a_τ 为切向加速度，它描述速度大小的变化快慢。对匀速圆周运动而言，$a_\tau = 0$，而对一般曲线运动，$a_n = \dfrac{v^2}{\rho}$，式中 ρ 为质点所在位置的曲线的曲率半径。

2.2.3　刚体的定轴转动

刚体定轴转动时，其上各点都绕转轴做圆周运动，且各点的角位移 θ、角速度 ω、角加速度 β 都相同。

$$\omega = \lim_{\Delta t \to 0} \frac{\Delta \theta}{\Delta t}, \beta = \lim_{\Delta t \to 0} \frac{\Delta \omega}{\Delta t}$$

当 β 为常量时，刚体做匀变速转动，其运动规律可类比于匀变速直线运动，因而有

$$\omega = \omega_0 + \beta t, \theta = \theta_0 + \omega_0 t + \frac{1}{2}\beta t^2, \omega^2 = \omega_0^2 + 2\beta(\theta - \theta_0)$$

做定轴转动的刚体，其上一点（到转轴的距离为 R）的线速度 v、切向加速度 a_τ、向心加速度 a_n 与刚体的角速度 ω 和角加速度 β 的关系是

$$v = \omega R, \ a_\tau = \beta R, a_n = \frac{v^2}{R} = \omega^2 R$$

匀速圆周运动是一种周期性运动，其规律的描述不同于匀变速运动。在圆周运动中，位移、速度与时间的关系不再是研究的重点，其重点是研究周期、角速度、速率、半径等物理量与加速度的联系，从而进一步研究运动和力的关系。在一般圆周运动中，要注意加速度一方面描述了速度大小的变化快慢，另一方面又描述了速度方向的变化快慢。

典型例题

例1　一圆盘沿顺时针方向绕过圆盘中心 O 并与盘面垂直的固定水平转轴以匀角速度 $\omega = 4.43$ rad/s 转动，圆盘半径 $r = 1.00$ m，圆盘正上方有一水平天花板，如图 2.16(a) 所示。设圆盘边缘各处始终有水滴被甩出。现发现天花板上只有一点处有水。取重力加速度大小 $g = 9.80$ m/s^2。求：
（1）天花板相对于圆盘中心轴 O 点的高度；
（2）天花板上有水的那一点的位置坐标。

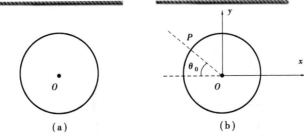

图 2.16

解 （1）在圆盘所在平面内建立平面直角坐标系,使盘心 O 为原点,x 轴水平向右,y 轴竖直向上。只有第二象限的圆盘边缘甩出的水滴才可能到达天花板上某固定点;而不是打到天花板上某一区域(不止一个点),或者打不到天花板上。

水滴甩出时的初速度大小是恒定的

$$v_0 = \omega r$$

水滴从 P 点甩出时,设 OP 与 x 轴负向成 θ_0,如图 2.16(b)所示,其 x 和 y 分量分别为

$$v_{ox} = v_0 \cos \theta_0, x_0 = r \cos \theta_0$$
$$v_{oy} = v_0 \sin \theta_0, y_0 = r \sin \theta_0$$

取水滴从 P 点甩出时为计时零点,水滴的 x、y 坐标与 t 的关系式为

$$x = x_0 + v_{0x}t, y = y_0 + v_{0y}t - \frac{1}{2}gt^2$$

现对某一特定的 θ 值,求 y 的最大值

$$y_m = y_0 + \frac{v_{0y}^2}{2g} = r \sin \theta + \frac{(\omega r \cos \theta)^2}{2g} = r \sin \theta + \frac{(\omega r)^2}{2g}(1 - \sin^2 \theta)$$

对变元 $\sin \theta$ 配方后,得

$$y_m = \frac{(\omega r)^2}{2g} + \frac{g}{2\omega^2} - \frac{(\omega r)^2}{2g}\left(\sin \theta - \frac{g}{r\omega^2}\right)^2$$

当 $\sin \theta = \frac{g}{r\omega^2} = \frac{1}{2}$,即 $\theta = 30°$时,$y_m = 1.25$ m。

依题意,上式即为天花板相对圆盘中心轴 O 点的高度。

（2）代入 $\theta = 30°$,有

$$x = -r \cos 30° + \frac{(\omega r)^2 \sin 30° \cos 30°}{g} = 0$$

所以天花板上有水的那一点的位置坐标为$(0, 1.25$ m$)$。

例2 如图 2.17(a)所示,一光滑斜面与水平面夹角为 α,由斜面下端 O 向上斜抛一个小球,小球的初速度为 v,抛射方向与斜面夹角为 $\beta(\alpha + \beta < \frac{\pi}{2})$。小球的轨迹在如图2.17(a)所示的竖直平面内。已知小球与斜面在每次碰撞时,速度垂直于斜面方向的分量在碰撞后是碰撞前的 e 倍,$e < 1$;小球在第 n 次碰撞时恰好回到 O 点。求:α、β 与 e、n 之间所满足的关系式。

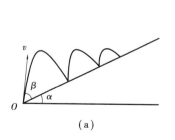

(a)   (b)

图 2.17

解 以斜面方向为 x 轴,垂直于斜面方向为 y 轴建立坐标系,原点为 O,如图 2.17(b)所示,则有

$$v_x = v \cos \beta, v_y = v \sin \beta$$

$$a_x = g \sin \alpha, a_y = g \cos \alpha$$

设从抛出小球到小球落回 O 点的时间为 t,则在 x 方向有

$$0 = v_x t - \frac{1}{2} a_x t^2$$

小球第一次掉到斜面的时间 t_1 满足

$$v_y t_1 - \frac{1}{2} a_y t_1^2 = 0$$

即

$$t_1 = \frac{2v_y}{a_y}$$

同时,小球第一次掉到斜面上时的速度

$$v_y' = v_y - a_y t_1 = -v_y$$

依题意,小球第一次反弹的速度为 ev_y,所以在 y 轴方向可得

$$t = \frac{2v_y}{a_y} + \frac{2ev_y}{a_y} + \frac{2e^2 v_y}{a_y} + \cdots + \frac{2e^{n-1} v_y}{a_y} = \frac{2v_y}{a_y}(1 + e + e^2 + \cdots + e^{n-1})$$

由以上各式可得 α、β 与 e、n 之间所满足的关系式

$$1 + e + e^2 + \cdots + e^{n-1} = \cot \alpha \cot \beta$$

即

$$\frac{1 - e^n}{1 - e} = \cot \alpha \cot \beta$$

例 3 图 2.18(a)所示为用三角形刚性细杆 AB、BC、CD 连成的平面连杆结构图。AB 和 CD 杆可分别绕过 A、D 的垂直于纸面的固定轴转动,A、D 两点位于同一水平线上。BC 杆的两端分别与 AB 杆和 CD 杆相连,可绕连接处转动(类似铰链)。当 AB 杆绕 A 轴以恒定的角速度 ω 转到图 2.18(a)所示的位置时,AB 杆处于竖直位置。BC 杆与 CD 杆都与水平方向成 $45°$,已知 AB 杆的长度为 l,BC 杆和 CD 杆的长度由图给定。求此时 C 点加速度 a_C 的大小和方向(用与 CD 杆之间的夹角表示)。

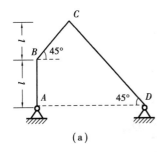

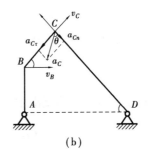

(a)   (b)

图 2.18

解 因 B 点绕 A 轴做圆周运动,其速度的大小为

$$v_B = \omega l \tag{①}$$

B 点的向心加速度大小为

$$a_B = \omega^2 l \tag{②}$$

由于是匀速转动,B 点的切向加速度为 0,故 a_B 也是 B 点的加速度,其方向沿 BA 方向。因 C 点绕 D 轴做圆周运动,其速度的大小用 v_C 表示,方向垂直于杆 CD,由图 2.18(b)可知,其方向沿杆 BC 方向,因 BC 是刚性杆,所以 B 点和 C 点沿 BC 方向的速度必相等,故有

$$v_C = v_B \cos \frac{\pi}{4} = \frac{\sqrt{2}}{2} \omega l \tag{③}$$

此时杆 CD 绕 D 轴按顺时针方向转动,C 点的法向加速度

$$a_{Cn} = \frac{v_C^2}{CD} \tag{④}$$

由图 2.18(b)可知

$$CD = 2\sqrt{2}l$$

由③④式可得

$$a_{Cn} = \frac{\sqrt{2}}{8} \omega^2 l \tag{⑤}$$

其方向沿 CD 方向。

而 C 点沿垂直杆 CD 方向的加速度,即切向加速度为 $a_{C\tau}$。因 BC 是刚性杆,所以 C 点相对 B 点的运动只能是绕 B 的转动,C 点相对 B 点速度方向必垂直于杆 BC。

设 v_{CB} 表示其速度的大小,根据速度的合成公式,有

$$v_{CB} = \sqrt{v_B^2 - v_C^2} = \frac{\sqrt{2}}{2} v_B = \frac{\sqrt{2}}{2} \omega l \tag{⑥}$$

因为 C 点绕 B 做圆周运动,相对 B 点的向心加速度

$$a_{CB} = \frac{v_{CB}^2}{CB}$$

因为 $CB = \sqrt{2}l$,故有

$$a_{CB} = \frac{\sqrt{2}}{4} \omega^2 l \tag{⑦}$$

其方向垂直于杆 CD。

由②式及图 2.18(b)可知,B 点的加速度沿 BC 杆的分量为

$$(a_B)_{BC} = a_B \cos \frac{\pi}{4}$$

所以,C 点相对于 A 点的加速度沿垂直杆 CD 方向的分量

$$a_{C\tau} = a_{CB} + (a_B)_{BC} = \frac{3}{4} \sqrt{2} \omega l$$

C 点的总加速度为 C 点绕 D 点做圆周运动的法向加速度 a_{Cn} 与切向加速度 $a_{C\tau}$ 的合加速

度,即

$$a_C = \sqrt{a_{Cn}^2 + a_{C\tau}^2} = \frac{\sqrt{74}}{8}\omega^2 l \qquad \text{⑧}$$

a_C 的方向与杆的 CD 间夹角为

$$\theta = \arctan \frac{a_{C\tau}}{a_{Cn}} = \arctan 6 = 80.54°$$

巩固提升

1. 如图 2.19 所示,沿水平方向向一面竖直光滑的墙壁抛出一个弹性小球 A ,抛出点离水平地面的高度为 h,距离墙壁的水平距离为 s,小球与墙壁发生弹性碰撞(碰撞后速度大小保持不变)后,落在水平地面上,落地点距墙壁的水平距离为 $2s$。求小球抛出时的初速度。

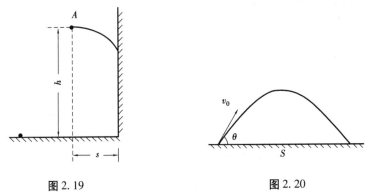

图 2.19   图 2.20

2. 物体做如图 2.20 所示的斜抛运动。(1)已知抛出速度为 v_0 与抛射角 θ,求物体在水平面的落点与抛出点的距离 s;(2)(该问用到了动量守恒)若一个人站在光滑冰面上,以相对自己的速度 v_0 斜向上抛出一个球,当小球下落至抛出点高度时,水平位移为 L。设人与球的质量分别为 M 和 m,求抛出速度 v_0 的最小值,以及小球抛出时速度与水平方向的夹角 θ。

3. 一只苍蝇在高 H 处,以速度 v 平行桌面飞行,在某一时刻发觉就在它的正下方有一滴蜂蜜,苍蝇借助于翅膀可以向任何方向加速,但加速度大小不超过 a。试求苍蝇能够飞到蜂蜜所在处的最短时间(设想问题发生在宇宙空间,重力不存在)。

4. 公园的转椅以恒定的角速度 ω 绕其竖直对称轴在水平面内匀速转动,转椅上的人以相对转椅 v 的速度平抛一小球。如图 2.21 所示,为使小球能击中转椅架底部中心点 O,试求 v 的大小和方向(已知小球抛出点比 O 点高 h,与竖直转轴的距离为 R)。

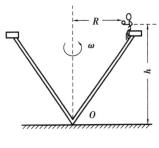

图 2.21

5. 如图 2.22 所示,有一半径为 R 的刚性圆环竖直地在刚性水平地面上做纯滚动,圆环中心以不变速度 v_0 在圆环平面内水平向前运动,求圆环上与圆心等高的 P 点的瞬时速度、切向加速度和法向加速度。

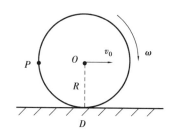

图 2.22

6. 如图 2.23 所示,AC 杆的 A 端以匀速 v 沿水平地面向右运动,在运动时杆恒与一半圆周相切,半圆周的半径为 R,当杆与水平线的交角为 θ 时,求此时:

(1)杆上与半圆相切点 B 的速度大小 v_B;

(2)杆的角速度 ω;

(3)杆上 AB 间中点的速度大小 $v_中$;

(4)杆与圆柱接触点 B' 的速度大小 $v_{B'}$。

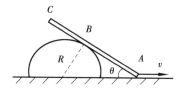

图 2.23

参考答案与解析

第 3 章   牛顿运动定律

3.1   牛顿运动定律

3.1.1   牛顿运动定律

牛顿第一定律:任何物体都保持静止或匀速直线运动的状态,直到其他物体所作用的力迫使它改变这种状态为止。这一定律也称惯性定律。质量是物体惯性的量度。

牛顿第二定律:受到外力作用时,物体所获得的加速度的大小与合外力的大小成正比,并与物体的质量成反比;加速度的方向与合外力的方向相同。该定律须注意其矢量性和瞬时性。

牛顿第三定律:两物体之间的作用力与反作用力在同一直线上,大小相等、方向相反,它们同时产生,同时消失。

3.1.2   质点系的牛顿第二定律、质心运动定理

质点系是由多个质点构成的系统,质点系以外的物体称为**外界**,外界对质点系内质点的作用力叫**外力**,质点系内各质点间的相互作用力叫**内力**。研究质点系的问题是,区分质点系的外界、内力和外力非常重要。

1   质点系的牛顿第二定律

如果质点系在任意 x 方向上受到的合外力为 F_x,质点系中 n 个物体(质量分别为 m_1, m_2,m_3,$\cdots$,m_n),在 x 方向上的加速度分别为 a_{1x},a_{2x},a_{3x},$\cdots$,a_{nx},那么有

$$F_x = \sum_{i=1}^{n} m_i \cdot a_{ix} \tag{3.1}$$

这就是**质点系的牛顿第二定律**。

2   质点系的质心运动定理

质点系的总质量与质心加速度的乘积等于质点系所受的合外力,即 $\sum F_i = ma_c$,称为**质点系的质心运动定理**,也就是说,内力不会影响质心的运动状态。

3.1.3 惯性力,非惯性系的牛顿第二定律

牛顿第一定律成立的参考系叫惯性参考系,简称惯性系。相对于惯性系静止或做匀速直线运动的参考系都是惯性系,在不考虑地球自转,且在研究较短时间内物体运动的情况下,地球可看成是近似程度相当好的惯性系、牛顿第一定律不成立的参考系统都称为非惯性系,一切相对于惯性参考系做加速运动的参考系都是非惯性参考系。在考虑地球自转时,地球就是非惯性系。在非惯性系中,物体的运动不遵从牛顿第二定律但在引入惯性力的概念以后,仍可以利用牛顿第二定律的形式来解决动力学问题。

直线系统中,例如在加速前进的车辆里,车里的乘客都觉得自己好像受到一个向后倒的力,这个力就是惯性力,其大小等于物体质量 m 与非惯性系相对于惯性系的加速度大小 a 的乘积,方向与 a 相反。用公式表示,这个惯性力

$$F_{惯} = -ma \qquad (3.2)$$

应注意:惯性力只是一种假想的力,实际上并不存在,故不可能找出它是由何物所施,因而也不可能找到它的反作用力。惯性力起源于物体惯性,是在非惯性系中物体惯性的体现。

转动系统中的惯性力简称惯性离心力,这个惯性力的方向总是指向远离轴心的方向。它的大小等于物体的质量 m 与非惯性系相对于惯性系的加速度大小 a 的乘积。如果在以角速度转动的参考系中,质点到转轴的距离为 r,则 $F_{惯} = -m\omega^2 r$。

相对转动参考系运动(而非静止)的物体,除了要受离心力作用外,还要受另一个惯性力,即科里奥利力的作用。科里奥利力可以表示为 $F_C = 2mv \times \omega$。科里奥利力除具有惯性力的一般特征外,还具有以下三个特征:①与相对速度 v 成正比,故只有当物体相对转动参考系运动时才会出现。②与转动参考系的角速度 ω 的一次方成正比,故当角速度如较小时,科里奥利力比离心力更重要。③力的方向总是与相对速度垂直,故不会改变相对速度的大小。当 ω 方向向上时,力指向相对运动的右方;当 ω 方向向下时,力指向相对运动的左方。如地球是一个转动系,在地球上运动的物体也受科里奥利力的作用。在北半球,ω 向上,水流对右岸的冲击较剧烈;火车对右轨的压力较大(在南半球则对左岸和左轨作用大)。

典型例题

例1 如图 3.1(a)所示, A、B 滑块质量分别是 m_A 和 m_B,斜面倾角为 α,当 A 沿斜面体 D 下滑、B 上升时,地板突出部分 E 对斜面体 D 的水平压力 F 为多大?(绳子质量及一切摩擦不计)

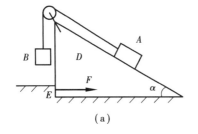
(a)

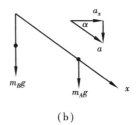
(b)

图 3.1

解　首先选定 A、B、D 构成的系统为研究对象，对这个系统而言，水平压力 F 只引起质点 A 水平方向加速度，因为 B、D 在水平方向加速度均为零。只要求出 A 的加速度，其水平分量唾手可得，为了求 A 的加速度，可另取以绳相连的 A、B 为研究对象，在图 3.1(b)所示坐标中建立牛顿第二定律方程。

对 A、B、D 构成的系统有

$$F = m_A a_x$$

对 A、B 构成的系统有

$$m_A g \sin \alpha - m_B g = (m_A + m_B) a$$

又有

$$a_x = a \cos \alpha$$

由以上三式，易得

$$F = m_A \cdot \frac{m_A \sin \alpha - m_B}{m_A + m_B} g \cdot \cos \alpha$$

例2　如图 3.2 所示，两斜面重合的楔块 ABC 和 ADC 的质量均为 M，AD、BC 两面呈水平，E 为质量等于 m 的小滑块，楔块的倾角为 α，各接触面之间的摩擦均不计，系统放在水平平台角上从静止开始释放，求两斜面未分离前小滑块 E 的加速度。

解　设两斜面之间的弹力为 N_1，方向与 AC 面垂直，E 与 ADC 间有弹力 N_2，方向与 AD 面垂直。设楔块 ABC、小滑块 E 的加速度分别为 a_B、a_E，由于受桌面限制 a_B 必水平向左。另外由于在水平方向不受力，a_E 必竖直向下。再设楔块 ADC 相对于楔块 ABC 的加速度为 a_{DB} 方向必沿 AC 向下。

由于系统在本平方向不受力作用，故有

$$a_B = a_{DB} \cos \alpha - a_B$$

E 紧贴 ADC，故有

$$a_E = a_{DB} \sin \alpha$$

对楔块 ABC，在水平方向上有

$$N_1 \sin \alpha = M a_B$$

对 E，由牛顿第二定律有

$$mg - N_2 = m a_E$$

对 ADC 楔块，在竖直方向上有

$$N_2 + Mg - N_1 \cos \alpha = M a_{DB} \sin \alpha$$

联立方程，解得

$$a_E = \frac{M + m}{M + m + \frac{M}{2} \cot^2 \alpha} g$$

注：寻找各物体加速度之间的关系，一种办法是通过寻找制约条件，如本题中的解法。

另外,也可通过分析短时间内的位移关系,利用"做匀变速运动的物体在相同时间内的位移与加速度成正比"这个结论,找到加速度之间的关系。

例 3　如图 3.3(a)所示,斜劈 A 与地面间的动摩擦因数为 μ,斜劈的倾角为 α,一物体 B 放在斜劈的光滑斜面上。问斜劈以多大的加速度运动,才能保持 A、B 相对静止? 作用在斜劈上的力 F 多大? (A、B 的质量为 m_A、m_B)。

解　取 A 为参考系,B 在这个参考系中应静止,因为 A 是相对于地面有加速度的非惯性系,所以要加上一个惯性力 $m_B a$,方向向右,a 的大小等于 A 相对地面的加速度。

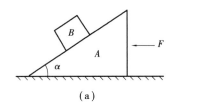 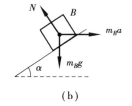

(a)　　　　　　　　　　　(b)

图 3.3

由图 3.3(b)可知

$$m_B a = m_B g \tan \alpha$$

再利用整体法

$$F - f = (m_A + m_B) a$$
$$N = (m_A + m_B) g$$
$$f = \mu N$$

联立解得

$$F = (m_A + m_B)(\mu + \tan \alpha) g$$

巩固提升

1. 用底面积相同,高度分别为 H_1 和 H_2,密度分别为 ρ_1、ρ_2 的两块小长方体连接而成的大长方体,竖直地放在密度为 ρ_0 的液体中,平衡时液面恰好在 ρ_1、ρ_2 的交界面位置,如图 3.4(a)所示。现让大长方体如图 3.4(b)所示倒立在液体中,将大长方体从静止释放后一瞬间,试问大长方体将朝什么方向运动? 只考虑重力和浮力,试求此时大长方体运动的加速度大小 a(答案只能用 H_1、H_2 和重力加速度 g 表示)。

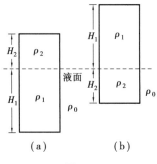

(a)　　　　　(b)

图 3.4

2. 一条轻绳跨过一轻滑轮,滑轮和轴的摩擦可忽略。在绳的一端挂一质量为 m_1 的物体,在另一侧有一质量为 m_2 的环,如图3.5所示。当环相对于绳以恒定的加速度 a_2 沿绳向下滑动时,物体和环相对于地面的加速度各为多少? 环与绳间的摩擦力为多大?

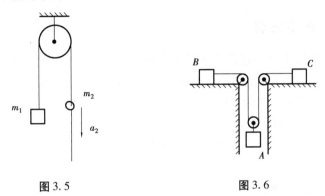

图3.5   图3.6

3. 三个物体 A、B、C 如图3.6所示放置,已知 $m_A = 8$ kg、$m_B = 10$ kg、$m_C = 15$ kg,B、C 与桌面的动摩擦因数分别为 $\mu_B = 0.25$、$\mu_C = 0.20$,求物体 A、B、C 的加速度和绳的张力。重力加速度取 $g = 10$ m/s^2。

4. 如图3.7所示,尖劈 A 的质量为 m_A,一面靠在光滑的竖直墙壁上,另一面与质量为 m_B 的光滑棱柱 B 接触。B 可沿光滑水平面 C 滑动,求 A、B 加速度 a_A 和 a_B 的大小及 A 对 B 的压力。

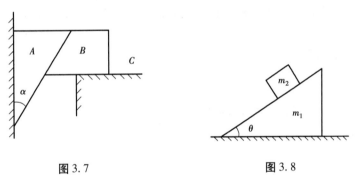

图3.7   图3.8

5. 如图3.8所示,质量为 m_1 的斜面,倾角为 θ,放在光滑水平面上。斜面上放有质量为 m_2 的物体,斜面是光滑的。当 m_2 下滑时,求 m_1 的加速度。

6. 如图3.9所示,质量为 M 的光滑圆形滑块平放在桌面上,一细轻绳跨过此滑块后,两端各挂一个物体,物体质量分别为 m_1 和 $m_2 (m_1 > m_2)$,绳子跨过桌边竖直向下,所有摩擦均不计,求滑块的加速度。

7. 从地面以速度 v_1 竖直上抛一皮球,返回原地速率为 v_2。若皮球运动时受到的空气阻力与速率成正比,求皮球的运动时间 t。

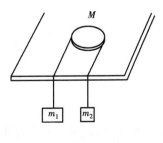

图3.9

3.2 牛顿运动定律的应用

3.2.1 力与曲线运动

圆周运动问题实际上是牛顿第二定律的应用问题。注意不要把向心力看作是额外增加的一种特殊的力,它是物体所受的一个力或几个力的合力或合力沿某个方向的分力。向心力也不是由于物体做圆周运动才产生的,恰恰相反,正是运动着的物体受到了与其速度方向垂直的力(也就是向心力)的作用才做圆周运动。另外,如果物体不是做匀速圆周运动,那么物体在圆周切线方向所受的合力也不为零。也就是说,在变速圆周运动中,合外力在法线方向和切线方向都有分量。

法向分量产生向心加速度,即

$$F_n = ma_n = m\frac{v^2}{R} = m\omega^2 R \tag{3.3}$$

切向分量产生切向加速度,即

$$F_\tau = ma_\tau = m\frac{\Delta v}{\Delta t} \tag{3.4}$$

在一般的曲线运动中,合外力在法线方向和切线方向都有分量,法向分量的大小为 $F_n = ma_n = m\frac{v^2}{\rho}$ (ρ 为该处的曲率半径),切向分量的大小为 $F_\tau = ma_\tau = m\frac{\Delta v}{\Delta t}$。

3.2.2 天体运动

天体的运动遵循开普勒三定律;

天体运动的向心力是靠万有引力提供的。

1 开普勒三定律

第一定律:所有的行星分别在大小不同的椭圆轨道上围绕太阳运动,太阳在这些椭圆的一个焦点上。

第二定律:太阳和行星的连线在相等的时间内扫过的面积相等。即

$$vr \sin\theta = 常数$$

式中,r 为太阳和行星连线的距离,θ 为行星的速度与太阳和行星连线之间的夹角。

第三定律:所有行星的椭圆轨道的半长轴的三次方跟公转周期的平方的比值都相等,即

$$\frac{a^3}{T^2} = \frac{GM}{4\pi^2} \tag{3.5}$$

式中,M 为太阳质量,G 为引力常量。

实际上,在某一中心天体的引力作用下,绕中心天体运动的物体,都遵循以上三定律,只需将太阳变为中心天体即可。

2 万有引力定律

自然界中任何两个物体都存在相互吸引,引力的大小跟这两个物体的质量乘积成正比,跟它们的距离的二次方成反比,方向在两个物体的连线上。

表示式为

$$F = G\frac{m_1 m_2}{r^2} \tag{3.6}$$

其中,G 为引力常量,大小为 $6.67 \times 10^{-11} \mathrm{N \cdot m/kg^2}$。公式适用的条件:质点之间或质量均匀分布的球体之间,此时 r 指两球体的球心距离。假如两物体不能看成质点,要求它们之间的引力,必须把两物体分割成多小块(质点)然后再用上式去计算每一对小块间的吸引力后再矢量合成,但计算结果表明,计算质量均匀分布的球对外质点的万有引力时可以将球壳总质量集中在球心处理,但该球壳对壳内任意位置处质点的万有引力都为零。

半径为 R、质量分布均匀的球体 A 对球面或球外质点 B(质量为 m)的万有引力,等于球体 A 的质量 M 全部集中于球心的质点对 B 的万有引力;当 B 在球内距离球心的距离 $r < R$ 时,可在球 A 取半径为 r 的同心球面,球外的那部分球壳对 B 的万有引力为零,内球体对 B 的万有引力即为半径为 r 的球体质量集中在球心所形成的球心质点对 B 的万有引力,如图 3.10 所示,即

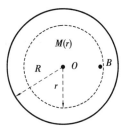

图 3.10

当 $r \geqslant R$ 时

$$F = G\frac{Mm}{r^2}$$

当 $r < R$ 时

$$F = G\frac{M(r)m}{r^2}$$

其中,$M(r) = \dfrac{r^3}{R^3}M$。

典型例题

例 1 一只小而重的球被缚在一条轻而结实的绳的一端,绳的另一端固定在 A 点,如图 3.11 所示,给小球沿圆周切线方向的初速度可使小球在竖直平面内做逆时针转动,但如果初始速度较小,它将会在某一位置脱离圆轨道。小球到达 P 点时,此时 $0° < \alpha < 90°$,绳子变松弛。证明:小球继续运动到达最高点所需时间为绳子继续保持松弛时间的 1/4。

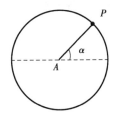

图 3.11

证明 选 A 为原点,水平轴为 x 轴,竖直轴为 y 轴,v_0 为球过 P 点时的速度,t_h 为球从 P 点到最大高度的时间,r 为圆周半径。小球自绳子变松弛后按抛物线运动,直到在 Q 点重新回到圆周上,t 为从 P 到 Q 的时间。

绳子变松弛时,满足

$$m\frac{v_0^2}{r} = mg\sin\alpha$$

显然

$$t_h = \frac{v_0\cos\alpha}{g} = \sqrt{\frac{r\sin\alpha}{g}}\cos\alpha$$

小球做斜抛运动经时间 t 的位置坐标为

$$x = -(v_0\sin\alpha \cdot t - r\cos\alpha)$$
$$y = r\sin\alpha + v_0\cos\alpha \cdot t - \frac{1}{2}gt^2$$

在 Q 点

$$x^2 + y^2 = r^2$$

利用 $\sin^2\alpha + \cos^2\alpha = 1$,可推得

$$\sqrt{gr\sin\alpha} \cdot g\cos\alpha \cdot t^3 = \frac{g^2t^4}{4}$$

解得

$$t = 0 \text{ 或 } t = 4\sqrt{\frac{r\sin\alpha}{g}}\cos\alpha = 4t_h$$

与 α 无关。

由此原题得证。

例 2 质量为 m 的两个相同重物,分别固定在轻杆的两端,杆用铰链与轴相连,轴将杆分为左、右长度比为 2:1 的两部分,如图 3.12(a)所示。维持杆处于水平位置,然后释放,试求此时两个物体的加速度及杆对轴的压力。

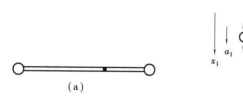

图 3.12

解 分别选择加速度方向作为坐标轴正方向。对两个物体的运动,根据牛顿第二定律有

$$mg - N_1 = ma_1 \qquad ①$$
$$N_2 - mg = ma_2 \qquad ②$$

作用在轻杆上的力矩之和为零,即

$$N_1\frac{2}{3}l - N_2\frac{1}{3}l = 0$$

式中,l 是杆长。

因此 $N_2 = 2N_1$ ③

在图 3.12(b)上画出从开始运动经过小段时间后杆的位置,从图中可见 $x_1 = 2x_2$,由此可知

$$v_1 = 2v_2 \qquad a_1 = 2a_2 \qquad\qquad ④$$

解①~④方程组,得

$$a_1 = 2a_2 = \frac{2}{5}g \qquad N_2 = 2N_1 = \frac{6mg}{5}$$

因为作用于轻杆上的合力为零,所以轴的支持力(大小等于对轴的压力)

$$N = N_1 + N_2 = \frac{9mg}{5}$$

注:虽然两球都会绕轴转动,但由于释放间两球的速度为零,故两球在这一瞬时都还没有向心加速度,这表明杆对两球的作用力只能沿竖直方向。

例 3 如图 3.13(a)所示,地球和某行星在同一轨道平面内同向绕太阳做匀速圆周运动。地球的运转周期为 T。地球和太阳中心的连线与地球和行星的连线所夹的角叫地球对该行星的观察视角(简称视角)。已知该行星的最大视角为 θ,当行星处于最大视角处时,是地球上的天文爱好者观察行星的最佳时期。

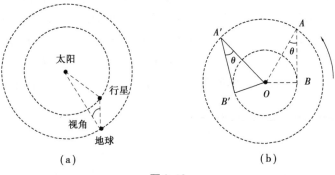

图 3.13

(1)求行星绕太阳转动的角速度 $\omega_{行}$ 与地球绕太阳转动的角速度 $\omega_{地}$ 的比;

(2)若某时刻该行星正处于最佳观察期,问该行星下一次处于最佳观察期至少需经历多长时间?

解 (1)该行星与太阳和地球连线之间的夹角为 α,则由正弦定理得

$$\frac{r}{\sin\theta} = \frac{r_{地}}{\sin\alpha}$$

即

$$\sin\theta = \frac{r}{r_{地}}\sin\alpha$$

显然,当 $\alpha = 90°$ 时,该行星的视角最大,此时行星的轨道半径 $r = r_{地}\sin\theta$。

由 $G\dfrac{Mm}{r^2} = m\omega^2 r$,得

$$\frac{\omega_{行}}{\omega_{地}} = \sqrt{\frac{r_{地}^3}{r^3}} = \sqrt{\frac{1}{\sin^3\theta}}$$

（2）设 A、B 表示某时刻行星处于最佳观察期时地球和行星的位置，O 为太阳所在位置，且行星和地球都逆时针旋转，则下一次行星处于最佳观察期时一定出现在行星超前于地球时，如图 3.13（b）所示，则

$$(\omega_行 - \omega_地)t = \angle AOB + \angle A'OB' = 2\left(\frac{\pi}{2} - \theta\right)$$

所以

$$t = \frac{(\pi - 2\theta)\sqrt{\sin^3\theta}}{2\pi(1 - \sqrt{\sin^3\theta})}T$$

若行星最初处于最佳观察期时，其位置超前于地球，则下一次行星处于最佳观察期时一定是行星落后于地球，因而有

$$(\omega_行 - \omega_地)t = \pi + 2\theta$$

即

$$t = \frac{(\pi - 2\theta)\sqrt{\sin^3\theta}}{2\pi(1 - \sqrt{\sin^3\theta})}T$$

例4 一根不可伸长的细轻绳，穿上一粒质量为 m 的珠子（视为质点），绳的下端固定在 A 点，上端系在轻质小环上。小环可沿固定的水平细杆滑动（小环的质量及与细杆摩擦皆可忽略不计，细杆与 A 在同一竖直平面内。开始时，珠子紧靠小环。绳被拉直，如图 3.14（a）所示。已知绳长为 l，A 点到杆的距离为 h，绳能承受的最大张力为 T_d，珠子下滑过程中到达最低点前绳子被拉断，求细绳被拉断时珠子的位置和速度的大小（珠子与绳子之间无摩擦）。

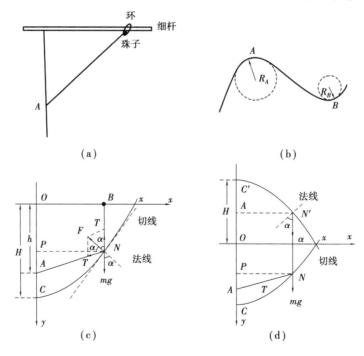

图 3.14

注：质点在平面内做曲线运动时，它在任一点的加速度沿该点轨道法线方向的分量称为法向加速度 a_n，可以证明，$a_n = v^2/R$，式中 v 为质点在该点时速度的大小，R 为轨道曲线在该点的"曲率半径"。所谓平面曲线上某点的曲率半径，就是在曲线上取包含该点在内的一段弧，当这段弧极小时，可以把它看作是某个"圆"的弧，则此圆的半径就是曲线在该点的曲率半径。如图 3.14(b)中曲线在 R 点的曲率半径为 R_A，在 B 点的曲率半径为 R_B。

解　（1）珠子运动的轨迹

建立如图所示的坐标系，原点 O 在过 A 点的竖直线与细杆相交处，x 轴沿细杆向右，y 轴沿 OA 向下。当珠子运动到 N 点处且绳子未断时，小环在 B 处，BN 垂直于 x 轴，所以珠子的坐标为

$$x = PN, y = BN$$

由 $\triangle APN$ 知

$$(AP)^2 + (PN)^2 = (AN)^2$$

即

$$(h - y)^2 + x^2 = (l - y)^2$$

得

$$x^2 = -2(l - h)y + (l^2 - h^2) \qquad ①$$

这是一个以 y 轴为对称轴，顶点位于 $y = \dfrac{1}{2}(l + h)$ 处，焦点与顶点的距离为 $\dfrac{1}{2}(l - h)$ 的抛物线，如图 3.14(c)所示，图中的 $H = \dfrac{1}{2}(l + h)$，A 为焦点。

（2）珠子在 N 点的运动方程

因为忽略绳子的质量，所以可把与珠子接触的那一小段绳子看作是珠子的一部分，则珠子受的力有三个，一是重力 mg；另外两个是两绳子对珠子的拉力，它们分别沿 NB 和 NA 方向，这两个拉力大小相等，皆用 T 表示。则它们的合力的大小为

$$F = 2T \cos \alpha \qquad ②$$

式中，α 为 N 点两边绳子之间夹角的一半，F 沿 $\angle ANB$ 的角平分线方向。

因为 AN 是焦点至 N 的连线，BN 平行于 y 轴，根据解析几何所述的抛物线性质可以知道，N 点的法线是 $\angle ANB$ 的角平分线，故合力 F 的方向与 N 点的法线一致。

由以上的论证，再根据牛顿定律和题中的注，珠子在 N 点的运动方程（沿法线方向）应为

$$2T \cos \alpha - mg \cos \alpha = m \frac{v^2}{R} \qquad ③$$

$$2T \cos \alpha = mg \cos \alpha + \frac{v^2}{R} \qquad ④$$

式中，R 为 N 点处轨道曲线的曲率半径；v 为珠子在 N 处时速度的大小。

根据机械能守恒定律可得

$$v = \sqrt{2gy} \qquad ⑤$$

（3）求曲率半径 R

当绳子断裂时 $T = T_d$，由④式可见，如果能另想其他办法求得曲率半径 R 与 y 的关系，则就可能由④、⑤两式求得绳子断裂时珠子的纵坐标 y。现提出如下一种办法：做一条与小珠轨迹对于 x 轴呈对称状态的抛物线，如图 3.14（d）所示。由此很容易想到这是一个从高 H 处平抛物体的轨迹。平抛运动的轨迹是抛物线，求出与 N 对称的 N' 处抛物线的曲率半径 R 与 y 的关系，也就是 N 处抛物线的曲率半径 R 与 y 的关系。

设从抛出至落地的时间为 t，则有

$$v_0 t = \sqrt{l^2 - h^2} \qquad ④$$

由此计算得出

$$v_0 = \sqrt{g(l - h)} \qquad ⑦$$

设物体在 N' 处的速度为 v'，由机械能守恒定律可得

$$v'^2 = v_0^2 + 2g(H - BN') \qquad ⑧$$

物体在 N' 处法线方向的运动方程为

$$mg \cos \alpha = m \frac{v'^2}{R} \qquad ⑨$$

式中，R 为 N' 处抛物线的曲率半径。

从⑦⑧⑨式及 $H = \frac{1}{2}(l + h)$，可求得

$$R = \frac{2(l - BN')}{\cos \alpha}$$

这也等于 N 点抛物线的曲率半径，$BN = BN' = y$，故得

$$R = \frac{2(l - y)}{\cos \alpha} \qquad ⑩$$

（4）求绳被拉断时小珠的位置和速度的大小

把⑤式和⑩式代入④式，可求得绳子的张力为

$$T = \frac{mgl}{2(l - y)}$$

当 $T = T_d$ 时绳子被拉断，设此时珠子位置的坐标为 (x_d, y_d)，由式得

$$y_d = l\left(1 - \frac{mg}{2T_d}\right)$$

代入①式，得

$$x_d = \sqrt{mgl\left(\frac{l - h}{T_d}\right) - (l - h)^2}$$

绳子断开时珠子速度的大小为

$$v_d = \sqrt{2g y_d} = \sqrt{2gl\left(1 - \frac{mg}{2T_d}\right)}$$

因此，细绳被拉断时珠子的位置坐标为 $\left(\sqrt{mgl\left(\dfrac{l - h}{T_d}\right) - (l - h)^2},\ l\left(1 - \dfrac{mg}{2T_d}\right)\right)$，速度的大

小为 $\sqrt{2gl\left(1-\dfrac{mg}{2T_d}\right)}$ 。

巩固提升

1. 一个质量为 $m=1$ kg 的物体,用绳子 a 和 b 系在一根直杆的 A、B 两点,如图 3. 15 所示。已知 AB 段绳长为 1. 6 m,a、b 段绳长 1 m,重力加速度取 $g=10$ m/s^2。问:(1)直杆旋转的角速度 ω 多大时,b 绳上开始有张力? (2)当杆转速等于这个最低转速的 2 倍时,求此时 a、b 绳上的张力。(要 求利用惯性力求解)

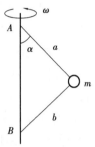

2. 某颗地球同步卫星正下方的地球表面上有一观察者,他用天文望 远镜观察被太阳照射的此卫星。试问:春分当天(太阳直射赤道)在日落 后 12 h 内有多长时间观察者看不到此卫星?(已知地球半径为 R,地球 表面处的重力加速度为 g,地球自转周期为 T,不考虑大气对光的折射。)

图 3. 15

3. 俄罗斯科学家根据同步卫星在地球同步轨道上的飞行原理首先提出了"太空电梯"的 构想,以方便向太空实验室运送人员或补充物资。英国科幻作家阿瑟·克拉克在他 1979 年 出版的小说《天堂的喷泉》中使这一构想广为人知。太空电梯的主体是个永久连接站(同步 卫星)和地球基站的缆绳,通过太阳能驱动的"爬行器"沿着缆绳可爬上太空。试分析说明: (1)该太空站(同步卫星)与通常意义上的同步卫星相比,离地面的高度哪个更大? (2)按照 "太空电梯"的构想,"太空电梯"的地面基站是否设在中国境内?

4. 飞船沿半径为 R 的圆周绕地球运动,如果飞船要返回地面,可在轨道上某一点 A 处将 速率降低到适当数值,从而使飞船沿着以地心 O 为焦点的椭圆轨道运动。椭圆与地球表面 在 B 点相切,如图 3. 16 所示。求飞船由 A 点到 B 点所需的时间。(已知地球半径为 R_0,地 球表面的重力加速度为 g。)

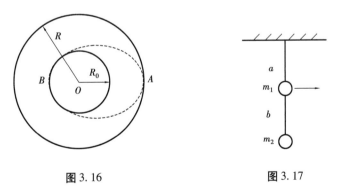

图 3. 16　　　　　　　图 3. 17

5. 将一天的时间记为 T_E,地面上的重力加速度记为 g,地球半径记为 R_E。(1)试求地球 同步卫星 P 的轨道半径 R_P;(2)一卫星 Q 位于赤道上空,赤道一城市 A 的人三天看到 Q 四 次掠过上空,求 Q 的轨道半径。假设卫星运动方向与地球自转方向相同。

6. 质量分别为 m_1 和 m_2 的两个小球,分别系于一根细绳中的一点和一端,细绳的另一端悬挂于固定处,如图 3.17 所示。已知上、下两段绳的长度分为 a 和 b 开始时,两球静止,细绳处于竖直位置,现给小球 m_1 一打击,使它突然在水平方向获得一速度。试求小球 m_2 获得速度前后瞬时,上、下两段绳子张力改变量的比值。设小球 m_1 获得速度后瞬时,绳仍处在竖直位置。

(以下两题要用到能量和动量的知识)

7. 如图 3.18 所示,用细杆把质量为 M 的圆环固定起来,其顶部套有两个质量均为 m 的小环,它们之间无摩擦。现给两小环一个微小扰动,令两小环分别从左、右两边下滑(不计初速度)。试讨论:m 和 M 满足何关系时,大环有上升或下降的趋势。

8. 如图 3.19 所示,卫星携带一探测器在半径为 $3R$(R 为地球半径)的圆轨道上绕地球飞行。在 a 点,卫星上的辅助动力装置短暂工作,将探测器沿运动方向射出(设辅助动力装置喷出的气体质量可忽略)。若探测器恰能完全脱离地球的引力,而卫星沿新的椭圆轨道运动,其近地点 b 距地心的距离为 nR(n 略小于 3),求卫星与探测器的质量比。

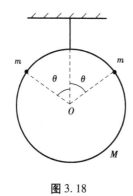

图 3.18

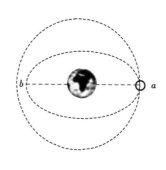

图 3.19

参考答案与解析

第4章 动量

4.1 冲量、动量、动量定理

对于由若干个质点组成的系统,把质点系外的物体对质点系内质点的作用力称为外力,在一段时间内质点系动量的增量等于作用于质点系外力的矢量和在这段时间内的冲量,即 $\sum_i F_{i外}\Delta t = \sum_i m_i v_i - \sum_i m_i v_{i0}$,叫做质点系的动量定理。

质点系的总质量与质心加速度的乘积等于质点系所受的合外力,即 $\sum F_i = ma_C$,叫做质点系的质心运动定理,也就是说,内力不会影响质心的运动状态。

典型例题

例1 如图 4.1(a)所示,质量分别为 m_1、m_2 和 m_3 的三个质点 A、B 和 C 位于光滑的水平桌面上,用已拉直的、不可伸长的柔软轻绳 AB 和 BC 连接,$\angle ABC = \pi - \alpha$,$\alpha$ 为一锐角。现有对 C 作用一沿 BC 方向的冲量 I,求质点 A 开始运动时的速度。

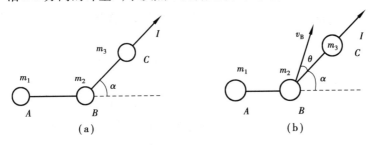

图 4.1

解法一 （质点动量定理,自然分解）

设外力冲量 I 作用的瞬间内,AB 和 BC 两条绳内出现的张力对其两端质点作用的冲量大小分别为 I_1 和 I_2;设质点 A 启动速度为 v,显然 v 的方向应沿 A 指向 B;设质点 C 的启动速度为 v',显然其方向应沿由 B 指向 C。

对质点 A

$$I_1 = m_1 v - 0$$

质点 B 运动的速度沿 AB 方向的分量也为 v；

对质点 B，在 AB 方向

$$I_2 \cos \alpha - I_1 = m_2 v - 0$$

对质点 B，其运动速度沿 BC 方向的分量也为 v'；在 BC 方向

$$I_2 - I_1 \cos \alpha = m_2 v' - 0$$

对质点 C

$$I - I_2 = m_3 v' - 0$$

联立解得

$$v = \frac{I m_2 \cos \alpha}{m_2(m_1 + m_2 + m_3) + m_1 m_3 \sin^2 \alpha}$$

解法二 （质点组动量定理）

如图 4.1(b) 所示，设冲击后 A、B、C 的速度分别为 v_A、v_B、v_C。

对 A、B、C，根据质点组的动量定理，得沿 BC 方向

$$I = (m_1 v_A \cos \alpha + m_2 v_B \cos \theta + m_3 v_C) - 0$$

垂直 BC 方向

$$0 = (-m_1 v_A \sin \alpha + m_2 v_B \sin \theta) - 0$$

又沿绳方向速度相等，有

对 AB 绳

$$v_A = v_B \cos(\alpha + \theta)$$

对 BC 绳

$$v_c = v_B \cos \theta$$

联立解得

$$v_A = \frac{I m_2 \cos \alpha}{m_2(m_1 + m_2 + m_3) + m_1 m_3 \sin^2 \alpha}$$

例2 由喷泉喷出的竖直水柱把一个质量为 M 的垃圾筒倒顶在空中。若水以恒定的速度 v_0 从面积为 S 的小孔中喷出射向空中，在冲击垃圾筒底后以原速率竖直溅下，如图 4.2 所示，求垃圾筒停留的高度 h。

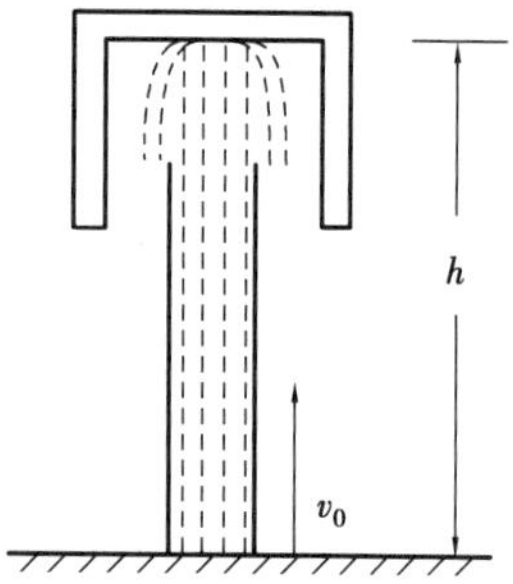

解 对垃圾筒而言，有

$$F = Mg$$

在水冲击垃圾筒处，水的截面积不再是 S，则时间 Δt 内冲击到筒上水的质量 $\Delta m = \rho_水 S v_0 \Delta t$，但水速为 v_1，则

$$F \Delta t = \Delta m \cdot 2v_1 = S v_0 \Delta t \cdot \rho_水 \cdot 2v_1$$

而

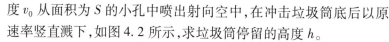

$$v_1 = \sqrt{v_0^2 - 2gh}$$

图 4.2

解得

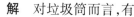

$$h = \frac{v_0^2}{2g} - \frac{M^2 g}{8 S^2 v_0^2 \rho_水^2}$$

当然,上式成立的条件是 $v_0 > \dfrac{Mg}{2\rho_水 S v_0}$;若 $v_0 \leqslant \dfrac{Mg}{2\rho_水 S v_0}$,则 $h = 0$。

例3　如图 4.3(a)所示,三个质量都为 m 的刚性小球 A、B、C 位于光滑的水平桌面上(图中纸面内),A、B 之间,B、C 之间分别用刚性轻杆相连,杆与 A、B、C 的各连接处皆为"铰链式"的(不能对小球产生垂直于杆方向的作用力)。已知杆 AB 与 BC 的夹角为 $\pi - \alpha$,$\alpha < \pi/2$。DE 为固定在桌面上一块挡板,它与 AB 连线方向垂直。现令 A、B、C 一起以共同速度 v 沿平行于 AB 连线方向向 DE 运动,已知在 C 与挡板碰撞过程中 C 与挡板之间无摩擦力作用,求碰撞时当 C 沿垂直于 DE 方向的速度由 v 变为 0 这一极短时间内挡板对 C 的冲量的大小。

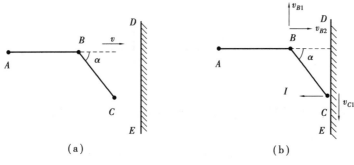

图 4.3

解　令 I 表示题述极短时间 Δt 内挡板对 C 冲量的大小,因为挡板对 C 无摩擦力作用,可知冲量的方向垂直于 DE,如图 4.3(b)所示;I' 表示 B、C 间的杆对 B 或 C 冲量的大小,其方向沿杆方向,对 B 和 C 皆为推力;v_{C1} 表示末了时刻 C 沿平行于 DE 方向速度的大小,v_{B1} 表示 Δt 末了时刻 B 沿平行于 DE 方向速度的大小,v_{B2} 表示 Δt 末了时刻 B 沿垂直于 DE 方向的大小。由动量定理

对 C 有

$$I' \sin \alpha = m v_{C1}$$
$$I - I' \cos \alpha = m v$$

对 B 有

$$I' \sin \alpha = m v_{B1}$$

对 AB 有

$$I' \cos \alpha = 2m(v - v_{B2})$$

因为 B、C 之间的杆不能伸缩,因此 B、C 沿杆的方向的分速度必相等,故有

$$v_{C1} \sin \alpha = v_{B2} \cos \alpha - v_{B1} \sin \alpha$$

解得

$$I = \frac{3 + \sin^2 \alpha}{1 + 3 \sin^2 \alpha} mv$$

注:本题也可以根据角动量守恒定律(对 C 点)列式,同时一对作用力与反作用力的冲量是等大反向。

巩固提升

1. 一个人在离墙面水平距离为 d 处,以仰角向墙投掷一球,如图 4.4 所示,试问欲使该球自墙回跳后仍回到他手中,则他投球的初速度 v_0 需要多大?(设垂直墙方向,球碰撞前速率与碰撞后速率之比为 2,并设摩擦因数为 μ 且 $\mu \leqslant \tan \alpha$。)

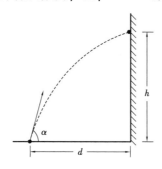

图 4.4

2. 一帆船在静水中顺风飘行,风速为 v,问:船速为多大时,风给船的功率最大?(设帆面是完全弹性面,且与风向垂直。)

3. 从地面上以 $v_1 = 20$ m/s 的初速度竖直上抛一个质量为 m 的小球。由于大气阻力作用,球落回地面时的速率 $v_2 = 15$ m/s。设空气阻力与小球速率成正比,g 取 10 m/s^2,试求小球在空中运动所需要的时间。

4. 将一空盒放在电子秤上,将秤的示数调到零,然后在高出盒底 $h = 1.8$ m 处将小弹珠以 $n = 100$ 个/s 的速率注入盒中。若每个弹珠的质量为 $m = 10$ g,且落到盒内后停止运动,则开始注入后 10 s 时,秤的读数为多少(g 取 10 m/s^2)?

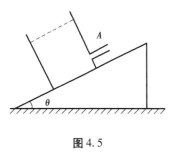

图 4.5

5. 如图 4.5 所示一盛水的容器沿倾角为 θ 的固定斜面向下滑动,从靠近容器底部的细管 A 的管口向外喷出水,水的速度为 v_0,细管的内横截面面积为 S。已知水和容器的总质量为 M,设容器内水的质量可视为不变,水的密度为 ρ,当容器下滑时,水面与斜面平行,试求容器底部与斜面间的动摩擦因数。

4.2 动量守恒定律

4.2.1 碰撞

碰撞是指物体间经过极短时间的相互作用而使各自动量发生明显变化的过程。据碰撞速度方向的不同可分为正碰(碰撞前后速度在同一直线)和斜碰(不在同一直线上)。均可转化为一般模型加以解决(斜碰可用一系列分量式解决)。

1 完全弹性碰撞

碰撞前后无机械能损失,有

$$m_1v_{10} + m_2v_{20} = m_1v_1 + m_2v_2$$

$$\frac{1}{2}m_1v_{10}^2 + \frac{1}{2}m_2v_{20}^2 = \frac{1}{2}m_1v_1^2 + \frac{1}{2}m_2v_2^2$$

式中,m_1、m_2 分别为两体质量,v_{10}、v_{20} 和 v_1、v_2 分别为两体碰撞前后的速度。

解得

$$v_1 = \frac{(m_1 - m_2)v_{10} + 2m_2v_{20}}{m_1 + m_2}$$

$$v_2 = \frac{(m_2 - m_1)v_{20} + 2m_1v_{10}}{m_1 + m_2}$$

以上可做拓展讨论:

$v_{20} = 0$ 时

$$v_1 = \frac{m_1 - m_2}{m_1 + m_2}v_{10}$$

$$v_2 = \frac{2m_1}{m_1 + m_2}v_{10}$$

特殊情况时,有 $v_{10} \neq 0, m_1 = m_2, v_1 = 0, v_2 = v_{10}$

$$m_1 \gg m_2, v_1 \approx v_{10}, v_2 \approx v_{10}$$

$$m_1 \ll m_2, v_1 \approx -v_{10}, v_2 \approx 0$$

$v_{10} \neq 0, v_{20} \neq 0$,利用上述公式,代入特殊情况:碰后两物体速度交换。

2 非完全弹性碰撞

前后有机械能损失的碰撞。为了完全定量研究该类碰撞,引入恢复系数 e,定义 $e = \frac{v_2 - v_1}{v_{10} - v_{20}}$,其中 $(v_2 - v_1)$ 为碰后分离速度,$(v_{10} - v_{20})$ 为碰前接近速度;e 只与物体的材料有关。

不难得到:$0 \leqslant e \leqslant 1$。

当 $e = 0$ 时,为完全非弹性碰撞;

当 $0 < e < 1$ 时,为非完全弹性碰撞;

当 $e = 1$ 时,为完全弹性碰撞。

根据以上定义,又可得到

$$v_1 = v_{10} - (1 + e)\frac{m_2(v_{10} - v_{20})}{m_1 + m_2}$$

$$v_2 = v_{20} - (1 + e)\frac{m_1(v_{20} - v_{10})}{m_1 + m_2}$$

机械能损失

$$\Delta E = \frac{1}{2}(1 - e^2)\frac{m_1m_2}{m_1 + m_2}(v_{10} - v_{20})^2$$

典型例题

例1 在光滑的水平面上放置一个质量为 M、截面是 $\frac{1}{4}$ 圆(圆的半径为 R)的柱体 A。柱面光滑,顶端放一质量为 m 的小滑块 B。初始时刻 A、B 都处于静止状态,在固定坐标 xOy 系中的位置如图 4.6(a)所示。设小滑块从圆柱顶端沿圆弧滑下,试求小滑块脱离圆弧以前在固定坐标系中的轨迹方程。

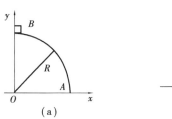 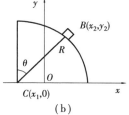

(a)   (b)

图 4.6

解 B 滑下时,根据水平方向动量守恒,A 一定会向左运动。设下滑到某处时,如图 4.6(b)所示,B 的坐标为 (x_2, y_2),A 的位置用圆心 C 的坐标 $(x_1, 0)$ 表示,A、B 沿水平方向的速度分别为 v_A 及 v_B,则从动量在水平方向守恒可得 $mv_B + Mv_A = 0$,此时,C、B 的水平方向坐标分别为 x_1、x_2,由于两物体的水平速率之比在任何时刻都相同,所以其水平方向的位移之比等于速率之比,从而 $mx_1 + Mx_2 = 0$。

在 A 脱离 B 以前,由图 4.6(b)中几何关系可知

$$\begin{cases} R\sin\theta = x_2 - x_1 \\ R\cos\theta = y_2 \end{cases}$$

消去 θ 及 x_1,得

$$\frac{x_2^2}{\left(\dfrac{MR}{M+m}\right)^2} + \frac{y_2^2}{R^2} = 1$$

因此,B 的轨迹是半长轴为 R(在 y 方向)、半短轴为 $\dfrac{MR}{M+m}$(在 x 方向)的椭圆的一部分。

例2 一块足够长的木板放在光滑的水平面上,如图 4.7 所示。在木板上自左向右放有

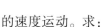

图 4.7

序号为 $1,2,3,\cdots,n$ 的木块,所有的木块的质量均为 m,与木板间的动摩擦因数均为 μ。开始时,木板静止不动,第 $1,2,3,\cdots,n$ 号木块的初速度分别为 $v_0,2v_0,3v_0,\cdots,nv_0$,方向均水平向右,木板的质量与所有木块的总质量相同,最终所有木块与木板以共同的速度运动。求:

(1)第 n 号木块从开始运动到与木板速度刚好相等时的位移;

(2)第 $(n-1)$ 号木块在整个运动过程中的最小速度。

解 (1)第 n 号木块的速度最大。当第 n 号木块与木板的速度相等时,所有木块与木板的速度均相等,该系统在水平方向上不受外力作用,动量守恒,则有

$$m(v_0 + 2v_0 + 3v_0 + \cdots + nv_0) = 2nmv$$

解得

$$v = \frac{(n+1)v_0}{4}$$

木块在木板上运动时,所受到的滑动摩擦力是不变的,所以其加速度是恒量。木块做匀变速运动,由牛顿第二定律有

$$\mu mg = ma$$

即

$$a = \mu g$$

由匀变速运动的规律,可得

$$(nv_0)^2 - v^2 = 2as_n$$

即

$$s_n = \left[n^2 - \frac{(n+1)^2}{4^2} \right] \cdot \frac{v_0^2}{2\mu g}$$

$$= \frac{(15n^2 - 2n - 1)v_0^2}{32\mu g} = \frac{(5n+1)(3n-1)}{32\mu g}v_0^2$$

(2)当第 $(n-1)$ 号木块速度最小时是相对于长木板相对静止,而第 n 号木块与第 $(n-1)$ 号木块在此以前的过程中受到摩擦力的冲量相同,故它们动量改变量相同。设第 n 号木块的最小速度为 v_{n-1},木块在达到此速度以前为减速运动,后为加速运动,且此速度为其与木板静止时的速度,此时只有第 n 号木块相对于木板运动,由动量守恒定律得

$$m(v_0 + 2v_0 + 3v_0 + \cdots + nv_0) = [(n-1)m + nm]v_{n-1} + mv_n$$

在此过程中,第 n 号木块与第 $(n-1)$ 号木块在木板上运动的时间相同,所受摩擦力相同,故速度的改变量相同,有

$$nv_0 - v_n = (n-1)v_0 - v_{n-1}$$

由以上两式可得

$$v_{n-1} = \frac{(n-1)(n+2)v_0}{4n}$$

例3 有三个质量均为 m 的球,可在一无摩擦水平表面自由滑行,球 A、B 和 C 联结于一长度为 l 且不可伸长的无弹性绳两端。当球 C 以速度 v(向右)正中球 B 时,两球静止于如图4.8所示的位置,已知当球 C 碰撞到球 B 时绳子处于松弛状态 $|AC| = \frac{l}{2}$,并假定球 B 和球 C 之间为完全弹性碰撞。

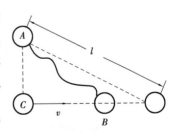

图4.8

试求:

(1)在绳子变成拉紧状态后瞬间每个球的速度;

（2）在绳子变成拉紧状态时，系统损失的动能。

解 （1）由于 B、C 两球质量相等，故碰撞（正碰）前后两者交换速度，即 C 静止，B 以速度 v 运动。当 B 运动到绳张紧前瞬间，沿绳方向的分速度为

$$v_1 = v\cos 30° = \frac{\sqrt{3}}{2}v$$

绳张紧后瞬间，A、B 两球沿绳方向速度相等，即

$$mv_1 = 2mv_1'$$

得

$$v_1' = \frac{v_1}{2} = \frac{\sqrt{3}}{4}v$$

即 A 球的速度沿绳方向，由 A 指向 B，大小为 $\frac{\sqrt{3}}{4}v$；

B 球的另一速度分量 v_2 不变，故

$$v_B = \sqrt{v_2^2 + v_1'^2} = \frac{\sqrt{7}}{4}v_0$$

方向与 AB 夹角

$$\theta = \arctan\left(\frac{v_2}{v_1'}\right) = \arctan\frac{2\sqrt{3}}{3}$$

（2）系统动能损失

$$\Delta E = \frac{1}{2}mv^2 - \frac{1}{2}mv_A^2 - \frac{1}{2}mv_B^2 = \frac{3}{16}mv^2$$

巩固提升

1. 长为 $2l$ 的轻绳，两端各系有一质量为 m 的小球，中点系有质量为 M 的小球，三球在一条直线上且静止于光滑水平桌面，绳处于伸直状态，如图 4.9 所示。现对小球 M 施以瞬时冲量，使其获得与绳垂直的初速度 v_0，求：

（1）两小球 m 相碰时绳中张力 T；

（2）若从小球 M 开始运动到两小球相碰时的时间为 t，求在此期间小球 M 经过的距离 s。

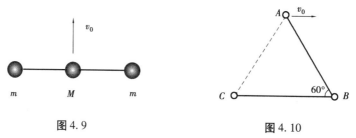

图 4.9 图 4.10

2. 三个质量分别为 $3m$、$2m$、m 的小球 A、B、C 由两根长度相等的细绳相连，如图 4.10 所示，放置在光滑水平面上。三个小球正好位于正三角形的三个顶点位置，且细绳正好被拉直。现使小球 A 以速度 v_0 沿平行于 BC 的方向运动，求细绳刚拉紧时小球 C 的速度。

3. 如图 4.11 所示,质量分别为 m_1、m_2 的两个小球系在长为 l 的不可伸长的轻绳两端,放置在光滑的水平面上,初始时绳是拉直的。在桌面上另有一质量为 m_3 的光滑小球,以垂直于绳的速度 u 与小球 m_1 对心正碰。若恢复系数为 e,求碰后瞬时绳中的张力。

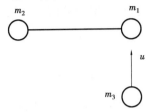

图 4.11

4. 如图 4.12 所示,水平放置的圆环形刚性套槽固定在水平桌面上,槽内嵌着大小相同的刚性小球,它们的质量分别为 m_1、m_2、m_3,其中 $2m_1 = m_2 = m_3$。小球与槽壁刚好接触,而它们之间的摩擦可以忽略不计,开始时三球处于槽中 Ⅰ、Ⅱ、Ⅲ 的位置,彼此之间的距离相等,m_2 和 m_3 静止,m_1 以初速度 $v_0 = \dfrac{\pi R}{2}$ 沿着槽运动,R 为圆环的内半径和小球半径之和,设各球之间的碰撞皆为弹性碰撞,求此系统的运动周期 T。

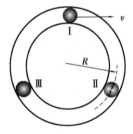

图 4.12

4.3 质心运动

4.3.1 质心

由质量分别为 $m_1, m_2, m_3, \cdots, m_n$ 的 n 个物体组成的质点组,这个质点组的质量为质点组中所有物体的质量之和,质量中心称为该质点组的质心。若在二维坐标系中各质点的位置分别为 $m_1(x_1, y_1), m_2(x_2, y_2), m_3(x_3, y_3), \cdots, m_n(x_n, y_n)$,则质点组质心的位置为

$$x_C = \frac{m_1 x_1 + m_2 x_2 + \cdots + m_n x_n}{m_1 + m_2 + \cdots + m_n} \qquad y_C = \frac{m_1 y_1 + m_2 y_2 + \cdots + m_n y_n}{m_1 + m_2 + \cdots + m_n}$$

比较常见的是由 $m_1(x_1, y_1)$ 和 $m_2(x_2, y_2)$ 两个物体组成的最简单质心组,其质心坐标为

$$x_C = \frac{m_1 x_1 + m_2 x_2}{m_1 + m_2} \qquad y_C = \frac{m_1 y_1 + m_2 y_2}{m_1 + m_2}$$

$$\frac{x_2 - x_C}{x_C - x_1} = \frac{m_1}{m_2} \qquad \frac{y_2 - y_C}{y_C - y_1} = \frac{m_1}{m_2}$$

因此,可得出:质心坐标必位于 m_1 与 m_2 的连线上,且质心与各个质点的距离跟质点质量成反比。若 $m_1 \neq m_2$,则质心靠近质量大的物体的那一边。

4.3.2 质心的速度

相对于选定的参考系,其质心的位置随时间的变化也有一定的速度,称为质心的速度 v_C,记作 $mv_C = \sum_{i=1}^{N} m_i v_i$。其中,$m$ 是质点组的总质量。因此,质点组的动量定理还可写成

$$\sum_{i=1}^{N} I_i = mv_C - mv_{C0}$$

表述为:在一段时间内,外力的合冲量等于质心动量的增量。那么当系统所受的合外力为零,即系统的动量守恒时,质心的动量不变,也就是质心的速度保持不变;并且若开始状态的质心动量为零,则质心的位置也保持不变;若系统只是在某一方向不受外力,那么质心在这一方向的运动将保持不变。

4.3.3 质心运动定律

以两质点系统为例,若两质点的质量分别为 m_1 和 m_2,受到来自系统外的作用力分别为 F_1 和 F_2,f_{12} 和 f_{21} 分别为两质点受到的相互作用力如图 4.13 所示,则根据牛顿第二定律,可得 $F_1 + f_{12} = m_1 a_1$、$F_2 + f_{21} = m_2 a_2$ 两式相加,并注意到 $f_{12} = -f_{21}$ 即得

$$F_1 + F_2 = m_1 a_1 + m_2 a_2 = (m_1 + m_2) \frac{m_1 a_1 + m_2 a_2}{m_1 + m_2}$$

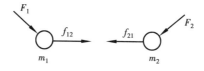

图 4.13

设 $a_C = \frac{m_1 a_1 + m_2 a_2}{m_1 + m_2}$,$a_C$ 即为质心加速度;$F = F_1 + F_2$ 为系统所受的合外力,且有 $m = m_1 + m_2$,故上式表示为 $F = ma_C$,即作用在质点系上的合外力等于质点总质量与质心加速度的乘积,这就是质心运动定律。对于 n 个质点组成的系统,质心加速度可表示为 $a_C = \frac{\sum_{i=1}^{N} m_i a_i}{m}$。

推论:

①如果一个质点组的质心原来是不动的,那么在无外力作用的条件下,它的质心始终不动,即位置不变。

②如果一个质点组的质心原来是运动的,那么在无外力作用的条件下,它的质心将以原

来的速度做匀速直线运动。

③如果一个质点组的质心在某一外力的作用下做某种运动,那么内力不能改变质心的这种运动,能够也仅能够改变各质点相对质心的运动。

我们在物体系中研究的质点,其实就是一个物体的质心。

各质点的运动可能错综复杂,而质心的运动可能很规律,各质心的运动可看作质心运动与相对质心运动的合运动。

典型例题

例1 如图4.14所示,劈的质量为 $2m$,与水平的倾角 $\alpha\left(\cos\alpha=\dfrac{2}{3}\right)$,放在光滑的水平桌面上。一根轻绳穿过固定在劈顶上的滑轮,绳两端分别系上质量为 m 和 $3m$ 的物体。质量为 $3m$ 的物体可以沿竖直导轨 AB 滑动,这个物体开始维持不动且离桌面距离 $H = 27$ cm,然后放开。求质量为 $3m$ 的物体接触桌面时劈的位移。滑轮和导轨 AB 的质量不计。

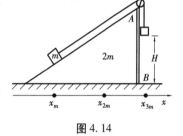

图 4.14

解 当质量为 $3m$ 的物体放开后,本物体系的水平方向 (x 轴)不受任何外力作用,所以系统质心的水平坐标保持不变。设任一时刻三个物体质心的水平坐标:质量 m 物体坐标 x_m,劈的坐标 x_{2m},质量为 $3m$ 物体的坐标 x_{3m}。于是系统质心的水平坐标将等于

$$x_0 = \frac{mx_m + 2mx_{2m} + 3mx_{3m}}{m + 2m + 3m}$$

由于 x_0 值为恒量,可以写成 $mx_m + 2mx_{2m} + 3mx_{3m} =$ 常数

在质量 $3m$ 物体下落时间内,三物体坐标都发生变化,并且这些变化之间满足下面关系式

$$\Delta x_m + \Delta x_{2m} + \Delta x_{3m} = 0$$

或者,因为 $\Delta x_{2m} = \Delta x_{3m}$,所以 $\Delta x_m + 5\Delta x_{2m} = 0$。

质量为 $3m$ 物体下落 H 引起质量 m 物体沿斜面也移动 H,沿 x 轴移动 $H\cos\alpha$。但这是相对劈的位移,它的总水平位移为

$$\Delta x_m = H\cos\alpha + \Delta x_{2m}$$

再考虑到 Δx_m 和 Δx_{2m} 的关系,得到劈的位移

$$\Delta x_{2m} = -\frac{H\cos\alpha}{6} = -\frac{H}{9} = -3 \text{ cm}$$

负号意味着:劈向左移动。

例2 一根塑料吸管放在光滑的水平桌面上,吸管与桌面的一边垂直并有一半突出在桌子外。一只蜘蛛在桌内吸管的末端 A 上开始沿吸管慢慢地爬到另一端点 B 时,当蜘蛛到达端点 B 时,吸管并没有倾倒;这时有一滴松香液滴正巧轻轻地滴在蜘蛛身上,吸管仍未倾倒。已知吸管和蜘蛛的质量分别为 m_1 和 m_2,试问松香液滴的最大质量 m' 是多少?

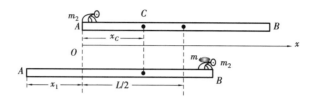

图 4.15

解 设杆长为 L,如图4.15所示,蜘蛛在 A 端和 B 端时,吸管和蜘蛛组成的体系及吸管、蜘蛛和松香油滴组成的体系质心位置 x_C 不变,蜘蛛在 A 点时

$$x_C = \frac{m_1 \dfrac{L}{2}}{m_1 + m_2}$$

在该过程中吸管向左移动 x_1,蜘蛛在 B 点时

$$x_C = \frac{m_1 \left(\dfrac{L}{2} - x_1 \right) + m_2 (L - x_2)}{m_1 + m_2}$$

解得

$$x_1 = \frac{m_2 L}{m_1 + m_2}$$

以桌边缘为转轴,要使吸管不倾倒力矩临界条件应为

$$(m_2 + m') g \left(\frac{L}{2} - x_1 \right) = m_1 x_1$$

解得

$$m' = \frac{m_2 (m_1 + m_2)}{m_1 - m_2} (m_1 > m_2)$$

若 $m_1 < m_2$, m' 可以为任意值。

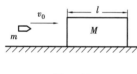

图 4.16

例3 如图4.16长为 l、质量为 M 的木块静止在光滑水平面上,质量为 m 的子弹以水平速度 v_0 射入木块并且从中射出。已知从子弹射入到射出木块的过程中,木块移动的距离为 s,子弹穿过木块所用时间为多长。

解法一 设子弹受到木块的水平阻力大小为 f,子弹穿出木块时刻子弹、木块速度分别为 v_m 和 v_M,所用时间为 t,则对木块和子弹分别用动量定理,得

$$ft = Mv_M$$

$$-ft = mv_m - mv_0$$

同时注意到木块和子弹都做匀变速运动,则对木块和子弹分别有

$$s = \frac{1}{2} v_M t$$

$$s + l = \frac{1}{2} (v_0 + v_m) t$$

解得

$$t = \frac{1}{v_0}\Big[l + \Big(\frac{M}{m} + 1\Big)s\Big]$$

解法二 系统质心速度 $v_C = \dfrac{mv_0}{M+m}$,取子弹将要射入木块时子弹位置为坐标原点,向右为 x 轴正方向,则初始系统质心坐标为

$$x_{C_1} = \frac{M}{M+m} \cdot \frac{l}{2}$$

子弹穿出时系统质心坐标为

$$x_{C_2} = \frac{M(s+l/2) + m(s+l)}{M+m}$$

故相应的时间

$$t = \frac{x_{C_2} - x_{C_1}}{v_C} = \frac{1}{v_0}\Big[l + \Big(\frac{M}{m} + 1\Big)s\Big]$$

注:对解法一,因题中要求时间,所以想到用动量定理和位移公式,也可根据木块长度是已知量,用热量列式,即 $fl = \dfrac{1}{2}mv_0^2 - \dfrac{1}{2}mv_m^2 - \dfrac{1}{2}Mv_M^2$,当然也可分别对子弹和木块用动能定理列式。但无论用何种方法列式,要解出结果都不容易。而对解法2,明显更为简单且物理过程清晰。同时由解法二易知,即使木块和子弹间的作用力与相对速度有关,也不影响最终结果。

巩固提升

1. 如图4.17所示,一块长直光滑平板 AB 放在平台上,OB 伸出台面,在左端的 D 点放一块质量为 m_1 的小铁块,它以初速度 v 向右运动。假设直板相对于桌面不发生滑动,经过时间 T_0 后直板开始翻倒。现在让直板恢复原状,并在直板上 O 点放上另一个质量为 m_2 的小物体,同样让 m_1 从 D 点开始以初速度 v 向右运动,并与 m_2 发生正碰,那么从 m_1 开始滑动后经过多少时间直板开始翻倒。

2. 如图4.18所示,用劲度系数为 k 的轻弹簧连接放在光滑水平面上质量分别为 m_1、m_2 的木块。让第一个木块紧靠竖直墙壁,在第二个木块的侧面施加水平推力将弹簧压缩 L 长度。现突然撤去推力后,试求系统质心可获得的最大加速度和最大速度。

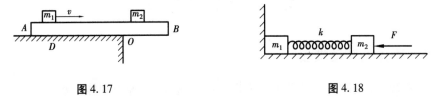

图4.17   图4.18

3. 如图 4.19 所示,已知形状为等腰直角三角形的匀质板的斜边长 $\overline{AB}=12$ cm,使 AB 铅垂静立于光滑的水平面上。若三角块保持在其所在的铅垂平面内滑倒,试求直角边 BC 的中点 M 的运动轨迹。

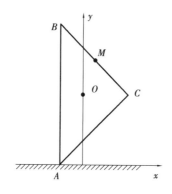

图 4.19

4. 如图 4.20 所示,质量为 m 的钢球下连一根可不计质量的轻杆,杆长为 L,杆原来立在光滑的水平面上。轻推一下后,问:

(1)小球下落的轨迹是什么;

(2)球在离地 $0.5L$ 处时杆着地点的速度是多少?

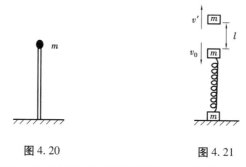

图 4.20   图 4.21

5. 如图 4.21 所示,两个同样的物体用轻弹簧相连,维持下面物体在桌面上高 $H=1$ m 处。两物体同时放下,并使此时两物体之间的弹簧正好为原长。然后使系统开始下落,求当下面的物体与桌面发生完全非弹性碰撞后(但与桌面不粘连),系统质心上升的高度。已知一个物体重力使弹簧伸长 $l=0.05$ m。

4.4 角动量定理

4.4.1 刚体的转动惯量

刚体的转动惯量是刚体在转动中的惯性大小的量度,它等于刚体中每个质点的质量 m_i 与该质点到转轴的距离 r_i 的平方的乘积总和,即

$$I = \sum_{i=1}^{n} m_i r_i^2$$

从转动惯量的定义式可知,刚体的转动惯量取决于刚体各部分的质量及对给定转轴的分布情况。刚体的质量可认为是连续分布的,所以上式可写成积分形式

$$I = \int r^2 \mathrm{d}m$$

积分式中,$\mathrm{d}m$ 为质元的质量,r 为此质元到转轴的距离。

如质量 m,长为 l 的杆对杆质心的转动惯量

$$I_C = \int_{\frac{-l}{2}}^{\frac{l}{2}} \left(\frac{m}{l} \mathrm{d}x \right) x^2 = \frac{m}{l} \cdot \frac{1}{3} x^3 \Big|_{\frac{-l}{2}}^{\frac{l}{2}} = \frac{1}{12} m l^2$$

而对杆的一个端点的转动惯量

$$I_C = \int_0^l \left(\frac{m}{l} \mathrm{d}x \right) x^2 = \frac{m}{l} \cdot \frac{1}{3} x^3 \Big|_0^l = \frac{1}{3} m l^2$$

4.4.2 确定物体转动惯量的途径

(1)从转动惯量的定义来确定

对于一些质量均匀分布,形状规则的几何体,计算它们关于对称轴的转动惯量,往往从定义出发,运用微元集合法,只需要初等数学知识即可求得(或直接积分求得)。

(2)利用平行轴定理

刚体转动惯量与轴的位置有关。

若二轴平行,其中一根转轴过质心,如图 4.22 所示,则刚体对另一根转轴的转动惯量有下面关系

$$I = I_C + m d^2$$

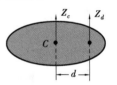

图 4.22

式中,m 为刚体质量;I_C 为刚体过其质心轴的转动惯量;I 为对另一根平行轴的转动惯量;d 为两轴的垂直距离。

平行轴定理给出了刚体对任一转轴的转动惯量和对与此轴平行且通过质心的转轴的转动惯量之间的关系。

如对杆一个端点的转动惯量 I 和对杆质心的转动惯量 I_C 有

$$I = I_C + m \left(\frac{l}{2} \right)^2 = \frac{1}{3} m l^2$$

(3)利用垂直轴定理

对任意刚体,任取直角三维坐标 $O - xyz$,刚体对 x、y、z 轴的转动惯量分别为 I_x、I_y、I_z。

$$I_x + I_y + I_z = \sum_{i=1}^{n} m_i x_i^2 + \sum_{i=1}^{n} m_i y_i^2 + \sum_{i=1}^{n} m_i z_i^2 = 2 \sum_{i=1}^{n} m_i r_i^2$$

其中,r_i 为质元到坐标原点的距离,如图 4.23 所示。

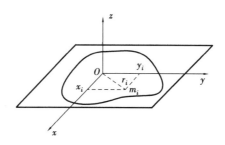

图 4.23

垂直轴定理也可表示为:如果已知一块薄板绕位于板上两相互垂直的轴(设为 x 轴和 y 轴)的转动惯量为 I_x 和 I_y,则薄板绕 z 轴的转动惯量 $I_z = I_x + I_y$。

一些规则几何体的转动惯量如表4.1所示。

表 4.1　一些规则几何体的转动惯量

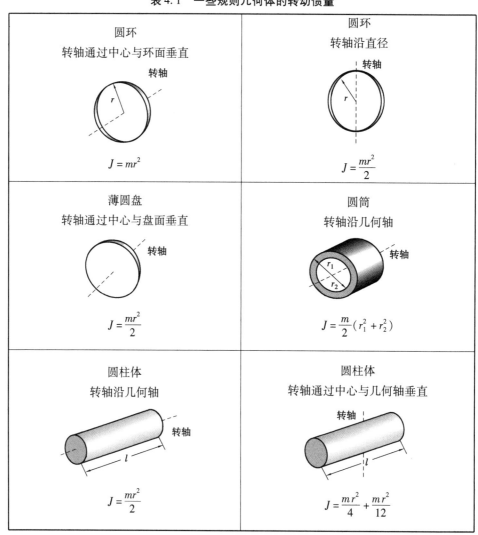

续表

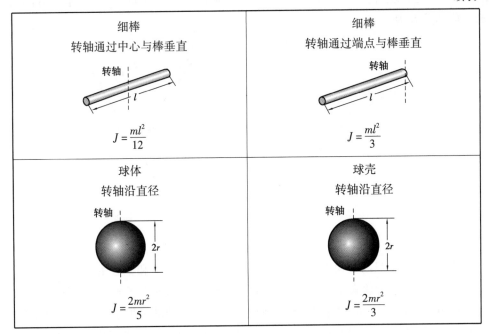

4.4.3 质点的角动量

质点的运动状态可以用动量描写,它包含了运动的大小和方向的所有特征。当我们以某定点为参考点来考察质点的运动时,相对参考点而言,除质点的动量外,质点距离在变化,质点的方位也在变化,前者可用质点相对参考点的位移的大小变化来表征,后者可用位移方向变化来表征,而位移方向的变化又可与位移扫过的角度随时间的变化,即角速度相联系;而角速度不仅有大小,还有方向(以所绕的轴线顺、逆时针为特征)。为了描述质点相对于某一参考点的运动,可仿照力矩的定义引入动量矩的概念。

物体绕定点转动时,该物体的动量与定点到动量方向垂直距离的乘积,称为质点对于该参考点的动量矩,即 $L = r \times P = r \times mv$。动量矩又称为角动量。

角动量是矢量,它是 r 和 P 的矢积,因而既垂直于 r,又垂直于 P,即垂直于 r 与 P 所组成的平面,其方向由右手定则决定,如图 4.24 所示。

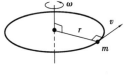

图 4.24

其数值大小一般写为 $L = mvr$,r 是转轴到速度作用线的垂直距离。绕固定轴转动的刚体,其角动量为 $L = I\omega$。

4.4.4 质点的角动量定理

如图 4.25 所示,设质点 m 沿与某固定点 O 相距为 d 的直线运动,在某一时刻,质点与 O 的距离为 x,速度为 v,v 与 x 的夹角为 O。质点不受外力作用时,物体运动方向与速率均不变;r 和 O 虽然不断变化,但 $r \sin \alpha = d$ 不变,因此质点相对于 O 点的角动量。$L = rP \sin \alpha =$

Pd 始终保持不变。现将动量 $P = mv$ 分解为沿 r 方向的分量 $P_r = mv_r$ 和与 r 垂直方向的分量 $P_t = mv_t$，角动量 L 为

$$L = rP\sin\alpha = rmv\sin\alpha = rmv_t = rP_t$$

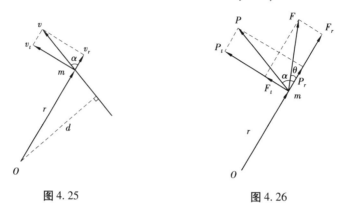

图 4.25　　　　　　　　　　图 4.26

上式表明，角动量只与 r 和 P_t 有关。如果质点受到位于 r 和 P 所在平面的内的外力 F 作用，如图 4.26 所示，并将此力分解为沿 r 方向的分力 F_r 和垂直于 r 方向的分力 F_t，在一段极短的时间间隔 Δt 中，F_r 的冲量 $F_r\Delta t$ 将使质点沿 r 方向的动量增加 P_r。由上面的分析可知，这个增量对质点角动量没有影响。与此同时，F_t 的冲量 $F_t\Delta t$ 将使质点沿垂直于 r 方向的动量增加 $\Delta P_t = F_t\Delta t$，因而角动量的增量

$$\Delta L = r\Delta P_t = rF_t\Delta t$$

两边除以 Δt，并令 $\Delta t \to 0$，得

$$\lim_{\Delta t \to 0}\frac{\Delta L}{\Delta t} = rF_t$$

上式左边为单位时间内角动量的改变量，即角动量变化率；右边为力 F 对 O 点的力矩，因此上式可写成 $\lim\limits_{\Delta t \to 0}\dfrac{\Delta L}{\Delta t} = M$。由以上分析得出结论：质点对某定点的角动量变化率等于质点所受外力对该质点的力矩。这称为质点的角动量定理。

典型例题

例 1　如图 4.27(a)所示，求均匀薄方板对过其中心 O 且与 x 轴成 θ 角的轴 C 的转动惯量（轴 C 在 xOy 平面内）。

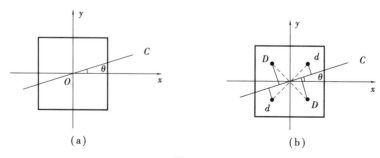

(a)　　　　　　　　　　(b)

图 4.27

解法一 如图 4.27(b)所示为待求转动惯量的正方形薄板,设其边长为 l,总质量为 m,对轴的转动惯量为 $I = kml^2$。过中心 O 将板对称分割成四个相同的小正方形,各小正方形对过各自质心且平行于 C 的轴的转动惯量为

$$k \frac{m}{4} \cdot \left(\frac{l}{2} \right)^2 = \frac{kml^2}{16}$$

小正方形的轴与 C 轴的距离分别为 D 或 d,由平行轴定理可知,它们对 C 轴的转动惯量应分别为 $\frac{kml^2}{16} + \frac{m}{4}D^2$(两个质心与 C 轴距离为 D 的小正方形)或 $\frac{kml^2}{16} + \frac{m}{4}d^2$,则有下列等式成立

即

$$kml^2 = 2\left(\frac{kml^2}{16} + \frac{m}{4}D^2 \right) + 2\left(\frac{kml^2}{16} + \frac{m}{4}d^2 \right)$$

整理可得

$$\frac{3}{2}kl^2 = (D^2 + d^2)$$

而由几何关系,可得

$$D = \frac{l}{2} \cdot \frac{\sqrt{2}}{2} \sin\left(\frac{\pi}{4} + \theta \right)$$

$$d = \frac{l}{2} \cdot \frac{\sqrt{2}}{2} \sin\left(\frac{\pi}{4} - \theta \right)$$

故有

$$\frac{3}{2}kl^2 = \frac{l^2}{8}\left[\sin^2\left(\frac{\pi}{4} + \theta \right) + \sin^2\left(\frac{\pi}{4} - \theta \right) \right]$$

解得

$$k = \frac{1}{12}$$

于是,求得正方形木板对过其中心 O 的轴的转动惯量为 $I_C = \frac{1}{12}ml^2$,且与角 θ 无关。

解法二 由垂直轴定理,有

$$I_z = 2I_x = 2I_y = 2I_C$$

故

$$I_C = I_x$$

设 $I_z = kml^2$,则其中对称的 $\frac{1}{4}$ 片对 z 轴的转动惯量可记为

$$I'_z = k \cdot \frac{1}{4}m \cdot \left(\frac{l}{2} \right)^2 + \frac{1}{4}m \cdot \left(\frac{l}{2\sqrt{2}} \right)^2 = \frac{k}{16}ml^2 + \frac{1}{32}ml^2$$

而

$$I_z = 4I'_z$$

即

$$kml^2 = \frac{k}{4}ml^2 + \frac{1}{8}ml^2$$

得

$$k = \frac{1}{6}$$

故

$$I_C = \frac{1}{2}I_z = \frac{1}{12}ml^2$$

解法三 该平面对 x 轴的转动惯量

$$I_x = \int_{-\frac{l}{2}}^{\frac{l}{2}} \frac{m}{l}\mathrm{d}y \cdot y^2 = \frac{1}{12}ml^2$$

而

$$I_z = 2I_x = 2I_C$$

故

$$I_C = I_x = \frac{1}{12}ml^2$$

解法四 由垂直轴定理,有

$$I_z = 2I_x = 2I_C$$

故

$$I_C = I_x$$

设 $I_C = kml^2$,则其中对称的 $\frac{1}{4}$ 片对 x 轴的转动惯量

$$I'_C = k \cdot \frac{1}{4}m\left(\frac{l}{2}\right)^2 + \frac{1}{4}m\left(\frac{l}{4}\right)^2$$

而

$$I_C = 4I'_C$$

解得

$$k = \frac{1}{12}$$

所以

$$I_C = \frac{1}{12}ml^2$$

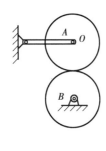

图 4.28

例 2 如图 4.28 所示,匀质圆轮 A 的质量为 M_1,半径为 R_1,以角速度 ω_0 绕水平杆的端点 O 转动。此时,将轮放置在质量为 M_2,半径为 R_2 的另一匀质圆轮 B 上,B 轮原来静止,但它可绕其几何轴自由转动。放手后,由于两轮间的摩擦,B 轮也跟着转动,设两轮间的摩擦系数为 μ,问从 A 轮放在 B 轮上到两轮之间没有相对滑动为止,经过了多少时间?

解 设两轮间的摩擦力为 f,则 $f = \mu N$,而 $N = M_1 g$,所以两轮受到摩擦力距,根据转动定律,有

$$-fR_1 = J_1 a_1$$
$$fR_2 = J_2 a_2$$

即

$$-\mu M_1 g R_1 = \frac{1}{2} M_1 R_1^2 a_1$$

$$\mu M_1 g R_2 = \frac{1}{2} M_2 R_2^2 a_2$$

经时间 t 后,两轮的角速度分别为 ω_1 和 ω_2,于是有

$$a_1 = \frac{\omega_1 - \omega_0}{t}$$

$$a_2 = \frac{\omega_2}{t}$$

当两轮无相对滑动时,$v_1 = v_2$,即

$$R_1 \omega_1 = R_2 \omega_2$$

由以上各式可解得

$$t = \frac{M_2 R_1 \omega_0}{2\mu g (M_1 + M_2)}$$

例3 在光滑水平面上放置一质量为 m、长为 l 的质量均匀分布细杆。此杆由长度相等的两段构成,中间用光滑铰链连接起来(即两段在连接点可以弯折但不能分离),如在杆的一端施以垂直于杆的水平冲量 I,如图 4.29(a)所示,试求细杆获得的动能。

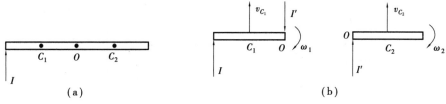

图 4.29

解 杆的左端在受到冲量 I 作用的同时,还受到右段所施冲量 I' 的作用。由牛顿第三定律,可知右段也同时受到左段所施冲量 I' 的作用。两个 I' 的方向相反,如图 4.29(b)所示。

由质心运动定理和角动量定理,对杆的左段,有

$$I - I' = \frac{m}{2} v_{C_1}$$

$$I \cdot \frac{l}{4} + I' \cdot \frac{l}{4} = J_1 \omega_1 = \frac{1}{12}\left(\frac{m}{2}\right)\left(\frac{l}{2}\right)^2 \omega_1 = \frac{1}{96} m l^2 \omega_1$$

对杆的右段,有

$$I' = \frac{m}{2} v_{C_2}$$

$$I' \cdot \frac{l}{4} = J_2 \omega_2 = \frac{1}{12}\left(\frac{m}{2}\right)\left(\frac{l}{2}\right)^2 \omega_2 = \frac{1}{96} m l^2 \omega_2$$

由于连接点的速度相等,因而有

$$v_{C_1} - \frac{l}{4}\omega_1 = v_{C_2} + \frac{l}{4}\omega_2$$

联立以上方程,解得

$$v_{C_1} = \frac{5}{2m}I$$

$$v_{C_2} = -\frac{1}{2m}I$$

$$\omega_1 = \frac{18}{ml}I$$

$$\omega_2 = -\frac{6}{ml}I$$

其中,v_{C_2} 与 ω_2 的负号表明它们实际的方向与图示假设方向相反。

细杆获得的动能

$$E_k = \frac{1}{2}\left(\frac{m}{2}\right)v_{C_1}^2 + \frac{1}{2}\left(\frac{m}{2}\right)v_{C_2}^2 + \frac{1}{2}J_1\omega_1^2 + \frac{1}{2}J_2\omega_2^2 = \frac{7}{2m}I^2$$

注:此题所求动能的方法是利用了柯尼希定理,后面5.6节中会讲到。下个例题中也会用到。

例4　一质量均匀的圆环静止在墙角上,环心刚好在墙角正上方,如图4.30(a)所示。已知环与墙角之间的摩擦因数为 μ,若由此位置轻轻向右推一下圆环,圆环便以墙角为轴顺时针转动,确定圆环转过多大角度时开始相对墙角滑动。

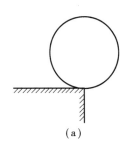

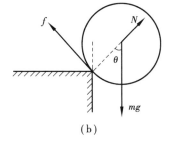

(a)　　　　　　　　　(b)

图4.30

解　如图4.30(b)所示,设圆环转过的 θ 角时,环心的速度为 v,则

$$mgR(1 - \cos\theta) = \frac{1}{2}mv^2$$

$$mg\cos\theta - N = m\frac{v^2}{R}$$

解得

$$v = \sqrt{gR(1 - \cos\theta)}$$

$$N = mg(2\cos\theta - 1)$$

又

$$v = \sqrt{gR(1 - \cos\theta)} = \sqrt{2gR}\sin\frac{\theta}{2}$$

则质心(环心)做圆周运动的切向加速度

$$a = \frac{dv}{dt} = \frac{dv}{d\theta} \cdot \frac{d\theta}{dt}$$

$$= \frac{1}{2}\sqrt{2gR}\cos\frac{\theta}{2} \cdot \frac{v}{R}$$

$$= \frac{1}{2}\sqrt{2gR}\cos\frac{\theta}{2} \cdot \frac{\sqrt{2gR}}{R}\sin\frac{\theta}{2}$$

$$= \frac{1}{2}g\sin\theta$$

根据质心运动定律,有

$$mg\sin\theta - f = ma$$

解得

$$f = \frac{1}{2}mg\sin\theta$$

由滑动条件,知

$$f = \mu N$$

即

$$\frac{1}{2}mg\sin\theta = \mu mg(2\cos\theta - 1)$$

解得

$$\theta = \arctan 4\mu - \arcsin\frac{2\mu}{\sqrt{1+16\mu^2}}$$

巩固提升

1. 试求如图 4.31 所示圆柱绕中心轴转动的转动惯量。设这种有洞圆柱的质量为 m,半径为 R,4 个圆柱形空洞的半径均为 $\frac{R}{3}$,从中心轴到各个空洞中心的距离均为 $\frac{R}{2}$。

2. 如图 4.32 所示,两实心圆柱轮绕各自的质心转动,且两轴相互平行,它们的半径分别为 R_1 和 R_2,质量分别为 m_1 和 m_2,两轮同方向转动,角速度分别为 ω_1 和 ω_2。移近两轮使它们保持接触,试求稳定后的角速度。

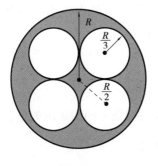

图 4.31

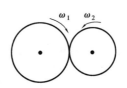

图 4.32

3. 如图 4.33 所示,一个质量为 6 kg 的物体放在倾角为 30° 的斜面上,斜面顶端装有一滑轮。跨过滑轮的轻绳一端系于该物体上,并与斜面平行,另一端悬挂一个质量为 18 kg 的砝码。滑轮质量为 2 kg,其半径为 0.1 m,物体与斜面间的动摩擦因数为 0.1,试求:

(1)砝码运动的加速度;

(2)绳中张力(假设滑轮是质量均匀分布的圆盘)。

4. 如图 4.34 所示,一实心圆柱体在倾角为 θ 的斜面上做纯滚动。设动摩擦因数为 μ,试求使该物体做纯滚动时 μ 的取值范围。

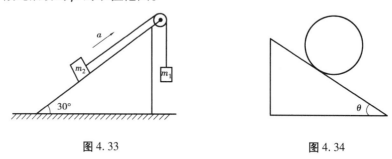

图 4.33   图 4.34

4.5 角动量守恒定律

如果质点所受的力对于某根轴线的力矩为零,则质点对于该轴线的角动量不随时间变化。通常将这称为质点对于该轴线的角动量守恒定律。

在质点固结于轴线的情况下,角动量守恒定律为

$$L = mR^2 \omega = 常量$$

这意味着质点绕转轴转动的角速度 ω 不变。

一般说来,质点并不固结于轴线,角动量守恒定律为

$$L = mrv \sin \alpha = mrv_t = mr\omega^2 = 常量$$

由上式可见,在质点所受的力对于轴线的力矩为零的条件下,如质点向轴线靠近,r 减小,则它围绕轴线运动的角速度加快,反之则减慢。例如,在舞蹈表演或滑冰表演中,演员常绕自身的轴线旋转,演员将两手合抱于胸前,旋转就加快起来,演员将两臂伸展出来,旋转就减慢,这正是利用了角动量守恒定律。

下面给出外力对定点力矩之和为零的三种情况:

①体系不受外力作用。但是一般来讲,当质点系受外力作用时,即使外力的矢量和为零,外力矩的矢量和未必为零,力偶就是这种情况。

②所有的外力通过定点,这时体系所受外力的矢量和未必为零,但每个外力的力矩皆为零。

③每个外力的力矩不为零,但外力矩的矢量和为零。例如,对重力场中的质点系,作用于各质点的重力对质心的力矩不为零,但所有重力对质心的力矩的矢量和却为零。

典型例题

例 1 如图 4.35(a)所示,质量为 m 的小球 B 放在光滑的水平槽内。现以一长为 l 的细

绳连接另一质量为 m 的小球,开始时细绳处于松弛状态,A 与 B 相距为 $l/2$,小球 A 以初速度 v_0 在光滑的水平地面上向右运动。当 A 运动到图示位置时,细绳被拉紧。试求 B 球开始运动时速度 v_B 的大小。

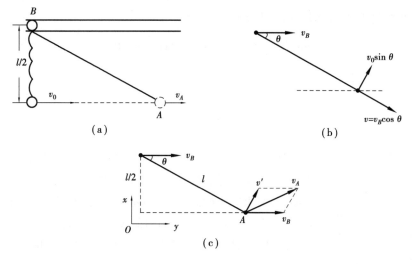

图 4.35

解法一　当细绳被拉紧瞬间,由题设条件可知细绳与导轨方向的夹角 $\theta = 30°$,如图 4.35(b)所示。

而 A、B 两球在沿绳子的方向上的速度均为

$$v = v_B \cos \theta = \frac{\sqrt{3}}{2} v_B$$

在垂直于细绳方向上 A 球的速度变为

$$v_0 \sin \theta = \frac{1}{2} v_0$$

在沿 A 初速度方向上两球不受外力,动量守恒,有

$$mv_0 = mv_B + m\left(\frac{v_0}{2}\right) \sin \theta + mv \cos \theta$$

得

$$v_B = \frac{3}{7} v_0$$

其速度沿槽方向。

解法二　设绳拉紧的瞬间,小球 A 的速度为 v_A,小球 B 的速度为 v_B。在绳拉紧时,小球 A 相对于小球 B 的运动时是以 B 为中心的圆周运动,其相对速度设为 v',与细绳垂直,如图 4.35(c)所示。因而,此时小球 A 的速度是 $v_A = v' + v_B$。

取坐标系如图 4.35(c)所示,则有

$$v_{Ax} = v_x' = v' \cos \alpha$$
$$v_{Ay} = v_y' + v_B = v' \sin \theta + v_B$$

由图中几何关系,知 $\theta = 30°$。

小球在运动过程中,在 y 方向系统不受外力作用,动量守恒,则有

$$mv_0 = mv_{A_y} + mv_B$$

小球 A 对小球 B 原所在位置的角动量守恒,则

$$mv_0 \cdot \frac{l}{2} = mv_{A_x} l \cos \theta + mv_{A_y} l \sin \theta$$

联立以上各式解得

$$v_B = \frac{3}{7} v_0$$

其速度沿 y 轴方向。

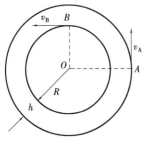

图 4.36

例 2 一质量 $m = 1.20 \times 10^4 \text{ kg}$ 的登陆飞船,在离月球表面高度 $h = 100 \text{ km}$ 处绕月球做匀速圆周运动。飞船采用如下登月方式:当飞船位于如图 4.36 所示的 A 点时,它向外侧(即沿月球中心 O 到 A 的位矢方向)短时间喷气,使飞船与月球相切到达 B 点,且 OA 与 AB 垂直。试求飞船到达月球表面时的速度。已知月球的半径 $R_M = 1\ 700 \text{ km}$;在飞船登月的过程中,月球的重力加速度可视为常量 $g_M = 1.62 \text{ m/s}^2$。

解 如图 4.36 所示,设飞船在 A 点的速度为 v_0,由万有引力定律和牛顿定律有

$$G \frac{mM}{(R+h)^2} = m \frac{v_0^2}{R+h}$$

式中,M 为月球的质量。

又月球表面附近的重力加速度 $g_M = G \dfrac{M}{R^2}$,由以上两式得

$$v_0 = \sqrt{\frac{g_M R^2}{(R + h)^2}} = 1\ 613 \text{ m/s}$$

在飞船即将喷气时,其质量由 m' 和燃气 $\Delta m'$ 两部分组成,其中飞船的剩余部分 m' 在 A 点和 B 点只受到引力的作用,故角动量守恒

$$m'v_0(R + h) = m'v_B R$$

得

$$v_B = \frac{R + h}{R} v_0 = 1\ 708 \text{ m/s}$$

例 3 如图 4.37(a)所示,在光滑水平面上,质量为 M 的两小球由一长为 l 的轻杆相连。另一质量为 m 的小球以速度为 v_0 向着与杆成 θ 角的方向运动,并与其中一小球 M 发生碰撞,碰撞后,m 以 $\dfrac{1}{2} v_0$ 的速率沿原路线反弹。试求碰撞后轻杆系统绕其质心转动的角速度 ω。

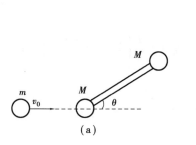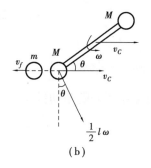

图 4.37

解 如图 4.37(b)所示,系统水平方向动量守恒

$$mv_0 = 2Mv_C - mv_f$$

机械能守恒

$$\frac{1}{2}mv_0^2 = \frac{1}{2}mv_f^2 + \frac{1}{2}M\left[\left(v_C + \frac{1}{2}l\omega \sin \theta\right)^2 + \left(\frac{1}{2}l\omega \cos \theta\right)^2\right] +$$

$$\frac{1}{2}M\left[\left(v_C - \frac{1}{2}l\omega \sin \theta\right)^2 + \left(\frac{1}{2}l\omega \cos \theta\right)^2\right]$$

系统绕轻杆系统质心的角动量守恒

$$mv_0 \cdot \frac{l}{2}\sin \theta = M \cdot \omega \left(\frac{1}{2}l\right)^2 2 - mv_f \cdot \frac{l}{2}\sin \theta$$

其中

$$v_f = \frac{1}{2}v_0$$

解得

$$\omega = \frac{3mv_0 \sin \theta}{2Ml}$$

例4 若上题中三球的质量相同,均为 m,且 $\theta = 45°$。当运动小球以 v_0 的速率与连在杆上的某一球发生弹性碰撞后,沿垂直于原速度方向运动,如图 4.38(a)所示。试求:

(1)碰撞后,运动小球的速度 v_f;

(2)碰撞后,轻杆系统绕其质心转动的角速度 ω。

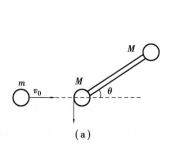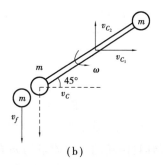

图 4.38

解 如图 4.38(b)系统水平方向动量守恒

$$mv_0 = 2mv_{C_1}, \quad mv_f = 2mv_{C_2}$$

机械能守恒

$$\frac{1}{2}mv_0^2 = \frac{1}{2}mv_f^2 + \frac{1}{2} \cdot 2m \cdot (v_{C_1}^2 + v_{C_2}^2) + \frac{1}{2}\left[2 \cdot m \cdot \left(\frac{l}{2}\right)^2\right] \cdot \omega^2$$

系统绕轻杆系统质心的角动量守恒

$$mv_0 \cdot \frac{l}{2}\sin 45° = mv_f \cdot \frac{l}{2}\cos 45° + m \cdot \omega \cdot \left(\frac{l}{2}\right)^2 \cdot 2$$

解得

$$v_f = \frac{1 + 2\sqrt{2}}{7}v_0$$

$$\omega = \frac{3\sqrt{2} - 2}{7} \cdot \frac{v_0}{l}$$

巩固提升

1. 宇宙飞船距火星表面 H 高度处做匀速圆周运动,火星半径记为 R。今设飞船在极短的时间内向外侧点火喷气,使飞船获得一径向朝里的分速度,其大小为原来速度的 a 倍,因 a 很小,所以飞船新轨道不会与火星表面交会。

（1）试求飞船新轨道近火星点高度 h_1 和远火星点高度 h_2；

（2）设飞船原来的远行速度大小为 v_0,使计算新轨道运行周期 T。

2. 如图 4.39 所示,在光滑的水平桌面上开有一个小孔,一条绳穿过小孔,其两端各系一质量为 m 的物体。开始时,用手握住下面的物体,桌上的物体则以 $v_0 = \frac{3}{2}\sqrt{2gr_0}$ 的速率做半径为 r_0（即桌面上部分长）的匀速圆周运动,然后放手。求以后的运动中桌上部分绳索的最大长度和最小长度。

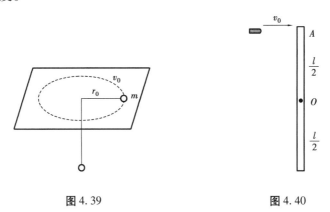

图 4.39　　　　　　　　　　图 4.40

3. 如图 4.40 所示,质量为 M、长为 l 的均匀细杆静置于光滑的水平面上,可绕过杆中心 O 的固定铅垂轴自由转动。一质量为 m 的子弹以 v_0 的速度自杆的左方沿垂直于杆的方向射来,嵌入杆的上端 A 点,求子弹嵌后杆的角速度。

4. 如图 4.41 所示,一根长为 L 的轻质刚性棒的两端分别连着质量为 m 的质点。现将此棒放在光滑的水平桌面上并用一个质量为 m、速度为 v_0 的质点与棒端的一个质点相碰。已知 v_0 的方向与棒的夹角为45°，并设碰撞为弹性碰撞。碰撞之后，质点沿原直线返回，试求碰撞之后棒的角速度。

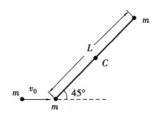

图 4.41

5. 质量均为 m 的 A、B 小球用一刚性质量不计的杆连接置于光滑水平面上，一质量为 $2m$ 的小球 D 以速率 v_0、方向与杆垂直，与右端小球 B 发生完全弹性正碰，选坐标系如图4.42所示，以碰撞时为计时零点，求 t 时刻 A、B、D 球的位置。

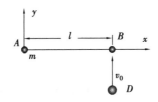

图 4.42

参考答案与解析

第5章　能量

5.1　功和功率

5.1.1　功

1　变力做功

在功的定义式中,力 F 应为恒力。如 F 为变力,中学阶段常用以下几种处理方法:

①利用动能定理。

②将变力转化为恒力做功。如讨论向心力对物体不做功时就可用这个办法。

③保守力(做功只与初、末位置有关,而与具体运动轨迹无关,如万有引力(包括重力)、弹簧弹力、分子力、静电场力等)做功可用相应势能变化表示,如 $W_G = -\Delta E_{\mathrm{P}}$。

④用 $W = Pt$ 求功。

⑤利用 $f\text{-}x$ 图像。该方法的定量处理是用定积分 $\int_a^b f(x)\,\mathrm{d}x$ 求解图像与横轴所围成的面积,其中 $f(x)$ 是力随位置变化的函数,如图5.1所示。如求解弹簧的弹力做功、万有引力做功等。

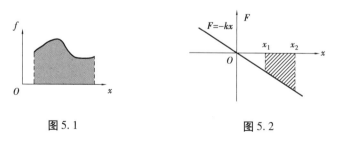

图5.1　　　　　　　　　　　图5.2

常见的 $f(x)$ 有中心力场和线性变化两种类型。中心力场类型如万有引力 $f(x) = G\dfrac{Mm}{r^2}$

和库仑定律 $f(x) = k\dfrac{Qq}{r^2}$,线性变化如胡克定律 $f(x) = -kx$。如弹簧的弹力是变力,物体在弹

力 $F = -kx$ 作用下由位置 x_1 移到位置 x_2(x_1、x_2 分别为弹簧的形变量),弹力做功可以从 $F\text{-}x$

图中阴影部分面积计算得到,如图 5.2 所示,得

$$W = -\frac{1}{2}kx_2 \cdot x_2 - \left(-\frac{1}{2}kx_1 \cdot x_1\right) = \frac{1}{2}k(x_1^2 - x_2^2)$$

2 力矩做功

如图 5.3 所示,刚体在作用力 F 的作用下绕转轴 O 转过角度 θ, F 与力臂 r 的大小均不变,可知 F 的作用点经过的弧长为 $r\theta$。

由变力沿曲线做功的公式可知

$$W = F \cdot r\theta = (F \cdot r)\theta = M\theta$$

当刚体转动时,外力所做的功等于该力对转轴的力矩与转动角度的乘积,由于做功用力矩和角度表示,叫做**力矩做功**,本质上仍是力做的功。注意:上式中的力矩必须为恒量,否则,应变为力矩对角度的积分。

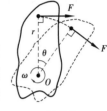

图 5.3

5.1.2 虚功原理

虚功原理是分析静力学的重要原理,又称虚位移原理,是拉格朗日于 1764 年建立的。其内容为:一个质点系如果在外界约束下处于静止状态,则系统继续保持静止的条件是所有作用于该系统的主动力(万有引力、重力以及已知力等,这些力是给定的,或者具有确定的值,称为主动力;另一类力称为被动力,当主动力作用在物体上时,由于其他物体对它的运动进行限制而作用在该物体上的力,如弹力、摩擦力等,这些力的大小往往不能预先确定,需要对物体进行具体的受力分析后才能确定。)对作用点的虚位移所做的功的和为零。

虚位移指的是弹性体(或结构系)的附加的满足约束条件及连续条件的无限小可能位移。所谓虚位移的"虚"字表示它可以与真实的受力结构的变形而产生的真实位移无关,而可能由于其他原因(如温度变化,或者其他外力系,或是其他干扰)造成的满足位移约束、连续条件的几何可能位移。对于虚位移要求是微小位移,即要求在产生虚功位移过程中不改变原受力平衡体的力的作用方向与大小,亦即受力平衡体平衡状态不因此产生虚位移而改变。真实力在虚位移上做的功称为虚功。

典型例题

例 1 一架质量 $M = 810$ kg 的直升机,靠螺旋桨的转动使 $S = 30$ m^2 面积内的空气以 v_0 速度向下运动,从而使飞机悬停在空中。已知空气的密度 $\rho = 1.2$ kg/m^3,求 v_0 的大小,并计算发动机的功率 P。

解法一 螺旋桨的作用是将几乎静止的空气向下加速到 v_0。Δt 时间内有质量为 $\Delta m = \rho S v_0 \Delta t$ 的空气被加速到 v_0,这些空气动量增量为

$$\Delta P = \Delta m v_0 = \rho S v_0^2 \Delta t$$

螺旋桨提供的冲量为

$$\Delta I = \Delta p = \rho S v_0^2 \Delta t$$

螺旋桨对空气的作用力为

$$F = \frac{\Delta I}{\Delta t} = \rho S v_0^2$$

空气对螺旋桨的反作用力大小也是此值。为使飞机悬停在空中，便要求 $F = Mg$，于是有

$$v_0 = \sqrt{\frac{Mg}{\rho S}} = 14.9 \text{ m/s}$$

可以采用功能关系来计算发动机功率 P，Δt 时间内，质量为 $\Delta m = \rho S v_0 \Delta t$ 的空气获得的动能

$$\Delta E_k = \frac{1}{2} \rho S v_0^3 \Delta t$$

此动能来源于发动机做功，故

$$P = \frac{\Delta E_k}{\Delta t} = \frac{1}{2} \rho S v_0^3 = 5.95 \times 10^4 \text{W}$$

解法二 可利用公式 $P = Fv$ 来计算 P，简述如下：正在受力加速的空气，其速度并非一直为 v_0，而是从零到 v_0 连续分布，平均速度为 $\frac{v_0}{2}$，因此公式 $P = Fv$ 中的 v 不应取为 v_0，而应代之以平均速度，即

$$P = \frac{Fv_0}{2} = \frac{1}{2} \rho S v_0^3$$

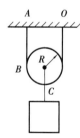

图 5.4

例 2 如图 5.4 所示，质量为 m、长度为 l 的均匀柔软粗绳，穿过半径为 R 的滑轮，绳的两端吊在天花板的两个钉子上，两钉子间的距离为 $2R$。滑轮轴上挂一重物，重物与滑轮总质量为 M，且相互间无摩擦。求绳上最低点 C 处的张力。

解 分析粗绳、滑轮和重物构成的系统的受力情况，可知悬点 A、O 处绳子的张力 $T_A = \frac{m + M}{2} g$。分析绳的一半，如图 5.4 所示，ABC 段受力情况是：这段绳的重力，A 处钉子对绳的拉力 T_A，C 处绳的张力 T_C 及 BC 段滑轮的正压力。现设想在 A 处以力 T_A 将 ABC 段绳竖直向上拉过一极小距离 Δx，在此微动过程中，T_A 所做的元功 $\Delta W_A = T_A \cdot \Delta x$，$T_C$ 所做元功 $\Delta W_C = T_C \cdot \Delta x$，正压力不做功。绳势能增加相当于 C 端长为 Δx 的一段绳元移至 A 处，即

$$\frac{\Delta x m}{l} g H$$

其中，H 是 C 到天花板的垂直距离

$$H = R + \frac{l - \pi R}{2}$$

由功能原理，得

$$\frac{M + m}{2} g \cdot \Delta x - T_C \cdot \Delta x = \frac{\Delta x \cdot m}{l} g \left(R + \frac{l - \pi R}{2} \right)$$

即

$$T_C = \frac{M}{2} g + \frac{(\pi - 2) R \cdot m}{2l} g$$

注:本题所用的方法称为"元功法",有时用它来处理平衡问题十分方便。其基本思路是:取与原平衡状态逼近另一平衡状态,从而虚设了一个元过程,此过程中所有元功之和为零,以此为基本关系列出方程,通过极限处理最终求得结果。

例 3 火车以不变的速度 v 向前运动,在其中一节车厢内的光滑桌面上有一轻质弹簧,弹簧一端固定在车厢壁上。现用质量为 m 的物体将弹簧的另一自由端压缩一段距离,如图5.5所示。放手后,物体受到弹力作用在桌面上运动,离开弹簧时(仍在桌面上)相对于车厢的速度为 v'。那么,从放手到物体离开弹簧的瞬间,车厢壁板对弹簧的作用力做了多少功?(在地面参考系中计算)

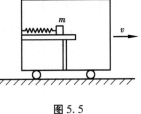

图 5.5

解法一 以火车为参考系中,物体与弹簧未分离前,是一个弹簧振子。弹力做功等于振子动能的增量 $\frac{1}{2}mv'^2$,而弹力做功又等于弹簧弹性势能的减少量 $-\Delta E_P$,所以有

$$\frac{1}{2}mv'^2 = -\Delta E_P$$

在地面参考系中,壁板作用力对弹簧系统做功 W 加上弹性力做的功 $-\Delta E_P$ 等于物体动能的增加量,即

$$W - \Delta E_P = \frac{1}{2}(v'^2 + v)^2 - \frac{1}{2}mv^2$$

所以壁板作用力做功为

$$W = \frac{1}{2}(v'^2 + v)^2 - \frac{1}{2}mv^2 + \Delta E_P$$
$$= \frac{1}{2}(v'^2 + v)^2 - \frac{1}{2}mv^2 - \frac{1}{2}mv'^2$$
$$= mv'v$$

解法二 在车厢参考系中应用动能定理。在弹簧作用于物体的同时,对壁板也有相同大小的作用力(因弹簧质量不计)。设这个力在整个作用过程中的平均值为 $\overline{F}$,作用全过程所用的时间为 t。根据动量定理,作用在物体上的冲量等于物体动量的增量 $\overline{F} \cdot t = mv'$,即这个力 $\overline{F}$ 也是壁板对弹簧的平均作用力。

方程两边均乘以车的速度 v,得

$$\overline{F}vt = mv'v$$

另外,$\overline{F}vt = \overline{F} \cdot x = W$,其中 W 为地面参考系中壁板对弹簧做的功,x 为壁板对弹簧作用点在地面参考系中的位移。

最后得

$$W = mv'v$$

注:由于壁板对弹簧的作用力不是一个恒力,所以直接用作用力乘以位移去求解稍有困难。这里在火车参考系(也是惯性参考系)中对物块的运动应用了动能定理来处理。

巩固提升

1. 一灌溉水泵需均匀喷洒半径为 12 m 的农田。已知水泵从 4 m 深井里每分钟抽出 80 L 水喷出，试求水泵的电机功率。

2. 有一台与水平方向成 30°的传送带运输机，如图 5.6 所示，它将砂子从一处运送到另一处。砂子在 $h = 0.5$ m 高的地方自由下落，传送带始终以 $v = 1$ m/s 的速度运转。若砂子落到传送带上的流量为 $Q = 40$ kg/s，传送带的有效长度 $l = 10$ m，电动机的效率 $\eta = 80\%$，则至少选多大功率的电动机？（取 $g = 10$ m/s^2）

3. 如图 5.7 所示，AB 是半径为 R 的 1/4 圆弧，在 AB 上放置一光滑的木板 DB。一质量为 m 的木块在 DB 板的上端由静止下滑，然后冲上水平面 BC，在 BC 上滑行 L 后停下。设由 DB 滑上 BC 无能量损失。已知木块 m 与 B、C 间的动摩擦因数为 μ，求木块 m 在 DB 上运动过程中，其重力 mg 的平均功率。

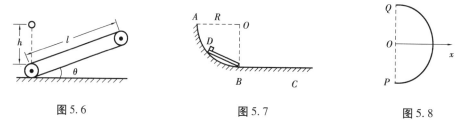

图 5.6　　　　　　　　　　图 5.7　　　　　　　　　　图 5.8

4. 如图 5.8 所示，一个质量为 m 的珠子，穿在一固定的半径为 R 的竖直圆环上。珠子与圆环的摩擦因数为 μ。初始时，珠子位于圆环最低点 P。若珠子在某个附加的切向方向的驱动力的作用下以恒定速率 v 从 P 点沿圆环运动到最高点 Q，问摩擦力做了多少功？

5.2　动能定理

5.2.1　质点的动能定理

质点动能的增量等于作用于质点的合力所做的功。

$$W_合 = E_{k2} - E_{k1}$$

上式对于质点的多过程、变力做功及曲线运动的情形都成立。因动能定理是由牛顿第二定律推导得出的，故动能定理和牛顿第二定律一样只能在惯性系中才成立，如需在非惯性系中使用动能定理，同样需要引入惯性力或惯性离心力，同时考虑它们做功。

5.2.2　质点系动能定理

由多个质点组成的质点系，其动能的增量在数值上等于所有外力做功与所有内力做功的代数和，称为质点系动能定理。

$$\sum W_外 + \sum W_内 = \sum E_{kt} - \sum E_{k0}$$

这里应该指出的是,内力对质点系的总动量不产生影响,但内力的作用常会改变系统的总动能。这是因为成对出现的内力有相等的作用时间,故其冲量的矢量和必为零;而有内力作用的两质点,只要沿连线方向的位移不相同或者说二者在连线方向出现相对运动,则所做的功不能互相抵消。举例来说明:静止的炮弹爆炸,动量守恒,但总动能增加,源于爆炸时的内力做功。

5.2.3　定轴转动的动能定理

前面讲的动能都是刚体(或质点)平动时的动能,其实,物体在转动的过程中也有动能。将刚体看成质点系,所有质点做圆周运动时的动能之和即刚体转动的动能。

设质点的质量为 m_i,速度为 v_i,质点的动能为 $E_{ki} = \frac{1}{2} m_i v_i^2$,将上式对所有质点求和即得质点系的总转动动能

$$E_k = \sum E_{ki} = \frac{1}{2} \sum m_i v_i^2$$

又

$$v_i = \omega r_i$$

代入上式可得

$$E_k = \frac{1}{2} \sum m_i v_i^2 = \frac{1}{2} \sum m_i (\omega r_i)^2 = \frac{1}{2} (\sum m_i r_i^2) \omega^2$$

上式中 $\sum m_i r_i^2$ 称为刚体对转动轴的转动惯量,用来 I 表示。

质点系绕轴转动的动能等于质点系对转轴的转动惯量与角速度平方乘积的一半。将物体的转动公式与质点平动的公式 $W = Fs$、$E_k = \frac{1}{2} mv^2$ 来比较,力矩 M 充当"力"的角色,转动惯量 I 充当了"质量"的角色,而角速度 ω 就充当"速度"的角色。

有兴趣的同学还可以推导出:力矩 M 在数值上等于转动惯量 I 乘角加速度 β。

对于刚体而言,内力由于没有相对运动,故内力做功之和总为零。可见

$$\sum W_{外} = \frac{1}{2} I \omega_t^2 - \frac{1}{2} I \omega_0^2$$

刚体绕轴转动时,转动动能的增量刚体等于所受外力矩做功的代数和,称为刚体定轴转动的动能定理。前面所说的质点系动能定理 $\sum W_{外} + \sum W_{内} = \sum E_{kt} - \sum E_{k0}$,其中的动能项是平动动能和转动动能之和。

典型例题

例 1　如图 5.9 所示垫圈无初速度沿倾角为 α 的斜面滑动。垫圈与斜面间的动摩擦因数从离顶点 l 处开始按规律 $\mu = kl$ 变化(k 为常数)。问:应该在离顶点多远处安装挡板,才能使垫圈与挡板一次弹性碰撞后能停止在尽可能高的地方。

解　设离顶点 l_0 处的 A 点作用在垫圈上的最大静摩擦力 $f = mg \sin \alpha$,由于 A 点摩擦因

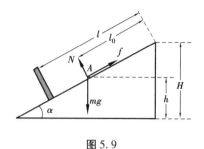

图 5.9

数 $\mu_A = kl_0$,则在这点

$$f = \mu_A N = kl_0 mg \cos \alpha$$

即

$$mg \sin \alpha = kl_0 mg \cos \alpha$$

故

$$l_0 = \frac{\tan \alpha}{k}$$

设需要在离顶点 l 处安装挡板,使垫圈与挡板一次弹性碰撞后停止在尽可能高的 A 点,则碰撞后上升 A 点时速度必须恰好为零。从斜面顶点到碰撞这段路程上的平均摩擦力为 $\overline{f_1} = \frac{klmg \cos \alpha}{2}$,克服摩擦力做的功为 $\overline{f_1} l$;从碰撞到 A 点的路程上平均摩擦力 $\overline{f_2} = \frac{k(l - l_0)mg \cos \alpha}{2}$,克服平均摩擦力做的功为 $\overline{f_2}(l - l_0)$。

根据动能定理,有

$$mgH = mgh + \overline{f_1} l + \overline{f_2}(l - l_0)$$

将 $\overline{f_1}$ 和 $\overline{f_2}$ 代入上式,得

$$(H - h) = \frac{k}{2} l^2 \cos \alpha + \frac{k}{2}(l^2 - l_0^2) \cos \alpha$$

考虑到 $(H - h) = l_0 \sin \alpha$,解得

$$l = \sqrt{\frac{3}{2} \frac{\tan \alpha}{k}}$$

注:如果挡板放在小于 l_0 处,则垫圈与挡板碰撞一次后返回到斜面上某处后还会下滑(因摩擦力小于重力沿斜面向下的分力),这样垫圈必然还会与挡板再碰撞,与题中只碰撞一次矛盾,故 $l > l_0$。而题解中认为与 A 点对应的高度就是垫圈所能达到的最高位置,可这样理解,如果在 A 点上方速度减为零,则垫圈还会下滑并一定通过 A 点,这样它的高度就不是最高位置了。

例 2 如图 5.10 所示,一质量为 M 带有竖直立柱的木块置于水平地面上。一质量为 m 的小球,通过一根不可伸长的轻绳挂于顶端。现拉动小球使绳伸直并处于水平位置,然后无初速度释放。如在小球与立柱发生碰撞前,木块始终未发生移动,则木块与地面间的静摩擦因数至少为多大?

解 设绳长为 l,当小球摆到与水平方向成 θ 角时,小球速度为 v,则对于 m,有

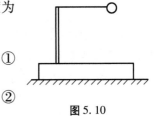

$$mgl\sin\theta = \frac{1}{2}mv^2 \qquad ①$$

$$F - mg\sin\theta = m\frac{v^2}{l} \qquad ②$$

图 5.10

对于 M,有

$$N = F\sin\theta + Mg \qquad ③$$

$$f = F\cos\theta \qquad ④$$

$$f \leqslant \mu \cdot N \qquad ⑤$$

由①~⑤式,得

$$\mu \geqslant \frac{3m\sin\theta\cos\theta}{3m\sin^2\theta + M} = \frac{2\sin\theta\cos\theta}{k + 2\sin^2\theta} \quad \left(k = \frac{2M}{3m}\text{为一常数}\right)$$

$$y = \frac{2\sin\theta\cos\theta}{k + 2\sin^2\theta}$$

$$= \frac{2\sin\theta\cos\theta}{k(\sin^2\theta + \cos^2\theta) + 2\sin^2\theta}$$

$$= \frac{2\sin\theta\cos\theta}{k\cos^2\theta + (k+2)\sin^2\theta}$$

$$= \frac{2}{\dfrac{k}{\tan\theta} + (k+2)\tan\theta}$$

当且仅当 $\dfrac{k}{\tan\theta} = (k+2)\tan\theta$ 时,y 最大,即当 $\tan\theta = \sqrt{\dfrac{k}{k+2}}$ 时

$$y_m = \frac{1}{\sqrt{k(k+2)}} = \frac{3m}{2\sqrt{M^2 + 3mM}}$$

所以

$$\mu_{\min} = \frac{3m}{2\sqrt{M^2 + 3mM}}$$

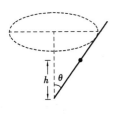

图 5.11

例 3 如图 5.11 所示,一光滑细棒绕竖直轴以角速度 ω 匀速转动,细棒与竖直轴的夹角 θ 保持不变。一相对于细棒原来静止的小球自离地面高 h 处沿棒下滑,求小球下滑到靠近地面处相对细棒的速度。

解 取细棒为参考系。在小球下滑的过程中,重力做正功 mgh,惯性力做功 $W_2 = -\dfrac{1}{2}m\omega^2 r_0^2$(因为 $f \propto r$),式中 $r_0 = h\tan\theta$。

根据动能定理,得

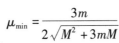

$$mgh + \left(-\frac{1}{2}m\omega^2 r_0^2\right) = \frac{1}{2}mv^2$$

式中,v 为小球靠近地面处相对细棒的速度,因细棒靠近地面处的点相对地面的速度为零,故 v 也等于小球相对地面的速度,因此得

$$v = \sqrt{2gh - \omega^2 h^2 \tan^2\theta}$$

注:不同的参考系中,动能的数值是不同的,功也是不同的,但动能定理仍然成立。这个结论对惯性参考系是成立的,在非惯性参考系中,只要计入惯性力,也是成立的。本题中细棒虽为非惯性系,在棒最下端速度为零,所以结果中对非惯性系的速度即为对地速度。

巩固提升

1. 如图 5.12 所示,水深为 H 的容器底部开有半径为 r 的小孔,把孔塞 A 拔掉时,问水流的初速率为 v 多少?

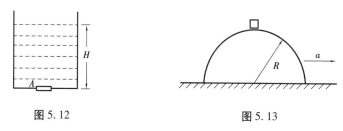

图 5.12　　　　　　　图 5.13

2. 一质量为 m 的小物体放在半径为 R 的光滑半球顶上,初始时,它们之间相对静止,如图 5.13 所示。现使半球面以加速度 $a = \frac{1}{4}g$ 匀加速向右运动,求物体离开球面时,离半球底面的距离。

3. 平面 α 与水平面成夹角 θ,两平面交线为 AB,在 α 平面上有一个以 AB 为底、半径为 R 的固定光滑半圆环。设环的一端 A 处有一小球以初速度 v_0 沿着环的内侧运动,如图 5.14 所示。若小球与环光滑接触,小球与平面之间的动摩擦因数为 μ,试求能使小球在环的最高处继续沿着环内侧运动的 v_0 取值范围。

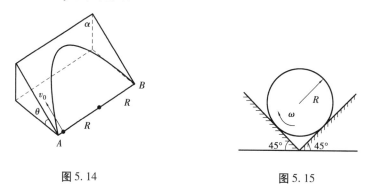

图 5.14　　　　　　　图 5.15

4. 使半径为 R 的薄壁圆筒迅速旋转到角速度 ω,然后把它放在倾角均为 $45°$ 的两斜面之间,如图 5.15 所示,筒与两斜面间的动摩擦因数均为 μ 且与滑动速度无关。已知圆筒减速过程中其轴保持静止不动,求到转动停止时,圆筒转过的圈数。

5. 一固定斜面,其倾角为 $\theta = 45°$,长度 $l = 2.00$ m。在斜面下端有一与斜面垂直的挡板,一质量为 m 的质点,从斜面的最高点沿斜面由静止下滑,下滑到斜面最低点与挡板发生弹性碰撞。已知质点与斜面间的动摩擦因数 $\mu = 0.20$。试求此质点从开始运动到与挡板发生第

11 次碰撞过程中运动的总路程。

5.3 功能原理和机械能守恒定律

5.3.1 保守力与耗散力

具有"做功与路径无关"这一特点的力称为保守力,重力、弹力和万有引力都属于保守力;不具有这种特点的力称为非保守力,也叫耗散力,摩擦力属于耗散力。

5.3.2 势能

若物体间存在某种内型的保守力,那么这个物体系具有相应的势能,并且任何保守力做功总等于相关势能的减少,即

$$W_{保} = -\Delta E_P = E_{P1} - E_{P2}$$

上式仅仅定义了势能差,但并没有定义势能本身。如果选定了一个参考位置,令物体处于该位置时的势能为零,那么物体在一定位置的势能 E_P 在数值上就等于从该位置移动到参考位置过程中保守力所做的功。因此,势能具有相对性,并且势能属于有保守力相互作用的两个物体在内的系统,而不是某一个物体单独具有的。下面列出力学中常用的势能公式。

1 引力势能

一般规定无限远处为零势能点。

(1)两相距为 r 的质点 m_1 和 m_2 的引力势能

$$E_P = -\int_{\infty}^{r} G \cdot \frac{m_1 m_2}{r^2} \mathrm{d}r = -G \cdot \frac{m_1 m_2}{r^2}$$

(2)质点 m 与均匀球体 M 的引力势能

$$E_P = -G \cdot \frac{Mm}{r}(r \geq R)$$

式中,r 为质点到球体球心的距离;R 为球体的半径。

(3)质点 m 与均匀球壳 M 的引力势能

$$E_P = \begin{cases} -G \cdot \dfrac{Mm}{r}(r \geq R) \\ -G \cdot \dfrac{Mm}{R}(r < R) \end{cases}$$

式中,r 为质点到球壳球心的距离;R 为球壳的半径。

(4)引力势能叠加原理

引力势能是一种与位置相关的系统能量,如果一个质点处于几个天体的叠加引力场中,则该质点的引力势能等于该质点单独与每个天体具有的引力势能的代数和。

2 重力势能

若物体 m 在地球表面附近时,一般选地面为零势能参考面,则物体和地球所组成系统的

势能可记为
$$E_P = mgh$$
式中,h 为物体离地面的高度;g 为地球附近的重力加速度。

3 弹性势能

一般规定了弹簧无形变时为零势能点,则劲度系数为 k 的弹簧在形变变量为 x 时,弹性势能为

$$E_P = \frac{1}{2}kx^2$$

5.3.3 功能原理

物体系统机械能的增量等于系统所受外力与系统内部非保守力做功之和,即
$$W_{外} + W_{非保内} = E_2 - E_1$$
功能原理实际上是动能定理的变形,在运用时应注意:如在考虑机械能时引入了重力势能,由于势能属于物体和地球共有,因此物体的重力即为内力(保守力),在计算合外力做功时应剔除重力做功;同样如引入了弹性势能,就不应再考虑弹簧的弹力做功。另外,因为功是能量变化的量度,所以机械能的变化需要通过做功来实现。上式中的 $W_{外}$ 反映系统和外界的能量交换,$W_{非保内}$ 反映系统内部机械能和其他形式能量的转化,如系统内有滑动摩擦力时,$W_{非保内}$ 为负值,表明系统的一部分机械能转化成了系统的内能。

5.3.4 机械能守恒定律

对于一个系统来说,如果外力(除重力或引力、弹力外)和非保守内力都不做功,由功能原理可知,系统的总机械能保持不变,这就是系统的机械能守恒定律。该定律只适用于惯性系,它同时必须选同一惯性系。在机械能守恒的系统中,动能和势能可以相互转化,这种转化是以通过重力、弹性力等保守力做功来实现的。

典型例题

例1 两个质量分别为 m_1 和 m_2 的重物挂在细绳的两端($m_1 > m_2$),绳子绕过一个半径为 r 的滑轮,在滑轮的轴上固定了四个长为 L、分布均匀的轻辐条,辐条的端点固定有质量为 m 的重球,重物、重球从如图5.16所示位置由静止开始做匀加速运动,求 m_1、m_2 运动的加速度。设轴的摩擦力忽略不计,线及滑轮的质量忽略不计,线与滑轮间不发生滑动。

解法一 设重物的加速度为 a

对 m_1

$$m_1 g - T_1 = m_1 a$$

对 m_2

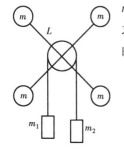

图5.16

$$T_2 - m_2 g = m_2 a$$

对轻滑轮

$$T_1 - f - T_2 = 0$$

设滑轮的角速度为β,则

$$a = r\beta$$

对四个重球,根据

$$M = I\beta$$
$$I = 4mL^2\beta$$

联立以上各式解得

$$a = \frac{(m_1 - m_2)r^2}{(m_1 + m_2)r^2 + 4mL^2}g$$

解法二 对重物、重球、轻滑轮、轻辐条组成的系统,机械能守恒,考虑到四个重球位置的对称性,四个重球的重力势能不变。设重物下降h,速度为v,重球速率为v',则

$$(m_1 - m_2)gh = \frac{1}{2}(m_1 + m_2)v^2 + \frac{1}{2}(4m)v'^2$$

$$v = r\omega$$
$$v' = L\omega$$
$$h = \frac{v^2}{2a}$$

联立以上各式解得

$$a = \frac{(m_1 - m_2)r^2}{(m_1 + m_2)r^2 + 4mL^2}g$$

注:本题的解法二提供了一种利用能量关系求加速度的方法。

例2 长$l = 0.1$ m的轻杆两端各固定一个同样的小重球组成"哑铃",将它竖直地立在墙角,如图5.17所示。现使上方小球获得一个水平速度$v_0 = 1$ m/s,此时下球不动。求上球碰地前的速度(重力加速度取$g = 9.8$ m/s²)。

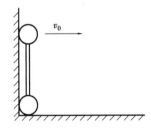

图5.17

解 上球离墙时的加速度$a_{向} = \frac{v_0^2}{l} = 10$ m/s² > 9.8 m/s²

由此可知,从一开始运动起杆不是被压缩而是被拉伸,这意味着下球没有压竖直墙壁,哑铃沿水平面自由运动。

与地板碰撞前的瞬间哑铃是水平的,因而两球在水平方向速度相同。由两球水平方向动量守恒,得

$$v_{1x} = v_{2x} = \frac{v_0}{2}$$

原下球速度总是水平的,设上球的竖直分速度为v_{2y}。根据机械能守恒定律,有

$$\frac{1}{2}mv_0^2 + mgl = \frac{1}{2}mv_{1x}^2 + \frac{1}{2}m(v_{2x}^2 + v_{2y}^2)$$

由此得

$$v_{2y}^2 = \frac{v_0^2}{2} + 2gl$$

最后,在碰地前上球总速度为

$$v_2 = \sqrt{v_{2x}^2 + v_{2y}^2} \approx 1.65 \ \text{m/s}$$

例 3　水平桌面上叠放着三个圆柱 A、B、C,它们的半径均为 r,质量 $m_B = m_C = \dfrac{m_A}{2}$。先让它们保持如图 5.18 所示的位置,然后从静止开始释放。若不计所有接触面的摩擦,求 A 触及桌面时的速度。

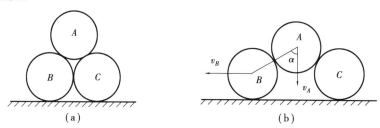

图 5.18

解　A 柱下落的同时,B、C 柱分别向左、右水平运动,此过程中系统的机械能守恒,水平方向的动量守恒,A 柱下落某一距离后即与 B、C 柱分离,此后 A 柱将仅受重力作用下落至触及桌面。

本题关键在于找出 A 柱与 B、C 柱分离的条件,并求出分离瞬间 A 柱的位置及下落速度。设 A 柱与 B、C 柱分离瞬间,A、B 中心连线与竖直方向的夹角为 a,如图 5.18(b)所示,则 A 柱下落的距离为

$$h = \sqrt{3}r - 2r\cos\alpha$$

设此瞬时 A 柱下落的速率为 v_A,B、C 柱的速率分别为 v_B、v_C,由水平方向动量守恒和系统机械能守恒得

$$m_B v_B = m_C v_C$$

$$m_A gh = \frac{1}{2}m_A v_A^2 + \frac{1}{2}m_B v_B^2 + \frac{1}{2}m_C v_C^2$$

解得

$$v_A^2 + v_B^2 = 2gr(\sqrt{3} - 2\cos\alpha)$$

在 A 与 B 分离前,A 与 B 的中心间距保持不变(恒为 $2r$),所以 v_A、v_B 在 A、B 连心线上的投影应当相等,即

$$v_A\cos\alpha = v_B\sin\alpha$$

在 AB 分离的瞬时,B 对 A 的弹力为零,A 相对 B 做圆周运动,则由牛顿第二定律得

$$m_A g\cos\alpha = m_A \frac{(v_A\sin\alpha + v_B\cos\alpha)^2}{2r}$$

由此得

$$\cos\alpha = \frac{\sqrt{3}}{3}, \quad v_A^2 = \frac{4}{9}\sqrt{3}gr$$

A 离开 B、C 以后初速度做竖直下抛运动,触及桌面时的速度为

$$v_A' = \sqrt{v_A^2 + 2g \cdot 2r\cos\alpha} = \frac{4}{3}\sqrt{\sqrt{3}gr} = 1.75\sqrt{gr}$$

巩固提升

1. 在水平固定放置的光滑细棒上穿入 A、B 两个刚性小球,两球相距为 l,然后用两根同为 l 的轻质细线分别与 C 球连接。用手握住 A、B 球使三球静止在如图 5.19 所示的位置上,而后同时释放 A、B 球。已知 A、B、C 球质量相同,试求 A、B 球相碰前,它们共同的速度大小 v 与 C 球到细棒的距离 h 之间的函数关系。

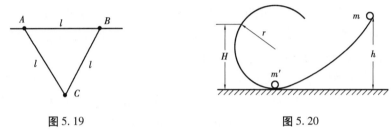

图 5.19   图 5.20

2. 如图 5.20 所示,质量为 m 的物体沿着光滑斜槽向下运动,斜槽过渡是半径为 r 的圆周,在最低点与质量为 m' 的物体发生弹性碰撞,若碰后 m' 脱离圆周轨道时的高度为 H,m 沿槽上升又下滑,随 m' 在同一地点脱轨,摩擦不计,问 m 从多高处开始运动。两物体的质量比是多少?

3. 如图 5.21 所示,质量为 m 的长木板静置在光滑的水平面上,在侧面固定一劲度系数为 k 且足够长的水平轻质弹簧,右侧用一不可伸长的细绳连接墙上,且绳张紧,能承受最大拉力为 T,让一个质量为 m,初速度为 v_0 的小滑块在长木板上无摩擦地对准弹簧向左运动。

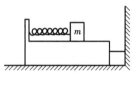

图 5.21

问:(1)在什么情况下绳会被拉断? (2)绳被拉断后,长板所能获得的最大加速度是多少? (3)滑块最后离开长板时,相对地面速度恰为零的条件是什么?

4. 如图 5.22 所示质量为 m 的两小球系于轻弹簧的两端,并置于光滑的水平面上。当弹簧处于自然状态时,长为 a,其劲度系数 k。现两球同时受到冲力作用,各获得与连线垂直的等大反向的初速度。若在以后的运动过程中弹簧的最大长度 $b = 2a$,求两球的初速度 v_0。

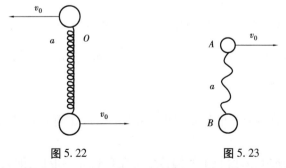

图 5.22   图 5.23

5. 两个质量相同的小球 A、B,用长为 $2a$ 的无弹性且不可伸长的轻绳连接。开始时,A、B

位于同一竖直线上,B 在 A 的正下方,相距为 a,如图 5.23 所示,现给 A 一个水平初速度 v,同时静止释放。不计空气阻力,且设绳一旦伸直便不再回缩,问经过多长时间,A、B 恰好第一次位于同一水平线上?

5.4 碰 撞

5.4.1 非对心碰撞(斜碰)

做非对心碰撞的两个物体在碰撞前后的速度不共线,而是在一个平面内,故称为二维碰撞。在平面上建立坐标系以后,动量守恒的矢量式一般可由其二分量式表示。

对非对心碰撞,恢复系数的表示式仍然成立,只是接近速度和分离速度都指沿两物体接触面的法线方向的接近相对速度和分离相对速度。

如果碰撞是完全弹性的,并且是由运动的质点(称为入射质点)m_1 去碰撞原来静止的质点 m_2(称为靶),即 v_{10}。而 $v_{20} \neq 0$,这时,以 v_{10} 的方向为 x 轴,则动量守恒和机械能守恒表示为

$$\begin{cases} m_1 v_{10} = m_1 v_1 \cos \alpha + m_2 v_2 \cos \beta \\ 0 = m_1 v_1 \sin \alpha - m_2 v_2 \cos \beta \\ \dfrac{1}{2} m_1 v_{10}^2 = \dfrac{1}{2} m_1 v_1^2 + \dfrac{1}{2} m_2 v_2^2 \end{cases} \qquad ①$$

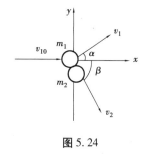

图 5.24

其中,α、β 为 m_1 和 m_2 在碰后的运动方向与 x 轴(v_{10} 的方向)的夹角,α 称为入射质点的偏转角(或散射角),β 称为靶的反冲角,如图 5.24 所示。

在方程组式①中,共三个独立方程式,但含有决定两个球碰撞后速度的四个参量 v_1、α、v_2、β。因此必须在这四个量中给出一个量(如实验测出 α 或 β),才能解出碰后两个球的运动状态。

从方程组式①中消去 v_{10}、v_1 和 v_2,可得 α 和 β 满足的关系式,为

$$\tan \alpha = \frac{\sin 2\beta}{\dfrac{m_1}{m_2} - \cos 2\beta} \qquad ②$$

这个关系式也可理解为入射粒子的偏转角 α 随靶的反冲角 β 而变化的函数关系式。从物理上分析可知,靶(m_2)的反冲角 β 不可能大于 $\dfrac{\pi}{2}$,$\sin 2\beta$ 是恒正的,而 $\cos 2\beta$ 则是可正可负的,因此可得以下结论:

①当入射粒子质量小于靶的质量,即 $\dfrac{m_1}{m_2} < 1$ 时,$\tan \alpha$ 可正可负,还可能为无穷大(当 $\dfrac{m_1}{m_2} - \cos 2\beta = 0$ 时)。所以,入射粒子的偏转角可在 0 到 π 中取值,即入射粒子可能被反弹回

去,不存在偏转角的极大值。

②当入射粒子质量大于靶质量,即 $\frac{m_1}{m_2} > 1$ 时,$\tan \alpha$ 恒为正,故 α 只在第一象限,入射粒子不可能有大于 $\frac{\pi}{2}$ 的偏转角。在这种情况下,根据式②应用微分求极值的方法可求出入射粒子最大偏转角 α_m,由质量比 $\frac{m_2}{m_1}$ 决定如下:$\cos \alpha_m = \sqrt{1 - \left(\frac{m_2}{m_1}\right)^2}$。

③当入射粒子与靶的质量相等,即 $\frac{m_2}{m_1} = 1$ 时,由式②可证明 $\alpha + \beta = \frac{\pi}{2}$。这种情况下,两粒子碰后运动方向相互正交(这个结果也可以直接从方程组式①中令 $m_1 = m_2$ 而得到)。不过,如果不用微分方程,也可在质心系中研究。

典型例题

例1 如图 5.25 所示,有人做实验,第一次让质量为 m_2 的小球在高为 H 的水平高台上以速度 v_0 撞向停在高台边缘的质量为 m_1 的小球。碰撞后,质量为 m_2 的小球停止运动,质量为 m_1 的小球被平抛,落地时测得水平射程为 s_1,然后,再做一次实验,把两球位置互换,用质量为 m_1 的小球以速度 v_0 去撞击停在高台边缘的质量为 m_2 的小球,m_2 的平抛射程为 s_2。求水平射程之比 s_1/s_2。

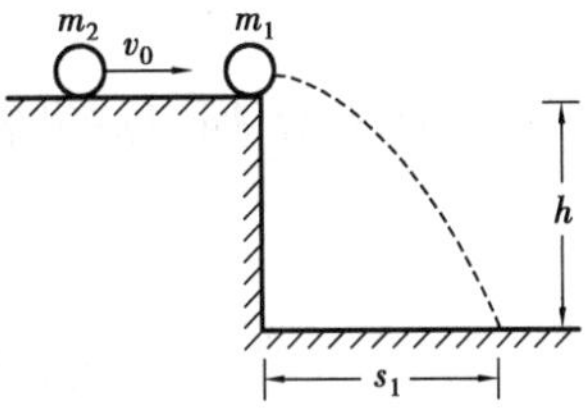

解 第一次实验中,两小球碰撞满足动量守恒定律,则

$$m_2 v_0 = m_1 v_1$$

因此,水平距离满足

$$s_1 = v_1 t$$

第二次实验中,m_1 以速度 v_0 去撞击静止的 m_2。以匀速运动的 m_1 作为参考系,问题变成 m_2 向左以速度 v_0 撞击静止的 m_1。其结论就是第一个实验的结果,即 m_2 静止,m_1 向左以速度 v_1 前进。回到地面参考系,m_1 撞 m_2 后,以速度 v_0 平抛,则平抛射程满足 $s_2 = v_0 t_2$。

由于小球从如图 5.25 所示高台上平抛,落下高度相同,所以

$$t_1 = t_2$$

最后利用关系

$$m_2 v_0 = m_1 v_1$$

得

$$\frac{s_1}{s_2} = \frac{v_1}{v_0} = \frac{m_2}{m_1}$$

注:本题如果不做参考系变换也可通过引入恢复系数来解,即第二次碰后有 $m_1 v_0 = m_1 v_1' + m_2 v_2'$,同时 $e = \frac{v_1}{v_0} = \frac{v_2' - v_1'}{v_0}$。

例2 有一质量为 M、斜面倾角为 α 的尖劈放置在光滑的水平面上,现有一质量为 m 的

图 5.25

小球从 h 高处落至该斜面上,与斜面发生完全弹性碰撞,如图 5.26(a)所示。求小球第二次与该斜面的碰撞点 B 与第一次的碰撞点 A 之间在该斜面的距离 s。设各处均光滑。

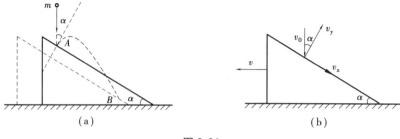

图 5.26

解 如图 5.26(b)所示,球掉到斜面上时的速度 $v_0 = \sqrt{2gh}$,设球与斜面碰撞后垂直斜面的速度为 v_y,沿斜面的速度为 v_x,斜面后退的速度为 v,则由动量守恒得

$$Mv = mv_x \cos \alpha + mv_y \sin \alpha$$

同时恢复系数

$$e = \frac{v_y + v \sin \alpha}{v_0 \cos \alpha} = 1$$

因斜面光滑,所以球沿斜面方向速度不变

$$v_0 \sin \alpha = v_x$$

得

$$v = \frac{2m \sin \alpha \cos \alpha}{M + m \sin^2 \alpha} v_0, \quad v_y = v_0 \cos \alpha \cdot \frac{M - m + m \cos^2 \alpha}{M + m \sin^2 \alpha}$$

以斜面为参照物,在斜面上取第一次的碰撞点 A 为原点,沿斜面向下为 x 轴,垂直斜面向上为 y 轴建立直角坐标系,则

$$v_x' = v_x + v \cos \alpha = v_0 \sin \alpha \cdot \frac{M + m + m \cos^2 \alpha}{M + m \sin^2 \alpha}, \quad v_y' = v_y + v \sin \alpha = v_0 \cos \alpha$$

小球再次掉到斜面上的时间

$$t = \frac{2v_y'}{g \cos \alpha} = \frac{2v_0}{g}$$

故斜面上两次碰撞点间距

$$s = v_x't + \frac{1}{2}g \sin \alpha \cdot t^2 = \frac{4v_0^2 \sin \alpha (M + m)}{g(M + m \sin^2 \alpha)} = \frac{8h(M + m) \sin \alpha}{M + m \sin^2 \alpha}$$

例3 有人提出了一种不用火箭发射人造地球卫星的设想。其设想如下:沿地球的一条弦挖一通道,如图 5.27(a)所示。在通道的两个出口 A、B 处分别将质量为 M 的物体和质量为 m 的待发射卫星同时自由释放,只要 M 比 m 大足够多,碰撞后,质量为 m 的物体,即待发射的卫星就会从通道口 B 冲出通道。设待发射卫星上有一种装置,在待发射卫星刚到离开出口 B 时,立即把待发射卫星的速度方向变为沿该处地球切线方向,但不改变速度的大小。这样待发射卫星便有可能绕地心运动,成为一颗人造卫星。若人造卫星正好沿地球表面绕地心做圆周运动,则地心到该通道的距离为多少?已知 $M = 20m$,地球半径 $R_0 = 6\,400$ km。假设地球是质量均匀分布的球体,通道是光滑的,两物体间的碰撞是弹性的。

解 如图 5.27(b)所示,位于通道内、质量为 m 的物体距地心 O 为 r 时,它受到地球的引力可以表示为

$$F = \frac{GM'm}{r^2}$$

式中,M' 为以地心 O 为球心;r 为半径的球体所对应的那部分地球的质量。

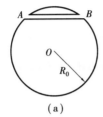 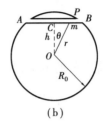

图 5.27

若以 ρ 表示地球的密度,此质量可以表示为

$$M' = \frac{4}{3}\pi\rho r^3$$

于是,质量为 m 的物体所受地球的引力可以改写为

$$F = \frac{4}{3}\pi G\rho m r$$

作用于质量为 m 的物体的引力在通道方向的分力的大小为 $f = F\sin\theta$,同时设 x 为物体位置到通道中点 C 的距离,则

$$\sin\theta = \frac{x}{r}$$

且

$$mg = \frac{GM_0 m}{R_0^2}$$

式中,$M_0 = \frac{4}{3}\rho\pi R_0^3$,是地球的质量。

由此可以求得 $f = \frac{mg}{R_0}x \propto x$,这表明物体将以 C 为平衡位置做简谐振动,振动周期为 $2\pi\sqrt{R_0/g}$。取 $x = 0$ 处为"弹性势能"零点,设位于通道出口处的质量为 m 的静止物体到达 $x = 0$ 处的速度为 v_0,则根据能量守恒定律,有

$$\frac{1}{2}mv_0^2 = \frac{1}{2}k(R_0^2 - h^2)$$

得

$$v_0^2 = \frac{R_0^2 - h^2}{R_0}g$$

可见,物体到达通道中点 C 的速度与物体的质量无关。

设想让质量为 M 的物体静止于出口 A 处,质量为 m 的物体静止于出口 B 处,现将它们同时释放,因为它们的振动周期相同,故它们将同时到达通道中点 C 处,并发生弹性碰撞。

碰撞前,两物体速度的大小都是 v_0,方向相反,刚碰撞后,质量为 M 的物体的速度为 V,质量为 m 的物体的速度为 v,若规定速度方向由 A 指向 B 为正,则有

$$Mv_0 - mv_0 = MV + mv$$

$$\frac{1}{2}Mv_0^2 + \frac{1}{2}mv_0^2 = \frac{1}{2}MV^2 + \frac{1}{2}mv^2$$

解得

$$v = \frac{3M - m}{M + m}v_0$$

质量为 m 的物体是待发射的卫星,令它回到通道出口 B 处时的速度为 u,则有

$$\frac{1}{2}k(R_0^2 - h^2) + \frac{1}{2}mu^2 = \frac{1}{2}mv^2$$

即

$$u^2 = \frac{8M(M - m)}{(M + m)^2}\frac{R_0^2 - h^2}{R_0}g$$

u 的方向沿着通道。根据题意,卫星上的装置可使 u 的方向改变成沿地球 B 处的切线方向,如果 u 的大小恰能使小卫星绕地球做圆周运动,则有

$$G\frac{M_0 m}{R_0^2} = m\frac{u^2}{R_0}$$

解得

$$h = \frac{R_0}{2}\sqrt{\frac{7M^2 - 10Mm - m^2}{2M(M - m)}} = 5\ 920\ \text{km}$$

巩固提升

1. 如图 5.28 所示,质量为 $M = 1$ kg 的平板车左端放有质量为 $m = 2$ kg 的铁块,铁块与车之间的动摩擦因数 $\mu = 0.5$。开始时,车和铁块共同以 $v = 6$ m/s 的速度向右在光滑的水平面上前进,并使车与竖直的墙壁发生正碰。设碰撞时间极短且碰后车的速率与碰前相等,车身足够长,使铁块不能与墙相碰,g 取 10 m/s^2,求:

（1）铁块相对小车的总位移;

（2）小车与墙第一次相碰后所走的总路程。

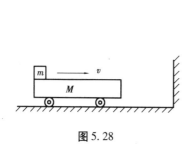

图 5.28

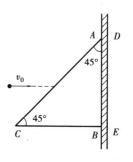

图 5.29

2. 如图 5.29 所示,一截面为等腰三角形的棱柱 ABC 被约束在一光滑平面轨道上,AB 边只能沿 DE 光滑轨道运动。现有一质量与棱柱 ABC 质量 M 相同的光滑小球,在与 ABC 同一水平面内沿垂直于轨道 DE 的方向以速度 v_0 与处于静止的 ABC 发生完全弹性碰撞。求碰后它们各自的速度。

3. 质量为 m、速度为 v_0 的粒子 A 与原来静止且质量为 M 的粒子 B 发生弹性碰撞。

(1)求碰撞后粒子 B 的速度 v 与 v_0 的夹角 β 的最大可能值;

(2)若 $m = M$,求证 A、B 发生非对心碰撞后的运动方向必互相垂直。

4. 一质点从高处自由下落距离 h 后,落在倾角为 45° 的很长的光滑斜面上,并与斜面发生多次弹性碰撞。如图 5.30 所示,选取直角坐标,重力加速度为 g。求:

(1)经过 n 次($n = 1, 2, 3, \cdots$)碰撞后,质点刚弹起时速度的 x 分量 u_n 和 y 分量 v_n;

(2)任意两次碰撞的时间间隔。

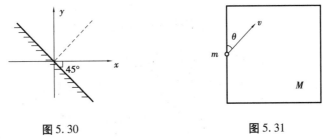

图 5.30   图 5.31

5. 如图 5.31 所示,质量为 M 的刚性均匀正方形框架在某边的中点开一个小缺口,缺口对质量分布的影响可以忽略。将框架静置于光滑水平面上,令质量为 m 的刚性小球在此水平面上从缺口处以速度 v 进入框架内,速度方向与框架边成 $\theta = 45°$。设小球与框架发生的碰撞均为无摩擦的完全弹性碰撞。

(1)试证:小球必将通过缺口离开框架;

(2)若框架的边长为 a,试求小球从进入框架到离开框架这一过程中,小球相对水平面的位移。

5.5 天体的运动与能量

5.5.1 处理天体运动的基本方程式

①由开普勒第二定律找各点速度与各天体之间的关系,或者利用角动量守恒列方程。
②因为万有引力是一个保守力,故还可以利用机械能守恒列式,即

$$\frac{1}{2}mv^2 - G\frac{Mm}{r} = E$$

5.5.2 三个宇宙速度

①第一宇宙速度又称环绕速度:近地卫星环绕地球运动的速度。设地球的半径为 R,则

$$G\frac{Mm}{R^2} = m\frac{v^2}{R}$$

第一宇宙速度

$$v_1 = \sqrt{\frac{GM}{R}} = 7.9 \text{ km/s}$$

②第二宇宙速度又称脱离速度：卫星能够脱离地球引力所需的最小速度（方向一定沿半径向外）。设地球的半径为 R，由机械能守恒得

$$\frac{1}{2}mv^2 + \left(-G\frac{Mm}{R}\right) = -G\frac{Mm}{r}$$

式中，r 为地球引力以外的某点到地球的距离，显然 $r \to \infty$，所以 $G\frac{Mm}{r} = G\frac{Mm}{\infty} = 0$。

第二宇宙速度

$$v_2 = \sqrt{\frac{2GM}{R}} = 11.2 \text{ km/s}$$

③第三宇宙速度又称逃逸速度：卫星脱离太阳引力范围的最小发射速度。设太阳的质量为 M_0，太阳中心到地球中心的距离为 R_0，类似第二宇宙速度的计算，同理可得

$$v_3 = \sqrt{\frac{2GM_0}{R_0}} = 42.2 \text{ km/s}$$

由于地球绕太阳公转的速度为 29.8 km/s，所以相对于地球只要 $v' = 42.2$ km/s － 29.8 km/s = 12.4 km/s 的发射速度即可，这是将地球引力小到可略去不计得出的。考虑到地球引力存在，必须克服地球引力做功，所以

$$\frac{1}{2}mv_3^2 - G\frac{Mm}{R} = \frac{1}{2}mv'^2$$

而

$$G\frac{Mm}{R} = \frac{1}{2}mv_2^2$$

式中，v_2 为第二宇宙速度。将此式代入上式，得

$$\frac{1}{2}mv_3^2 - \frac{1}{2}mv_2^2 = \frac{1}{2}mv'^2$$

第三宇宙速度

$$v_3 = \sqrt{v_2^2 + v'^2} = 16.7 \text{ km/s}$$

5.5.3 天体运动的轨道与能量

牛顿运动定律和万有引力定律公之于世后，可从理论上求解行星的运动，结果表明行星运动的轨道曲线为三种圆锥曲线，即椭圆（包括圆）、双曲线和抛物线。作为一种极限，椭圆可退化为直线段，抛物线和双曲线可退化为射线。大行星的轨道为椭圆，太阳系中一些小天体的轨道也可以是抛物线或双曲线。

1 椭圆轨道

利用开普勒第二定律和机械能守恒关系可得出做椭圆运动的天体具有的能量(为动能和引力势能的和)

$$E = -G\frac{Mm}{2a} < 0$$

式中,a 为椭圆的长半轴。

2 双曲线轨道

设双曲线方程 $\frac{x^2}{a^2} - \frac{y^2}{b^2} = 1$,焦距 $c = \sqrt{a^2+b^2}$,太阳位于焦点 $F(c,0)$,星体 m 在双曲线正半支上运动,如图 5.32 所示。在无穷远处速度 v 的方向(即曲线的切线方向)与渐近线 $y = \frac{b}{a}x$ 方向一致,表明星体趋向无穷远时,v_∞ 逼近渐近线,三角形 $v_\infty \Delta t$ 底边上的高即为焦点 F 到渐近线的距离 $h = \overline{FG}$。因 $\mathrm{Rt}\Delta OED \cong \mathrm{Rt}\Delta OFG$,故 $h = \overline{FG} = \overline{DE} = b$。

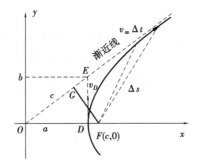

图 5.32

无穷远处矢径在 Δt 时间内扫过的面积为

$$\Delta s = \frac{1}{2}(v_\infty \Delta t)h = \frac{1}{2}v_\infty b\Delta t = \frac{1}{2}v_D(c-a)\Delta t$$

即

$$v_\infty = \frac{c-a}{b}v_D = \frac{\sqrt{a^2+b^2}-a}{b}v_D > 0$$

由此

$$E = E_k(\infty) > 0$$

再利用机械能守恒关系,有 $\frac{1}{2}mv_D^2 - G\frac{Mm}{c-a} = \frac{1}{2}mv_\infty^2$

可得

$$E = G\frac{Mm}{2a} > 0$$

3 抛物线轨道

设抛物线方程为 $y = Ax^2$,太阳在焦点 $\left(0, \frac{1}{4A}\right)$ 处,则星体 m 在抛物线顶点处的能量为

$$E = \frac{1}{2}m_0^2 - G\frac{Mm}{\frac{1}{4A}} = \frac{1}{2}mv_0^2 - 4AGMm$$

可以证明,抛物线顶点处曲率半径 $\rho = \frac{1}{2A}$,则有

$$\frac{mv_0^2}{\rho} = \frac{GMm}{\left(\frac{1}{4A}\right)^2}$$

得到

$$v_0 = \sqrt{8AGM}$$

所以抛物线轨道能量

$$E = \frac{1}{2}m \cdot (8AGM) - 4AGMm = 0$$

5.5.4 黑洞

黑洞是天体物体学预言的一类天体,其特征是它的引力非常大,它"吞噬"周围的所有物质,甚至光也无法逃逸出去,所以称之为黑洞。早在 1795 年,拉普拉斯就预言过黑洞的存在。根据机械能守恒定律,一个质量为 m 的物体如果要从一个球状星体上逃逸,它的速度 v 至少要满足关系

$$\frac{1}{2}mv^2 = G\frac{mm_c}{R}$$

式中,G 为万有引力恒量;m_c 为星球质量;R 为星球半径,即其逃逸速度为 $v \geqslant \sqrt{\frac{2Gm_c}{R}}$。如果 $\sqrt{\frac{2Gm_c}{R}} \geqslant c^2$($c$ 为光速),那么这个星球就成为一个黑洞。此时,星球的半径与质量的关系为 $R \leqslant \frac{2Gm_c}{c^2}$。

典型例题

例1 根据行星绕太阳做椭圆运动的面积速度为恒量(开普勒第二定律)。试证明各行星绕太阳运行的周期 T 与椭圆轨道的半长轴 a 之间的关系为 T^2/a^3 常量(即开普勒第三定律)。

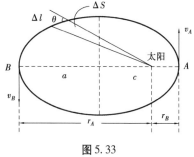

图 5.33

解 先计算面积速度的表达式,如图 5.33 所示。矢径 r 在很短的 Δt 时间内,扫过的面积为 ΔS,椭圆的弧长为 Δl,矢径 r 与椭圆上该点的切线方向夹角为 θ。在 Δt 足够小时,扫过的面积可当作三角形来处理,因此

$$\Delta S = \frac{1}{2}r\Delta l \sin\theta$$

面积速度为

$$\frac{\Delta S}{\Delta t} = \frac{1}{2} \frac{r \Delta l \sin \theta}{\Delta t}$$

各行星绕太阳运行的周期 T,可以用椭圆的面积除以面积速度来求解。

设椭圆的半长轴为 a,半短轴为 b,太阳到椭圆中心的距离为 c,则各行星绕太阳运行的周期为

$$T = \frac{\pi a b}{\frac{1}{2} r v \sin \theta}$$

一般位置的面积速度较难求解,因为 θ 是任意的,现选择近日点和远日点,由面积速度相等可得

$$\frac{1}{2} r_A v_A = \frac{1}{2} r_B v_B$$

从近日点到远日点的过程中,根据机械能守恒定律,有

$$\frac{1}{2} m v_A^2 - G\frac{Mm}{r_A} = \frac{1}{2} m v_B^2 - G\frac{Mm}{r_B}$$

由以上两式得

$$v_A^2 = \frac{2GM r_B}{(r_A + r_B) r_A}$$

由几何关系得

$$r_A = a - c, \quad r_B = a + c, \quad a^2 = b^2 + c^2$$

所以

$$v_A = \sqrt{\frac{GM}{a}} \cdot \sqrt{\frac{r_B}{r_A}}$$

$$\frac{\Delta S}{\Delta t} = \frac{1}{2} r_A v_A = \frac{1}{2}\sqrt{\frac{GM}{a}} \cdot \sqrt{r_A r_B} = \frac{b}{2}\sqrt{\frac{GM}{a}}$$

$$T = \frac{\pi a b}{\frac{\Delta S}{\Delta t}} = 2\pi a\sqrt{\frac{a}{GM}}$$

整理得

$$\frac{T^2}{a^3} = \frac{4\pi^2}{GM}$$

例2 从地球发射火箭到火星进行探测,发射后火箭绕太阳沿椭圆轨道运行。为了节省能量,火箭离地球的速度方向与地球绕太阳公转的速度方向一致,并且选择适当的发射时机,使火箭椭圆轨道的远日点为火星,近日点为地球,假设地球和火星均能绕太阳做圆周运动,圆轨道半径分别为 $r_{地}$ 和 $r_{火}$,忽略其他行星对火箭的引力作用。试问:

（1）火箭以多大的相对速度离开地球？

（2）火箭到达火星要用多长时间？

解 （1）如图 5.34 所示，地球绕太阳做匀速圆周运动，万有引力提供向心力

$$G\frac{Mm_0}{r_{地}^2} = m_0\frac{v_{地}^2}{r_{地}}$$

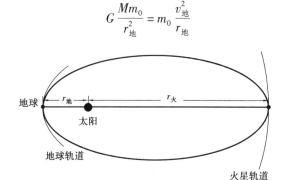

图 5.34

设火箭在近日点和远日点的速度分别为 v_1 和 v_2，根据开普勒定律和机械能守恒定律可得

$$v_1 r_{地} = v_2 r_{火}$$

$$\frac{1}{2}mv_1^2 - G\frac{Mm}{r_{地}} = \frac{1}{2}mv_2^2 - G\frac{Mm}{r_{火}}$$

所以，火箭离开地球相对地球的速度

$$v_{相} = v_1 - v_{地} = \sqrt{\frac{GM}{r_{地}}}\left(\sqrt{\frac{2r_{火}}{r_{火} + r_{地}}} - 1\right)$$

（2）由开普勒第三定律得

$$\frac{r_{地}^3}{T_0^2} = \frac{\left(\dfrac{r_{火} + r_{地}}{2}\right)^3}{T^2}$$

则火箭到达火星所需时间

$$t = \frac{T}{2} = \frac{T_0}{2}\left(\frac{r_{火} + r_{地}}{2r_{地}}\right)^{\frac{3}{2}} = \frac{1}{2}\left(\frac{r_{火} + r_{地}}{2r_{地}}\right)^{\frac{3}{2}}（年）$$

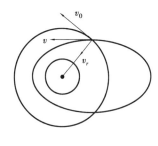

图 5.35

例3 一卫星绕地球沿圆轨道运动，运动速度为 v_0，卫星离地高度为 h，设卫星中的辅助发动机向轨道外侧做短时间喷气，使获得指向地球中心的径向速度为 v_r，此后卫星将沿新的椭圆轨道运动。试求卫星新轨道的近地点和远地点离地球的高度。设地球为球形，半径为 R。

解 如图 5.35 所示，设卫星在近地点和远地点离开地心的距离分别为 r_1 和 r_2，卫星的速度分别为 v_1 和 v_2，根据开普勒定律和机械能守恒定律，可得

$$v_0(R + h) = v_1 r_1 = v_2 r_2$$

$$\frac{1}{2}m(v_0^2 + v_r^2) - G\frac{Mm}{R+h} = \frac{1}{2}mv_1^2 - G\frac{Mm}{r_1} = \frac{1}{2}mv_2^2 - G\frac{Mm}{r_2}$$

卫星喷气前做匀速圆周运动,万有引力提供向心力

$$G\frac{Mm}{(R+h)^2} = m\frac{v_0^2}{R+h}$$

解得

$$r_1 = \frac{v_0 h + v_0 R}{v_0 + v_r}, r_2 = \frac{v_0 h + v_0 R}{v_0 - v_r}$$

故

$$h_1 = r_1 - R = \frac{v_0 h - v_r R}{v_0 + v_r}, h_2 = r_2 - R = \frac{v_0 h + v_0 R}{v_0 - v_r}$$

巩固提升

1. 某行星质量为 M,半径为 R,若在距该行星中心 $10R$ 处有一物体正沿着与它和行星连线夹角 $\theta = 30°$ 的方向运动,如图 5.36 所示,此物体的速度 v 至少要多大才能避免该物体落在行星上而与行星发生碰撞?

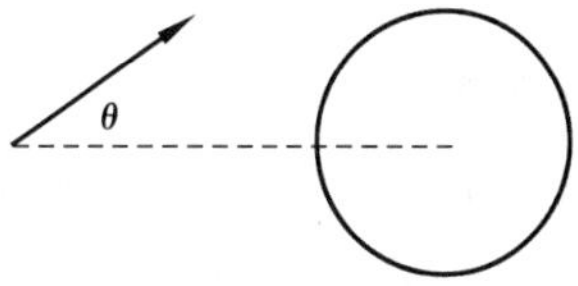

2. 考虑一个转动的球形行星,该行星赤道上某点的速度为 v。行星转动的效果是使赤道上的 g 值是极点上 g(未知)值的一半。求该行星极点上一粒子的逃逸速度。

图 5.36

3. 地球质量为 M,半径为 R,自转角速度为 ω,万有引力常量为 G,如果规定物体在离地球无穷远处势能为零,则质量为 m 的物体离地心距离为 r 时,具有的万有引力势能可表示为 $E_p = -G\frac{Mm}{r}$。国际空间站是迄今世界上最大的航天工程,它是地球大气层上空绕地球飞行的一个巨大人造天体,可供宇航员在其上居住和进行科学实验。设空间站离地面高度为 h,如果在该空间站上直接发射一颗质量为 m 的小卫星,使其能达到地球同步卫星轨道并能在轨道上正常运行,求该卫星在离开空间站时必须具有多大的初动能?

4. 试求行星绕太阳运行的椭圆轨道的周期平方与半长轴立方间的比例常数。设太阳和行星的质量分别为 M 和 m。

5.6　能量和动量的综合问题

5.6.1　在质心系中在讨论能量和动量

1　质心参考系

质心参考系是分析物体系运动时经常采用的一种参考系。以系统的质心速度 v_c 做平移运动的参考系称为质心参考系,或简称质心系。在一般情况下,当质心做加速运动时,质心参考系则是相对于惯性系做平移加速运动的非惯性系;当从质心系去分析各个质点运

动时,各质点都要考虑相应的惯性力 $-m_i a_C$。虽然如此,采用质心系仍然有很多优越和方便之处。

①在质心参考系中,系统的总动量守恒为零。因为质心中的动量 $p' = \sum m_i(v_i - v_C) = \sum m_i v_i - m v_C$,而 $p = \sum m_i v_i$ 是系统在惯性系中的动量,$p_C = m v_C$,$p = p_C$ 是系统质心的动量。由式可知 $p = p_C$,所以 $p' = 0$。故在任何情况下,质心系中系统的动量总是守恒的,并且系统的总动量恒为零,即质心系是零动量参考系。

②如果系统所受的合外力为零,则质心做匀速直线运动,质心系便是惯性系。

③在质心参考系中,惯性力不做功。因为惯性力为 $-m_i a_C$,所以惯性力的方向都一致。由于在质心系中质心的速度为零,质心坐标不变,所以 $\Delta r_C' = \dfrac{\sum m_i \Delta r_i'}{m} = 0$,即 $\sum m_i \Delta r_i' = 0$。在惯性力的方向上则有 $\sum m_i s_i = 0$,其中 s_i 是质点 m_i 相对于质心系的位移在惯性力方向上的分量,故惯性力做功之和 $\sum f_i s_i = \sum (-m_i a_C) s_i = -a_C \sum m_i s_i = 0$。因此,质心系中的功能原理与惯性系中的功能原理形式相同,只是其中外力所做的功和系统的动能都是相对于质心系而言。

2 质心的动能及质点组的动能

以两个质点为例,质量分别为 m_1、m_2,相对于静止参考系的速度分别为 v_1、v_2,质心 C 的速度为 v_C,两质点相对于质心的速度分别为 v_1'、v_2',于是

$$v_1 = v_C + v_1', v_2 = v_C + v_2'$$

质点组的动能

$$
\begin{aligned}
E_k &= \frac{1}{2}m_1 v_1^2 + \frac{1}{2}m_2 v_2^2 \\
&= \frac{1}{2}m_1(v_C + v_1') \cdot (v_C + v_1') + \frac{1}{2}m_2(v_C + v_2') \cdot (v_C + v_2') \\
&= \frac{1}{2}m v_C^2 + \frac{1}{2}m_1 v_1'^2 + \frac{1}{2}m_2 v_2'^2 \\
&= E_{kC} + E_k'
\end{aligned}
$$

第二个等号展开项的求和中有一项 $m_1 v_C \cdot v_1' + m_2 v_C \cdot v_2' = v_C \cdot (m_1 v_1' + m_2 v_2')$,括号中的求和表示质心相对于自己的速度与 m 的乘积,必定为零。由此可见,两个质点的总动能等于其质心的动能与两质点相对于质心的动能之和。对于多个质心的系统这个关系也成立。这就是柯尼希定理的内容。

利用柯尼希定理很容易证明完全非弹性碰撞中系统动能损失最大。

3 做平面平行运动的刚体的动能

将柯尼希定理应用于做平面平行运动的刚体,刚体的动能可以写成质心的平动动能与刚体绕质心的轴转动的动能之和,即

$$E_k = \frac{1}{2}m v_C^2 + \frac{1}{2}I_C \omega^2$$

将柯尼希定理应用于做定轴转动的刚体,将得出相同的结果。设做定轴转动的刚体的质心与固定轴相距 d,则 $v_c = d\omega$,代入上式,得

$$E_k = \frac{1}{2}m(d\omega)^2 + \frac{1}{2}I_c\omega^2$$

$$= \frac{1}{2}(md^2 + I_c)\omega^2$$

$$= \frac{1}{2}I\omega^2$$

式中,I 为刚体绕固定转动轴的转动惯量。

由于平面平行运动也可以看成绕瞬时转轴的纯滚动,所以应将式中的 I 理解为刚体对瞬时转动轴的转动惯量。当然,一般来说,由于瞬时转轴在刚体上的位置随时间变化,刚体对瞬时转轴的转动惯量也随时间变化。

典型例题

例1 一个圆球在倾角为 30°的斜面上向上做纯滚动,在斜面下端时,球的质心具有 5.0 m/s的平动速度。试问:

(1)球在斜面上能向上滚多远?

(2)它需要多长时间才能滚回斜面下端。

解 (1)因为圆球做纯滚动,摩擦力不做功,故根据能量守恒,有

$$\frac{1}{2}mv_0^2 + \frac{1}{2}I\omega_0^2 = mgh$$

即

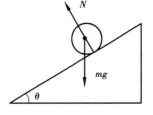

图 5.37

$$\frac{1}{2}mv_0^2 + \frac{1}{2} \cdot \frac{2}{5}mR^2\omega_0^2 = mgl\sin\theta \qquad ②$$

又因圆球只有滚动而无滑动,有

$$v_0 = R\omega_0 \qquad ③$$

式中,v_0 和 ω_0 分别为圆球质心的初速度和初角速度。将③式代入①②式,得

$$l = \frac{7}{10} \cdot \frac{v_0^2}{g\sin\theta} = 3.6 \text{ m}$$

(2)圆球沿斜面向上滚动时,其受力情况如图 5.37 所示。对圆球质心的平动,列出运动方程

$$mg\sin\theta - f = ma \qquad ④$$

式中,f 为静摩擦力。对于绕质心的转动,由转动定律,有

$$fR = I\beta = \frac{2}{5}mR^2\beta \qquad ⑤$$

圆球质心加速度和圆球绕质心转动的角加速度之间有关系为

$$a = R\beta \qquad ⑥$$

由④⑤⑥式,得

$$a = \frac{5}{7} g \sin \theta$$

又因圆球达到最高点时的质心速度为零,故有

$$v_0 = at$$

所以

$$t = \frac{v_0}{a} = \frac{7}{5} \frac{v_0}{g \sin \theta} = 1.4 \text{ s}$$

由于圆球由上向下滚动时,其受力情况与上滚动类似,又因机械能守恒,故到达下端时质心的速度与初速度相同,故圆球下滚的时间与上滚的时间相同,其滚回斜面下端的总时间为

$$t' = 2t = 2.8 \text{ s}$$

注:(1)中能量守恒的普遍表示式为

$$E_0 = mgl \sin \theta + \frac{1}{2} mv^2 + \frac{1}{2} \cdot \frac{2}{2} mR \cdot \left(\frac{v}{R} \right)^2$$

$$= mgl \sin \theta + \frac{7}{10} mv^2$$

该式对 t 求导得

$$mg \sin \theta \cdot v = -\frac{7}{10} m \cdot 2va = -\frac{7}{5} mva$$

即可得

$$a = -\frac{5}{7} g \sin \theta$$

另(2)中摩擦力为静摩擦力,该力并不做功,但列动力学方程时仍要考虑。同时,正是由于该力的存在才能使球向上滚动时转动的角速度变小,相应的向上平动速度也变小,而向下滚动时该力会使球逆时针滚动起来达到纯滚动,所以摩擦力也是沿斜面向上的。

例2 质量分别为 m_1 和 m_2 的两物块用橡皮绳相连放在水平台面上,橡皮绳原长为 a,当它伸长时,如同一弹性系数为 k 的弹簧。物块与台面间的摩擦因数为 μ,今将两物块拉开至相距为 $b(b > a)$ 由静止释放,如图 5.38 所示。求两物块相碰时的相对速度大小。

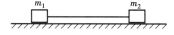

图 5.38

解 设两物块相碰时,相对质心,m_1 和 m_2 的速率分别为 v_1 和 v_2,由动能定理,有

$$\frac{1}{2} m_1 v_1^2 + \frac{1}{2} m_2 v_2^2 = \frac{1}{2} k(b-a)^2 - \mu m_1 g l_1 - \mu m_2 g l_2$$

式中,l_1 和 l_2 分别为 m_1 和 m_2 自释放到相碰相对质心的位移。

由动量守恒,有

$$m_1 l_1 = m_2 l_2$$

又有

$$l_1 + l_2 = b$$

联立以上各式得

$$l_1 = \frac{m_2}{m_1 + m_2}b, l_2 = \frac{m_1}{m_1 + m_2}b$$

再由质心系中动量守恒,有

$$m_1 v_1 = m_2 v_2$$

最后得两物块在质心系中的相对速率

$$v_r = v_1 + v_2 = \frac{m_1 + m_2}{m_2} v_1 = \sqrt{\frac{k(m_1 + m_2)}{m_1 m_2}(b - a)^2 - 4\mu gb}$$

因两物块相对速率与参考系无关,所以此结果 v 也是台面参考系中的 v_r。

注:本题在质心系中考察就会得到简化,这是因为,①质心系中动量始终为零,两物块的位移具有确定关系。②作为水平外力的摩擦力,其大小和方向仅与台面的相对运动有关,本系统在两种参考系中相同,即 m_1 受向左方向的摩擦力,m_2 受向右方向的摩擦力,与台面参考系中相同。③本系统质心系为非惯性系,但我们知道,由于惯性力的等效作用点在质心上,质心在质心系中无位移,所以惯性力不做功,即在质心系中使用动能定理时不必考虑惯性力。

例3 水平光滑桌面上静置质量 $M = 990$ g 的木块,质量 $m = 10$ g 的子弹以水平初速度 $v_0 = 100$ m/s 射入木块。子弹刚接触木块时受到 $f_0 = 300$ N 的阻力。设木块厚度为 30 cm,子弹所受阻力与子弹相对于木块的速度成正比。试问子弹击穿木块时子弹和木块的速度各为多大?

解 由题意,设 M 受子弹的推力 $f = kv_{mM}$(kv_{mM} 为 m 相对 M 的速度)。

设子弹相对木块的位移为 Δs,对应的时间为 Δt,因而

$$f\Delta t = kv_{mM}\Delta t = k\Delta s$$

同时取木块为研究对象研究微元过程,由动量定理,得

$$f\Delta t = \Delta p_M$$

比较这两式,得

$$k\Delta s = \Delta p_M$$

设子弹击穿木块时木块的速度为 v_M,子弹的速度为 v_m,木块的厚度 $L = \Delta s$,对上式累加,则

$$kL = Mv_M$$

对系统,有

$$mv_0 = mv_m + Mv_M$$

同时由题意,知

$$f_0 = kv_0$$

得

$$v_m = v_0 - f_0 L/(mv_0) = 10 \text{ m/s}$$
$$v_M = 0.91 \text{ m/s}$$

注:由于子弹所受阻力正比于子弹相对木块的速度,所以本题中子弹击穿木块的时间不能认为是极短的。

巩固提升

1. 如图 5.39 所示,半径为 R 的光滑重圆柱体以速度 u 平动,小球以速度 v 垂直于圆柱体轴迎面飞去。球运动所在直线与圆柱轴运动所在平面间的距离为 $L(L<R)$。求与圆柱体完全弹性碰撞后球的速度 v_1 的大小。重力不计。

2. 如图 5.40 所示,由绝对刚性轻杆连接两个很小的重球组成"哑铃"以速度 v_0 沿垂直于静止不动的光滑的墙平动,并且"哑铃"的轴与墙面成 45°。试确定当"哑铃"与墙发生弹性碰撞后将怎样运动?

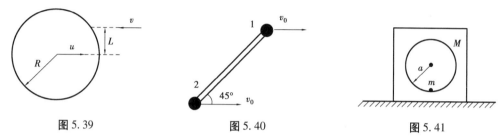

图 5.39   图 5.40   图 5.41

3. 如图 5.41 所示,一质量为 M 的玻璃方块内有一半径为 a 的球形空腔。开始时,质量为 m 的质点静置于空腔的最低点,玻璃方块置于水平光滑平面上,质点 m 与玻璃之间的摩擦可以忽略不计。若玻璃方块受到一水平冲量而获得初速度 v,使质点 m 刚好可在竖直平面上做完整的圆周运动(即质点和玻璃球面保持全接触,但在最高点时,质点所受来自玻璃块的正向力恰为零),求玻璃块初速度 v 的大小。

4. 如图 5.42 所示,实心圆柱体从高为 h 的斜坡上纯滚动到达水平地面上,继续纯滚动,与光滑竖直墙做完全弹性碰撞后而返回,经足够长的水平距离后重新做纯滚动,并纯滚动爬上坡。设地面与圆柱体间的动摩擦因数为 μ,试求圆柱体爬坡所能到达的高度 h'。

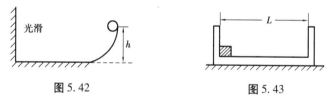

图 5.42   图 5.43

5. 如图 5.43 所示,一具有 U 形凹槽的扁长木板被放置于水平光滑桌面上,凹槽内另放有一小木块,倚靠左方槽边。设小木块的质量为 m,木板的质量为 $M=2m$,凹槽宽度为 L,小木块与木板间的动摩擦因数为 μ,小木块的宽度远小于 L。现给小木块一个瞬时冲量,使其在凹槽中滑动,由于小木块的初速度足够大,小木块在木板凹槽中来回碰撞木板槽边。设小木块与木板槽边的碰撞皆为正向弹性碰撞,碰撞 n_0 次后恰好停在凹槽的中央位置,求:

(1)自小木块运动至停止在木板中央时所经历的时间;

(2)在(1)中所求时间内,木块一共移动了多少距离;

(3)在小木块运动后,木板所能达到的最大速度。

参考答案与解析

第6章　机械振动和机械波

6.1　简谐振动和振动能量与共振

6.1.1　简谐振动

1　基本特点

①简谐振动的回复力和振动位移满足

$$F = - kx \qquad (6.1)$$

即其所受到的回复力 F 与偏离平衡位置的位移 x 大小成正比、方向相反。

②加速度满足

$$a = - \omega^2 x \qquad (6.2)$$

③运动方程满足

$$x = A \cos(\omega t + \varphi_0) \qquad (6.3)$$

上述三个特征描述的物理本质是相同的,满足其中的任意一个特征即是简谐运动。

2　描述方法

匀速圆周运动在直径方向上的投影即为简谐振动,因此常在研究简谐运动时引入参考圆,参考圆是研究简谐运动的一种方便而有效的方法。

设质量为 m 的质点做匀速圆周运动,半径为 A,圆周运动的周期和简谐运动的周期 T 相同,则质点做圆周运动的角速度 $\omega = \dfrac{2\pi}{T}$。过圆心沿直径方向建立坐标轴 OX,设开始时质点位于点 P_0,$\angle P_0 OX = \alpha$,如图 6.1 所示。经过时间 t,质点运动到点 P,此时 $\angle POX = \varphi$,$\varphi = \omega t + \alpha$。点 P 在 OX 轴上的投影坐标 x,即质点做简谐运动在 t 时刻的位置为

$$x = A \cos(\omega t + \alpha) \qquad (6.4)$$

上式即为简谐运动的振动方程。质点做圆周运动在点 P

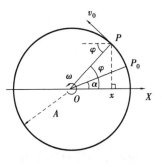

图 6.1

的速度为 $v_0 = \omega A$，它在 X 方向的分速度，即质点做简谐运动在 t 时刻的速度为 $v = -v_0 \sin \varphi$，写成

$$v = -\omega A \sin (\omega t + \alpha) \qquad (6.5)$$

质点做圆周运动在点 P 的加速度为 $a_0 = \omega^2 A$，它在 X 方向的分加速度，即质点做简谐运动在 t 时刻的加速度为 $a = -a_0 \cos \varphi$，写成

$$a = -\omega^2 A \cos(\omega t + \alpha) = -\omega^2 x \qquad (6.6)$$

以上三式给出了质点做简谐运动时的位移、速度和加速度，它们都随时间按正弦或余弦规律变化。如果能够对微分熟悉的话，在求出坐标的变化规律后，速度变化规律和加速度变化规律可以通过对位移分别进行一次求导和二次求导来求得。

3　简谐运动的三要素

简谐运动的振动方程 $x = A \cos(\omega t + \alpha)$ 中，A、ω 和 α 三个物理量决定了简谐振动的特征，统称为简谐运动的三要素。物理量 A 给出了振动时偏离平衡位置的最大距离，它与对应的圆周运动的半径相等，称为振动的振幅。物理量 ω 给出了振动的快慢，这里的快慢并不是指物体运动的速度，而是说振动过程中周期性变化的快慢，它与圆周运动的角速度相等，称为振动的角频率。

将简谐运动的周期关系 $T = \dfrac{2\pi}{\omega}$、牛顿第二定律 $F = ma$ 比较可以得出

$$k = m\omega^2$$

$$T = 2\pi\sqrt{\dfrac{m}{k}}$$

物理量 α 给出了振动开始时的振动情况，它与对应的圆周运动的初始位置（$\angle P_0 OX = \alpha$）相联系，称为振动的初相或初相位。振动的相（或相位）是振动方程中的正弦（或余弦）函数中的角度，它决定了相应时刻振动位移的大小和方向，又称相角。两个简谐运动，若振动的周期相同而初相位不同，则这两个振动的快慢相同，但振动的步调不一致，即达到某一振动状态（如最大位移处）的时间有先后之分。

简谐运动的振动方程 $x = A \cos(\omega t + \alpha)$ 中，A、ω 和 α 三个物理量确定后，质点的振动情形就完全确定，故称其为简谐运动的三要素。

6.1.2　振动能量与共振

1　简谐运动中的能量

做简谐运动的系统，统称为谐振子。以水平弹簧振子为例，在振动过程中，谐振子的瞬时动能为

$$E_k = \frac{1}{2}mv^2 = \frac{1}{2}mA^2\omega^2\sin^2(\omega t + \varphi) \qquad (6.7)$$

谐振子的瞬时势能为

$$E_k = \frac{1}{2}kx^2 = \frac{1}{2}m\omega^2 A^2\cos^2(\omega t + \varphi) \qquad (6.8)$$

总能量为

$$E = E_k + E_p = \frac{1}{2}m\omega^2 A^2 = \frac{1}{2}kA^2 \tag{6.9}$$

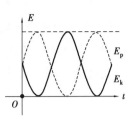

图6.2

简谐运动中,系统的力常数 k 和振幅 A 都是恒量,所以 $\frac{1}{2}kA^2$ 是恒量,可见振动系统中系统的机械能守恒,当谐振子经过平衡位置时,$E_p = 0$,E_k 最大;当谐振子过极端位置时,$E_p = 0$,E_p 最大。利用这点,还可求出某些复杂谐振系统的频率。振动过程中,弹簧振子的动能和势能都随时间做周期性变化,其变化的规律如图6.2所示。但任一时刻的动能和势能之和为一定值,简谐运动的过程中,系统的机械能守恒。$\frac{1}{2}kA^2$ 表明简谐振动中的振幅和劲度系数决定着振子系统的总能量。

2 阻尼振动

由于阻力的作用,自由振动的振幅逐渐减小,这种振动称为阻尼振动,理论和实践都指出,对于确定的振动物体,有阻尼要比无阻尼时振动周期长些,阻尼越大,周期也相应地越长。

3 受迫振动

物体在周期性外力(策动力)作用下的振动称为受迫振动。受迫振动的频率等于策动力的频率,而与物体的固有频率无关。当策动力的频率同物体的固有频率相等时,受迫振动的振幅最大,这种现象称为共振。策动力的频率与物体的固有频率相差越大,振幅越小。

4 一维简谐振动的常用判定方法

(1)定义法

如果一个质点在运动中所受的回复力 F 与质点偏离平衡位置的位移 x 满足 $F = -kx$,那么,这个质点做简谐振动,如证明单摆的小角度振动为简谐振动。

(2)方程法

如果一个质点的动力学方程可以写成 $a + \omega^2 x = 0$,其中 ω^2 为正的实数,则质点的运动是个简谐振动。而在刚体的振动问题中,只要得到 $\beta + \omega^2\theta = 0$ 即可。

(3)能量法

如果质点在运动过程中具有形式为 $\frac{1}{2}kx^2$ 的势能,且 $\frac{1}{2}mv^2 + \frac{1}{2}kx^2 = E$(常数)。质点的运动为简谐振动。

需要说明的是:

①以上各判定简谐振动的方法是完全等价的。

②以上各表达式中 x 既可以是线量(线位移),又可以是角量(角位移),对应的速度相应的是线速度和角速度,对应的加速度是线加速度和角加速度。

（4）比较法

对于扭摆或做大摆幅振动的单摆，周期公式不适用。但是如果它与另一个已知振动周期的系统在每个对应位置都有速度或角速度上的特定关系，则摆的周期亦可通过比较求得。

5　同一直线上两个同频率的谐振动的合成

设一质点在一直线上同时进行两个独立的同频率（亦即角频率 ω 相同）的谐振动，如果取这直线为 Ox 轴，以质点的平衡位置为原点，在任一时刻 t，这两个振动的位移分别为

$$x_1 = A_1 \cos(\omega t + \varphi_{10}) \tag{6.10}$$

$$x_2 = A_2 \cos(\omega t + \varphi_{20}) \tag{6.11}$$

式中，A_1、A_2 和 φ_{10}、φ_{20} 分别表示两个振动的振幅和初相位。既然 x_1 和 x_2 都是表示在同一直线方向上距同一平衡位置的位移，所以合位移 x 仍在同一直线上，且为上述两个位移的代数和，即

$$x = x_1 + x_2 = A_1 \cos(\omega t + \varphi_{10}) + A_2 \cos(\omega t + \varphi_{20}) \tag{6.12}$$

应用三角函数的等式关系将上式展开，可以化成 $x = A \cos(\omega t + \varphi_0)$，式中 A 和 φ_0 的值分别为

$$A = \sqrt{A_1^2 + A_2^2 + 2A_1 A_2 \cos(\varphi_{20} - \varphi_{10})} \tag{6.13}$$

$$\tan \varphi_0 = \frac{A_1 \sin \varphi_{10} + A_2 \sin \varphi_{20}}{A_1 \cos \varphi_{10} + A_2 \cos \varphi_{20}} \tag{6.14}$$

这说明合振动仍是谐振动，其振动方向和频率都与原来的两个振动相同。应用旋转振幅矢量图，可以很方便地得到上述两谐振动的合振动。如图 6.3 所示，用 A_1 和 A_2 代表两谐振动的振幅矢量，由于 A_1 和 A_2 以相同的角速度 ω 做逆时针方向转动，它们之间的夹角（$\varphi_{20} - \varphi_{10}$）保持恒定，所以在旋转过程中，矢量合成的平行四边形的形状保持不变，因而合矢量 A 的长度保持不变，并以同一角速度 ω 匀速旋转。合矢量 A 就是相应的合振动的振幅矢量，而合振动的表达式可以合矢量 A 在 Ox 轴上的投影给出，A 和 φ_0 也可以由图简便地得到。

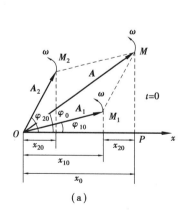

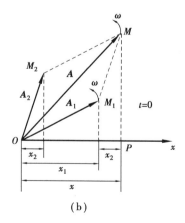

（a）　　　　　　　　　　（b）

图 6.3

典型例题

例1 如图6.4所示,一根用绝缘材料制成的轻弹簧,一端固定,另一端与一个质量为 m、带电荷量为 $+q$ 的小球连接。弹簧的劲度系数为 k,小球开始静止于光滑的绝缘水平面上。当施加水平向左的匀强电场 E 后,小球开始做简谐运动,当小球经过 O 点时加速度为零。A、B 两点为小球能到达的最大位移处,那么以下说法中正确的是(   )。

A. 小球的速度为零时,弹簧伸长 $\dfrac{qE}{k}$

B. 小球做简谐运动的过程中机械能守恒

C. 小球做简谐运动的振幅为 $\dfrac{qE}{k}$

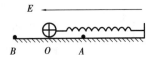

图6.4

D. 小球由 O 点到 B 点的运动过程中,弹力做功的大小一定大于电场力做功的大小

解 选择CD。由简谐运动可知,小球在 A、B 两点时速度为零而加速度最大,故弹簧弹力大于电场力;在平衡位置时,加速度为零而速度最大,有 $qE = kx$,所以 A 选项错误。由于电场力做功,所以简谐运动过程中机械能不守恒,B 选项错误。施加电场时,小球在 A 点的回复力为 qE,而 O 点为简谐振动的平衡位置,所以 C 选项正确。小球在点到点的运动过程中,弹力和电场力都参与做功,小球动能减小,由动能定理可知 D 选项说法正确。

例2 金字塔形(正四棱锥)的冰水浮在海水中,平衡时塔尖离水面高度为 h,冰的密度记为 ρ_1,海水的密度记为 ρ_2,有 $\rho_1 < \rho_2$,运动方向上的所有阻力忽略不计。试求冰山自身高度 H 和冰山在平衡位置附近做竖直方向上的小幅振动时的周期 T。

解 设冰山正方形底边的周长为 a,则冰山的重力

$$G = \frac{1}{3}\rho_1 a^2 Hg$$

冰山所受浮力

$$F = \rho_2 g V$$

式中,V 为排开海水的体积,且 $V = \dfrac{1}{3}a^2 H - \dfrac{1}{3}\left(a \cdot \dfrac{h}{H}\right)^2 h$。

平衡时,$F = G$,得

$$H = \sqrt[3]{\frac{\rho_2}{\rho_2 - \rho_1}} \cdot h$$

设冰山从平衡位置向下偏移一小段距离 x,则浮力

$$F = \frac{1}{3}\rho_2 a^2 \left[H - \frac{(h-x)^3}{H^2} \right]g$$

$$= \frac{1}{3}\rho_2 a^2 \left[H - \frac{h^3}{H^2} + \frac{3h^2}{H^2}x \right]g$$

合力 $G - F = \dfrac{-\rho_2 a^2 h^2 gx}{H^2}$ 为一线性力,而冰山的质量 $m = \dfrac{\rho_1 a^2 H}{3}$。

由 $T = 2\pi\sqrt{\dfrac{m}{k}}$，得

$$T = 2\pi\sqrt{\frac{\rho_1 h}{3(\rho_2 - \rho_1)g}}$$

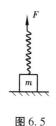

例3 如图 6.5 所示，质量为 m 的物体静止在桌面上，上接一根劲度系数为 k 的轻质弹簧。现施加一力在弹簧上端，使其以速度 v 匀速上升。试求：

（1）经过多长时间物体脱离地面；

（2）物块速度第一次达到最大值时，力 F 做的功。

解 （1）当物体刚要脱离地面时，弹簧由于伸长产生的弹力等于重力，则

$$kx = mg$$

图 6.5

弹簧的伸长量

$$x = \frac{mg}{k}$$

由于下端不动，弹簧的伸长量等于弹簧上端运动的位移，有

$$x = vt$$

所以，物体脱离地面所需的时间为

$$t = \frac{mg}{kv}$$

（2）该问用转换参考系的方法来进行分析会使问题变得非常简单。

弹簧顶端一直做匀速直线运动，选取弹簧顶端为参考系时就是惯性参考系。从物体脱离地面的时刻算起，在弹簧顶端的参考系中来观察物体的运动。物体所受弹力和重力刚好平衡，速度 v 的方向竖直向下。可见，在该参考系中，物体的运动刚好是经过平衡位置时的简谐振动且机械能守恒。根据简谐振动的运动对称性，当弹簧从最低点再次经过平衡位置时，速度 v 的方向竖直向上。将坐标系转移到地面，则此时物体相对于地面的速度为 $2v$，方向竖直向上；弹簧依然在平衡位置，故物体上升的高度就是弹簧顶端上升的高度。根据以上的分析，从物体脱离地面到达到最大速度 $2v$，经过的时间 t_1 刚好是简谐振动周期的一半，则

$$t_1 = \frac{1}{2}T = \frac{1}{2}\cdot 2\pi\sqrt{\frac{m}{k}} = \pi\sqrt{\frac{m}{k}}$$

物体上升的高度为

$$h = vt_1 = v\pi\sqrt{\frac{m}{k}}$$

在地面参考系中，机械能不守恒，F 做的功等于系统机械能的增加量，其中包括物体增加的动能和重力势能，以及弹簧的弹性势能。那么

$$W = \Delta E = \frac{1}{2}m(2v)^2 + mgh + \frac{1}{2}kx^2$$

$$= 2mv^2 + \pi mgv\sqrt{\frac{m}{k}} + \frac{1}{2}\frac{(mg)^2}{k}$$

巩固提升

1. 某栋高层大楼的电梯服务员是位一丝不苟的人,他为按时结束一天的工作,把一台准确的摆钟挂在电梯的壁上。电梯向上加速和向下加速的时间相同,加速度大小也相同,试问电梯服务员是按时结束工作还是超时或提早了呢?

2. 有一半径足够大的、可以绕竖直轴转动的圆盘沿直径方向开有一条凹槽,凹槽内有一根劲度系数为 k、原长为 l_0 的弹簧,弹簧一端固定在圆盘中心,另一端系有质量为 m 的小球,小球与圆盘凹槽之间的摩擦可以忽略。证明:当圆盘以角速度 ω_0 做匀速转动时,小球在凹槽内做简谐振动。

3. 质量为 M 的电梯被一粗的金属绳索吊住。设绳索的质量比 M 小得多,绳索从其自由长度被拉长 l_0 时所形成的张力大小为 βl_0^2。试求电梯在其平衡位置附近的上下振动周期。

4. 如图6.6所示,物体 A、B 用细绳相连悬挂于定滑轮 O 上。物体 C 用劲度系数为 $k = mg/L$、原长为 L 的弹簧悬挂于 B 下。已知它们的质量关系为 $m_A = 2m$, $m_B = m_C = m$,开始时系统静止,且使弹簧保持原长释放。若不计滑轮与绳的质量和摩擦,试求 C 相对于 B 的运动规律。

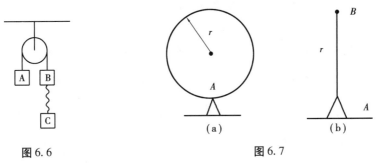

图6.6　　　　　　　　　　　图6.7

5. 轴环用铰链固定于 A 点,开始这样放置轴环,使它的质心位于 A 点正上方,如图6.7所示。此后轴环自由下落,经时间 $t = 0.5$ s,轴环的质心处于最低位置。有一摆是小重球 B 固定在轻硬杆上,杆的长度等于轴环的半径。如果开始小球处于最高位置并自由落下,试问此摆经过多少时间 t 返回到下面的平衡位置?

6.2　机械波和多普勒效应

6.2.1　机械波

1　机械波的形成及特点

机械振动在媒质中的传播形成机械波。波传播的只是振动形式和振动能量,媒质本身并不迁移,当质点振动方向与波的传播方向垂直时,称为横波;当振动方向与波的传播方向一致时,称为纵波。具有切变弹性的介质能传播横波,具有体变弹性的介质可传播纵波。固体中可以同时有横波与纵波,而在液体或气体中一般就只有纵波。

机械波形成的条件:1)振源;2)媒质。

机械波的特点:

①每个质点均在自己的平衡位置附近来回振动而不随波前进;

②每个质点的起振方向都和波源的起振方向相同,且远离波源的质点的振动总是要滞后于靠近波源的质点;

③波传播的是运动形式和能量,介质质点并未随波一起迁移。

波的最主要特征是**空间周期性和时间周期性**,即在波的传播方向上,相距波长 λ 整数倍的所有各点在同一时刻的振动情况完全相同,同时每隔时间 T,波形会重复出现。

2 波长、频率、波速

在波动中,波长 λ、频率 f 与波传播速度 v 之间满足

$$v = \lambda f \tag{6.15}$$

注意:波速不同于振动质点的运动速度,波速与传播介质的密度及弹性性质有关。

3 平面简谐波

平面简谐运动在一个方向上传播所形成的波,称为平面简谐波。若已知一列横波(纵波情况类似)以速度 v 沿 x 轴正向传播,波源 O 点的振动方程为

$$y = A \cos(\omega t + \varphi) \tag{6.16}$$

波的传播速度为 v,那么在离振源 x 处一个振动质点的振动方程为

$$y = A \cos\left(\omega t + \varphi - \frac{x}{\lambda} 2\pi\right) = A \cos\left[\omega\left(t - \frac{x}{v}\right) + \varphi\right] \tag{6.17}$$

这个方程展示的是一个复变函数。对任意一个时刻 t,都有一个 $y(x)$ 的正弦函数,在 x-y 坐标下可以描绘出一个瞬时波形。所以,$y = A \cos\left[\omega\left(t - \frac{x}{v}\right) + \varphi\right]$,称为波动方程。

4 波的叠加和干涉

(1)波的叠加

介质中同时存在几列波时,每列波能保持各自的传播特性(频率、波长、振幅、传播方向)互不干扰,好像在各自的传播过程中没有遇到其他波一样。这种特性被称为波的独立性。在几列波的重叠区域里,介质质点同时参与这几列波引起的振动,该质点的振动物理量(位移、速度)等于各列波单独传播时引起的物理量的矢量和。这就是波的叠加原理。

在两列波重叠的区域里,任何一个质点同时参与两个振动,其振动位移等于这两列波分别引起的位移的矢量和,当两列波振动方向在同一直线上时,这两个位移的矢量和在选定正方向后可简化为代数和。

(2)波的干涉

频率相同、振动方向相同、相位差恒定的两个波源称为相干波源。在两列波叠加的区域内,某些位置的质点振动始终被加强,某些位置的质点振动始终被减弱,而且振动加强和减弱的区域相互间隔,称为波的干涉。

我们可以用波程差的方法来讨论干涉的定量规律。用 S_1 和 S_2 表示两个波源,P 表示空

间任意一点。

当振源的振动方向相同时,令振源 S_1 的振动方程为 $y_1 = A_1 \cos \omega t$,振源 S_1 的振动方程为 $y_2 = A_2 \cos \omega t$,则在空间 P 点(距 S_1 为 r_1,距 S_2 为 r_2),两振源引起的分振动分别是

$$y_1' = A_1 \cos \left[\omega \left(t - \frac{r_1}{v} \right) \right] \tag{6.18}$$

$$y_2' = A_2 \cos \left[\omega \left(t - \frac{r_2}{v} \right) \right] \tag{6.19}$$

P 点便出现两个频率相同、初相不同的振动叠加问题 $\left(\varphi_1 = \frac{\omega r_1}{v}, \varphi_2 = \frac{\omega r_2}{v} \right)$,且初相差 $\Delta\varphi = \frac{\omega}{v}(r_2 - r_1)$。根据前面已经做过的讨论,有 $r_2 - r_1 = k\lambda$ 时($k = 0, \pm 1, \pm 2, \cdots$),$P$ 点振动加强,振幅为 $A_1 + A_2$;$r_2 - r_1 = (2k - 1)\frac{\lambda}{2}$ 时($k = 0, \pm 1, \pm 2, \cdots$),$P$ 点振动削弱,振幅为 $|A_1 - A_2|$。

5 波的衍射

波在传播过程中,遇到障碍物或缝隙时传播方向发生变化的现象,是波的重要特性之一。相对于波长而言,障碍物的线度越大衍射现象越不明显,障碍物的线度越小衍射现象越明显。只有缝、孔或障碍物的尺寸跟波长相差不多或者比波长更小时,才能观察到明显的衍射现象。值得说明的是:

①障碍物或孔的尺寸大小,并不是决定衍射能否发生的条件,仅是使衍射现象明显表现的条件。一般情况下,波长较大的波容易产生显著的衍射现象。障碍物或孔的尺寸比波长大很多的时候也能发生衍射,只是很弱,不易观察到而已。

②波传到小孔(或障碍物)时,小孔(或障碍物)可看作一个新的波源(惠更斯原理),由它发出与原来相同频率的波,于是就出现了波线偏离原波线传播方向的衍射现象。

③当孔的尺寸远小于波长时尽管衍射范围广,但由于能量强度太弱,因此也不容易观察到衍射现象。

6 声波

(1)声波的反射

声波遇到障碍物而改变原来传播方向的现象称为声波的反射。回声和原来的声波在人耳中相隔至少 0.1 s 以上,人耳才能分辨。

(2)声波的干涉

围绕发声的音叉转一周听到忽强忽弱的声音,这种现象实际上就是声波的干涉。

(3)声波的衍射

声波的波长在 17 cm ~ 17 m 时,声波很容易绕过障碍物进行传播,这一现象叫声波的衍射。

(4)声音的共鸣

声音的共鸣即声音的共振现象。

在一个盛水的容器中插一根玻璃管,在管口上方放一个正在发声的音叉,当 $l = \left(\dfrac{n}{2} - \dfrac{1}{4}\right)\lambda$ 时,可观察到空气柱与音叉发生共鸣。式中,l 为玻璃管中空气柱的长度,λ 为音叉发出声波的波长,n 为自然数。

（5）乐音与噪音

好听、悦耳的声音叫乐音,是由做周期性振动的声源发出的;嘈杂刺耳的声音为噪音,是由做非周期性振动的声源产生的。

（6）音调、响度和音品

音调、响度和音品为乐音三要素。

音调:基音频率的高低。基频高则称音调高。

响度:声音强弱的主观描述,跟声源、声强(单位时间内通过垂直于声波传播方向的单位面积的能量)、声频等有关。

音品:俗称音色,它反映了不同声源发出的声音具有不同的特色。音品由声音所包含的语音的强弱和频率决定。由泛音的多少、泛音的频率和振幅的大小决定。

7 惠更斯原理

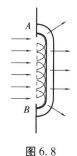

惠更斯在 1690 年提出,介质中任一波面上的各点,都可以看作发射子波的波源,其后任意时刻,这些子波在波前进方向的包络面就是新的波面。这就是惠更斯原理。

以波的衍射为例,如图 6.8 所示。平面波到达挡板上的狭缝 AB,波面上的每一点都可以看作子波的波源,位于狭缝的点也是子波的波源。因此,波自然可以到达挡板后的位置。

图 6.8

6.2.2 驻波和多普勒效应

1 驻波

现在来讨论两列振幅相同的相干波在同一直线上沿相反方向传播时所产生的叠加情形。如图 6.9 所示的装置,左边放一电振音叉,音叉末端系一水平的细绳 AB,B 处有一尖劈,可左右移动以调节 AB 间的距离。细绳经过滑轮 P 后,末端悬一重物 m,使绳上产生张力。音叉振动时,绳上产生波动,向右传播,到达 B 点时,在 B 点反射,产生反射波向左传播。这样入射波和反射波在同一绳子上沿相反方向传播,它们将互相叠加。移动尖劈至适当位置,结果形成图 6.9 所示的波动状态。

图 6.9

从图 6.9 可以看出,由上述两列波叠加而成的波,从 B 点开始被分成好几段,每段两端的点固定不动,而每段中的各质点则做振幅不同、相位相同的独立振动。中间的点,振幅最大,越靠近两端的点,振幅越小。而且还发现,相邻两段的振动方向是相反的。此时绳上各点,只有段与段之间的相位突变,而没有振动状态或相位的逐点传播,即没有什么"跑动"的波形,也没有什么能量向外传播,我们称这种波为驻波。驻波中始终静止不动的那些点称为波节,振幅最大的各点称为波腹。

设 $x=0$ 点的振动为 $y = A \cos \omega t$,则传播方向相反,而振动方向、频率和振幅都相同的两列简谐波便分别为

$$y_1 = A \cos\left(\omega t - \frac{2\pi}{\lambda}x\right) \tag{6.20}$$

$$y_2 = A \cos\left(\omega t + \frac{2\pi}{\lambda}x\right) \tag{6.21}$$

合成波为

$$y = y_1 + y_2 = 2A \cos\left(\frac{2\pi}{\lambda}x\right)\cos \omega t \tag{6.22}$$

合成波的振幅为 $\left|2A \cos\frac{2\pi}{\lambda}x\right|$,与 x 有关。振幅最大处为波腹,波腹的位置为

$$x = k \times \frac{\lambda}{2}(k = 0, \pm 1, \pm 2, \cdots) \tag{6.23}$$

振幅为零处实际上不能形成振动,故称为波节,波节的位置为

$$x = \left(k + \frac{1}{2}\right)\frac{\lambda}{2}(k = 0, \pm 1, \pm 2, \cdots) \tag{6.24}$$

相邻两个波腹或者相邻两个波节之间的距离都是 $\frac{\lambda}{2}$。

2 多普勒效应

当波源或者接受者相对于波的传播介质运动时,接收者会发现波的频率发生变化的现象称为多普勒效应。多普勒效应的定量讨论可以分为以下三种情况(在讨论中注意:波源的发波频率 f 和波相对介质的传播速度 v 是恒定不变的)。

(1)只有接收者相对介质运动(如图6.10所示)

设接收者以速度 v_1 正对静止的波源运动。

如果接收者静止在 A 点,他单位时间接收的波的个数为 f,当他迎着波源运动时,设其在单位时间到达 B 点,则 $\overline{AB} = v_1$,在从 A 运动到 B 的过程中,接收者事实上"提前"多接收到了 n 个波

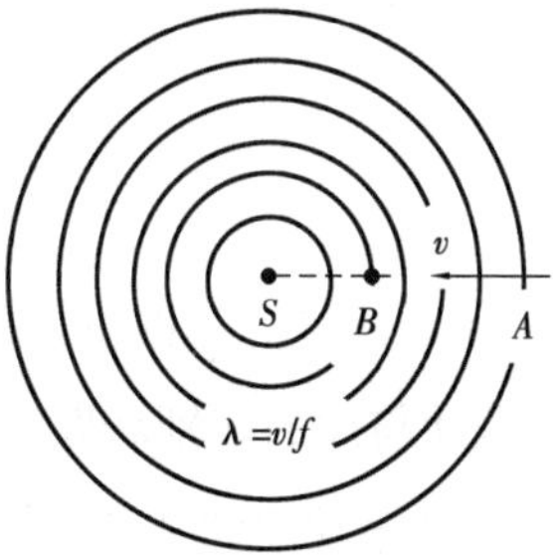

图6.10

$$n = \frac{\overline{AB}}{\lambda} = \frac{v_1}{\frac{v}{f}} = \frac{v_1 f}{v} \tag{6.25}$$

显然,在单位时间内,接收者接收到的总的波的数目为

$$f + n = \frac{v + v_1}{v}f$$

这就是接收者发现的频率 f_1，即

$$f_1 = \frac{v + v_1}{v}f$$

显然，如果 v_1 背离波源运动，只要将上式中的 v_1 代入负值即可。如果 v_1 的方向不是正对 S，只要将 v_1 正对 S 的分量求出即可。

（2）只有波源相对介质运动（如图 6.11 所示）

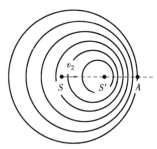

图 6.11

设波源以速度 v_2 正对静止的接收者运动。

如果波源 S 不动，在单位时间内，接收者在 A 点应接收 f 个波，故 S 到 A 的距离

$$\overline{SA} = f\lambda \qquad (6.26)$$

在单位时间内，S 运动至 S'，即 $\overline{SS'} = v_2$。由于波源的运动，事实上造成了 S 到 A 的 f 个波被压缩在了 S' 到 A 的空间里，波长将变短，新的波长

$$\lambda' = \frac{\overline{S'A}}{f} = \frac{\overline{SA} - \overline{SS'}}{f} = \frac{f\lambda - v_2}{f} = \frac{v - v_2}{f} \qquad (6.27)$$

而每个波在介质中的传播速度仍为 v，故"被压缩"的波（A 接收到的波）的频率变为

$$f_2 = \frac{v}{\lambda'} = \frac{v}{v - v_2}f \qquad (6.28)$$

当 v_2 背离接收者，或有一定夹角的讨论，类似（1）情形。

（3）当接收者和波源均相对传播介质运动

当接收者正对波源以速度 v_1（相对介质速度）运动，波源也正对接收者以速度 v_2（相对介质速度）运动，我们的讨论可以在（2）情形的过程上延续

$$f_3 = \frac{v + v_1}{v} \qquad (6.29)$$

$$f_2 = \frac{v + v_1}{v - v_2}f \qquad (6.30)$$

关于速度方向改变的问题，讨论类似（1）情形。

3　振动与波的区别和联系

（1）振动图像和波形图的区别

常见的波形图和振动图像的形状都是正弦式的，二者的区别在于坐标轴的含义不同：波形图的横坐标是位置，而振动图像的横坐标是时间。从物理意义的角度：波形图是为众多质点的运动拍下了一张照片，而振动图像是对单个质点的运动拍摄了一部电影。

（2）振动与波的联系

机械波的形成是机械振动在弹性介质中的传播，机械波传播时每个质点都在重复前面质点的机械振动。已知机械波的传播方向，通过波形图能够了解到每个质点的振动情况，即

"上下坡法":将波形图看成凹凸不平的山路,沿着机械波传播的方向来看,位于上坡段的质点,其振动方向一律向下;位于下坡段的质点,其振动方向一律向上。

典型例题

例1 物理情形:一平面简谐波向 $-x$ 方向传播,振幅 $A = 6$ cm,圆频率 $\omega = 6\pi$ rad/s ,当 $t = 2.0$ s 时,距原点 O 为 12 cm 处的 P 点的振动状态为 $y_P = 3$ cm,且 $v_P > 0$,而距原点 22 cm 处的 Q 点的振动状态为 $y_Q = 0$,且 $v_Q < 0$。设波长 $\lambda > 10$ cm,求振动方程,并画出 $t = 0$ 时的波形图。

解 这是一个对波动方程进行了解的基本训练题。简谐波方程的一般形式已经总结得出,在知道 A、ω 的前提下,加上本题给出的两个特解,应该足以解出 v 和 φ 值。

由一般的波动方程

$$y = A \cos\left[\omega\left(t - \frac{x}{v}\right) + \varphi\right] \qquad ①$$

说明:如果狭义地理解为波源就在坐标原点的话,题目给出特解是不存在的。因为波向 $-x$ 方向传播,所以,此处的波源不在原点。同学们自己理解:由于初相 φ 的任意性,上面的波动方程对波源不在原点的情形也是适用的。

参照简谐运动的位移方程和速度方程的关系,可以得出上面波动方程所对应质点的速度(复变函数)

$$v = -\omega A \sin\left[\omega\left(t - \frac{x}{v}\right) + \varphi\right] \qquad ②$$

代 $t = 2.0$ s 时 P 的特解,有

$$y_P = 6 \cos\left[6\pi\left(2 - \frac{12}{v}\right) + \varphi\right] = 3 \qquad ③$$

$$v_P = -36\pi \sin\left[6\pi\left(2 - \frac{12}{v}\right) + \varphi\right] > 0 \qquad ④$$

即

$$6\pi\left(2 - \frac{12}{v}\right) + \varphi = 2k_1\pi - \frac{\pi}{3} \qquad ⑤$$

代 $t = 2.0$ s 时 Q 的特解,有

$$y_Q = 6 \cos\left[6\pi\left(2 - \frac{22}{v}\right) + \varphi\right] = 0 \qquad ⑥$$

$$v_Q = -36\pi \sin\left[6\pi\left(2 - \frac{22}{v}\right) + \varphi\right] < 0 \qquad ⑦$$

即

$$6\pi\left(2 - \frac{22}{v}\right) + \varphi = 2k_2\pi + \frac{\pi}{2} \qquad ⑧$$

又由于 $\overline{AB} = 22 - 12 = 10 < \lambda$,故 $k_1 = k_2$。解⑤⑧两式易得

$$v = -72 \text{ cm/s}, \varphi = \frac{2\pi}{3}\left(\text{或} -\frac{4\pi}{3}\right)$$

所以波动方程为

$$y = 6 \cos\left[6\pi\left(t + \frac{x}{72}\right) + \frac{2\pi}{3}\right]$$

且波长

$$\lambda = v\frac{2\pi}{\omega} = 24 \text{ cm}$$

当 $t = 0$ 时，$y = 6 \cos\left(\frac{\pi}{12}x + \frac{2\pi}{3}\right)$，可以描出 y-x 图像如图 6.12 所示。

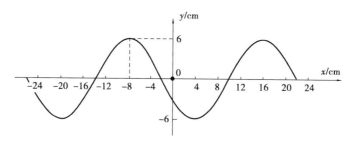

图 6.12

答：波动方程为 $y = 6 \cos\left[6\pi\left(t + \frac{x}{72}\right) + \frac{2\pi}{3}\right]$，$t = 0$ 时的波形图如图 6.12 所示。

例 2 同一媒质中有甲、乙两列平面简谐波，波源做同频率、同方向、同振幅的振动。两波相向传播，波长为 8 m，波传播方向上 A、B 两点相距 20 m，甲波在 A 处为波峰时，乙波在 B 处位相为 $-\frac{\pi}{2}$，求 AB 连线上因干涉而静止的各点的位置。

解 因为不知道甲、乙两波源的位置，设它们分别在 S_1 和 S_2 两点，距 A、B 分别为 a 和 b，如图 6.13 所示。它们在 A、B 之间 P 点（坐标为 x）形成的振动分别为

$$y_甲 = A \cos \omega\left(t - \frac{a+x}{v}\right) = A \cos\left[\omega t - \frac{\pi}{4}(a+x)\right] \qquad ①$$

$$y_乙 = A \cos \omega\left(t - \frac{20+b-x}{v}\right) = A \cos\left[\omega t - \frac{\pi}{4}(20+b-x)\right] \qquad ②$$

这就是两波的波动方程（注意：由于两式中 a、b、x 均是纯数，故乙波的速度矢量性也没有表达）。

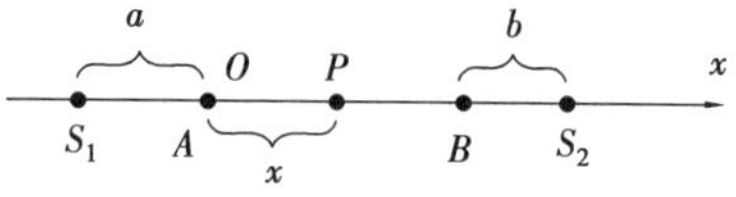

图 6.13

当甲波在 A 处（$x = 0$）为波峰时，有

$$\omega t = \frac{a\pi}{4} \qquad ③$$

此时，乙波在 B 处（$x = 20$）的位相为 $-\frac{\pi}{2}$，有

$$\omega t - \frac{b\pi}{4} = -\frac{\pi}{2} \qquad \text{④}$$

结合③④两式,得到 $b - a = 2$。

所以,甲波在任意坐标 x 处的位相

$$\theta_{甲} = \omega t - \frac{\pi}{4}(a + x) \qquad \text{⑤}$$

乙波则为

$$\theta_{乙} = \omega t - \frac{\pi}{4}(22 + a - x) \qquad \text{⑥}$$

两列波因干涉而静止的点,必然满足 $\theta_{甲} - \theta_{乙} = (2k - 1)\pi$ ⑦

所以有 $x = 13 - 4k$,其中,$k = 0, \pm 1, \pm 2, \cdots$

在 $0 \sim 20$ 的范围内,$x = 1, 5, 9, 13, 17$ m。

答:距 A 点 1 m,5 m,9 m,13 m,17 m 的五个点因干涉始终处于静止状态。

思考:此题如果不设波源的位置也是可以解的,请读者自己尝试一下。

(后记:此题直接应用波的干涉的结论——位相差的规律,如若不然,直接求 $y_{甲}$ 和 $y_{乙}$ 的叠加,解方程将会困难得多。此外,如果波源不是"同方向"振动,位相差的规律会不同。)

例3　两人各执长为 l 的绳的一端,以相同的角频率 ω 和振幅 A 在绳上激起波动,右端的人的振动比左端的人的振动相位超前 φ,试以中点为坐标原点描写合成驻波。由于绳很长,不必考虑反射,绳上的波速设为 u。

解　不妨设左端的振动为 $y_1 = A\cos\omega t$,则右端的振动为 $y_2 = A\cos(\omega t + \varphi)$。设右行波的运动方程为

$$y_1 = A\cos(\omega t - kx + \varphi_1) \qquad \text{①}$$

行波的运动学方程为

$$y_2 = A\cos(\omega t + kx + \varphi_2) \qquad \text{②}$$

由题意,当 $x = -\dfrac{l}{2}$ 时,$y_1 = A\cos\omega t$,即

$$A\cos\left(\omega t + k \cdot \frac{l}{2} + \varphi_1\right) = A\cos\omega t \qquad \text{③}$$

故

$$\varphi_1 = -k \cdot \frac{l}{2}$$

当 $x = \dfrac{l}{2}$ 时,$y_2 = A\cos(\omega t + \varphi)$,即

$$A\cos\left(\omega t + k \cdot \frac{l}{2} + \varphi_2\right) = A\cos(\omega t + \varphi) \qquad \text{④}$$

故

$$\varphi_2 = \varphi - \frac{kl}{2}$$

于是

$$y_1 = A \cos\left(\omega t - kx - \frac{kl}{2}\right) \qquad ⑤$$

$$y_2 = A \cos\left(\omega t + kx + \varphi - \frac{kl}{2}\right) \qquad ⑥$$

合成波

$$y = y_1 + y_2 = 2A \cos\left(kx + \frac{\varphi}{2}\right)\cos\left(\omega t - \frac{kl}{2} + \frac{\varphi}{2}\right) \qquad ⑦$$

其中 $k = \dfrac{\omega}{u}$，所以

$$y = 2A \cos\left(\frac{\omega x}{u} + \frac{\varphi}{2}\right)\cos\left(\omega t - \frac{\omega l}{2u} + \frac{\varphi}{2}\right)$$

当 $\varphi = 0$ 时，$x = 0$ 处为波腹；当 $\varphi = \pi$ 时，$x = 0$ 处为波节。

例4 两端开口的长为 l 的风琴管可用来测量亚音速风洞中空气的马赫数 v/c，其中 v 是空气的流动速度，c 是静止空气中的声速。观察到当风琴管固定在风洞中时与周期为 T 的基波产生共鸣，风琴管置于静止空气中时与周期为 T_0 的基波产生共鸣。若 $v/c = 1/2$，求 T/T_0。

解 波速都是以波在其中传播的介质为参考系而言的。风洞中的空气相对地面以速度 v 运动。以流动的空气为参考系，相对风洞（即地面）静止的风琴管以速率 v 向着与空气相对地面运动的反方向运动。以流动的空气为参考系，波源不动，设其发出频率为 f 的波。风琴管相对风洞是静止的，相对流动的空气以速度 v 向着波源运动。根据多普勒效应，风琴管接收到的频率

$$f' = \frac{c + v}{c}f \qquad ①$$

其中，c 为空气中的声速。这表明，风洞中流动空气中频率为 f 的波，相对风琴管来说，相对于空气静止时频率为 f' 的波。波长的关系是

$$\lambda' = \frac{c}{c + v}\lambda \qquad ②$$

对于两端开口的风琴管，风琴管产生共鸣时，管子的长度等于基波的半个波长。设在静止空气中与风琴管共鸣的基波波长为 λ_0，在流动空气中与风琴管共鸣的基波波长为 λ'，则

$$l = \frac{\lambda_0}{2} \qquad ③$$

$$l = \frac{\lambda'}{2} \qquad ④$$

可见 $\lambda' = \lambda_0$。

注意到波速与空气是否流动无关，得 $\lambda_0 = cT_0$，$\lambda = cT$。

根据以上各式，可解得

$$\frac{T}{T_0} = \frac{\lambda}{\lambda_0} = \frac{\lambda}{\lambda'} = \frac{c + v}{c} = \frac{3}{2}$$

注:解答本题的关键是要明确风琴管产生共鸣的机理。风琴管产生共鸣时，管内形成驻波，开口处为波腹。因此，两端开口的风琴管共鸣时，管子的长度等于基波的半个波长。读

者可以思考,如果风琴管仅一端(向着风洞的一端)开口,结果会有什么不同。

巩固提升

1. 如图 6.14 所示,实线是沿 x 轴传播的一列简谐横波在 $t = 0$ 时刻的波形图,虚线是这列波在 $t = 0.2$ s 时刻的波形图,已知波速是 0.8 m/s,则(   )。

A. 这列波的周期是 0.2 s

B. 这列波向左传播了四分之一波长

C. 这列波的传播方向为 x 轴的正方向

D. 这列波的传播方向一定为 x 轴的负方向

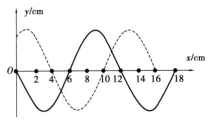

图 6.14

2. 如图 6.15 所示,在平面 xOy 内有一列沿 x 轴传播的简谐横波,频率为 2.5 Hz。在 $t = 0$ 时,P 质点位于平衡位置,且速度方向向下;Q 质点位于平衡位置下方的最大位移处。则在 $t = 0.35$ s时,P、Q 两质点的运动情况为(   )。

A. 位移大小相等、方向相反

B. 速度大小相等、方向相同

C. 速度大小相等、方向相反

D. 加速度大小相等、方向相反

图 6.15　　　　　　　　　图 6.16

3. 有一平面简谐波沿 x 轴负方向传播,波速为 $u = 8$ m/s,如图 6.16 所示,已知在 $x = 0$ 处的质点的振动方程为 $y = 0.10 \cos\left(2\pi t + \dfrac{\pi}{2}\right)$ m,试求在 x 轴上 $x = -6$ m 处的振动方程。

4. 如图 6.17 所示,一波沿 x 轴传播,观察到 x 轴上两点 x_1 和 x_2 处媒质中的质点均做频率为 2.0 Hz 的简谐振动,x_1 处振动位相比 x_2 落后 $\dfrac{\pi}{2}$。已知 $x_2 - x_1 = 3.0$ cm。

(1)试问此波是沿 x 轴正方向传播,还是沿 x 轴负方向传播?(设 $\lambda > 6$ cm)

(2)试求波长 λ 和波速 v。

5. 一平面简谐波向 $-x$ 方向传播,振幅 $A = 6$ cm,圆频率 $\omega = 6\pi$ rad/s。当 $t = 2.0$ s时,坐标为 $+12$ cm 处的 P 点的振动状态

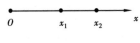

图 6.17

为 $y_P = 3$ cm,且 $v_P > 0$;而坐标为 $+22$ cm 处的 Q 点的振动状态为 $y_Q = 0$,且 $v_Q < 0$。已知波长 $\lambda > 10$ cm,求这列波的波动方程。

6. 在水面上有两木块随着水波做反相位的振动。观察发现,木块连线沿着水波的行进方向,两木块相距 1 m,振动周期为 1.1 s,求水波的波速。

7. 一固定的超声波波源发出频率为 $\nu_0 = 100$ kHz 的超声波。当一汽车向超声波波源迎面驶来时,在超声波波源所在处接收到从汽车反射回来的波,利用拍频装置测得反射波的频率为 110 kHz。设声波在空气中的传播速度为 $u = 330$ m/s,试求汽车的行驶速度。

8. 一个人站在广场中央,对着甲、乙、丙三个伙伴吹哨子(频率 $\nu = 1\,200$ Hz)。甲、乙、丙距离广场中央都是 100 m 远,且分别在广场中央的南、东、北面,第四个伙伴丁,则从西面乘车以 40 m/s 的速度赶来。忽然有一阵稳定的风由南向北吹来,速度为 10 m/s,如图 6.18 所示,求甲、乙、丙、丁四人听到哨音的频率各是多少。(已知当时声速为 320 m/s)

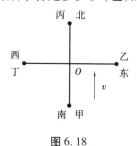

图 6.18

9. 如图 6.19 所示,两列相干平面简谐波沿 x 轴传播。波源 S_1 与 S_2 相距 $d = 30$ m,S_1 为坐标原点。已知 $x_1 = 9$ m 和 $x_2 = 12$ m 处的两点是相邻的两个因干涉而使振动的振幅最小的点。设 S_2 的初相超前,求:

(1)两波的波长;

(2)两波源的最小相位差。

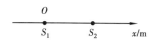

图 6.19

参考答案与解析

第7章 热学

7.1 分子动理论

7.1.1 分子动理论的基本论点

①物质是由大量分子组成的。

②分子都在不停地做无规则的热运动。

③分子之间同时存在相互作用的引力和斥力,如图 7.1 所示。

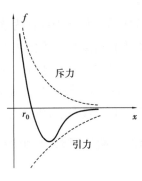

图 7.1

7.1.2 理想气体的压强与温度

1 理想气体的压强

  理想气体的压强是大量气体分子不断碰撞器壁的结果,在数值上等于单位时间内大量分子施给单位面积器壁的平均冲量,其表达式为

$$p = \frac{2}{3} n \overline{E_k}$$

式中,n 为分子数密度;$\overline{E_k} = \frac{1}{2} m \overline{v^2}$ 是分子的平均平动动能。

2 温度的微观意义

温度是表示物体冷热程度的物理量,但这是带有主观性质的描述方法;客观地表示温度,可这样导出:

克拉伯龙方程 $pV = \nu RT$,同时引入玻耳兹曼常数

$$k = \frac{R}{N_A} = 1.38 \times 10^{-23} \text{J/K}$$

摩尔数 $\nu = N/N_A$,分子数密度 $n = N/V$。将 $k = R/N_A$,$\nu = N/N_A$,$n = N/V$ 代入克拉伯龙方程后得它的另一种表示形式(称为阿伏伽德罗定律)为

$$p = nkT$$

将上式代入理想气体的压强表示式为

$$\overline{E_k} = \frac{3}{2}kT$$

上式表明,宏观量的温度只与气体分子的平均平动动能有关,它与热力学温度成正比,所以温度成为表示物质分子无规则热运动剧烈程度的物理量,这就是温度的微观解释,对气体、液体、固体均适用。由于温度描述的是大量分子无规则热运动剧烈程度的统计平均效果,故对单个分子来说,温度并无意义。

7.1.3 自由度和能量均分定理

①描述一个物体在空间的位置所需的独立坐标称为该物体的自由度。而决定一个物体在空间的位置所需的独立坐标数称为自由度数。不同类型的分子,其自由度数也不同。

②只有原子间距变化的分子才是弹性分子,才计入振动自由度;且当温度达到一定值(激活温度)时,分子才具有弹性。不同的分子,这一激活温度也不相同。

③能量均分定理:在温度为 T 的平衡状态下,气体分子每个自由度的平均动能都相等,都等于 $\frac{1}{2}kT$,如果分子的振动自由度被激活,那么每个振动自由度的平均动能和平均势能相等。

④各种不同类型分子的自由度数目如下表 7.1 所示(除了有特别说明,一般认为双原子分子的平均动能为 $\frac{5}{2}kT$)。

表 7.1 不同类型分子的自由度数目

分子种类	平动自由度 t	转动自由度 r	振动自由度 s	单个分子平均总能量
单原子分子	3	0	0	$3kT/2$
刚性双原子	3	2	0	$5kT/2$
弹性双原子	3	2	1	$7kT/2$
刚性多原子	3	3	0	$3kT$

典型例题

例1 证明理想气体的压强 $p = \dfrac{2}{3} n \overline{E_k}$。

解 设有如图 7.2 所示的一个封闭的长为 l_1、l_2、l_3 的长方体容器,并设容器内有 N 个质量都为 m 的同类气体分子在做无规则的热运动。现讨论其中一个分子的运动情况,将分子 a 的速度 v 分解为 v_x、v_y、v_z。分子 a 每与 A_1 面弹性碰撞一次,动量变化量 $\Delta p = 2mv_x$,反弹后又与 A_2 面碰撞,再反弹后又与 A_1 面相撞,其中所需的时间为 $\dfrac{2l_1}{v_x}$。在单位时间内,分子 a 就要与 A_1 面做不连续的碰撞 $\dfrac{v_x}{2l_1}$ 次,故单位时间内,分子 a 作用在 A_1 面上的冲量总值也就是作用在 A_1 面上的力,即

$$2mv_x \frac{v_x}{2l_1} = m \frac{v_x^2}{l_1}$$

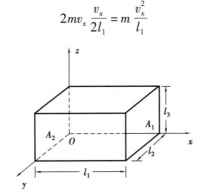

图 7.2

容器内所有分子对 A_1 面都在碰撞,使容器受到一个持续而均匀的压力

$$\overline{F} = \frac{mv_{1x}^2}{l_1} + \frac{mv_{2x}^2}{l_1} + \cdots + \frac{mv_{Nx}^2}{l_1} = \frac{m}{l_1} \sum_{i=1}^{N} v_{ix}^2$$

式中,v_{ix} 是第 i 个分子在 x 方向上的速度分量。

根据压强定义知,A_1 面所受的压强

$$p_{A_1} = \frac{\overline{F}}{l_2 l_3} = \frac{m}{l_1 l_2 l_3} \sum_{i=1}^{N} v_{ix}^2 = \frac{Nm}{l_1 l_2 l_3} \frac{\left[v_{1x}^2 + v_{2x}^2 + \cdots + v_{Nx}^2 \right]}{N} = \frac{Nm}{l_1 l_2 l_3} \overline{v_x^2}$$

式中,$\overline{v_x^2}$ 表示容器内 N 个分子沿 x 方向速度分量的平方的平均值,$n = \dfrac{N}{l_1 l_2 l_3}$ 为分子数密度,所以

$$p_{A_1} = nm \overline{v_x^2}$$

因为各个方向速度分量的平方的平均值相等,又因为 $\overline{v_x^2} + \overline{v_y^2} + \overline{v_z^2} = \overline{v^2}$,所以

$$\overline{v_x^2} = \frac{1}{3} \overline{v^2}$$

将它代入上式并引入 $\overline{E_k} = \dfrac{1}{2} m \overline{v^2}$,可得 $p = \dfrac{2}{3} n \overline{E_k}$。

例2 一容器体积为 $2V$，一隔板把它分成相等的两半。开始时，左边有压强为 p_0 的理想气体，右边为真空。在隔板上有一面积为 S 的小孔。求打开小孔后左边气体的压强 p 随时间 t 的变化关系。假定过程中左右两边温度相等且保持不变。

解 设小孔未打开时，左边容器内的分子数为 N_0，打开小孔 t s 后，左边容器内的分子数为 N，则此时右边容器内的分子数为 $N_0 - N$。单位时间撞击容器壁上单位面积的分子数为 $\frac{1}{4}n\bar{v}$，在 $t \sim t + dt$ 时间内从容器左边扩散到右边的分子数为

$$dN_1 = \frac{1}{4}\frac{N}{V}\bar{v}Sdt$$

同时，从容器右边扩散到左边的分子数为

$$dN_2 = \frac{1}{4}\frac{N_0 - N}{V}\bar{v}Sdt$$

这样总的来说，dt 时间内左边容器内的分子数净减少

$$-dN = dN_1 - dN_2 = \frac{1}{4}\frac{2N - N_0}{V}\bar{v}Sdt = \frac{1}{4}\frac{\bar{v}S}{kT}(2p - p_0)dt$$

因为

$$dp = kTdn = kT\frac{dN}{V} = -\frac{\bar{v}S}{4V}(2p - p_0)dt$$

积分得

$$p = \frac{p_0}{2}e^{-\frac{\bar{v}S}{2V}t} + C$$

当 $t = 0$ 时，$p = p_0$，由此定出常数 $C = \frac{p_0}{2}$。

因此，打开小孔后左边气体的压强 p 随时间 t 的变化关系为

$$p = \frac{p_0}{2}(e^{-\frac{\bar{v}S}{2V}t} + 1)$$

巩固提升

1. 在相互平行的石墨晶格上，原子排成正六角形栅格，即"蜂窝结构"，如图 7.3 所示，平面上原子间距为 1.42×10^{-10} m。若石墨的密度为 2 270 kg/m^3，求两层平面间的距离。（碳的相对原子质量为 12）

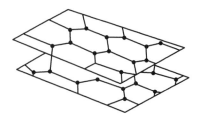

图 7.3

2. 在一个容积 $V=1$ L 的正方体容器内盛有 $m=0.01$ g 的氦气,其温度为 300 K。若考察其中一个分子,在时间 $t=1$ min 内它与上侧器壁碰撞了多少次?

3. 有两根轻的等长细线将一块平而薄的长方形匀质玻璃板悬挂起来,如图 7.4 所示,玻璃板的每一侧面的半个表面对称地涂了一层化学性质活泼的金属,所有的几何参量均在图中给出。将整个装置悬挂在空的容器中,并向容器中通人压强为 p 的氯气。设每一个氯气分子遇金属发生化合反应的概率为 $q<1$,且在考虑的时间范围内 q 为恒量。反应过程中,氯气压强的减小可忽略不计,生成的金属氯化物留在玻璃板上。由于化合反应,玻璃板将绕它的竖直对称轴转过一个很小的 α 角。已知玻璃板的质量为 m,试求 α 角。

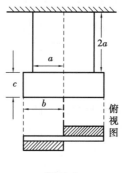

图 7.4

7.2 气体性质

7.2.1 克拉伯龙方程

实验证明,一定质量的气体在温度不变时有 $pV=C$(玻意耳定律);一定质量的气体在体积不变时有 $\dfrac{p}{T}=C$(查理定律);而一定质量的气体在压强不变时有 $\dfrac{V}{T}=C$(盖-吕萨克定律)。上述三个定律统一的适用条件是温度不太低(与室温比较),压强不太大(与大气压强比较)的实际气体,我们常把严格遵守三个实验定律的气体称为理想气体。对一定质量的理想气体,如果它的 p、V、T 均发生变化,则有 $\dfrac{pV}{T}=C$ 成立(理想气体的状态方程),式中恒量 C 是一个与气体质量和种类有关的量。考虑 1 mol 处于标准状态的气体,则有

$$\frac{p_0 V_0}{T_0}=\frac{1.013\times10^5\times22.4\times10^{-3}}{273.16}\text{J/(mol·K)}=8.31\ \text{J/(mol·K)}$$

这是一个与气体性质无关的恒量,通常用 R 表示,称为普适气体恒量。如果理想气体有 ν mol,则有

$$pV=\nu RT$$

这就是克拉伯龙方程。它告诉我们,当质量和种类一定时,描述气体的三个参量 p、V、T 中,只有两个是独立的,第三个由克拉伯龙方程确定。

对克拉伯龙方程进一步讨论可得：

（1）气体密度

$$\rho = \frac{m}{V} = \frac{pM}{RT}$$

式中，m 为气体质量；M 为气体的摩尔质量。

（2）气体分合关系

在不发生化学反应和物态变化的情况下，气体混合前后分子数不变，摩尔数也不变，故有

$$\nu = \nu_1 + \nu_2 + \cdots + \nu_k$$

即

$$\frac{pV}{T} = \sum_{i=1}^{k} \frac{p_i V_i}{T_i}$$

7.2.2 道尔顿分压定律

各种不同化学成分的理想气体组成的混合气体，当其中各组分子之间既无化学反应，又无其他相互作用时，混合理想气体的总压强等于气体各组成部分的分压强之和，即

$$p = \sum_{i=1}^{n} p_i$$

这就是道尔顿分压定律。

假设容器内混合气体的各个组成部分的摩尔数分别为 $\nu_1, \nu_2, \cdots, \nu_n$，则对任一部分都有

$$p_i V = \nu_i RT (i = 1, 2, \cdots, n)$$

再将所有方程相加，得

$$(p_1 + p_2 + \cdots + p_n)V = (\nu_1 + \nu_2 + \cdots + \nu_n)RT$$

即

$$pV = \nu RT$$

式中，p 为混合气体的总压强；ν 为混合理想气体的总物质的量。由此可以看出，混合理想气体的状态方程与单一成分的理想气体的状态方程相似，只是其物质的量等于各组成部分的物质的量之和。

道尔顿分压定律的适用条件是混合气体各成分的体积和温度必须相同。

典型例题

例 1 如图 7.5 所示，汽缸上部足够长，质量不计的轻活塞 A、B 的截面积分别为 $2S$ 和 S，汽缸下部长为 $2l$。A、B 活塞间以长为 $\frac{7l}{4}$ 的无弹性轻质细绳相连，A 活塞上部有压强为 p_0 的大气。开始时，封闭气室 M、N 中充有同样密度的同种气体，且 M 的体积是 N 的 2 倍，N 中气体恰好为 1 mol，且小活塞 B 位于距底部 l

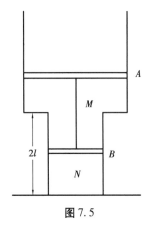

图 7.5

处,气体温度为 T_0。现同时缓慢升高两部分封闭气体的温度至 $2T_0$,求平衡后活塞 A 与底部的距离。

解 因初始时刻 $V_M = 2V_N$,而 $V_N = lS$,$V_M = lS + x \cdot 2S$,得 $x = 0.5l$。这表明,开始时两活塞间距为 $1.5l$,它小于 $\dfrac{7l}{4}$,即开始时细绳处于松弛状态,且 $p_M = p_N = p_0$。

现同时缓慢升高两部分气体的温度,两部分气体开始都做等压膨胀。设 B 能上移距离 l,线仍然未张紧,此时对应的温度 T' 满足

$$\frac{lS}{T_0} = \frac{2lS}{T'}$$

得

$$T' = 2T_0$$

此时,对 A 部分气体有

$$\frac{2lS}{T_0} = \frac{l' \cdot 2S}{T'}$$

得

$$l' = 2l > \frac{7l}{4}$$

这表明,在这之前线已张紧。现设想升温至 $2T_0$ 时刻 B 上移且 $x < l$(M、N 两部分气体未混合)则

$$p_N(l+x)S = \nu_N R \cdot 2T_0 = 2RT_0$$

$$p_M\left[(l-x)S + \left(\frac{7l}{4} - l + x\right) \cdot 2S\right] = \nu_M R \cdot 2T_0 = 4RT_0$$

且

$$p_0 \cdot 2S + p_M S = p_N \cdot S + p_M \cdot 2S$$

同时对初态有

$$p_0 lS = RT_0$$

解得

$$x = 1.186l > l$$

这表明升温至 $2T_0$ 时,M、N 两部分气体已混合,则

$$p_0[2lS + (x-2l) \cdot 2S] = (\nu_N + \nu_M)R \cdot 2T_0 = 6RT_0$$

且

$$p_0 lS = \nu_N RT_0 = RT_0$$

解得

$$x = 4l$$

例2 在水平长管内的两个重活塞之间有 ν mol 理想气体。系统原来处于平衡状态,其中一个活塞开始以恒定速度 v 向另一个活塞方向运动。当此速度最大为多少时,两活塞在运动过程中它们之间距离的变化不超过1%?气体温度保持 T_0,第2个活塞质量为 M。

解 选择这样的参考系,它与第1个活塞一起以恒定速度 v 运动。于是问题情境变为:

管子一边"关严",而另一面是质量为 M 的活塞,最初使它具有速度 v(图 7.6)。据题意,气体温度恒定(这可以由在气体和重管壁之间良好热交换来确保),而体积变化小(总共 1%),这可简化计算。

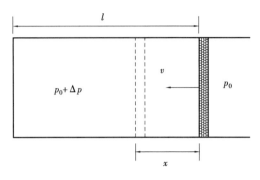

图 7.6

对该部分气体列出初始状态方程

$$p_0 l S = \nu R T_0$$

当活塞移动小量 x 后,有

$$(p_0 + \Delta p)(l - x)S = \nu R T_0$$

忽略小量得到

$$p_0 x = \Delta p l$$

$$F = \Delta p S = \frac{p_0 S}{l} x$$

于是得到简谐振动方程——"回复力"与偏移成正比,其振动频率

$$\omega_0 = \sqrt{\frac{p_0 S}{lM}} = \frac{1}{l}\sqrt{\frac{p_0 l S}{M}} = \frac{1}{l}\sqrt{\frac{\nu R T_0}{M}}$$

对于简谐振动最大位移 x_m 与最大速度 v_m,有 $v_m = \omega_0 x_m$。
由此得出

$$v_m = \frac{1}{l}\sqrt{\frac{\nu R T_0}{M}} \times 0.01 l = 0.01\sqrt{\frac{\nu R T_0}{M}}$$

例3 底端封闭的薄壁圆柱的长度为 $L = 1.50$ m,竖直放置。上面的部分和另一个半径

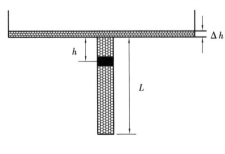

图 7.7

大得多的圆柱相连,如图 7.7 所示。下面的圆柱距离其顶部 $h_1 = 380$ mm[①]处有一个薄的轻质活塞。在活塞上面是一层厚度为 $h + \Delta h$ 的汞,其中 $\Delta h \ll h$,活塞下面是压强为 $p_1 = p_0 + h_1$ 的氦气,其中 $p_0 = 760$ mmHg 为大气压。由于两个圆柱容器的横截面积相差非常悬殊,即使活塞在整个细圆柱内移动,Δh 的变化也可以忽略。在题目中的条件下,活塞处于平衡状态。该平衡是否稳定?是否还存在其他

的平衡位置？如果存在,活塞与细圆柱顶部的距离还有哪些 h_i 满足该条件？这些平衡是否稳定？我们可以假设在小的体积变化下,活塞下面氦气的温度保持不变。

注:①这里是说,解关于 h 的方程时,不同解用 h_1、h_2 等表示,h_1 并非独立于 h 的不同变量。

解 (1)对活塞下方封闭气体,在等温变化时有 $p_1(L-h_1)=p_2(L-h_2)$,其中 $p_1=p_0+h_1$,$p_2=p_0+h_2$,代入解得 $h_2=360$ mm。

(2)对活塞上方的点而言,其压强 $p=p_0+h$,在 h 有变化量 $\mathrm{d}h$ 时,相应压强的变化 $\mathrm{d}p_1=\mathrm{d}h$. 对活塞下方的气体,由于 $p(L-h)=C$,所以 $(L-A)\mathrm{d}p_2-p\mathrm{d}h=0$,即

$$\mathrm{d}p_2=\frac{p}{L-h}\mathrm{d}h$$

如果 $\mathrm{d}h$ 增加,但 $\mathrm{d}p_2>\mathrm{d}p_1$,则为稳定平衡;如果 $\mathrm{d}h$ 增加,但 $\mathrm{d}p_2<\mathrm{d}p_1$,则为不稳定平衡。

因此,$h_1=380$ mm 时,因 $\mathrm{d}p_2>\mathrm{d}p_1\left(\mathrm{d}p_2=\dfrac{760+380}{1\,500-380}\mathrm{d}h=\dfrac{57}{56}\mathrm{d}h,\mathrm{d}p_1=\mathrm{d}h\right)$,所以在这个位置处于稳定平衡状态,而 $h_2=360$ mm 时,因 $\mathrm{d}p_2<\mathrm{d}p_1\left(\mathrm{d}p_2=\dfrac{760+360}{1\,500-360}\mathrm{d}h=\dfrac{56}{57}\mathrm{d}h,\mathrm{d}p_1=\mathrm{d}h\right)$,所以在这个位置处于不稳定平衡状态。

巩固提升

1. 如图 7.8 所示,在一根上端开口、下端封闭的竖直玻璃管内,下段有 60 cm 长的水银柱,中段有 18 cm 长的空气柱,上段有 45 cm 长的水银柱。水银面恰与玻璃管口相平。已知大气压 $p_0=75$ cmHg,若使玻璃管绕其下端在竖直平面内缓慢地转一周(设温度不变),问管中空气柱的长度变为多少？

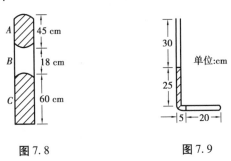

图 7.8   图 7.9

2. 如图 7.9 所示,一端封闭、一端开口的均匀玻璃管中,中间有一段总长度为 30 cm 的水银柱。图示状态时气体温度为 -73 ℃、外界大气压为 75 cmHg,在定压情况下,试问:欲使管中水银全部溢出,气体温度应升至多高？(水银柱由于加热的热胀冷缩、玻璃管内径的热胀冷缩均不考虑。)

3. 如图 7.10 所示,把自由长度 $l_0=0.500$ m 的螺旋形弹簧上端固定,下端与充满空气的容器相连接。塞子质量 $M=0.400$ kg,气体是密封的,塞子横截面积为 8.00×10^{-4} m²。塞子能在圆筒内部光滑地上下移动。空气为理想气体,弹簧质量忽略不计。在容器内外压强均为 1.0×10^5 Pa 时,弹簧长度 $l=0.600$ m,这时容器内空气体积 $V=2.00\times10^{-3}$ m³,温度 $T=$

288 K。现维持气体温度不变,在塞子上加砝码,使弹簧伸长 2.5×10^{-2} m。

(1)试问该砝码的质量是多少?

(2)现改变气体温度(砝码未取走),使气体在弹簧长度为 0.600 m 时达到平衡,试问这时气体的温度 T'' 应是多少?

(3)若气体温度仍维持288 K 不变,砝码也未取走,但把相同温度的空气从外部补充到容器中,使弹簧长度为 0.600 m 时气体达到平衡,则这时气体的质量是原来的多少倍?

4. 如图 7.11 所示,一薄壁圆钢筒竖直放置,导热活塞 K 将筒隔成两部分,两部分的总容积 $V = 8.31 \times 10^{-2}$ m³。在筒顶轻轻放置一质量与活塞 K 相等的铅盖(接触处无漏气缝隙)。当筒内温度 $t = 27$ ℃时,上方有 $\nu_A = 3.0$ mol 的理想气体,下方有 $\nu_B = 0.400$ mol 的理想气体,且 $V_B = V/10$。现对气体缓慢加热,当 $V_B' = V/9$ 时,筒内气温 t' 是多少?已知筒外大气压强 $p_0 = 1.04 \times 10^5$ Pa。

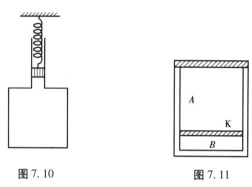

图 7.10   图 7.11

7.3   热力学定律

7.3.1   物体的内能

1   物体的内能

物体中所有分子的各种能量的总和叫物体的内能,在客观上由物体质量、温度、体积、物态等因素决定,但内能是相对的,因而没有必要确定在某一状态时内能的具体数值,只有内能的变化才有实际意义。

2   理想气体的内能

由于理想气体分子间除碰撞外不存在分子间相互作用力,因此,理想气体分子无势能,其内能仅为所有单个分子平均动能的总和,但需注意:理想气体的内能除跟分子数和温度有关外,还跟气体的种类有关,写成通式为

$$E = N \frac{i}{2} kT = \nu \frac{i}{v} RT$$

式中,N 为分子总数,ν 为摩尔数,k 为玻耳兹曼常数,R 为普适气体恒量,这里用到了 $N_A k = R$ 这个关系式,i 为气体分子的自由度。对于单原子分子气体(如氦气、氖气和氩气等

仅由一个原子组成的分子)通常取 $i=3$;对于双原子分子气体(如氧气、氢气、一氧化碳等由两个原子组成的分子)通常取 $i=5$;对于三原子以上的多原子分子气体(如水蒸气等)通常取 $i=6$。

7.3.2 改变物体内能的方式

改变物体内能的方式有两种:做功和热传递。它们在改变物体内能上是等效的,但从能量转化观点看有区别,故功是其他形式的能和系统内能之间的相互转化,而热传递是两个系统之间内能的转移。

7.3.3 热力学第一定律

系统的内能增量 ΔE 等于系统从外界吸收的热量 Q 和外界对系统做功 W 的和,即

$$\Delta E = W + Q$$

式中,各量是代数量,有正负之分。系统吸热,Q 为正;系统放热,Q 为负。外界对系统做功,W 为正;系统对外界做功,W 为负。系统的内能增加,$\Delta E > 0$;系统的内能减少,$\Delta E < 0$。

对于与外界隔绝的孤立系统,$Q = 0$,若 $W = 0$,则 $\Delta E = 0$,系统的内能是守恒的。若系统内有几个温度不同的物体处于热接触状态,则有

$$Q_{吸} = Q_{放}$$

这个过程一直进行到物体处于同一温度的热平衡状态为止。

7.3.4 比热容和热量的计算

1 比热容

质量为 1 kg 的某种物质温度升高 1 K 所吸收的热量称为比热容,用公式表示为

$$c = \frac{Q}{m\Delta t}$$

例如,水的比热容为 $4.18 \times 10^3 \text{J}/(\text{kg} \cdot \text{K})$。

2 摩尔热容

1 mol 物质温度每升高 1 K 所吸收的热量称为摩尔热容量。1 mol 气体在体积不变的条件下,温度每升高 1 K 所吸收的热量称为摩尔定容热容(量),用 $C_{V,m}$ 表示;1 mol 气体在压强不变的条件下,温度每升高 1 K 所吸收的热量称为摩尔定压热容(量),用 $C_{p,m}$ 表示。因气体在压强不变的条件下,温度升高时,气体要膨胀而对外做功,所以,吸收热量中要有一部分补偿气体做的功,因此,它的摩尔定压热容要大于它的摩尔定容热容。

3 热量的计算

液体和固体的定容和定压热容相差很小,因此,不加区别,统称为热容,用 c 表示比热容,则温度变化 Δt 所需的热量为

$$Q = cm\Delta t$$

但需注意,在涉及物态变化时,还需计算汽化热、熔解热等相关热量。

ν mol 气体在定容、定压变化过程中温度升高 Δt，所需的热量分别为

$$Q = \nu C_{V,m} \Delta t = \nu C_{p,m} \Delta t$$

7.3.5 功的计算

①一般情况下，气体的体积变大即表示对外做功（但向真空膨胀例外），气体的体积变小即表示外界对气体做功，当然功的具体值由过程决定。

②做功的计算通用的方法是用积分公式

$$W = \int F \mathrm{d}x = \int p \mathrm{d}V$$

但实际在处理功的问题时也常常可以有一些更简单的方法，如恒力的功可以直接用 $W = p\Delta V$ 计算（有时还要通过适当的模型变换才行）；而在处理变力做功问题时最常用的方法是转换成 p-V 图，或根据做功过程会使相应其他的能量发生变化直接来求。

典型例题

例 1　1 mol 氦气的温度 T 和体积 V 的变化规律为 $T = \beta V^2$，其中 β 为常数。当气体体积由 V_1 减至 V_2 时，判断此过程是吸热还是放热。

解　由理想气体状态方程，将 T、V 关系式代入后得

$$p = \beta R V$$

因而，外界对气体所做的功为

$$W = \frac{p_1 + p_2}{2}(V_1 - V_2) = \frac{\beta R}{2}(V_1^2 - V_2^2) \qquad ①$$

该过程中，气体的内能增量为

$$\Delta E = \frac{3}{2}R\Delta T = -\frac{3}{2}R\beta(V_1^2 - V_2^2) \qquad ②$$

根据热力学第一定律，有

$$\Delta E = Q + W \qquad ③$$

将①②式代入③式，解得

$$Q = -2R\beta(V_1^2 - V_2^2)$$

负号表示该过程中气体放热。

注：本题的做功是通过找 p-V 关系，用直线下面积表示做功值。

例 2　抽成真空的小匣带有活门，打开活门让气体冲入。当压强达到外界压强 p_0 时将活门关上。试证明：小匣内的空气在没有与外界交换热量之前，它的内能 E 与原来在大气中的内能 E_0 之差为 $E - E_0 = p_0 V_0$，其中 V_0 是它原来在大气中的体积。若气体是双原子理想气体，求它的温度和体积。

解　将冲入小匣的气体看作系统。系统冲入小匣后的内能 E 与原来在大气中的内能 E_0 之间的关系由 $E - E_0 = W + Q$ 确定。由于过程进行得很迅速，过程中系统与外界没有热量交换，则 $Q = 0$。过程中外界对系统所做的功可以分为 W_1 和 W_2 两部分来考虑。一方面，

大气将系统压入小匣,使其在大气中的体积 V_0 变为零。由于小匣很小,在将气体压入小匣的过程中大气压强 p_0 可以认为没有变化,即过程是等压的(但不是准静态的)。过程中大气对系统所做的功为

$$W_1 = -p_0 \Delta V = p_0 V_0$$

另一方面小匣已抽为真空,系统在冲入小匣的过程中不受外界阻力,与外界也就没有功作用,则

$$W_2 = 0$$

因此

$$E - E_0 = W_1 + W_2 + Q = p_0 V_0$$

如果气体是理想气体,则有

$$E_0 = \frac{5}{2}\nu R T_0, E = \frac{5}{2}\nu R T$$

所以

$$E - E_0 = \frac{5}{2}\nu R T - \frac{5}{2}\nu R T_0 = p_0 V_0 = \nu R T_0$$

解得

$$T = \frac{7}{5}T_0$$

活门是在系统的压强达到 p_0 时关上的,所以气体在小匣内的压强也可看作 p_0,其物态方程为

$$p_0 V = \nu R T = \frac{7}{5}\nu R T_0 = \frac{7}{5}p_0 V_0$$

因此

$$V = \frac{7}{5}V_0$$

巩固提升

1. 图 7.12 中 A 管是真空的,横截面积为 S_1,广口容器 B 的横截面积为 S_2 ($S_2 \gg S_1$)。开始时,B 中水银面恰好与活栓 D 相平,打开阀门 D 后,A 管中水银面上升高度为 H,B 中水银面下降 Δh ($\Delta h \ll H$)。已知水银密度为 ρ,系统保持温度不变,则该过程中系统向外放出多少热量?

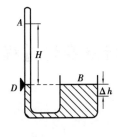

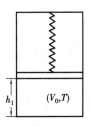

图 7.12   图 7.13

2. 在密封的真空圆柱形容器顶端悬挂一个平衡位置恰在底部、劲度系数为 k 的弹簧,弹簧下端吊一个不计质量可无摩擦滑动的薄活塞。今在容器底部注入一定量摩尔定容热容为 $C_{V,m}$ 的理想气体,使活塞上升高度为 h_1(图 7.13),这时气体温度为 T_1。若使气体吸热 ΔQ,试问活塞所在高度 h_2 是多少?

3. 如图 7.14 所示,两个汽缸 A 和 B 通过一带有阀门的细而短的管相连。汽缸 A 的壁有良好的导热性,并有一摩擦忽略不计的可自由移动的轻质活塞 P,汽缸内装有一定质量的某种理想气体,每摩尔该种理想气体的内能 $U = 2RT$。汽缸 B 的壁是不导热的,室内真空。当把阀门打开后,A 中的气体进入 B 室,活塞 P 向右徐徐移动。当活塞停止运动时,汽缸 A 的体积变为其原来体积的 1/2,这时关闭阀门,若周围大气的温度 $T_0 = 300$ K,求 B 室中气体的温度。

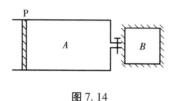

图 7.14

4. 是否可设计一个过程,使某一定量的理想气体从图 7.15 所示的状态 $A(p_A, V_A, T_A)$ 变化到终态 $B(p_B = p_A, V_B = 2V_A, T_B)$ 的过程中,气体净吸收的热量刚好等于内能的增量?

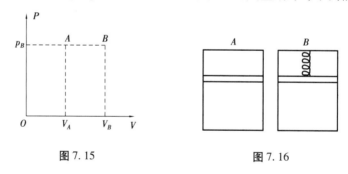

图 7.15　　　　　　　　图 7.16

5. 如图 7.16 所示,A、B 两个汽缸,在大气压为 p_0 的环境下,A、B 中各用一个质量为 m 的活塞,封闭 1 mol 的理想气体,B 中面积为 S 的活塞连接着一根劲度系数为 k 的弹簧。初时弹簧处在自然长度。A、B 汽缸内的初始温度均为 T_0。现使 A、B 两汽缸内的气体均降低相同温度,结果 B 内的活塞降低到原来高度的一半。求在该过程中 A、B 两汽缸内放热量 Q_A 与 Q_B 之差。

7.4　理想气体的特殊变化过程

7.4.1　等容过程

气体等容变化时,有 $\dfrac{p}{T} = C$(常数),而且外界对气体做功为零,这样根据热力学第一定

律有

$$Q = \Delta E$$

而

$$Q = \nu C_{V,m} \Delta T$$

$$\Delta E = \nu \frac{i}{2} R \Delta T$$

故

$$C_{V,m} = \frac{i}{2} R$$

式中,对单原子气体分子通常取 $i = 3$;对双原子气体分子通常取 $i = 5$;对多原子气体分子通常取 $i = 6$。

7.4.2 等压过程

气体在等压变化时,有 $\frac{V}{T} = C$,且有

$$W = -p(V_2 - V_1) = -\nu R(T_2 - T_1)$$

$$Q = \nu C_{p,m}(T_2 - T_1)$$

$$\Delta E = \nu \frac{i}{2} R(T_2 - T_1)$$

将这三个表示式代入热力学第一定律中,得

$$C_{p,m} = C_{V,m} + R$$

即 1 mol 理想气体等压升高 1 K 温度比等容升高 1 K 温度要多吸热 8.31 J,这是因为理想气体等压膨胀温度升高 1 K 时要对外做功 8.31 J 的缘故。

7.4.3 等温过程

气体在等温度变化过程中有 $pV = C$,而且理想气体的内能不变,因而有

$$Q = -W = \int_{V_1}^{V_2} p\,dV = \int_{V_1}^{V_2} \frac{\nu R T_0}{V}\,dV = \nu R T_0 \ln \frac{V_2}{V_1} = \nu R T_0 \ln \frac{p_1}{p_2}$$

即在等温变化过程中,由于体积变化气体对外所做的功(或外界对气体做功)全部由吸收(或放出)的热量来平衡。式中,V_1、V_2 分别为过程始、末态时系统的体积;p_1、p_2 分别为过程始、末态时系统的压强。

7.4.4 绝热过程

在绝热过程中,一定质量的理想气体与外界无热量交换,即 $\Delta Q = 0$,因而

$$W = \Delta E = \nu \frac{i}{2} R \Delta T = \nu \frac{C_{V,m}}{C_{p,m} - C_{V,m}} R \Delta T = \frac{\nu R}{\gamma - 1}(T_2 - T_1) = \frac{p_2 V_2 - P_1 V_1}{\gamma - 1}$$

绝热过程中有

$$pV^{\nu} = C(常数)$$

式中,γ 称为比热容比,其定义为

$$\gamma = \frac{C_{p,\mathrm{m}}}{C_{V,\mathrm{m}}}$$

显然 $\gamma > 1$,因而对同一理想气体来说,它的绝热线比等温线陡。这一点从物理的角度可以这样理解:设想使一定质量的理想气体从状态 $A(p_A, V_A)$ 变化到状态 $B(p_B, V_B)$,体积压缩了 $V_A - V_B$。设第一次经历绝热过程,第二次经历等温过程,显然两次分子数密度 n 增加的情况相同。但绝热压缩过程中根据热力学第一定律易知系统温度必然升高;等温过程中温度不变。利用阿伏伽德罗定律进行比较可知,在绝热过程中的压强增量大于等温过程中的压强增量,所以绝热线比等温线陡。

7.4.5 多方过程

①气体所进行的实际过程往往既非绝热,也非等温。例如,在气缸中的气体的实际进行的压缩与膨胀过程就是如此。

②理想气体的多方过程方程

$$pV^n = C$$

其中,n 可取任意常数,称为多方指数。

显然,对绝热过程 $n = \gamma$,等温过程 $n = 1$,等压过程 $n = 0$。而对于等体过程,可这样来理解其中的 n,上式两边各开 n 次根,则 $p^{1/n}V =$ 常量。

当 $n \to \infty$ 时,上式就变为 $V = C_2$ 的形式。所以等体过程相当于 $n \to \infty$ 时的多方过程。现将等压、等温、绝热、等体曲线同时画在 p-V 图上,并标出它们所对应的多方指数。这些曲线都起始于同一点,如图 7.17 所示。从图上可看到,n 是从 $0 \to 1 \to \gamma \to \beta$ 逐级递增的,实际上 n 可取任意值。例如,在汽缸中的压缩过程是处于 $n = 1$ 到 $n = \gamma$ 曲线之间的区域,即 $1 < n < \gamma$。当然 n 也可取负值,这时多方曲线的斜率是正的。

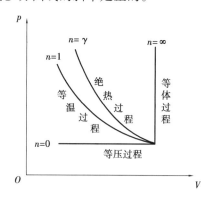

图 7.17

③理想气体多方过程做的功

$$W = \frac{p_2 V_2 - p_1 V_1}{n - 1}$$

④理想气体多方过程的摩尔热容

$$C_n = \frac{n - \gamma}{n - 1} C_V$$

7.4.6 自由膨胀过程

气体向真空膨胀的过程称为气体的自由膨胀。由于没有外界阻力,所以外界不对气体做功,即 $W = 0$;又由于过程进行极快,气体来不及与外界交换热量,可看成绝热过程,即 $Q = 0$。这样,根据热力学第一定律可知,气体绝热自由膨胀后其内能不变。

7.4.7 循环过程

一系统由某一平衡态出发,经过任意的一系列过程又回到原来的平衡态的整个变化过程,称为循环过程。系统的循环过程可在 p-V 图上用一闭合曲线表示出来。如果在 p-V 图所示的循环过程是沿顺时针方向进行的,则称为正循环,如热机的工作过程;反之称为逆循环。

图 7.18 所示为一正循环过程,在 abc 过程中,系统膨胀对外做功,其数值等于 abc 曲线下阴影部分所示的面积;在 cda 过程中,外界压缩气体对系统做功,其数值等于 cda 曲线下所示的阴影部分面积。这样在一个循环过程中,系统对外界所做的总功 W 为 p-V 图中循环曲线所包围的面积,而循环过程中内能增量 $\Delta E = 0$。根据热力学第一定律,系统吸收外界的热量 Q_1 一定大于系统向外界放出的热量 Q_2,且有 $Q_1 - Q_2 = W$。

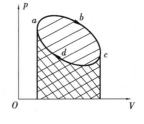

图 7.18

(1)热机

热机的物理本质就是系统做正循环。热机的主要部分是:一个用以供给热量 Q_1 的高温热源(即发热器),一个用以吸取热量 Q_2 的低温热源(即冷却器),一种工作物质(如水、空气或水蒸气等)以及盛工作物质的汽缸、活塞等。热机工作的示意图如图 7.19 所示。

对于热机,最重要的问题在于由高温热源吸取的热量 Q_1 中究竟有多少可以转变为功,至于低温热源所吸收的热量 Q_2 的多少并不重要,因此定义热机的效率 η 为:一循环中系统对外所做的功 W 与由高温热源吸取的热量 Q_1 的比值,即

$$\eta = \frac{W}{Q_1} = \frac{Q_1 - Q_2}{Q_1} = 1 - \frac{Q_2}{Q_1} < 1$$

热机效率的大小由循环的具体结构、性质决定。

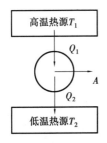

图 7.19

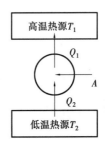

图 7.20

（2）制冷机

制冷机是利用工作物质的逆循环,外界对工作物质做功,不断地从低温热源吸取热量,传递给高温热源的机器。在一个逆循环中,外界对工作物质做功为 $|A|$,从低温热源吸收的热量为 Q_2,向高温热源放出的热量为 $|Q_1|$,根据热力学第一定律,可知 $|Q_1| = |A| + Q_2$（图7.20）。制冷机性能是以外界对工作物质做功 $|A|$、能从低温热源中提取热量 Q_2 来衡量。$Q_2/|A|$ 称为制冷系数,用符号 ε 表示

$$\varepsilon = \frac{Q_2}{|A|} = \frac{Q_2}{|Q_1| - Q_2}$$

ε 越大,制冷机性能越好。

典型例题

例1 有一气筒,除底部外都是绝热的,上边是一个可以上下无摩擦地移动、不计重力的活塞,中间有一个位置固定的能导热的隔板,把筒分隔成相等的两部分 A 和 B。在 A 和 B 中各盛有 1 mol 氮气,如图 7.21 所示,现由底部慢慢地将 350 J 的热量传送给气体,设导热板的热容量可忽略,问 A 和 B 的温度改变了多少? 它们各吸收了多少热量? 若将位置固定的导热板换成可自由滑动的绝热隔板,其他条件不变,则 A 和 B 的温度又改变了多少?

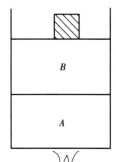

图 7.21

分析 A、B 中间的隔板导热,因而 A、B 两部分气体温度始终相同,B 中温度升高后将等压膨胀。

解 设末态时 A、B 温度为 T',对 B 部分气体有

$$\frac{V'}{T'} = \frac{V}{T}$$

B 部分气体对外做功为

$$W = p(V' - V) = \frac{pV}{T}\Delta T = R\Delta T$$

A、B 两部分气体的内能增量为

$$\Delta E = 2 \times \frac{5}{2}R\Delta T = 5R\Delta T$$

根据热力学第一定律,得

$$\Delta E = Q - W$$

即

$$\Delta T = \frac{Q}{6R} = 7.02 \text{ K}$$

对 A 部分气体有

$$Q_A = \frac{5}{2}R\Delta T = 145.8 \text{ J}$$

对 B 部分气体有

$$Q_B = Q - Q_A = 204.2 \text{ J}$$

若将 A、B 之间位置固定的导热板换成可自由滑动的绝热隔板,则 B 部分气体的温度将不会发生改变。因为 A、B 部分气体压强相等,故 A 部分气体对 B 部分气体所做的功总是等于 B 部分气体对大气做的功,即 B 对外界做的净功为零。而 A 部分气体则做等压膨胀,其对外做功可表示为

$$W = p\Delta V = R\Delta T_A$$

这一过程中 A 部分气体内能的增量可表示为

$$\Delta E = 1 \times \frac{5}{2}R\Delta T_A$$

根据热力学第一定律,得 $\qquad Q = W + \Delta E = \frac{7}{2}R\Delta T_A$

代入数据,得

$$\Delta T_A = 12.0 \text{ K}$$

注:本题在求第 2 问时,还可直接用公式 $Q = \nu C_p \Delta T$,这样比较简单。

例 2 1 mol 的氦气完成一个由等压膨胀、等容冷却和绝热压缩组成的循环过程,这个循环的效率可能大于 50% 吗?这样的循环可能有的最大效率是多少?

解 氦气的循环过程如图 7.22 所示,图中 1→2 为等压膨胀过程,2→3 为等容冷却过程,3→1 为绝热压缩过程。

1→2 过程,气体等压膨胀,温度升高,即 $T_2 > T_1$,该过程气体对外做功,吸收热量,气体的内能增加。该过程 1 mol 气体吸收的热量为

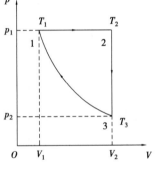

图 7.22

$$Q_1 = C_p(T_2 - T_1) = \frac{5}{2}R(T_2 - T_1)$$

2→3 过程,气体等容冷却,等容过程气体放出的热量为

$$Q_2 = C_V(T_2 - T_3) = \frac{3}{2}R(T_2 - T_3)$$

3→1 过程,气体绝热压缩,该过程外界对气体做功,气体内能增加,即 $T_1 > T_3$。

因此,气体在 1、2、3 三个状态下的温度高低关系为 $T_2 > T_1 > T_3$。

这个循环的效率为

$$\eta = 1 - \frac{Q_2}{Q_1} = 1 - \frac{\frac{3}{2}R(T_2 - T_3)}{\frac{5}{2}R(T_2 - T_1)} = 1 - \frac{3(T_2 - T_3)}{5(T_2 - T_1)}$$

由于 $T_3 < T_1$,则

$$\frac{T_2 - T_3}{T_2 - T_1} > 1$$

故

$$\eta < 1 - \frac{3}{5} = 40\%$$

因此这个循环的效率不可能大于 50%,这样的循环可能有的最大效率为 40%。

例 3 有 ν mol 的理想气体经过 $1\to2\to3\to1$ 的循环过程,如图 7.23 所示,过程 $1\to2$ 和 $2\to3$ 在图中是直线段,而过程 $3\to1$ 可表达为 $T = 0.5T_1(3 - BV)BV$,式中 B 是未知的常数,图中的 T 是绝对温标的温度,求气体在一个循环中所做的功。

分析 为了计算气体在一个循环所做的功,一般可利用理想气体的状态方程,把循环过程反映到 $p\text{-}V$ 图上。

解 把过程 $3\to1$ 的温度表达式代入状态方程 $pV = \nu RT$ 中,可得到在这个过程中压强随体积的变化关系是线性的,即

$$p = 0.5\nu RT_1 B(3 - BV)$$

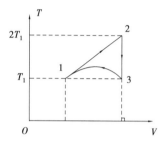

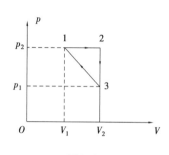

图 7.23   图 7.24

这样便可把 $T\text{-}V$ 图上的循环过程反映到 $p\text{-}V$ 图上,如图 7.24 所示。

仍考虑 $3\to1$ 过程,将 $T = T_1$ 代入 $T\text{-}V$ 表达式中,得

$$T_1 = 0.5T_1(3 - BV)BV$$

解得 $V_1 = \dfrac{1}{B}$,$V_2 = \dfrac{2}{B}$,即 $V_2 = 2V_1$。这表明,过程 $1\to2$ 是气体在常压 p_2 下的膨胀,在过程 $2\to3$ 中气体体积不变,而压强及温度减少为原来的 $\dfrac{1}{2}$。在 $p\text{-}V$ 图上循环过程是一个直角三角形,循环方向为顺时针方向,如图 7.24 所示,则所求的功为图中三角形的面积,即

$$W = \frac{1}{2}(p_2 - p_1)(V_2 - V_1) = \frac{1}{2}\left(\frac{\nu RT_1}{V_2} - \frac{\nu RT_1}{V_1}\right)(V_2 - V_1) = \frac{1}{4}\nu RT_1$$

巩固提升

1. 两个相同的绝热容器用带有活栓的绝热细管相连,开始时活栓是关闭的,如图 7.25 所示,容器 1 里在质量为 m 的活塞下方有温度 T_0、摩尔质量 M、摩尔数 n 的单原子理想气体;容器 2 里质量为 $m/2$ 的活塞位于器底且没有气体。每个容器里活塞与上顶之间是抽成真空的。当打开活栓时容器 1 里的气体冲向容器 2 活塞下方,于是此活塞开始上升(平衡时未及上顶),不计摩擦,计算当活栓打开且建立平衡后气体的温度 T,取 $\dfrac{m}{nM} = 5$。

2. 如图 7.26 所示,在面积为 S 的轻活塞下的汽缸内有 1 mol 的气体,活塞通过一个弹簧

连接在缸底,在弹簧不伸长的状况下保持平衡。气体体积为 V_0,压强为 p_0,气体发生一个周期变化过程,气体先等温膨胀,此过程吸收热量 Q,然后对汽缸绝热并减小活塞上的外力直至为 0,此后气体等温地压缩至初始体积,再等容地变化到初始状态。弹簧的劲度系数为多少时,此热机完成循环后做功为 0?

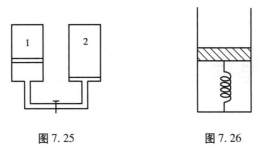

图 7.25　　　　　　　图 7.26

3. 带有活塞的筒内有 $4 \times 10^{-3} \mathrm{kg}$ 的氦和 $16 \times 10^{-3} \mathrm{kg}$ 的氧,温度为 0 ℃,压强为 $1.01 \times 10^5 \mathrm{Pa}$,筒壁和活塞都是绝热的,如图 7.27 所示,现移动活塞,使气体压强增加到 $2.02 \times 10^5 \mathrm{Pa}$,求出此气体的温度和体积。已知氦和氧的摩尔定容热容分别为 $C_{V,\mathrm{He}} = 3R/2$,$C_{V,\mathrm{O_2}} = 5R/2$。

4. 如图 7.28 所示,两个与大气接触的竖立柱形汽缸内分别存有同种理想气体,中间绝热阀门 K 关闭,缸内气体温度和体积各为 T_1、V_1 和 T_2、V_2。两缸上方均有轻质可动活塞,活塞与缸壁间无空隙且无摩擦,系统与外界绝热。将阀门 K 缓慢打开,试求缸内气体混合平衡后的总体积 V。

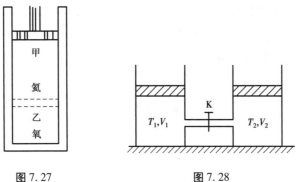

图 7.27　　　　　　图 7.28

参考答案与解析

第8章　静电场

8.1　电　场

8.1.1　电荷守恒定律

电荷既不能被创造,也不能被消灭,它只能从一个物体转移到另一个物体,或者从物体的一部分转移到另一部分。因而,摩擦起电或感应起电都不能产生新的电荷。

8.1.2　库仑定律

①内容:在真空中两个静止的点电荷 Q_1 和 Q_2 之间的相互作用力的大小和两点电荷电荷量的乘积成正比,和它们之间距离 r 的平方成反比,作用力的方向沿它们的连线上,同种电荷相互排斥,异种电荷相互吸引。

②数学表达式

$$F = k \frac{Q_1 Q_2}{r^2} \tag{8.1}$$

8.1.3　电场强度

①定义式

$$E = \frac{F}{q} \tag{8.2}$$

式中,q 为检验电荷;E 为矢量,方向与正检验电荷的受力方向相同,与负检验电荷的受力方向相反。

②点电荷形成的电场

$$E = k \frac{Q}{r^2} \tag{8.3}$$

Q 为场源电荷,式中 $k = \dfrac{1}{4\pi\varepsilon_0}$,$\varepsilon_0$ 称为真空中的介电常数,其值为 $\varepsilon_0 = 8.85 \times$

$10^{-12} \text{C}^2 / (\text{N} \cdot \text{m}^2)$。

③匀强电场的电场强度

$$E = \frac{U}{d} \tag{8.4}$$

式中,U 为两点间的电势差;d 为两点所在等势面之间的距离。

④平行板电容器间的电场强度(设极板所带电量的面密度为 δ),如图 8.1 所示。

$$E = \frac{U}{d}, U = \frac{Q}{C}, C = \frac{\varepsilon_r S}{4k\pi d}, \sigma = \frac{Q}{S}$$

则

$$E = \frac{4k\pi\sigma}{\varepsilon_r} \tag{8.5}$$

其中,ε_r 为介质的相对介电常数,真空中 $\varepsilon_r = 1$,则

$$E = 4\pi k\sigma \tag{8.6}$$

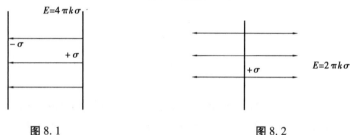

图 8.1   图 8.2

⑤无限大均匀带电平板外的电场强度(设平板所带电量的面密度为 σ),如图 8.2 所示,由于带电平板无限大,根据对称性和电场叠加原理可知,其板外的电场为匀强电场,再根据平行板电容器两极板之间的电场分析,无限大均匀带电平板外的电场强度应为

$$E = 2\pi k\sigma \tag{8.7}$$

8.1.4 电场力

①表达式

$$F = Eq \tag{8.8}$$

②注意:表达式中各物理量均为大小,电场力的方向与电性有关,正电荷受电场力方向与电场强度方向相同,负电荷受电场力方向与电场强度方向相反。

8.1.5 电场叠加原理

如果空间中有多个场源电荷,则合场强为每个场源电荷独自产生的场强的矢量和;如果是电荷连续分布的物体形成的电场,则按照电荷分布的规律性,使用微元累加的方法或积分法来计算电场强度。

8.1.6 电场线

电场线是为了直观形象地描述电场分布,在电场中引入的一些假想的**曲线**。曲线上每

一点的切线方向和该点**电场强度**的方向一致;曲线密集的地方场强强,稀疏的地方场强弱。在静电场中,电场线起始于正电荷而终止于负电荷,并且电场线不相交、不相切。

8.1.7 高斯定理

1 电通量(φ_E)

①定义:通过某个曲面微元的电通量定义为电场强度与曲面微元在垂直于**电场**方向投影的乘积。可见电通量与穿过一个曲面的**电场线**的数目成正比。通俗的说法就是,用电通量来描述空间内电场线的具体条数(图8.3)。

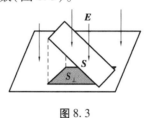

图8.3

②表达式

$$\varphi_E = \boldsymbol{E} \cdot \boldsymbol{S} = ES_\perp \tag{8.9}$$

③引入电通量的意义:

之所以引入电通量,是因为用电场线来描述电场存在缺陷:电场线描述电场本是一种十分形象的方法,但它容易给人一种错觉:电场是分立的。电场是分布于整个空间,而空间的范围是通过闭合的曲面来限定,因此电通量是能够反映电场呈空间分布特征的。由于电场强度正比于电场线的密集程度,电场强度也常被叫做电场线密度。

2 高斯定理

通过一个任意闭合曲面的电通量 φ_E 等于该面所包围的所有电荷量的代数和 $\sum q$ 除以 ε_0,与闭合面外的电荷无关。也可以说成,电场强度对任意封闭曲面的电通量正比于该封闭曲面内电荷的代数和。用公式来表达

$$\varphi_E = \boldsymbol{E} \cdot \boldsymbol{S} = \frac{1}{\varepsilon_0} \sum_{S_内} q_i \quad 或 \quad \varphi_E = 4\pi k \sum_{S_内} q_i \tag{8.10}$$

上式中的闭合曲面也叫做高斯面。需要说明的是:对于单个平面或不闭合曲面,电通量无关正负。但对于闭合曲面,我们规定:从曲面内部指向外部的电通量为正;反之,从曲面外部指向内部的电通量为负值。限于高中阶段的数学知识,在使用高斯定理时,常常用来计算那些拥有一定对称性的电场,高斯面也取便于计算的形状,如球形、圆柱形、长方体等。

例题 运用高斯定理计算点电荷 Q 产生的电场强度。

图8.4

建立以点电荷 Q 为圆心,半径为 r 封闭的球面作为高斯面(图8.4),由高斯定理:$E \cdot 4\pi r^2 = 4\pi kQ$,得

$$E = k\frac{Q}{r^2} \tag{8.11}$$

8.1.8 求解复杂电场电场强度的常用方法

1 微元法

例题 求一电荷线密度为 λ 的半径为 R 的均匀带电圆环中心轴线上的电场强度(图8.5)。

解 设中心轴上 P 点距环心 O 的距离为 h,在圆环上任意取一微元 $\Delta l(\Delta l \to 0)$ 可看成点电荷。

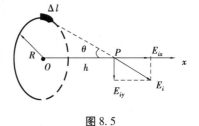

Δl 的电荷量

$$Q_i = \lambda \Delta l$$

Δl 在 P 点产生的电场为

图 8.5

$$E_i = k\frac{Q_i}{R^2 + h^2}$$

根据对称性可知,E_i 在 y 方向的分量全部抵消,P 点的场强是所有微元在 P 点产生的电场沿 x 方向的矢量和。

$$E_{ix} = E_i \cos\theta = \frac{kQ_i h}{(R^2 + h^2)^{\frac{3}{2}}}$$

则

$$E = \sum E_{ix} = \frac{2\pi k\lambda Rh}{(R^2 + h^2)^{\frac{3}{2}}} \tag{8.12}$$

2 等效法

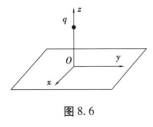

图 8.6

例题 如图 8.6 所示,xOy 平面是无穷大导体的表面,该导体充满 $z < 0$ 的空间,$z > 0$ 的空间为真空。将电荷量为 q 的点电荷置于 z 轴上 $z = h$ 处,则在 xOy 平面上会产生感应电荷。空间任意一点处的电场皆是由点电荷 q 和导体表面上的感应电荷共同激发的。已知静电平衡时导体内部电场强度处处为零,则在 z 轴上 $z = \dfrac{h}{2}$ 处的电场强度大小为(k 为静电力常量)(　　)。

A. $k\dfrac{4q}{h^2}$ 　　　　B. $k\dfrac{4q}{9h^2}$ 　　　　C. $k\dfrac{32q}{9h^2}$ 　　　　D. $k\dfrac{40q}{9h^2}$

解 根据静电平衡的特点,点电荷 q 和导体表面上的感应电荷产生的电场分布与等量异种电荷产生的电场分布相同,所以将感应电荷等效于与点电荷 q 关于 O 点对称的 $-q$ 点电荷,则 $E = \dfrac{kq}{\left(\dfrac{h}{2}\right)^2} + \dfrac{kq}{\left(\dfrac{3}{2}\right)^2} = k\dfrac{40q}{9h^2}$,所以选 D。

3 对称法

例题 下列选项中的各 $\dfrac{1}{4}$ 圆环大小相同,所带电荷量已在图8.7中标出,且电荷均匀分布,各 $\frac{1}{4}$ 圆环间彼此绝缘。坐标原点 O 处电场强度最大的是(　　)。

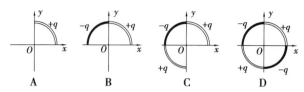

图 8.7

解　由对称性和电场的叠加原理可知,应选 B。

4　补偿法、负密度法

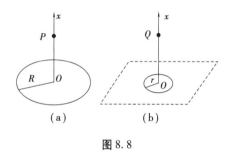

图 8.8

例题　如图 8.8(a)所示,半径为 R 的均匀带电圆形平板,单位面积带电量为 σ,其轴线上任意一点 P(坐标为 x)的电场强度可以由库仑定律和电场强度的叠加原理求出:$E = 2\pi k\sigma\left(1 - \dfrac{x}{\sqrt{R^2+x^2}}\right)$,方向沿 x 轴。现考虑单位面积带电量为 σ_0 的无限大均匀带电平板,从其中间挖去一半径为 r 的圆板,如图 8.8(b)所示。则圆孔轴线上任意一点 Q(坐标为 x)的电场强度为(　　)。

A. $2\pi k\sigma_0 \dfrac{x}{\sqrt{r^2+x^2}}$　　　　B. $2\pi k\sigma_0 \dfrac{r}{\sqrt{r^2+x^2}}$　　　　C. $2\pi k\sigma_0 \dfrac{x}{r}$　　　　D. $2\pi k\sigma_0 \dfrac{r}{x}$

解　首先无限大的带电平板可以等效为半径无限大的圆形平板,其次"在其中间挖去一半径为 r 的圆板"可等效为"一个实心薄板在中间再填充一半径为 r、面密度为 $-\sigma_0$ 的负密度圆形薄板"。则 $E = 2k\pi\sigma_0 - 2k\pi\sigma_0\left(1 - \dfrac{x}{\sqrt{r^2+x^2}}\right) = 2k\pi\sigma_0 \dfrac{x}{\sqrt{r^2+x^2}}$,所以答案为 A。

5　高斯定理

(1)均匀带电球壳(电量为 Q,半径为 R)形成的电场(图 8.9)

球壳外某点($r > R$):在球壳外建立以 O 为圆心,半径为 r 的球面 1 为高斯面,则

$$E \cdot 4\pi r^2 = 4\pi kQ \Rightarrow E = k\dfrac{Q}{r^2} \qquad (8.13)$$

球壳内某点($r < R$):在球壳内建立以 O 为圆心,半径为 r 的球面 2 为高斯面,则

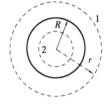

图 8.9

$$E \cdot 4\pi r^2 = 0 \Rightarrow E = 0$$

(2)均匀带电球体(电荷体密度为 ρ,半径为 R)形成的电场(图 8.9)

球体外($r > R$)某点:在球体外建立以 O 为圆心,半径为 r 的球面 1 为高斯面,则高斯面 1 内包含的电荷

$$Q_1 = \frac{4}{3}\pi R^3 \rho$$

根据高斯定理,则

$$E \cdot 4\pi r^2 = 4\pi k Q_1 \Rightarrow E = \frac{4}{3}\frac{\pi k R^3 \rho}{r^2} \tag{8.14}$$

球体内某点$(r<R)$:在球体内建立以O为圆心,半径为r的球面2为高斯面,则高斯面2内包含的电荷

$$Q_2 = \frac{4}{3}\pi r^3 \rho$$

根据高斯定理,则

$$E \cdot 4\pi r^2 = 4\pi k Q_2 \Rightarrow E = \frac{4}{3}\pi k r \rho \tag{8.15}$$

典型例题

例1 如图8.10所示,用等长的丝线分别悬挂两个质量、电荷量都相同的带电小球A、B,两线上端固定在同一点O,把B球固定在O点的正下方,当A球静止时,两悬线夹角为θ。若在其他条件不变,只改变下列某些情况,能够保持两悬线夹角不变的方法是( )。

A. 同时使两悬线的长度都减半

B. 同时使A球的质量、电荷量都减半

C. 同时使A、B两球的质量、电荷量都减半

D. 同时使两悬线长度和两球电荷量都减半

解 选择B、D。小球A的受力分析如图8.11所示,假定绳长为L,A、B的距离和带电量分别为r、q,则$\dfrac{F}{mg} = \dfrac{k\dfrac{q^2}{r^2}}{mg} = \dfrac{r}{L}$,即$\dfrac{k}{mg} = \dfrac{r^3}{q^2 L} = \dfrac{\left(2L\sin\dfrac{\theta}{2}\right)^3}{q^2 L} = \dfrac{8L^2\sin^3\dfrac{\theta}{2}}{q^2}$。

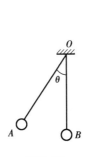

图8.10

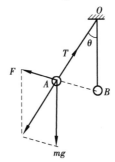

图8.11

例2 一个绝缘的刚性细圆环水平放在平面上,半径为R,质量为m,只能绕竖直轴O自由转动,圆环沿圆周均匀带电,电荷量为$+Q$,在A点剪下一个小缺口,其空隙长度为$l(l\ll R)$。开始时圆环静止不动,现加一个匀强电场E,让E既垂直于轴O,又垂直于OA,如图8.12所示(忽略剪下小缺口的质量),则( )。

A. 加电场后的瞬间圆环将沿逆时针转动

B. 加电场后的瞬间圆环将沿顺时针转动

C. 圆环转动的最大线速度为 $\sqrt{\dfrac{QEl}{\pi m}}$

D. 圆环转动的最大角速度为 $\sqrt{\dfrac{QEl^2}{\pi m R^3}}$

解 细圆环受到的电场力为圆环各点受到的电场力之和,各点受到的电场力对于 O 点的转动效果抵消,但是当上面剪下缺口,所受转动效果以下面对称电荷为主,环带正电荷。下面受到电场力水平向左,所以转动方向为顺时针,故 A 错误、B 正确;当与小孔对称部分转到左端时,电场力做功最多,速度最大,$E \dfrac{lQ}{2\pi R} R = \dfrac{1}{2} mv^2$,$v = \sqrt{\dfrac{QEl}{m\pi}}$,故 C 正确;由 $v = R\omega$,得

$\omega = \dfrac{v}{R} = \sqrt{\dfrac{EQl}{\pi m R^2}}$,故 D 错误。故选 B、C。

例 3 有一均匀带电球体,球心在 O 点,半径为 R,电荷体密度为 ρ,球体内有一球形空腔,空腔球心在 O' 点,半径为 R',$OO' = a$,如图 8.13 所示,试求空腔中各点的场强。

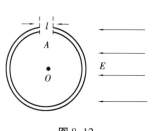
图 8.12

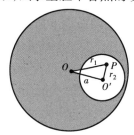
图 8.13

解 将球体和空腔看成完整的带正电的大球和带负电(电荷密度相等)的小球的集合,如图 8.13 所示。对于空腔中任意一点 P,设 $OP = r_1$,$O'P = r_2$,则大球激发的场强为

$$E_1 = k \frac{\rho \cdot \frac{4}{3}\pi r_1^3}{r_1^2} = \frac{4}{3}\pi k\rho r_1$$

方向由 O 指向 P。

"小球"激发的场强为

$$E_2 = k \frac{\rho \cdot \frac{4}{3}\pi r_2^3}{r_2^2} = \frac{4}{3}\pi k\rho r_2$$

方向由 P 指向 O'。

根据矢量合成法则,E_1 和 E_2 的合场强 $E = \dfrac{4}{3}\pi k\rho a$,所以空腔中的场强大小为 $\dfrac{4}{3}\pi k\rho a$,方向由 O 点指向 O' 点,与空腔中的位置无关。

巩固提升

1. 设带有负电的小球 A、B、C,它们的电量之比为 $1:3:5$,三球均在同一直线上,A、C 固定不动,而 B 也不动时,AB 与 BC 的距离比值为(   )。

    A. $1:5$ B. $5:1$ C. $1:\sqrt{5}$ D. $\sqrt{5}:1$

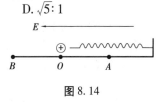

2. 如图 8.14 所示,一根用绝缘材料制成的轻弹簧,一端固定,另一端与一个质量为 m、带电荷量为 $+q$ 的小球连接。弹簧的劲度系数为 k,小球开始静止于光滑的绝缘水平面上。当施加水平向左的匀强电场 E 后,小球开始做简谐运动,当小球经过 O 点时加速度为零。A、B 两点为小球能到达的最大位移处,那么以下说法中正确的是(   )。

图 8.14

    A. 小球的速度为零时,弹簧伸长 qE/k

    B. 小球做简谐运动的过程中机械能守恒

    C. 小球做简谐运动的振幅为 qE/k

    D. 小球由 O 点到 B 点的运动过程中,弹力做功的大小一定大于电场力做功的大小

3. 如图 8.15 所示,一半径为 R 的圆盘上均匀分布着电荷量为 Q 的电荷,在垂直于圆盘且过圆心 c 的轴线上有 a、b、d 三个点,a 和 b、b 和 c、c 和 d 间的距离均为 R,在 a 点处有一电荷量为 $q(q>0)$ 的固定点电荷。已知 b 点处的电场强度为零,则 d 点处电场强度的大小为(k 为静电力常量)(   )。

    A. $k\dfrac{3q}{R^2}$ B. $k\dfrac{10q}{9R^2}$ C. $k\dfrac{Q+q}{R^2}$ D. $k\dfrac{9Q+q}{9R^2}$

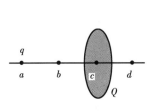   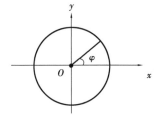   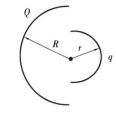

图 8.15   图 8.16   图 8.17

4. 半径为 R、不导电的细圆环,如图 8.16 所示。所带电荷量的线密度为 $\lambda = \lambda_0\cos\varphi$,式中 λ_0 为正常量,φ 为圆平面内的方位角,求环中心 O 处的电场强度。

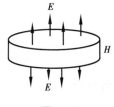

5. 两个非导体半球,如图 8.17 所示,它们的半径分别为 R 和 r,带电荷量分别为 Q 和 q(均匀分布在半球面上),两半球的球心及最大横截面重合。求两个半球之间相互作用力的大小。

6. 在古时候,人们通常认为地球是扁平的。想象地球真的不是一个半径为 R 的球,而是一个厚度为 H 的无限大的盘子(图 8.18)。如果要想体验与真正地球表面一样的重力加速度,那么需要的 H 值是多大?(假定这两种模型中地球密度均匀而且相等)

图 8.18

8.2 电 势

8.2.1 电场力做功与电势差、电势能的关系

电荷在静电场中移动时,电场力可以对电荷做功,且做功的大小同路径无关。这表明电场拥有能量的属性,且这种能量只与位置相关,与重力场类似,是一种保守力场,静电力做功等于电势能的改变,即

$$W_{AB} = E_{pA} - E_{pB} = qU_{AB} \tag{8.16}$$

电场力做功决定了电势能的变化,电势能具有相对性,通常把电荷在离场源电荷无穷远处的电势能或电荷在地球表面处的电势能规定为电势能零点。这样,选定了零点之后,通过不同位置间的电场力做功可以定义任意位置电势能的数值。

先从无穷远处(电势为零处)将一电荷量为 q 的检验电荷移到离场源电荷 Q 距离 r 处时,该检验电荷具有的电势能为

$$E_p = -\int_\infty^r \frac{kQq}{r^2}\mathrm{d}r = k\frac{Qq}{r}(Q、q \text{ 有正负之分}) \tag{8.17}$$

8.2.2 电势

在静电场中的某一位置,任意电荷拥有的电势能同电荷量的比值为一定值。这一定值就可以反映电场能的性质。电势是一个与电荷无关的物理量,是由电场本身的性质决定的。在确定了某处电势能的数值之后,该处电势的数值也是确定的。

(1)定义

电场中某点的电势等于单位正电荷在那一点拥有的电势能,即

$$\varphi = \frac{E_P}{q} \tag{8.18}$$

(2)几种常见电场中的电势

①点电荷周围任一点的电势

$$\varphi = k\frac{Q}{r} \tag{8.19}$$

式中,Q 为场源电荷的电荷量(有正、负之分);r 为该点到场源电荷的距离。

②均匀带电球壳内、外的电势(球壳电量为 Q,半径为 R,某点到球心距离为 r)

球壳内

$$\varphi_内 = k\frac{Q}{R} \quad (r < R) \tag{8.20}$$

球壳外

$$\varphi_外 = k\frac{Q}{r} \quad (r > R) \tag{8.21}$$

③均匀带电球体外的电势(球体电量为 Q,半径为 R,某点到球心距离为 r)

球体外

$$\varphi_外 = k\frac{Q}{r} \quad (r > R) \tag{8.22}$$

8.2.3 电势叠加原理

在点电荷 Q 形成的电场中,距离 Q 为 r 处的电势为:$\varphi = k\dfrac{Q}{r}$。若场源是由多个点电荷所组成的电荷体系,则电场某处的合电势等于每个点电荷单独在该位置形成的电势的代数和,这叫做电势叠加原理。(电势是标量,但有正负之分,相加时注意符号。)

典型例题

例1 求等量异种电荷中垂线任一点的电势。

解 在中垂线上任取一点 P(图 8.19),P 点到两点电荷间的距离为 r,$Q_1 = Q_2$。则 Q_1 在 P 点的电势

$$\varphi_1 = k\frac{Q_1}{r}$$

Q_2 在 P 点的电势

$$\varphi_2 = -k\frac{Q_2}{r}$$

则

$$\varphi_P = \varphi_1 + \varphi_2 = k\frac{Q_1}{r} - k\frac{Q_2}{r} = 0$$

例2 如图 8.20 所示,半径为 R 的圆环均匀带电,电荷线密度为 λ,圆心在 O 点,过圆心与环面垂直的轴线上有 P 点,$PO = r$。以无穷远点为电势零点,则 P 点的电势 φ_P 为( )。

A. $\dfrac{2\pi k\lambda R}{R^2 + r^2}$ B. $\dfrac{2\pi k\lambda R}{\sqrt{R^2 + r^2}}$ C. $\dfrac{2\pi k\lambda R}{r}$ D. $\dfrac{2\pi k\lambda}{R}$

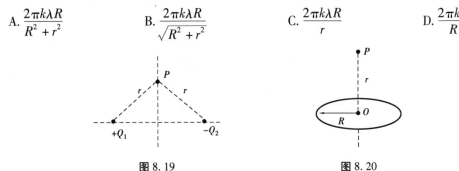

图 8.19   图 8.20

解 选择 B。圆环在 P 点的电势是圆环上所有点电荷对应电势的叠加。将圆环均匀分成很多个点电荷 ΔQ,每个点电荷 ΔQ 在 P 点的电势为 $\varphi_{Pi} = \dfrac{k \cdot \Delta Q}{\sqrt{R^2 + r^2}}$,根据电势叠加原理,所有电荷的电势为

$$\varphi_P = \sum \varphi_{Pi} = \frac{k}{\sqrt{R^2 + r^2}} \sum \Delta Q = \frac{kQ}{\sqrt{R^2 + r^2}} = \frac{2\pi k\lambda R}{\sqrt{R^2 + r^2}}$$

故选 B。

例3 电荷 q 均匀分布在半球面 ACB 上,球面半径为 R,CD 为通过半球顶点 C 和球心 O 的轴线,如图 8.21 所示。P、Q 为 CD 轴上相对 O 点对称的两点,已知 P 点的电势为 φ_P,试求

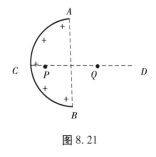

图 8.21

Q 点的电势 φ_Q。

解 将半球面 ACB 补成完整的球面,总电量为 $2q$。根据均匀带电球壳内的电势 $\varphi_内 = k\dfrac{Q}{r}$ 可知,完整的球面在 P 点产生的电势

$$\varphi_P' = \varphi_{左半球面} + \varphi_{右半球面} = \varphi_P + \varphi_{右半球面} = k\frac{2q}{R}$$

则

$$\varphi_{右半球面} = k\frac{2q}{R} - \varphi_P$$

由对称性可知,左半球面在 Q 点的电势与右半球面在 P 点的电势相等,则

$$\varphi_Q = k\frac{2q}{R} - \varphi_P$$

巩固提升

1. 在 x 轴上有两个点电荷 q_1 和 q_2(q_1 在 q_2 左边),电势随着 x 的关系如图 8.22 所示。当 $x = x_0$ 时,电势为 0,当 $x = x_1$ 时,电势有最小值 $U = -U_0$。点电荷产生电势的公式为 $U = k\dfrac{q}{r}$。

(1)求两个电荷 q_1 和 q_2 的位置;

(2)求两个电荷的比值 q_1/q_2。

2. 如图 8.23 所示的静电机由一个半径为 R、与环境绝缘的开口(朝上)金属球壳形容器和一个带电液滴产生器 G 组成。质量为 m、带电量为 q 的球形液滴从 G 缓慢地自由掉下(所谓缓慢,意指在 G 口和容器口之间总是只有一滴)。液滴开始下落时相对于地面的高度为 h。设液滴很小,容器足够大,容器在达到最高电势之前未被进入容器的液体所充满。忽略 G 的电荷对正在下落的液滴的影响。重力加速度为 g。若容器初始电势为零,求容器可达到的最高电势 φ_{max}。

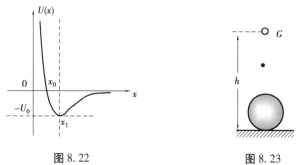

图 8.22   图 8.23

3. 一个半径为 R 的金属圆盘绕着通过圆心且与圆盘垂直的轴高速旋转,角速度为 ω。盘面上有一点 P,离开圆心的距离为 r,试求:

(1)点 P 的电场强度;

(2)圆盘边缘部分与圆心之间的电势差的值。(已知电子的质量为 m,电荷量为 e)

4. 如图 8.24 所示,AC 为一均匀带电直棒,B 为此带电棒电场中的一点,$BC \perp AC$,B 点的电势 $U_B = U$。求连线 AB 中点 D 处的电势 U_D。

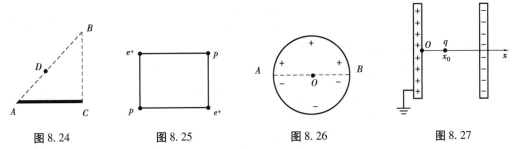

图 8.24　　　　图 8.25　　　　图 8.26　　　　图 8.27

5. 两个正电子放在边长为 $a = 1$ cm 的正方形的相对的角上。正方形的另两个角各放一个质子,如图 8.25 所示。初始时,粒子保持在这些位置,所有四个粒子同时释放,当它们相互分开得非常远时,它们的速度多大?粒子可看作是在其他粒子的电场中运动的经典质点,重力可以忽略。

6. 如图 8.26 所示,半径为 R 的绝缘圆环由直径 AB 分成的两半部分各均匀带有正、负电荷,正、负电荷的电荷量都是 Q。

(1)试证明过直径 AB 的直线是一条电势为零的等势线;

(2)求带正电的半圆环所激发的电场在环心 O 点的电势。

7. 电荷量分别为 q 和 Q 的带异号电荷的小球 A 和 B(均可视为点电荷),质量分别为 m 和 M。初始时刻,B 的速度为 0,A 在 B 的右方,且与 B 相距 l_0,A 具有向左的初速度 v_0,并还受到一向右的作用力 f 使其保持匀速运动。某一时刻,两球之间可以达到一最大距离。

(1)求此最大距离;

(2)求从开始到两球间距达到最大的过程中 f 所做的功。

8. 如图 8.27 所示,平行板电容器两极板间有场强为 E 的匀强电场,且带正电的极板接地。一质量为 m、电量为 $+q$ 的带电粒子(不计重力)从 x 轴上坐标为 x_0 处静止释放。

(1)求该粒子在 x_0 处的电势能 E_{px_0};

(2)试从牛顿第二定律出发,证明该带电粒子在极板间运动的过程中,其动能和电势能之和保持不变。

8.3　电容器

8.3.1　电容

任何两个彼此绝缘又相距很近的导体都可以看成一个电容器。电容器储存电荷的特性用电容来表示,其定义为:电容器所带电量与它两极板间电势差的比值,即

$$C = \frac{Q}{U} \tag{8.23}$$

8.3.2 几种常见电容器的电容公式

（1）平行板电容器

$$C = \frac{Q}{U} = \frac{\varepsilon_r S}{4\pi k d} \tag{8.24}$$

（2）同轴圆柱形薄形电容器

高为 H、半径为 R_1 的导体圆柱（或圆筒）和半径为 R_2 的导体圆筒同轴放置。当 $H \gg R_2$ 时便组成柱形电容器，设 $R_2 - R_1 = d$ 且很小，这样可将 R_1、R_2 都记作 R，即可以近似看作是平行板电容器，其中 $S = 2\pi R H$，则其电容为

$$C = \frac{\varepsilon_r S}{4\pi k d} = \frac{\varepsilon_r R H}{2 k d} \tag{8.25}$$

（3）孤立球形导体（球半径为 R）

半径为 R 的孤立球形导体与大地之间形成电容器，设孤立球形导体带电量为 Q，则它与大地间的电势差 $U = K \dfrac{Q}{R}$，由 $C = \dfrac{Q}{U}$ 得

$$C = \frac{R}{k} \tag{8.26}$$

（4）同心球形电容器

半径为 R_1 的导体球（或球壳）和由半径为 R_2 的导体球壳同心放置，便构成了同心球形电容器。

若同心球形电容器内、外球壳之间也充以介电常数为 ε_r 的电介质，内球壳带电荷量为 Q，外球壳 $-Q$ 电荷，则内、外球之间的电势差为

$$U = U_内 - U_外 = k \frac{Q}{\varepsilon_r R_1} - k \frac{Q}{\varepsilon_r R_2} = k \frac{Q}{\varepsilon_r} \left(\frac{1}{R_1} - \frac{1}{R_2} \right)$$

故电容为

$$C = \frac{Q}{U} = \frac{\varepsilon_r R_1 R_2}{k(R_2 - R_1)} \tag{8.27}$$

8.3.3 电容器中的能量

把电容器接在电源上，电容器的两个极板会分别带上等量的异种电荷，这个过程称为**充电**。在对电容器充电后，两个极板上的异种电荷会由于相互吸引而得以保存，极板间有电场存在。

电容器储存了电场能（电能），如图 8.28 所示。用导线将充电后的电容器的两极板接通，两极板上电荷中和，称为**放电**。放电后的两极板间不再有电场，储存的电场能转化为其他形式的能量。

下面来考虑一下电容器充电的过程中的能量变化。我们知道，将正电荷从低电势点 A 移动到高电势点 B，电势能增加，增加的电势能为 $\Delta E = q U_{AB}$（U_{AB} 为 A、B 两点间的电势差）。电容器的充电过程，也是将正电荷从低电势点移向高电势点，但充电的过程中极板间的电势

差是不断变大的。因此计算静电场能时,要考虑到电势的值在不断增大。

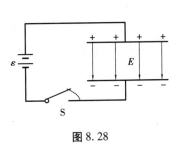

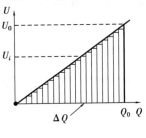

图 8.28   图 8.29

图 8.29 是根据电容的定义描绘的电容器两极板间的电压随它所带电量而变化的关系,斜率是电容 C 的倒数。图中把横轴划分成多个小段,这些小段之和代表充电过程中的总电量 Q_0;当小段极小时,所有小矩形的面积之和等于图像与横轴所围面积;每个小矩形的面积可认为将电量 ΔQ 在电势差为 U_i 的极板间移动时增加的电势能;当电容器的电压从零变化至 U_0 时,所有的矩形面积之和就是整个充电过程中电容器储存的电能;不难想象,当电量 ΔQ 足够小时,所有矩形的面积之和趋近于图线下的三角形面积。因此,充电后电容器储存的电能为

$$E = \frac{1}{2}UQ = \frac{1}{2}CU^2 = \frac{1}{2}\frac{Q^2}{C} \tag{8.28}$$

值得注意的是,此过程中电源提供的能量为: $E_0 = UQ = 2E$。可见,在充电过程中,电容器仅获得了电源提供能量的一半,另一半能量以其他形式的能量(热能或电磁辐射)被耗散掉。

8.3.4 静电场的能量

以平行板电容器为例,将储有的电能用场强表示为

$$E = \frac{1}{2}QU = \frac{1}{2}CU^2 = \frac{1}{2}\cdot\frac{\varepsilon_r S}{4\pi kd}U^2 = \frac{1}{2}\cdot\frac{\varepsilon_r S}{4\pi kd}\cdot(Ed)^2 = \frac{\varepsilon_r SE^2 d}{8\pi k} \tag{8.29}$$

上式表示,平行板电容器充电后的能量与极板间场强的平方成正比,并且与电场所占空间的体积(Sd)也是成正比的。我们通常把单位体积所储存的电场能量称为静电场的能量密度,用 ω 表示。对匀强电场而言,有

$$\omega = \frac{\varepsilon_r E^2}{8\pi k} \tag{8.30}$$

上式虽然是从平行板电容器这一特殊情况下导出的,但适用于任何形式的静电场能。对于非匀强电场,由于电场处处不同,因而它的能量密度也是处处不同的,电场强度大的地方能量密度也较大。

8.3.5 电容器的串、并联

1 串联

把未充电的各电容器的两极依次连接,称为串联连接(图 8.30)。

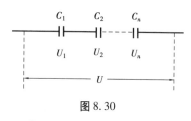

图 8.30

特点:①各电容器上所带的电量相等,即

$$Q_1 = Q_2 = Q_3 = \cdots = Q_n = Q$$

如图 8.30 中 C_1 的右极板和 C_2 的左极板,由于电荷无法通过电介质从外界转移过来,两块极板只有带上等量的异种电荷。

②各电容器上的电压之和等于电容器组的总电压,即

$$U_1 + U_2 + U_3 + \cdots + U_n = U$$

也就是说,串联后的电容器组能够承受更大的外界电压。

③串联电容器组的电容 C 的倒数等于各个电容器电容的倒数之和,即

$$\frac{1}{C} = \frac{1}{C_1} + \frac{1}{C_2} + \frac{1}{C_3} + \cdots + \frac{1}{C_n} \tag{8.31}$$

④串联电容器间的能量分配与各电容器的电容成反比,即

$$E_1 C_1 = E_2 C_2 = E_3 C_3 = \cdots = E_n C_n = EC \tag{8.32}$$

上式中 E 是电容器组储存的总能量,通过 $E = \dfrac{1}{2}\dfrac{Q^2}{C}$ 容易求证。

2 并联

把未充电的各电容器的两极分别接在一起,称为并联连接(图 8.31)。

特点:①各电容器的电压相等,即

$$U_1 = U_2 = U_3 = \cdots = U_n = U$$

②各电容器上的电量之和等于电容器组的总电量,即

$$Q_1 + Q_2 + Q_3 + \cdots + Q_n = Q$$

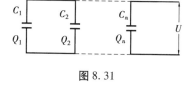

图 8.31

③并联电容器组的电容 C 等于各个电容器的电容之和,即

$$C_1 + C_2 + C_3 + \cdots + C_n = C \tag{8.33}$$

④并联电容器间的能量分配与各电容器的电容成正比,即

$$\frac{E_1}{C_1} = \frac{E_2}{C_2} = \frac{E_3}{C_3} = \cdots = \frac{E_n}{C_n} = \frac{E}{C} \tag{8.34}$$

定性地讲:电容器串联相当于增大极板间的间距,相同的电量,电容器能够承受的电压更大,电容减小;电容器并联相当于极板的面积增大,相同的电压,能储存的电荷量增多,电容也随之增大。

8.3.6 复杂情形下平行板电容器的电荷分布与电场

两块正对的极板上所带的电荷等量异号且分布在极板正对的两个平面上;可忽略边缘效应,即电场只分布在正对的极板之间,这是我们通常讨论的最简单的电容器。

其实,多块极板平行放置时也可以形成电容器(孤立情形),如图 8.32 所示。该电容器带电之后,各个极板上所带电荷量满足以下关系:正对的两面上,电荷等量异号。也就是说,在图中平面 b 和 c、d 和 e、f 和 g 所带的电荷等量异号。简单的证明可以这么来说,在正对的

两面上,由于所有的电场线只能从一个平面的电荷出发,终止于另一个平面的异种电荷,所以它们的电荷等量异号;由于静电平衡,所以最外侧的两块极板内的场强 E_{in} 为零,而电场 E_{in} 是由各个平面上的电荷共同形成的,正对两面上电荷形成的电场在各处都能相互抵消。

在了解了电荷的分布之后,极板间的电场是很容易分析的。

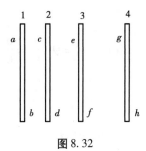

图 8.32

典型例题

例 1 如图 8.33 所示,$C_1 = C_2 = C_4 = 2.0 \ \mu F$,$C_3 = C_5 = C_6 = 4.0 \ \mu F$。求:

(1)AB 间的电容;

(2)如果 AB 间的电压为 200 V,每块板上的电荷量;

(3)每一个电容器储存的能量。

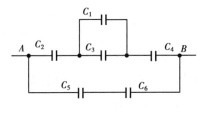

图 8.33

解 (1)第一支路,先 C_1、C_3 并联,并联电容 $C_{13} = C_1 + C_3 = 6 \ \mu F$,再 C_{13} 与 C_2、C_4 串联,串联电容记为 C',则有

$$\frac{1}{C'} = \frac{1}{C_2} + \frac{1}{C_{13}} + \frac{1}{C_4}$$

解得

$$C' = \frac{6}{7} \ \mu F$$

第二支路,C_5、C_6 串联,串联电容记为 C'',则有

$$\frac{1}{C''} = \frac{1}{C_5} + \frac{1}{C_6}$$

解得

$$C'' = 2 \ \mu F$$

将 AB 间的电容记为 C,则

$$C = C' + C'' = 2.86 \ \mu F$$

(2)C_5、C_6 串联,$Q'' = C''U = 2 \times 10^{-6} \times 200 = 4 \times 10^{-4} \ C$,则

$$q_5 = q_6 = Q'' = 4 \times 10^{-4} C$$

第一支路,$Q' = C'U = \frac{6}{7} \times 10^{-6} \times 200 = 1.7 \times 10^{-4} \ C$

则

$$q_2 = q_4 = Q' = 1.7 \times 10^{-4}\text{C}$$

由 $q_1 + q_3 = Q', \dfrac{q_1}{C_1} = \dfrac{q_3}{C_3}$，得

$$q_1 = 0.57 \times 10^{-4}\text{C}$$
$$q_3 = 1.13 \times 10^{-4}\text{C}$$

（3）电容器储存的能量 $E = \dfrac{Q^2}{2C}$，得

$$E_1 = 8.1 \times 10^{-4}\text{ J}$$
$$E_2 = E_4 = 7.3 \times 10^{-3}\text{ J}$$
$$E_3 = 1.6 \times 10^{-3}\text{ J}$$
$$E_5 = E_6 = 2.0 \times 10^{-2}\text{ J}$$

例2 有一孤立的平行板电容器，极板面积均 S，平板间的距离为 d。设该电容器极板带电量为 Q 时，极板间的电势差为 U。若再在两平行板间平行插入厚度为 d_0，且与电容器极板面积相同的金属平板，则外界要做的功为多少？空气中的介电系数为 ε_0。

解 金属平板放入平行板电容器后，平板的上下表面出现等量的异种电荷，由于理想电容器无电场线的泄露，所以金属板上下表面和平行板电容器极板的电荷密度相等，金属平板上下的电场强度同原平行板电容器的电场相同，如图 8.34 所示。金属平板是等势体，其作用相当于"减小"了电容器的极板间距和电势差。

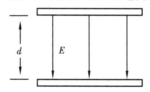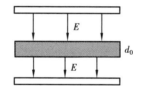

图 8.34

起初，平行板电容器的电容可表示为

$$C_0 = \frac{\varepsilon_0 S}{4\pi k d}$$

插入金属平板后电容变为

$$C = \frac{\varepsilon_0 S}{4\pi k (d - d_0)}$$

由电容器的能量公式 $E = \dfrac{Q^2}{2C}$ 可知平行板电容器前后的能量变化。由功能关系可知，电场力做功等于电容器的能量变化，即

$$W = \frac{Q^2}{2C} - \frac{Q^2}{2C_0}$$

代入电容器的电容表达式得

$$W = -\frac{2\pi k d_0 Q^2}{\varepsilon_0 S}$$

功为负值的原因是:金属板放入极板间后发生静电感应现象,电容器对金属板产生的是引力做功,在将金属板放入平行板电容器的过程中,外界必须克服引力做功。所以,外界需要对金属板做负功。

例3 如图8.35所示,四块相同的正方形金属平板1、2、3、4从左至右依次等间距平行放置。其中,第1块平板带净电荷$q_1(q_1 < 0)$,第n块上的净电荷为nq_1,$n = 1, 2, 3, \cdots$。现将第1块平板和第4块平板接地,已知平板边长远大于相邻两块平板的间距且边缘效应可忽略。问:

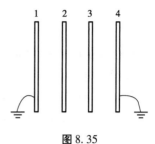

图8.35

(1)从第1块、第4块平板流入大地的电荷量Δq_1、Δq_4分别为q_1的多少倍?

(2)上述两板接地后,哪块板上的电势最低? 求该板电势值,将其表示为相邻两板之间的电容C和q_1函数。

提示 金属平板上的净电荷可以认为均匀分布在平面上,则平板单位面积上所带的电荷被称为电荷的面密度σ;在本题中,当面密度为σ时,则平板上的电荷在平板两侧空间形成的电场是一个垂直于平板方向的匀强电场,场强大小为$E = 2\pi k\sigma$。

解 (1)任意一对相邻的平板都会构成一组平行板电容器,则一组电容器中相对的两个平面上所带的电荷等量异号,板间的电场为匀强电场;将1、4两平板接地后,平板2、3上的净电荷不发生改变,如图8.36所示。

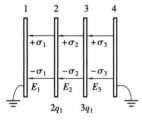

图8.36

平板2、3上的净电荷可分别表示为

$$(\sigma_1 - \sigma_2)S = 2q_1 \qquad ①$$
$$(\sigma_2 - \sigma_3)S = 3q_1 \qquad ②$$

1、4两平板间的电势差为零,有

$$U_{14} = 4\pi kd(\sigma_1 + \sigma_2 + \sigma_3) = 0 \qquad ③$$

联立①②③式求解,得

$$\sigma_1 = \frac{7q_1}{3S}, \sigma_2 = \frac{q_1}{3S}, \sigma_3 = -\frac{8q_1}{3S}$$

可见,在最初假定的电荷分布中,电场E_3的方向与实际情况相符,而电场E_1和E_2的方向刚好同实际的电场方向相反,则第1块、第4块平板流入大地的电荷量Δq_1、Δq_4分别为

$$\Delta q_1 = q_1 - (-\sigma_1)S = \frac{10}{3}q_1$$

$$\Delta q_2 = 4q_1 - \sigma_3 S = \frac{20}{3}q_1$$

(2)经分析可知,第3块平板的电势最低,由于第4块平板接地,第3块平板的电势φ_3等于3、4两平板间的电势差U_{34},有

$$\varphi_3 = U_{34} = 4\pi kd\sigma_3 \qquad ④$$

平行板电容器的电容为

$$C = \frac{S}{4\pi kd} \qquad ⑤$$

联立④⑤式求解可得

$$\varphi_3 = \frac{8q_1}{3C}$$

巩固提升

1. 试讨论如图 8.37 所示的混联电容器的耐压值。图中标出的数据是各个电容器的电容值及额定电压值。

2. 试问电源应接到如图 8.38 所示线路中的哪两个点上,才能使电容相等的六个电容器都充电? 如果不能,请说明理由。

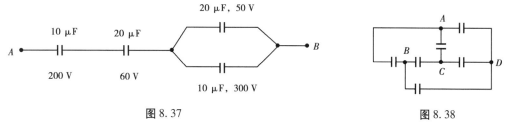

图 8.37   图 8.38

3. 图 8.39 中 A、B 是同心薄壁导体球壳,D 是一导体球,A 与 D 间利用穿过 B 球壳上的绝缘导线相连,且 B 球壳接地。A 与 D 的球心间的距离为 l,a、b、d 分别为球 A、B、D 的半径,而 $l \gg a$。试求 A 与大地间的有效电容。

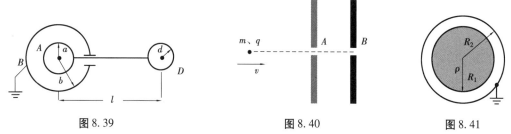

图 8.39   图 8.40   图 8.41

4. 质量为 m、带正电荷 q 的小粒子从很远处沿垂直于极板方向飞向电容器,通过板中间的小孔,穿过电容器。离电容器很远处粒子速度为 v(图 8.40)。试求:

(1) 粒子进入电容器内 A 点时的速度;

(2) 粒子即将从电容器 B 点飞出去的速度。

已知电容器充电到势势差为 U,两板距离比板的尺寸小得多,而电容器电荷量比 q 大得多。

5. 已知一半径为 R 的球形肥皂膜上带有电荷量 Q,肥皂液的表面张力系数为 σ,试求:膜内外的压强差。

6. 已知在内半径为 R_1、外半径为 R_2 的接地金属球壳内部均匀充满着空间电荷密度为 ρ 的介质(图 8.41),求系统的静电能和中心点的电势。

8.4　电场中的导体与电介质的极化

导体的特点是内部有大量的可以自由移动的电荷;电介质的特点是各个分子的正、负电荷结合得比较紧密,处于束缚状态,几乎没有自由电荷。当它们处于电场中时将表现出不同的现象。

8.4.1 电场中的导体

1 静电平衡

将导体置于外电场中,导体内部的自由电子由于受到电场力的作用而朝电场相反的方向定向运动,其结果是导体两端的感应电荷形成的内电场使导体内部的外电场受到削弱,感应电荷的不断增加最终使导体内部场强处处为零,自由电荷不再移动。此时,导体上电荷分布以及导体内外电场分布不再发生变化,则称导体达到了静电平衡状态。

处于静电平衡的导体具有下列特点:①导体内部场强为零;②电荷仅分布在导体表面;③导体是等势体,其表面是一个等势面;④电场线与导体表面处处垂直。

2 静电屏蔽

处于静电平衡状态的导体,电荷只分布在导体的外表面上。如果这个导体是中空的,当它达到静电平衡时,内部也将没有电场。这样,导体的外壳就会对它的内部起到"保护"作用,使它的内部不受外部电场的影响,这种现象称为**静电屏蔽**。

静电屏蔽在工程领域有重要的应用。其用途分为两类:屏蔽外场和屏蔽内场。处于静电平衡的空腔导体,空腔内部场强处处为零,外界电场对腔物体无影响作用,称为屏蔽外场(图8.42);如果空腔导体接地,空腔的外表面没有电荷分布,腔外无电场线,可见接地的空腔导体可以有效地防止腔内电场对外界的影响,称为屏蔽内场(图8.43)。

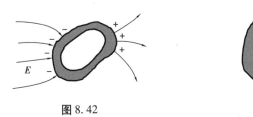

图 8.42　　　　　　　　　图 8.43

8.4.2 电介质的极化

电介质可以分为两类,在一类电介质中,外电场不存在时,分子的正负电荷中心是重合的,这种电介质称为无极分子电介质,如 H_2、CH_4 及所有的惰性气体等;在另一类电介质中,即使在外电场不存在时,分子的正、负电荷中心也不相互重合,这种电介质称为有极分子电介质,如 H_2O、CO 等。

当把介质放入电场之后,无极分子正、负电荷的中心被拉开,分子成为一个偶极子。对于有极分子,由于分子的无规则热运动,不加电场时,分子的取向是混乱的,宏观上不显电性。在外电场的作用下,有极分子发生转动,趋向于有序排列。总之,无论是有极分子还是无极分子,在外加电场的

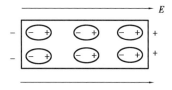

图 8.44

作用下都成为沿外电场方向排列的偶极子,如图8.44 所示。在介质界面上出现束缚电荷(不能自由移动,也不能离开介质而移到其他物体上,和自由电荷相对,也称为极化电荷)的现象,称为电介质的极化。

　　束缚电荷在电介质内部产生一个与外电场相反的电场(退极化场),因此,与真空相比,电介质内部的电场要减弱,减弱的程度随电介质的不同而不同,容易极化的电介质,极化后产生的束缚电荷多,它的内部场强的减弱就较多。物理上用相对介电常数 ε_r 来表示电介质的这一特性。对电介质,ε_r 均大于1;对真空,ε_r 等于1;对空气,ε_r 可近似认为等于1。

　　在真空中场强为 E_0 的区域内充满相对介电常数为 ε_r 的电介质后,其场强 E 表示为

$$E = \frac{E_0}{\varepsilon_r} \tag{8.35}$$

　　这一点可通过一个特例来说明:如果给一个平行板电容器充电后,将电池断开,在电容器极板正对面积和板间距离不变的情况下,在板间插入厚度等于板距的、相对电介常数为 ε_r 的电介质,可知电容 C 将增大为原来的 ε_r 倍。根据 $C = \dfrac{Q}{U}$,由于电荷量 Q 不变,极板电压 U 将降为原来的 $\dfrac{1}{\varepsilon_r}$,所以场强也降为原来的 $\dfrac{1}{\varepsilon_r}$。

　　在对称性极强的情况下,均匀电介质中库仑定律的表达式为

$$F = \frac{kq_1q_2}{\varepsilon_r r^2} \tag{8.36}$$

　　此时在电介质中点电荷 Q 产生的电场中:

　　场强的表达式为

$$E = \frac{kQ}{\varepsilon_r r^2} \tag{8.37}$$

　　电势的表达式为

$$\varphi = \frac{kQ}{\varepsilon_r r} \tag{8.38}$$

　　极化电荷:在电介质的极化过程中,在与电场垂直的介质的两个端面上将出现等量异号的极化电荷 q,下面以平行板电容器为例,算一算极化电荷 q 的大小。

　　设平行板电容器带电量为 Q,在板间插入厚度等于板距的、相对电介常数为 ε_r 的电介质,如图8.45所示。电容器两个极板之间形成的匀强电场场强

$$E = \frac{U}{d} = \frac{Q}{Cd} = \frac{4\pi kQ}{\varepsilon_r S} \tag{8.39}$$

　　如图8.46所示,两极板上的电荷 Q 在真空中的电场

$$E_0 = \frac{4\pi kQ}{S} \tag{8.40}$$

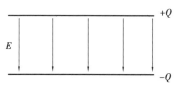

图 8.45

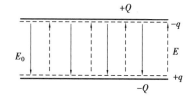

图 8.46

极化电荷 q 在真空中产生的电场

$$E' = \frac{4\pi kq}{S} \tag{8.41}$$

则 E、E_0、E' 应满足

$$E = E_0 - E'$$

由此可得极化电荷的电荷量

$$q = \frac{\varepsilon_r - 1}{\varepsilon_r}Q \tag{8.42}$$

典型例题

例1 如图 8.47 所示,一平行板电容器,极板面积为 S,其上半部分为真空,而下半部充满相对介电常数为 ε_r 的均匀电介质,当两极板分别带上 $+Q$ 和 $-Q$ 的电荷量后,试求:

(1)板上自由电荷的分布;

(2)两板之间的场强;

(3)介质表面的极化电荷。

解 (1)设真空部分电荷量为 Q_1,介质部分电荷量为 Q_2,$Q_1 + Q_2 = Q$。两板分别为等势体,将电容器看成上、下两个电容器并联,必有 $U_1 = U_2$,则

$$\frac{Q_1}{C_1} = \frac{Q_2}{C_2}$$

即

$$\frac{Q_1}{\dfrac{S}{2}} = \frac{Q_2}{\dfrac{\varepsilon_r \dfrac{S}{2}}{4\pi kd}}$$

解得

$$Q_1 = \frac{1}{1 + \varepsilon_r}Q$$

$$Q_2 = \frac{\varepsilon_r}{1 + \varepsilon_r}Q$$

(2)$E = \dfrac{U}{d} = \dfrac{Q_1}{C_1 d} = \dfrac{4\pi kQ_1}{\dfrac{S}{2}} = \dfrac{8\pi kQ}{(1 + \varepsilon_r)S}$

(3)极化电荷

$$Q' = \frac{\varepsilon_r - 1}{\varepsilon_r}Q_2 = \frac{\varepsilon_r - 1}{\varepsilon_r + 1}Q$$

例2 在点电荷 Q 的电场中放入一个半径为 R 的接地导体球,Q 到导体球球心 O 的距离是 L,如图 8.48 所示。求导体球对点电荷 Q 的作用力。

解 点电荷 Q 要在导体球上感应出一定量的异种电荷,由于其分布一定关于 QO 连线轴对称,我们把这些感应电荷对 Q 的作用等效为 QO 连线上某处的等效点电荷 q 对 Q 的作用,如图 8.49 所示。由于导体球接地,整个导体球是个等势体且电势为零。

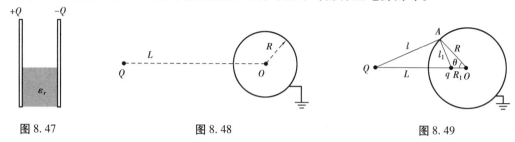

图 8.47   图 8.48   图 8.49

在导体球面上任选一点 A,则 A 的电势为零,且 A 点的电势可以认为是点电荷 Q 和 q 各自形成电势的叠加(电势叠加原理)。设 A 点与 Q、q 的距离分别为 l、l_1,则

$$k\frac{Q}{l} + k\frac{q}{l_1} = 0 \tag{①}$$

变形后可得

$$Q^2 l_1^2 = q^2 l^2 \tag{②}$$

设连线 QO 和 AO 的夹角为 θ,q 和 O 的距离为 R_1,运用余弦定理将上式中的 l、l_1 进行替换

$$Q^2(R^2 + R_1^2 - 2RR_1\cos\theta) = q^2(L^2 + R^2 - 2LR\cos\theta) \tag{③}$$

由于上式中的 θ 是任意的,对上式进行变量的分离,可得

$$\begin{cases} Q^2(R^2 + R_1^2) = q^2(L^2 + R^2) & \text{④} \\ Q^2 \cdot 2RR_1 = q^2 \cdot 2LR & \text{⑤} \end{cases}$$

对④⑤两式进行变形

$$\frac{Q^2}{q^2} = \frac{L^2 + R^2}{R^2 + R_1^2}, \frac{Q^2}{q^2} = \frac{2LR}{2RR_1} = \frac{L}{R_1} \tag{⑥}$$

对⑥式联立求解

$$\frac{L^2 + R^2}{R^2 + R_1^2} = \frac{L}{R_1}$$

则

$$(L^2 + R^2)R_1 = (R^2 + R_1^2)L \tag{⑦}$$

⑦式是关于 R_1 的一元二次方程

$$LR_1^2 - (L^2 + R^2)R_1 + LR^2 = 0 \tag{⑧}$$

分解因式可得

$$(LR_1 - R^2)(R_1 - L) = 0 \tag{⑨}$$

只有 $LR_1 - R^2 = 0$ 合乎题意,故

$$\frac{L}{R} = \frac{R}{R_1}$$

可以看出 $\triangle OAq \sim \triangle OQA$,所以

$$R_1 = \frac{R^2}{L}$$ ⑩

联立方程⑤可得

$$q = Q\frac{R}{L}$$

使用库仑定律,可得

$$F = k\frac{Qq}{(L-R_1)^2} = k\frac{Q^2LR}{(L^2-R^2)^2}$$

例3 两个金属小球,一个球带电,另一个球中性(图8.50)。如果两球之间距离增加一倍,那么它们之间的静电引力将减少多少?

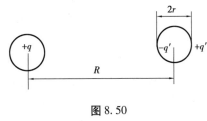

图8.50

解 带电球是极化中性球的电场源。由于极化中性球称为偶极子——带电 $+q'$ 和 $-q'$,所以它们整体显中性,之间距离等于中性球直径 $2r$(图8.50)。

电荷 q' 的电荷量,或者换句话说,小球极化程度与此球中心处电场强度 $k\frac{q}{R^2}$ 成正比,则

$$q' = \frac{\alpha q}{R^2}$$

式中,q 为另一小球的电荷量;R 为两个小球球心距离;α 为比例系数。

现在求两球电荷相互作用力。这个力等于电荷 q 和 $-q'$ 之间的引力与电荷 q 和电荷 $+q'$ 之间排斥力之和

$$F = k\frac{qq'}{(R-r)^2} - k\frac{qq'}{(R+r)^2} = k\frac{\alpha q^2}{R^2}\left[\frac{1}{(R-r)^2} - \frac{1}{(R+r)^2}\right] = k\frac{\alpha q^2}{R^2}\frac{4Rr}{(R^2-r^2)^2}$$

由于 $R \gg r$,所以上式可以写成

$$F = k\frac{\alpha q^2}{R^2} \cdot \frac{4Rr}{R^4} = \frac{4k\alpha q^2 r}{R^5}$$

由此可见,F 与 $\frac{1}{R^5}$ 成正比。当两球之间距离增加一倍时,它们的引力将变为原来的 $\frac{1}{32}$。

巩固提升

1. 在静电平衡条件下,下列说法中正确的是( )。

A. 导体上所有的自由电荷都分布在导体的表面上

B. 导体表面附近的场强垂直于该处表面

C. 导体壳所带的电荷只能分布在导体的外表面上,内表面上没有电荷

D. 接地的导体上所带净电荷一定为零

2. 金属球壳内有如图所示的一静止正电荷 q,球壳内、外面感应电荷的分布应该是图8.51中的( )。

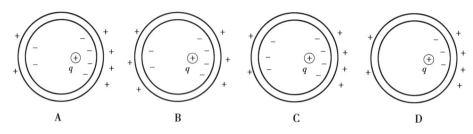

图 8.51

3. 半径为 R_1 的导体球带电 Q_1,其外有一内、外半径分别为 R_2 和 R_3 的同心导体球壳,导体球壳带电量为 Q_2,如图 8.52 所示。

(1)试求两导体的三个表面上的电荷分布;

(2)若将球壳接地,再求三个表面上的电荷分布;

(3)若球壳不接地,而将导体球接地,则三个表面上又各带多少电荷量?

4. 如图 8.53 所示,有一块很大的接地导体,具有两个互相垂直的表面。在此两表面外较近处有一点电荷 q,坐标为 (x_0, y_0),求 q 受到感应电荷的库仑力。

5. 如图 8.54 所示,一个质量为 m、带电量为 q 的点电荷约束在一个很大的固定金属板上很近的位置,当它们之间的距离为 d 时释放点电荷,试问这个带电质点到达金属板需多长时间?

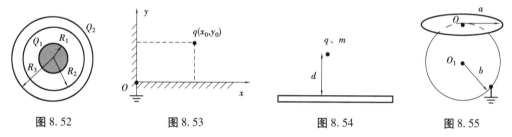

图 8.52   图 8.53   图 8.54   图 8.55

6. 一个半径为 a 的孤立带电金属丝环,其中心处的电势为 U_0,将此环靠近球心为 O_1、半径为 b 的接地导体球,只有环中心 O 位于球面上,如图 8.55 所示,试求球上感应电荷的电荷量。

7. 半径为 R_1 的导电球,其外围是半径 R_2 的同心的导电薄球壳,球和球壳均不带电。在球与球壳之间,离球心距离为 $R(R_1 < R < R_2)$ 处放一个点电荷 q,求内球与外球壳之间的电势差。再用细导线将球与球壳相连,求通过导线的电荷量。

8.5 带电粒子在匀强电场中的运动

带电粒子在匀强电场中的运动主要研究:带电粒子受到电场力时的受力平衡、加速和偏转问题。在受力方面,带电粒子(电子、质子、α 粒子等)通常不计重力;而在处理带电小球、带电液滴或带电微粒的运动时,必须考虑重力的作用,而且常常要用重力来表示未知的力。

8.5.1 带电粒子在电场中的加速

从力和运动的关系角度来看:带电粒子沿与电场线平行的方向进入匀强电场,受到的电场力与运动方向在同一条直线上,做匀变速直线运动。

用功能关系来分析,电场力做的功等于粒子动能的改变量

$$qU = E_{kt} - E_{k0} \tag{8.43}$$

8.5.2 带电粒子在电场中的偏转

此处讲的偏转通常是指电场力与初速度方向相互垂直的曲线运动。由于匀强电场中的电场力是恒力,所以运动的规律与物体在重力作用下的抛体运动非常相似,常把这类运动称为类平抛运动。处理此类情况时,常会借用平抛运动的研究方法。

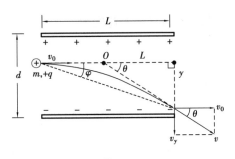

图 8.56

如图 8.56 所示,板长为 L 的平行板电容器,极板间距为 d、电势差为 U_2。带电粒子以初速度 v_0 沿着垂直于电场线的方向进入匀强电场区域。设带电粒子的电量和质量分别为 $+q$ 和 m,则其穿出电场区域时偏转的位移是

$$y = \frac{1}{2}at^2 = \frac{1}{2}\frac{qE}{m}L^2 = \frac{1}{2}\frac{qU_2}{dm}\left(\frac{L}{v_0}\right)^2 = \frac{qU_2L^2}{d\left(4 \cdot \frac{1}{2}mv_0^2\right)} \tag{8.44}$$

若带电粒子的初速度由加速电场 U_1 获得,有 $qU_1 = \frac{1}{2}mv_0^2$,则偏转的位移还可以表示为

$$y = \frac{U_2L^2}{4dU_1} \tag{8.45}$$

可以看出,带电粒子的偏转位移同本身的质量和电荷量无关,且静止的带电粒子经由相同的加速电场和偏转电场,粒子在偏转电场中的运动轨迹是相同的。

粒子在穿过偏转极板后,速度和位移的偏转角度分别为 θ 和 φ

$$\tan \theta = \frac{v_y}{v_0} = \frac{\frac{qU_2}{dm}\frac{L}{v_0}}{v_0} = \frac{qU_2}{dm}\frac{L}{v_0^2}$$

$$\tan \varphi = \frac{y}{L} = \frac{1}{2}\frac{qU_2}{dm}\frac{L}{v_0^2} \tag{8.46}$$

即速度偏转角 θ 的正切值是位移偏转角 φ 的正切值的两倍,$\tan \theta = 2 \tan \varphi$;从图 8.56 中可以看出,带电粒子射出偏转极板时,速度的反向延长线正好与初速度方向的延长线交于水平方向位移的中点。这两条在平抛运动中的推论对于类平抛运动同样适用。

典型例题

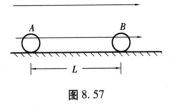

图 8.57

例 1 如图 8.57 所示,光滑绝缘的水平面上放有两个质量均为 m 的小球 A、B,间距为 L,其中 A 球所带电量为 $+q$,B 球不带电。$t = 0$ 时刻,在水平面上方施加一个水平向右、电场强度为 E 的匀强电场,A 球在电场力的作用下开始运动。随后,A、B 小球发生弹性正碰,碰撞过程无电荷转移。求 A、B

两小球从自第 8 次碰撞后到第 9 次碰撞前所经历的时间。

解 A 球在电场力作用下做加速运动,B 球保持静止。

A 球的加速度

$$a = \frac{qE}{m}$$

第一次碰撞前的速度为

$$v_0 = \sqrt{2aL} = \sqrt{\frac{2EqL}{m}}$$

相碰的时刻为

$$t_0 = \frac{v_0}{a} = \sqrt{\frac{2mL}{qE}}$$

弹性碰撞后二者速度交换,A 球静止而 B 球的速度变为 v_0,如果选择运动的 B 球为参考系,物理情形变为:以速度 v_0 向左运动的 A 球同静止的 B 球发生相互作用,A 球向左以加速度 $a = \frac{qE}{m}$ 先减速到速度为 0,时间为 t_0;再反向以同样的加速度从静止运动距离 L,至与 B 球碰撞,又花费时间 t_0;可见两次碰撞之间的时间间隔为 $2t_0$。

第二次碰撞后,两球又交换速度,在地面参考系中,A、B 两球的速度分别为向右的 v_0 和 $2v_0$;如果再选择向右以速度 $2v_0$ 运动的 B 球为参考系,则物理情形同上次变换参考系相同,又花费时间 $2t_0$ 后碰撞一次;以后的过程依次选择 B 球为参考系,总能发现每经过 $2t_0$ 的时间两球碰撞一次,故两球第 8 次和第 9 此碰撞间隔的时间为

$$\Delta t = 2t_0 = 2\sqrt{\frac{2mL}{qE}}$$

例 2 如图 8.58 所示,在光滑的绝缘桌面上,有三个带正电的质点 1、2、3,位于边长为 l 的等边直角三角形的三个顶点处,C 为三角形的中心,三个质点的质量皆为 m,带电量皆为 q。质点 1、3 之间和 2、3 之间用绝缘的轻而细的刚性杆相连,在 3 的连接处为无摩擦的铰链。已知开始时三个质点的速度为零,在此后运动过程中,当质点 3 运动到 C 处时,其速度是多大?

解 C 为三角形的中心,即系统的质心。根据质心运动定理,质心固定不动,当质点 3 到达 C 处时,三个质点必在同一直线上,如图 8.59 所示。根据对称性,质点 1、2 的运动情况相对质点 3 对称。因此,此时三个质点的相对位置如图 8.59 所示,且 $v_1 = v_2$。

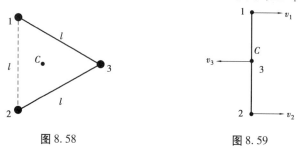

图 8.58　　　　　　图 8.59

根据动量守恒定律,有

$$mv_3 = mv_1 + mv_2$$

开始时系统的电势能

$$E_{p1} = 3 \cdot k\frac{q^2}{l}$$

末状态的电势能

$$E_{p2} = 2 \cdot k\frac{q^2}{l} + k\frac{q^2}{2l}$$

质点运动过程中,只有电场力做功,所以系统电势能与动能之和是守恒的,即

$$E_{p1} = E_{p2} + \frac{1}{2}mv_1^2 + \frac{1}{2}mv_2^2 + \frac{1}{2}mv_3^2$$

由以上各式可解得

$$v_3 = q\sqrt{\frac{2k}{3ml}}$$

巩固提升

1. 如图 8.60 所示坐标平面 xOy,在 $x>0,y>0$ 区域内存在与 xOy 平面平行的匀强电场,场强大小为 $E=100$ V/m;在 $x>0,y<3$ m 区域内存在垂直于 xOy 平面的匀强磁场。现有一带负电的粒子,从原点 O 以一定的初动能射出,经过点 $P(4\ \text{m},3\ \text{m})$ 时动能变为初动能的 0.2 倍,且方向平行于 y 轴,最后从点 $M(0,5\ \text{m})$ 射出,此时动能变为过 O 点时初动能的 0.52 倍。已知带电粒子的电量为 $q=2\times10^{-7}$ C,质量为 $m=2\times10^{-6}$ kg,问:

(1)写出在线段 OP 上与 M 点等电势的 D 点的坐标;

(2)求粒子从 P 点运动到 M 点的时间。粒子重力不计。

2. 有两个质量分别为 m_1 和 m_2 带电相同的小球,每个球的电量为 Q,开始时两个小球相距很远,一个小球以初速度 v 向另一个运动,而另一个初速度为 0,假定作用在小球上的唯一的力是小球间的静电斥力,求两个小球能接近的最小距离。

3. 扁长矩形板的边缘固定点电荷 Q,距其 d 处的离子源中有质量为 m、电荷量为 q 的离子垂直于板飞出,如图 8.61 所示,发现落在板上的只有能量小于 E_0 的离子,试确定板的宽度。

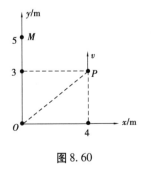

图 8.60

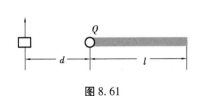

图 8.61

4. 两个带电小球远离所有其他物体在宇宙中运动,两球带等量异号电荷,质量分别为 1 g和2 g。在某一时刻两球相距为 $l = 1$ m,重球速度大小为 $v = 1$ m/s,沿两球球心连线且背离轻球,轻球速度大小也为 v,但垂直于上述连线。求当电荷量为多少时两球在以后运动中两次相距为 3 m(电荷间的万有引力不计)。

参考答案与解析

第9章　恒定电流

9.1　电路基本知识

9.1.1　电路的基本知识

1　电流

电荷的定向移动形成电流。电流是标量,规定正电荷定向移动的方向为电流的方向。

$$I = \frac{\Delta Q}{\Delta t} = \frac{n(v\Delta tS)e}{\Delta t} = neSv \tag{9.1}$$

2　电阻定律

导体的电阻由导体本身的性质和温度决定,其数学表示式为

$$R = \rho \frac{L}{S} \tag{9.2}$$

式中,L 为导体的长度;S 为导体的横截面积;ρ 为导体的电阻率。在温度变化不大时,ρ 与温度的关系近似为 $\rho_t = \rho_0(1 + \alpha t)$,其中 ρ_0、ρ_t 分别为 0 ℃和 t ℃时的电阻率,α 为电阻率的温度系数。

3　欧姆定律

如果把 $I = \dfrac{U}{R}$ 用于一段小电流元可以得到欧姆定律的微分形式

$$j = \sigma E \tag{9.3}$$

其中,$\sigma = \dfrac{1}{\rho}$,称为电导率。此式给出了电流密度矢量与推动电荷流动的电场之间的关系,它细致地描述了导体中的导电规律。

9.1.2　直流电路的等效变换

1　电路化简原则

①无电流的支路化简时可去除;

②等电势的各点化简时可合并；

③理想导线可任意长短、变形；

④理想电流表可认为短路,理想电压表可认为断路；

⑤电压稳定时电容器可认为断路。

2 电路变换的方法

（1）等势点法

将电路中出现的不同电势点分开排列,将原电路中出现的电阻依次连接到相应的电势点之间,从而达到简化电路的目的。

如果电路有对称性,可将等势点断开或者把等势点用不计电阻的导线连接起来以达到电路的简化。这种方法的关键是找到一些完全对称的等势点(以电流输入、输出的两端连线为对称轴,借鉴点电荷间电势的空间分布)。

如图9.1所示,电路中共出现有三个不同的电势点(依次标记为1、2、3)；任一电阻只能出现在标记出的两个电势点之间,如图9.2所示。

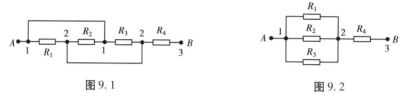

图9.1 图9.2

（2）电流分布法

假设电流 I 在电阻网络的 A、B 两端间流动。运用电流的分流思想和网络中任意两点间不同路径等电压的原理,建立网络中各电阻的电流为未知量的方程组,解出各电流同总电流 I 的比例关系,然后选取 A、B 两端间的某一路径计算出 A、B 两端间的电压 U_{AB},由 $R_{AB} = \dfrac{U_{AB}}{I}$ 可求出 R_{AB}。求解中,尽量利用对称性来减少未知量的设置,从而使解题过程简化。

（3）极限法

由无限多个电阻构成的二维网络称为二端无限网络。如果这种网络的是由无限多的"网络单元"以重复的方式连接而成的,通常用极限法来求解网络的等效电阻。其方法是:先假定由 n 个"网络单元"形成的二端网络的等效电阻为 R_n,再连接第 $n+1$ 个"网络单元"时的等效电阻为 R_{n+1},根据电路规律找出连接后的等效电阻 R_{n+1} 与 R_n 的数学递推关系,最后令 $n \to \infty$,则 R_{n+1} 与 R_n 便取相同的数值 R。R_{n+1} 与 R_n 的递推关系式就变成了 R 的一元代数方程,从而可求解出 R。

（4）Y-△等效替换法

两个内部完全不同的二端网络,如果它们端点间的伏安关系相同,则这两个网络是等效的；当电路中的某一部分被等效电路替换时,未被替换部分电流和电压均保持不变。

在复杂电路中,有些电阻的连接即非串联也非并联,继而出现的是比较复杂的△连接（图9.3）和Y连接（图9.4）。△连接中每个电阻分别连接在端点1、2、3的任两个之间；Y连接中每个电阻的一端接在公共端点 O 上,另一端接在不同的端点1、2、3上。

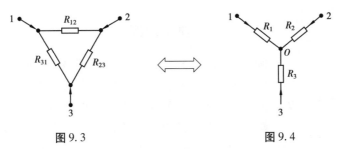

图9.3   图9.4

当两种连接的电阻满足一定的数值关系时,两种连接方式完全等效,相互转换的关系需满足以下关系:

$$R_{12} = \frac{R_1R_2 + R_2R_3 + R_3R_1}{R_3} \tag{9.4}$$

$$R_{23} = \frac{R_1R_2 + R_2R_3 + R_3R_1}{R_1} \tag{9.5}$$

$$R_{31} = \frac{R_1R_2 + R_2R_3 + R_3R_1}{R_2} \tag{9.6}$$

9.1.3　电流通过导体时的能量转化

电荷在电场力作用下移动时,电场力做功,电势能减少,电流就是电荷在电场力作用下做定向运动,所以在运动过程中,电势能也会减少。

在金属中,做无规则热运动的电子与晶格中的正离子频繁地碰撞,它们在两次连续碰撞之间的时间间隔内受到电场的加速,得到漂移速度,这时,电势能转变为电子定向运动的动能。这些自由电子在与正离子发生碰撞的过程中失去其定向运动的速度,定向运动的动能将转变为电子和正离子无规则运动的动能。因此,电流通过导体时,电能最终转化为导体内各种粒子无规则运动的能量,即内能。通常把这种现象叫做电流的热效应。

在电流通过电解液时,电解液中的正负离子的定向运动也通过碰撞转变为无规则运动,情况和金属中的自由电子相似,所以也要生热。与金属不同的是,在溶液中会不断发生电离现象,在溶液和极板之间,会有化学反应发生,因此大部分电能转化为化学能,只有小部分电能转化为内能。

空气在强电场中会发生迅速电离而导电,形成电流。这时,由于离子和分子间的碰撞,电能也会转化为内能,同时气体分子和离子还会发光,使一部分电能转化为光能,例如,天空中的闪电就是在带异种电荷的云层间产生强大电流时所放出的热和光。

当然,电能还能转化为机械能等。

人们把电流通过导体时电能转变成其他形式的能的过程叫做电流做功,其实质就是电场力做功。设通过导体的恒定电流 I,导体两端的电压为 U,则在时间 t 内电流通过这段导体的电量为 $q = It$,当电势降落为 U 时,电场力对电荷所做的功,即电能的减少量为

$$W = qU = IUt \tag{9.7}$$

典型例题

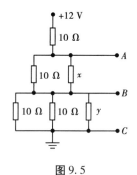

图 9.5

例 1 如图 9.5 所示,一个电阻网络中 x 和 y 的电阻值未知,当网络接上 12 V 电压时,用数字电压表测得 A、B 两端电压为 4.0 V,B、C 两端电压为 2.0 V,则 x 和 y 的电阻值是多少?

解 A、C 两端的电压为 $U_{AC} = U_{AB} + U_{BC} = 6.0$ V。C 端的电势为 0 V,因此 A 端电势为 $+6.0$ V。对于最顶端的电阻,其两端的电压为 12.0 V $- 6.0$ V $= +6.0$ V,流经该电阻的电流为 $I_1 = \dfrac{6.0 \text{ V}}{10 \text{ }\Omega} = 0.6$ A;流经 A、B 两端间 10 Ω 电阻的电流为 $I_2 = \dfrac{U_{AB}}{10 \text{ }\Omega} = 0.4$ A;则流经 x 的电流为 $I_x = I_1 - I_2 = 0.2$ A,x 的电阻值为 $R_x = \dfrac{U_{AB}}{I_x} = 20$ Ω。

同理,流经底部每个 10 Ω 电阻的电流为 $I_3 = \dfrac{U_{BC}}{10 \text{ }\Omega} = 0.2$ A;流经 y 的电流为 $I_y = I_1 - 2I_3 = 0.2$ A,y 的电阻值为 $R_y = \dfrac{U_{BC}}{I_y} = 10$ Ω。

例 2 如图 9.6 所示无限网络电路中,每个电阻的阻值均为 R,求 A、B 两点间的等效电阻 R_{AB}。

解 该无限网络的特征由图 9.7 易知,除开最右侧的电阻 R 外,无限网络即是将虚线框中的电阻单元进行重复组合。C、D 右侧也为是无限网络,其电阻 $R_{CD} = R_{AB}$。也就是说,R_{AB} 的阻值等于 R_{CD} 与电阻连接后的阻值,有

$$R_{AB} = \frac{(R_{CD} + 2R)R}{R_{CD} + 2R + R} = \frac{(R_{AB} + 2R)R}{R_{AB} + 2R + R}$$

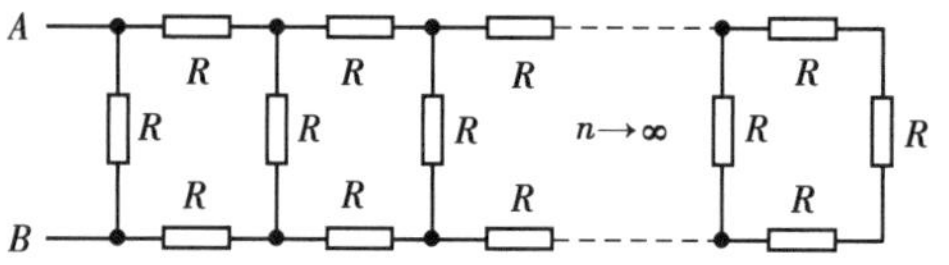

图 9.6

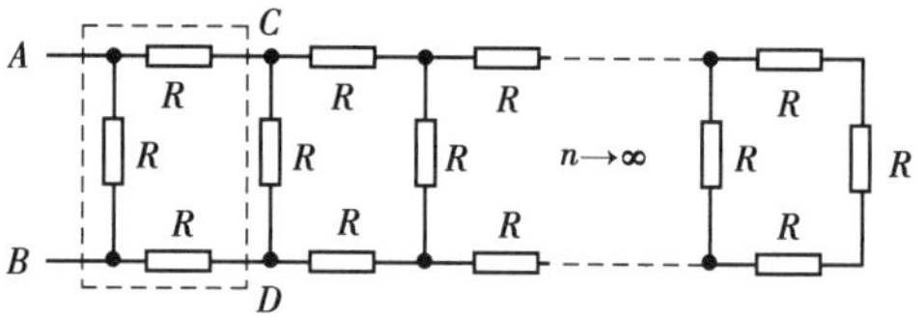

图 9.7

解得

$$R_{AB} = (\sqrt{3} - 1)R$$

附:如果上题中的网络转换为如图 9.8 所示的电阻链,链上的每个电阻都为 1 Ω,且流过最后一个电阻的电流为 1 A。问电阻链的输入端的电压为多少? 电阻链的等效电阻是多大? 如果再增加一个或者两个电阻,等效电阻如何变化? 把所得到的结果和"无穷长"链的等效电阻相比较。

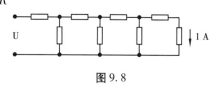

图 9.8

解 从电阻链上最后一个电阻开始,标记每一个电阻。从右向左分析电流,当有 1 A 的电流流过第一个电阻时,同样也有 1 A 的电流流过第二个电阻,这样在每个电阻两端有 1 V

的电势差。第三个电阻两端的电势差为 2 V,且流过它的电流一定为 2 A。流过第四个电阻的电流就是 3 A,第五个电阻两端的电势差等于前两个(第三、第四)电阻两端的电势差之和,可以得到流过第五个电阻的电流。依次类推,每个电阻上的电流(电势差)等于前两个电阻上的电流(电势差)之和,如图 9.9 所示。

注意到电阻上的电流(电势差)的数值正好是斐波拉契数列:1、1、2、3、5、8、13、21。那么,图 9.9 电路中,电路输入端的电势差等于 13 + 21 = 34 V。由于整个电阻链加上 34 V 的电势差得到 21 A 的电流,整个电路的等效电阻为 $\dfrac{34\ \text{V}}{21\ \text{A}} = 1.619\ 05\ \Omega$。如果又有一个

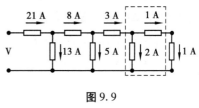

图 9.9

电阻并入电阻链,那么它两端的电势差就是 34 V 不变,但是总电流变为 21 + 34 = 55 A,在这种情况下,电路的等效电阻为 $\dfrac{34\ \text{V}}{55\ \text{A}} = 0.618\ 18\ \Omega$。如果再有一个电阻连入电路,55 A 的电流流过它,而输入的电势差变为 34 + 55 = 89 V,电阻链总的等效电阻变为 89 V/55 A = 1.618 18 Ω。

如果电阻链陆续扩展下去,一个"无穷"电阻链就产生了。此时电阻链的等效电阻等于前面的等效电阻与新加入的电阻单元(图 9.9 中虚线框的电阻元件)的等效电阻。但对于无穷电阻链来说,新加入电阻单元后,电阻值仍为无穷电阻链的阻值不变。如果无穷电阻链的电阻值为 R(不包括最左边的 1 Ω),则新无穷电阻链的电阻可表示为

$$R = \frac{(R+1) \times 1}{(R+1) + 1}$$

由此可以得到关于 R 的二次方程组

$$R^2 + R - 1 = 0$$

此方程给出的正数解为 $R = \dfrac{-1 + \sqrt{5}}{2} = 0.618\ 03\ \Omega$,再加上最左边的 1 Ω,整个无穷电阻链的等效电阻为 1.618 03 Ω。我们可以看到一个包括 10 个电阻元件的电阻链的等效电阻 1.618 18 Ω 就非常接近无穷电阻链的等效电阻 1.618 03 Ω。因此,一个包括相对数量较少的电阻元件的梯状电路就可以被看作无穷大。

$$R = 1 + \cfrac{1}{1 + \cfrac{1}{1 + \cfrac{1}{1 + \cfrac{1}{1 + \cfrac{1}{1 + \cfrac{1}{1 + \cfrac{1}{1 + \cdots}}}}}}}$$

图 9.10

同时,上述二次方程就是黄金比例方程,它的解就是黄金分割值。此外,还可以看到斐波拉契数列中,相邻的两个数的比值以惊人的速度趋向黄金分割值。

最后,出于由多级分数所产生的规律性考虑,用 1 来表示 1 Ω 电阻组成的无穷电阻链的等效电阻值,如图 9.10 所示。这时,每个元件按照顺序考虑,不是从末尾开始,而是从左侧的第一个电阻开始。

巩固提升

1. 在如图 9.11 所示的电路中,闭合电键 S,当滑动变阻器的滑动触头 P 向下滑动时,四个理想电表的示数都发生变化,电表的示数分别用 I、U_1、U_2 和 U_3 表示,电表示数变化量的大小分别用 ΔI、ΔU_1、ΔU_2 和 ΔU_3 表示。下列比值正确的是(　　　)。

 A. U_1/I 不变,$\Delta U_1/\Delta I$ 不变   B. U_2/I 变大,$\Delta U_2/\Delta I$ 变大

 C. U_2/I 变大,$\Delta U_2/\Delta I$ 不变   D. U_3/I 变大,$\Delta U_3/\Delta I$ 不变

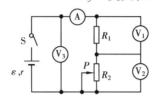

图 9.11

2. 如图 9.12 所示为一同学设计的通过理想电压表示数显示物体质量的实验装置的电路示意图,托盘和弹簧的质量均不计,弹簧的上端与变阻器相连,托盘中无重物时,电压表的示数为零,设变阻器的总电阻为 R,长度为 L,弹簧的劲度系数为 k,不计摩擦,则物体质量 m 与电压表示数 U 之间的关系为_____。

3. 在如图 9.13 所示有限网络电路中,除最后一只电阻外其他电阻均为 R,那么要使 A、B 两点间的等效电阻与网络级数 n 无关,$R_x =$ _____ R。

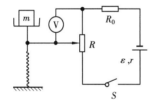

图 9.12

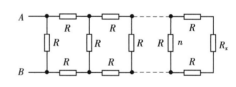

图 9.13

4. 在下列有限网络中,求相应两点间的电阻值。

(1)在图 9.14 所示立方体框架中,每条棱的电阻值均为 R,求 A、c 两点间的电阻 R_{Ac};

(2)在图 9.15 所示网络中,每个电阻的阻值均为 R,求 A、E 两点间的电阻 R_{AE}。

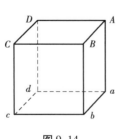

图 9.14

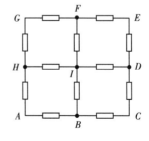

图 9.15

5. 如图 9.16 所示,一正四面体由六条棱组成,每条棱边的电阻均为 R,求任意两顶点间的等效电阻。

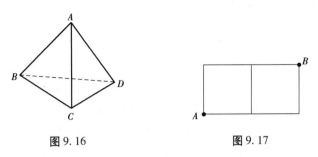

图 9.16　　　　　　　　　　　图 9.17

扩展:若空间有 n 个点,任意两个点之间均用一个电阻为 R 的导线相连,求任意两点之间的等效电阻。

6. 如图 9.17 所示的网络每条边的电阻均为 R,试求 A、B 间的等效电阻。

7. 一只电炉,加热元件是一根镍铬电热丝,此电热丝在 20 ℃ 时电阻率为 $\rho_{450} = 1.2 \times 10^{-6}\ \Omega \cdot m$,截面积 $S = 1\ mm^2$。电炉在 15 分钟内将 10 L(升)水从 20 ℃ 加热到 100 ℃。已知电炉所加电压为 220 V,电炉通电后温度达到 450 ℃,加热水的效率为 0.9,电热丝在 450 ℃ 时的电阻率为 $\rho_{450} = 1.6 \times 10^{-6}\ \Omega \cdot m$,水的密度为 $d = 1\ 000\ kg/m^3$,水的比热为 $c = 4\ 185\ J/(kg \cdot K)$,试确定:

(1)电炉电热丝的长度;

(2)假定电热丝的电阻率与温度的关系是线性的,求出电阻率温度系数,并画出 20 ~ 450 ℃ 电阻率与温度的依赖关系;

(3)利用(2)中得到的曲线,画出电炉的功率随温度变化的关系。取下述温度:20 ℃,100 ℃,200 ℃,300 ℃,450 ℃,画出功率-温度曲线图。

9.2　基尔霍夫定律

9.2.1　含源电路

1　电动势

在电路中形成电流,电路中必须有一种本质上不同于静电力的其他力,能够不断地将正、负电荷分离来补充电源两极板上减少的电荷,从而使两极板保持恒定的电势差来驱动电流做功。能够提供这种非静电力的装置叫电源。当电路中有电流时,电源中的非静电力不断地做功,不断地将其他形式的能量转化为电能。电源的电动势是反映电源内部非静电力提升电势本领的物理量,它反映电源将其他形式的能量转化为电势能的本领。

电源中非静电力将单位正电荷从负极移动到正极时做的功称为电源的电动势,即 $\varepsilon = \dfrac{W}{q}$。电动势同电势一样,是标量。通常定义电动势的方向为电源内部电流的方向,也就是说,在电源内部电流从电源负极流向电源正极的方向。n 个电动势为 ε、内阻为 r 的电源串联时,总电动势和总内阻为:$\varepsilon_{串} = n\varepsilon$,$r_{串} = nr$。把 n 个电动势为 ε、内阻为 r 的电源并联时,总电动势和总内阻为:$\varepsilon_{并} = \varepsilon, r_{并} = \dfrac{r}{n}$。

2 电源对电路的作用

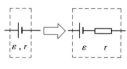

图9.18

在闭合电路中,电源起到的作用有两个。其一,为电路提供电动势,充当驱动电流流动的"动力";其二,自身的内阻对电路中的电流产生阻碍作用。所以在复杂电路的讨论中,常将电源等效为理想电源(只有电动势而无内阻)与内阻的串联组合,这个步骤也是我们后面使用等效电压源定理和电路叠加原理的前提,如图9.18所示。

多源电路的欧姆定律

$$I = \frac{\sum \varepsilon}{\sum R} \tag{9.8}$$

式中,$\sum \varepsilon$ 是指电路中所有的电动势之和,当电动势方向和电流方向一致时取正,否则取负(正向、反向电动势);$\sum R$ 是指电路中所有电阻之和。

3 一段含源电路的欧姆定律

如图9.19所示,在一段含源电路中,顺着电流的流向来看电源是顺接的(参与放电),则经过电源后,电路该点电势升高 ε;电源若反接的(被充电的),则经过电源后,该点电势将降低 ε。不论电源怎样连接,在电源内阻 r 和其他电阻 R 上都存在电势降低,降低量为 $I(R+r)$,则

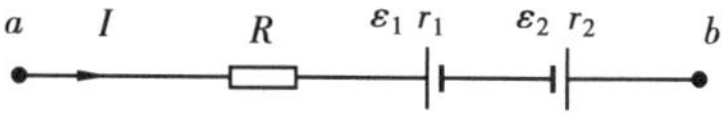

图9.19

$$U_a - IR - Ir_1 - \varepsilon_1 + \varepsilon_2 - Ir_2 = U_b \tag{9.9}$$

9.2.2 基尔霍夫定律

含(多)源电路基尔霍夫方程组:

在电路中,电流能够流过的通路称为支路;多个($n \geq 3$)支路的汇集点叫节点,不同的支路(包括支路部分)构成的闭合电路叫回路。

基尔霍夫方程组包含了两部分关系:

①第一定律

节点电流关系:汇于节点处的各支路电流的代数和为0,即

$$\sum I_i = 0 \tag{9.10}$$

约定:对于任意一个节点,流入节点的电流为正值;从节点流出的电流为负值。

②第二定律

回路电压关系:沿回路一周,电势变化为0,即

$$\sum R_i I_i + \sum \varepsilon_j = 0 \tag{9.11}$$

具体的使用方法:**先在需要研究的回路中选定一个环绕方向,若该方向为沿着电流流动**

的方向,则电势降低,电势变化为负值,反之为正;若环绕方向是从电源的负极移向正极,电势升高,电势变化为正值,反之为负。

以图 9.20 中所示电路为例,整个电路中只有 A、B 两个节点,我们选取的回路 1、2。

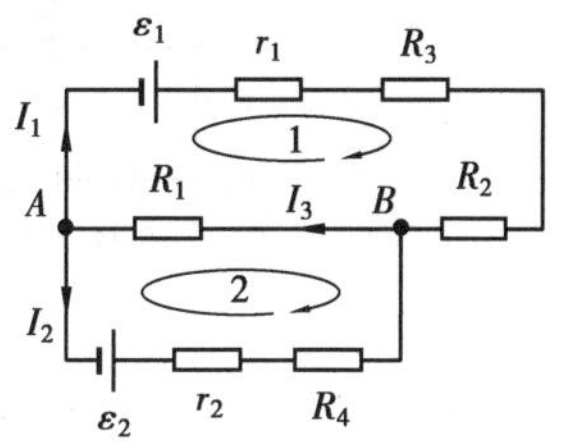

在 A、B 两个节点处,电流关系满足

$$I_3 - I_1 - I_2 = 0 \qquad (9.12)$$

沿着回路 1 的方向,电势变化关系为

$$\varepsilon_1 - I_1 r_1 - I_1 R_3 - I_1 R_2 - I_3 R_1 = 0 \qquad (9.13)$$

沿着回路 2 的方向,电势变化关系为

$$I_3 R_1 + I_2 r_2 + I_2 R_4 - \varepsilon_2 = 0 \qquad (9.14)$$

若解出的电流为负值,表明实际电流的方向同假设的方向相反。

根据方程理论,要通过方程组解出假设的各个物理量,回路电压关系的方程个数需要满足下列要求:先在任意一个回路中列出第一个方程,该回路中的所有元件被视为使用了一次;然后再选择其他的回路,列出的新方程必须包含一个已经使用过的元件,也必须包含一个未使用过的元件;不断地寻找回路方程,直至不能满足上述条件为止。详见典型例题中的解法一。

图 9.20

9.2.3　等效电压源定理

任何一个两端含源网络都可以用一个等效电动势 ε 和一个等效内阻 r_0 来替换。其中 ε 等于被换网络开路时**两端的路端电压**,r_0 等于**从网络两端看除源**(将电动势的作用去掉,保留电源内阻)网络的等效电阻。详见典型例题中的解法二。

9.2.4　电路叠加原理

若电路中有多个电源,则通过电路中任意支路的电流等于各个电动势单独存在时,在该支路产生的电流之和(各自保留电源的内阻)。

在力学中,有力的独立作用原理和等效作用原理。其实,等效电压源定理和电路叠加原理在电路中的作用,与前两个力的规律非常相似。详见典型例题中的解法三。

典型例题

例　如图 9.21 所示电路中,电动势 $\varepsilon_1 = 3.0$ V、$\varepsilon_2 = 1.0$ V,内阻 $r_1 = 0.5\ \Omega$、$r_2 = 1.0\ \Omega$,电阻 $R_1 = 10.0\ \Omega$、$R_2 = 5.0\ \Omega$、$R_3 = 4.5\ \Omega$、$R_4 = 19.0\ \Omega$,求电路中流经电阻 R_4 的电流 I。(本题分别使用基尔霍夫方程组、等效电压源定理、电路叠加原理三种方法。)

解法一　基尔霍夫方程组

整个电路中只有 A、B 两个节点,选取的回路 1、2 如图 9.22 所示。

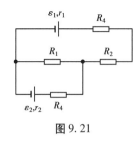
图 9.21

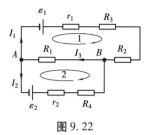
图 9.22

在 A、B 两个节点处,电流关系满足

$$I_3 - I_1 - I_2 = 0$$

沿着回路 1 的方向,电势变化关系为

$$\varepsilon_1 - I_1 r_1 - I_1 R_3 - I_1 R_2 - I_3 R_1 = 0$$

沿着回路 2 的方向,电势变化关系为

$$I_3 R_1 + I_2 r_2 + I_2 R_4 - \varepsilon_2 = 0$$

对上述方程联立求解,可得

$$I = I_2 = -0.02 \text{ A}$$

解出的电流为负值,表明实际电流的方向同假设的方向相反。

解法二 等效电压源定理

如图 9.23 所示,可以将虚线框中的两端网络(AB 两端点以上的部分)等效为一个电压源,等效电压源的电动势和内阻分别为 ε、r,按照定理,其计算如下:

$$\varepsilon = \frac{R_1}{r_1 + R_1 + R_2 + R_3}\varepsilon_1 = 1.5 \text{ V}, r = \frac{R_1 + (r_1 + R_2 + R_3)}{R_1 \cdot (r_1 + R_2 + R_3)} = 5 \text{ } \Omega$$

于是,等效电路变为两个电源串接的情形,则

$$I = \frac{\varepsilon - \varepsilon_2}{r + r_2 + R_4} = 0.02 \text{ A}$$

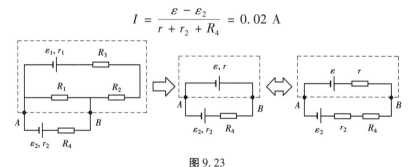
图 9.23

解法三 电路叠加原理

一个多源电路的计算可以分别考虑各电动势的单独作用,然后叠加起来。如图 9.24 所示,题目的电路可以等效为两个电源各自存在时的电路叠加,其计算如下:

$$I_1 = \frac{\dfrac{\varepsilon_1}{r_1 + R_3 + R_2 + \dfrac{R_1(r_2 + R_4)}{R_1 + r_2 + R_4}} \cdot \dfrac{R_1(r_2 + R_4)}{R_1 + r_2 + R_4}}{r_2 + R_4} = 0.06 \text{ A}$$

$$I_2 = \frac{\varepsilon_2}{r_2 + R_4 + \dfrac{R_1(r_1 + R_3 + R_2)}{R_1 + r_1 + R_3 + R_2}} = 0.04 \text{ A}$$

于是,电流 I 为两个电流的叠加,则

$$I = I_1 - I_2 = 0.02 \text{ A}$$

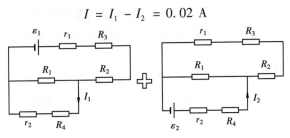

图 9.24

巩固提升

1. 如图 9.25 所示,$R_1 = r_1 = 8\ \Omega$,$r_2 = 2\ \Omega$,$\varepsilon_2 = 2\varepsilon_1 = 6$ V,求合上 K 时,理想电压表的读数。(等效电流源定理)

2. 电动势分别为 ε_1 和 ε_2,内阻 r_1 和 r_2 的两个电池,用一个电动势为 ε 和内阻为 r 的电池代替,分别如图 9.26 和图 9.27 所示,流过 R 的电流不变,并与 R 无关。问 ε 和 r 应随 ε_1,ε_2,r_1,r_2 怎样变化,如果开始不是两个而是 n 个电动势分别为 ε_1,ε_2,$\cdots$,ε_n 和内阻为 r_1,r_2,$\cdots$,r_n 的电池,那么 ε 和 r 的公式应是怎样的?

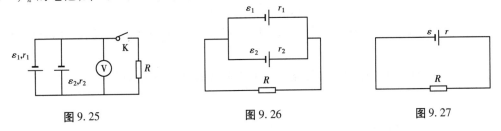

图 9.25　　　　　　　　图 9.26　　　　　　　　图 9.27

9.3 其他电路知识

9.3.1 惠斯通电桥

如图 9.28 所示的惠斯通电桥是实验室测量电阻的方法。图中 R_1、R_2、R_3、R_x 分别叫电桥的臂,R_x 为待测电阻,G 是灵敏电流计。当闭合 K 后,调节可变电阻 R_3 使电流计 G 中的电流为零时,B、D 为等势点,这时 $I_1 = I_2$,$I_3 = I_x$,$I_1R_1 = I_3R_3$,$I_2R_2 = I_xR_x$,由此可得

$$R_x = \frac{R_2R_3}{R_1} \qquad (9.15)$$

9.3.2 含容电路

对于直流电源、电阻、电容器混合网络,可从电路中

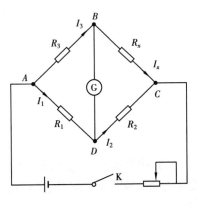

图 9.28

先分解出稳定后处处有电流的直流电源、电阻网络,解出电流分布后,再为余下的无电流部分(包含全部电容、部分直流电源及部分计算中不起作用的电阻)引入若干个相应的等效电源(实为电压源),形成直流电源、电容网络,解出各电容电荷量分布,从而使原网络问题获解。

9.3.3 补偿电路

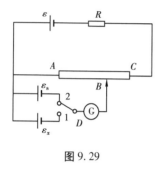

图 9.29

补偿电路是一种比较精确地测量电压、电动势、电阻、电流的仪器,用于测电动势、电压时叫电势差计。

图 9.29 是用补偿法测量电动势的原理电路图,其中 ε_x 是被测电源,ε_s 是标准电池,ε 是工作电源。AC 是一段均匀电阻丝,G 是灵敏电流计。先将开关掷于 1 处,调节触头 B 使电流计电流为零。这时 D 与 B 点等电位,故 $\varepsilon_x = U_{AB} = IR_{AB}$($I$ 是流过 AB 的电流);再将开关掷于 2 处,因一般 $\varepsilon_s \neq \varepsilon_x$,调节滑动触头至另一点 B' 以重新达到平衡。

同理有
$$\varepsilon_x = U_{AB} = I'R_{AB}$$

因两种情况下 G 都无电流,故 $I = I'$,则有

$$\frac{\varepsilon_x}{\varepsilon_s} = \frac{R_{AB}}{R_{AB'}} = \frac{L_{AB}}{L_{AB'}} \tag{9.16}$$

其中,L_{AB} 及 $L_{AB'}$ 分别为 AB 及 AB' 段的长度。测出 L_{AB} 和 $L_{AB'}$,利用 ε_s 的已知值便可由上式求得 ε_x。

用电势差计测量电动势的最大优点是它不影响被测电路的工作情况。因此在精确测量中经常用到。

9.3.4 法拉第电解定律

当电流通过电解液时,常有物质在极板上析出。例如,当把铂或碳作为两个电极插入稀盐酸溶液,并把它们分别接在电源的正负极上时,溶液中的 H^+ 将向与电源负极相连的电极(称为阴极)运动,在阴极上得到电子而成为中性原子,在阴极上有氢气放出;Cl^- 将向与电源正极相连的电极(称为阳极)运动,把电子给了阳极而成为中性原子,在阳极有氯气放出。这个过程叫做电解。

法拉第在 19 世纪 30 年代就通过实验研究了电解时析出物质的质量与哪些因素有关这个问题,得出了两条定律——法拉第电解定律。

法拉第电解第一定律:电解时析出的质量 m 与通过的电量 q 成正比,比值 k 叫做电化当量。公式写作

$$m = kq \tag{9.17}$$

法拉第电解第二定律:物质的电化当量与它的化学当量成正比。我们在化学中学过,物质的化学当量等于它的摩尔质量 μ 除以化合价 n,即为 μ/n,把 k 和 μ/n 的比值写为 $1/F$,可得

$$k = \frac{1}{F} \cdot \frac{\mu}{n} \tag{9.18}$$

法拉第在实验中选用了各种不同的物质,实验结果表明,无论析出的物质是什么,F 的数值都是相同的,都等于 96 500 C。因此人们把 F 称为法拉第常量。法拉第常量说明什么问题呢?

把两个定律的公式合在一起可得

$$m = \frac{\mu}{Fn}q \tag{9.19}$$

上式可写为

$$\frac{m}{\mu} = \frac{q}{Fn} \tag{9.20}$$

对于一价原子($n = 1$),当电解时产生的物质是 1 mol($m/\mu = 1$)时,通过的电量为 $q = F$。

对于二价原子($n = 2$),当电解时产生的物质是 1 mol($m/\mu = 1$)时,通过的电量为 $q = 2F$。

对于 n 价原子,产生 1 mol 物质的电量为 $q = nF$。

法拉第发现电解定律时,人们还不知道原子的结构,也不知道电子。他的发现对人们建立基元电荷的概念起了重要作用。人们当时认识到,通过电解液的电量是由到达极板的原子带过去的,1 mol 物质所含的原子数都相同,都等于阿伏伽德罗常量。因此,析出 1 mol 的任何物质时,到达极板的原子数都是 N_A,但所带的电量不同,2,3,4,$\cdots$,n 价原子的电量是 1 价原子的电量的 2,3,4,$\cdots$,n 倍。这说明,每个原子所带的电量的数值都是某最小电量的整数倍,这个最小电量就是 1 价原子所带的电量,人们把它叫做基元电荷,它的大小可以从法拉第常量和阿伏伽德罗常量算出

$$e = \frac{F}{N_A} = \frac{96\ 500\ \text{C}}{6.02 \times 10^{23}} = 1.60 \times 10^{-19}\ \text{C} \tag{9.21}$$

这个数值和后来密立根从油滴实验测出的结果一样。

9.3.5　金属、气体中的电流

金属导电是电子导电。在金属导体两端加上电场后,电子在热运动的基础上获得与电场反向的加速度,因而会定向运动,定向运动的平均速度为平均漂移速度。设自由电子平均漂移速度 $\boldsymbol{u}$,电子数密度为 n,导体截面积为 S,则导体中的电流密度 $\boldsymbol{j}$ 和电流强度 I 分别为

$$\boldsymbol{j} = ne\boldsymbol{u} \tag{9.22}$$
$$I = \boldsymbol{j} \cdot S = neSu \tag{9.23}$$

在通常情况下,气体是不导电的,但由于某些原因气体中的分子发生了电离,它便可以导电,称为气体导电(或气体放电)。气体导电可分为被激导电(在电离剂作用下的导电)和自激导电(没有电离剂作用,在高压作用下的导电)。常见的自激导电有辉光放电、弧光放电、火花放电和电晕放电。

典型例题

例 1 如图 9.30 所示电路中，电源电动势 $\varepsilon = 6$ V，电源内阻 $r = 1.2$ Ω，其余各部分电阻如图所示，则：(1) R_0 取何值时，R_1 上的电功率为 0? (2) R_0 取该值时，电源输出功率为多大?

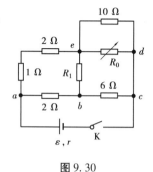

图 9.30

解 (1) 要使 R_1 上的电功率为 0，则 $U_{eb} = 0$，即惠斯通电桥平衡，即 $\dfrac{1+2}{\dfrac{10R_0}{10+R_0}} = \dfrac{2}{6}$，得 $R_0 = 90$ Ω。

(2) 当 $R_0 = 90$ Ω 时，$R_{ad} = 12$ Ω，$R_{ac} = 8$ Ω，二者并联后的总电阻为 $R = 4.8$ Ω，干路中的总电流为

$$I = \frac{E}{R+r} = 1 \text{ A}$$

故电源输出功率

$$P = I^2 R = 4.8 \text{ W}$$

例 2 如图 9.31 所示电路中 $C_1 = 4.7 \times 10^{-3}$ F，$C_2 = 9.4 \times 10^{-3}$ F，$R_1 = 5$ kΩ，$R_2 = 1$ kΩ，$\varepsilon = 6$ V，内阻不计，先合上 K_1，经过一段时间后再合上 K_2，在合上 K_2 的过程中，通过 K_2 的电量为多少?

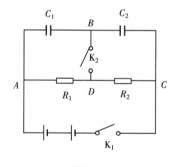

图 9.31

解 K_2 合上前，C_1、C_2 串联，K_2 合上后，C_1 与 R_1 并联，C_2 与 R_2 并联，电容器 C_1、C_2 带电量发生变化，变化量之和即为通过 K_2 的电量。

仅合上 K_1 时，

$$U_{AB} = \frac{C_2}{C_1 + C_2}E = \frac{9.4}{4.7 + 9.4} \times 6 = 4 \text{ V}$$

$$U_{BC} = E - U_{AB} = 2 \text{ V}$$

$$U_{AD} = \frac{R_1}{R_1 + R_2}E = \frac{5}{6} \times 6 = 5 \text{ V}$$

$$U_{DC} = E - U_{AD} = 1 \text{ V}$$

因为 $U_{AB} < U_{AD}$，合上 K_2 后，C_1 电压升高，充电；$U_{BC} > U_{DC}$，合上 K_2 后，C_2 电压降低，放电。电容器 C_1 增加的电量、电容器 C_2 减少的电量分别为

$$\Delta Q_1 = C_1 \Delta U = 4.7 \times 10^{-3} \text{ C}$$

$$\Delta Q_2 = C_2 \Delta U = 9.4 \times 10^{-3} \text{ C}$$

因此，通过 K_2 由 B 点流向 D 点的正电荷的电荷量

$$Q = \Delta Q_1 + \Delta Q_2 = 1.41 \times 10^{-2} \text{ C}$$

巩固提升

1. 三只容量同为 C 的相同的电容器,互相串联后接到电动势为 E 的电源上。充完电后与两只阻值为 R 的电阻接成如图 9.32 所示的电路。求:

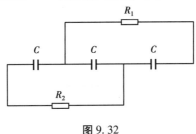

图 9.32

(1)每只电阻上释放的热量有多少?

(2)当中间一只电容的电压减小到 $\dfrac{E}{10}$ 时,流过电阻 R_1 的电流为多少?

2. 金属导体中的自由电子在外电场的作用下产生定向漂移运动。

(1)被电场加速的电子受到的阻力与速度成正比,即 $f = kv$,从整体上看,可以认为电子做匀速运动,求出这个速度(设导体内场强为 E)。

(2)在截面积 S、长 L 的铜线的两端加上电压,产生稳恒电流。设每单位体积中自由电子数为 n,电子做匀速运动,受到的阻力与速度成正比,比例系数为 k,试求这根铜线的电阻。

(3)电流会产生热,这可做如下解释:电流流动要反抗阻力,为了保持自由电子的匀速漂移运动,需从外电场供给能量,这些能量变成了热。设 $S = 1.0 \times 10^{-6}$ m^2,$n = 1.0 \times 10^{29}$ m^{-3},$k = 3.0 \times 10^{-17}$ g/s,问这根铜线中每秒产生多少焦耳的热量? 设电子漂移速度为 $v = 0.80 \times 10^{-4}$ m/s。

3. 在 $FeCl_3$ 溶液中有直流电流通过时,阴极板上铁的沉积速度为 v(沉积速度等于每秒钟极板上沉积铁的厚度增加量),设阴极板面积为 S,试计算该通过多大的电流(已知铁的密度 ρ,铁的化合价 n,铁的摩尔质量 M,法拉第常数 F)。

4. 如图 9.33 所示的电路中,$R_1 = R_2 = 4\,000$ Ω,$R_3 = 2\,000$ Ω,D_1,D_2 为理想二极管,电源电动势 $E = 6$ V,内阻不计,当电键闭合时,电源功率为多少? 若将电源正负极对调,电源功率又为多少?

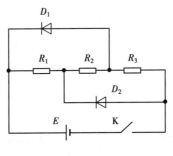

图 9.33

参考答案与解析

第 10 章 磁场

10.1 磁场对电流的作用

10.1.1 磁场

1 磁场

磁场是电流、运动电荷、磁体或变化电场周围空间中存在的一种特殊物质。磁场对置于其中的运动电荷、磁体、电流有力的作用。电流、运动电荷、磁体之间的相互作用是以磁场为媒介传递的。静磁场的分布不随时间变化,稳恒电流的磁场是一种静磁场。

2 磁感应强度

将在磁场中垂直于磁场方向的通电导线所受的磁场力 F 跟电流 I 和导线长度 L 的乘积的比值定义为通电导线所在处的磁感应强度,即

$$B = \frac{F}{IL}$$

10.1.2 毕奥-萨伐尔定律

1 内容

载流导线上的电流元在真空中某点 P 的磁感应强度 $\mathrm{d}\boldsymbol{B}$ 的大小与电流元的大小成正比,与电流元 $I\mathrm{d}l$ 和从电流元到 P 点的位矢 $\boldsymbol{r}$ 之间的夹角 θ 的正弦成正比,与位矢 $\boldsymbol{r}$ 的大小的平方成反比,$\mathrm{d}\boldsymbol{B}$ 的方向垂直于 $I\mathrm{d}l$ 和 $\boldsymbol{r}$ 所确定的平面,当右手弯曲时,四指从 $I\mathrm{d}l$ 方向沿小于 π 角转向 $\boldsymbol{r}$ 时,伸直的大拇指所指的方向为 $\mathrm{d}\boldsymbol{B}$ 的方向。

2 数学表达式

$$\mathrm{d}\boldsymbol{B} = \frac{\mu_0}{4\pi} \cdot \frac{I\mathrm{d}l \sin\theta}{r^2} \text{ 或 } B_i = \frac{\mu_0}{4\pi} \cdot \frac{I\Delta l \sin\theta}{r^2}(\Delta l \to 0) \tag{10.1}$$

其中,μ_0 为真空中的磁导率,其值为 $\mu_0 = 4\pi \times 10^{-7}\mathrm{N} \cdot \mathrm{A}^{-2}$。

3 应用

（1）载流直导线的磁场

考虑一段直导线旁任意一点 P 的磁感应强度（图10.1）。根据毕奥-萨伐尔定律可以看出，任意电流元 $I\mathrm{d}l$ 产生的元磁场 $\mathrm{d}\boldsymbol{B}$ 的方向都一致（在 P 点垂直于纸面向里）。因此，在求总磁感应强度 $\boldsymbol{B}$ 的大小时，只需求出 $\mathrm{d}\boldsymbol{B}$ 的代数和。对于有限的一段导线 A_1A_2 来说

$$B = \int_{A_1}^{A_2}\mathrm{d}B = \frac{\mu_0}{4\pi}\int_{A_1}^{A_2}\frac{I\mathrm{d}l\sin\theta}{r^2}$$

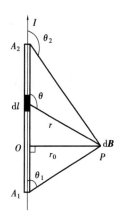

图 10.1

从场点 P 作直线的垂线 PO，设它的长度为 r_0，以垂足 O 为原点，设电流元 $\mathrm{d}l$ 到 O 的距离为 l，由图可以看出

$$l = r\cos(\pi - \theta) = -r\cos\theta, r_0 = r\sin(\pi - \theta) = r\sin\theta$$

由此消去 r，得 $l = -r_0\cot\theta$，取微分

$$\mathrm{d}l = \frac{r_0\mathrm{d}\theta}{\sin^2\theta}$$

将上面的积分变量 l 换为 θ 后得到

$$B = \frac{\mu_0}{4\pi}\int_{\theta_1}^{\theta_2}\frac{I\sin\theta\mathrm{d}\theta}{r_0} = \frac{\mu_0 I}{4\pi r_0}(\cos\theta_1 - \cos\theta_2) \tag{10.2}$$

式中，θ_1、θ_2 分别为 θ 角在 A_1、A_2 两端的数值。

若导线为无限长，$\theta_1 = 0$，$\theta_2 = \pi$，则

$$B = \frac{\mu_0 I}{2\pi r_0} \tag{10.3}$$

（2）载流圆线圈轴线上的磁场

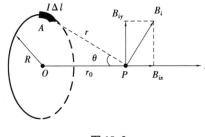

图 10.2

设圆线圈的中心为 O，半径为 R，其上任意点 A 处的电流元 $I\Delta l(\Delta l \to 0)$ 在对称轴上一点 P 产生的磁场 B_i，它位于 POA 平面内且与 PA 连线垂直（图10.2）。

$I\Delta l$ 在 P 点产生的磁场

$$B_i = \frac{\mu_0 I\Delta l}{4\pi r^2}$$

根据对称性可知，B_i 在 y 方向的分量全部抵消，P 点的场强是所有微元在 P 点产生的磁场沿 x 方向的矢量和。

$$B_{ix} = B_i\sin\theta = \frac{\mu_0 I\Delta l}{4\pi r^2}\sin\theta$$

$$r = \sqrt{r_0^2 + R^2}, \sin\theta = \frac{R}{\sqrt{r_0^2 + R^2}}$$

所以

$$B_{ix} = \frac{\mu_0 IR\Delta l}{4\pi(R^2 + r_0^2)^{\frac{3}{2}}}$$

则

$$B = \sum B_{ix} = \frac{\mu_0 IR \cdot 2\pi R}{4\pi(R^2 + r_0^2)^{\frac{3}{2}}} = \frac{\mu_0 IR^2}{2(R^2 + r_0^2)^{\frac{3}{2}}} \tag{10.4}$$

有两种特殊情形：

①在圆心处

$$r_0 = 0, B = \frac{\mu_0 I}{2R} \tag{10.5}$$

②当 $r_0 \gg R$ 时

$$B = \frac{\mu_0 IR^2}{2r_0^3} \tag{10.6}$$

10.1.3 磁场中的高斯定理

1 磁通量

$$\varphi = B \cdot S(B \perp S)$$

描述穿过某个面的磁感线条数。

2 高斯定理

任何磁场通过任意封闭曲面的磁通量等于零。

10.1.4 安培环路定理

1 内容

在磁场中,沿任何闭合曲面 B 矢量的线积分(B 矢量的环流),等于真空的磁导率 μ_0 乘以穿过该闭合曲线内所有电流强度的代数和。

2 数学表达式

$$\oint_L B \cdot \mathrm{d}l = \mu_0 \sum I \tag{10.7}$$

3 正、负号的规定

(1)电流 I 的正负

沿回路 L 逆时针方向看,穿过回路 L 的电流方向与 L 的环绕方向服从右手螺旋定则,I 取正;不服从,则 I 取负。

(2)$B \cdot L$ 的正负

$$(\text{沿回路 } L \text{ 逆时针方向看})\begin{cases} B \text{ 与 } L \text{ 方向相同},B \cdot L \text{ 为正} \\ B \text{ 与 } L \text{ 方向相反},B \cdot L \text{ 为负} \\ B \text{ 与 } L \text{ 方向垂直},B \cdot L \text{ 为零} \end{cases}$$

4 应用

（1）无限长载流直导线周围的磁场（图10.3）

建立以导线为圆心，半径为 r 的圆（垂直于导线）为安培环路 L，根据安培环路定理：

$$B \cdot 2\pi r = \mu_0 I$$

得

$$B = \frac{\mu_0 I}{2\pi r} \tag{10.8}$$

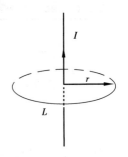

图10.3

（2）无限长圆柱面电流的磁场分布（半径为 R）（图10.4）

在柱面外（$r > R$）

$$B = \frac{\mu_0 I}{2\pi r} \tag{10.9}$$

在柱面内（$r \leqslant R$）

$$B = 0$$

（3）无限长载流直螺线管（单位长度匝数为 n）（图10.5(a)）

螺线管外：

$$B = 0$$

螺线管内：

建立如图10.5(b)所示的安培环路 L，由安培环路定理可得

$$B \cdot L_2 = \mu_0 n L_2 I$$

则

$$B = \mu_0 n I \tag{10.10}$$

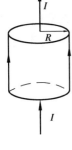

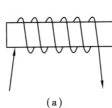

(a)

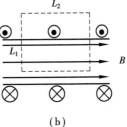

(b)

图10.4

图10.5

说明：有限长直螺线管内部的磁场可以视为

$$B = \mu_0 n I \tag{10.11}$$

管口处的磁场

$$B = \frac{\mu_0 n I}{2} \tag{10.12}$$

（4）无限大平板电流产生的磁场

设一无限大导体薄平板垂直于纸面放置，其上有方向垂直于纸面朝外的电流通过，面电

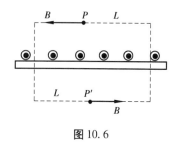

图 10.6

流密度(指通过与电流方向垂直的单位长度的电流)到处均匀,大小为 j(图 10.6)。

由对称性可知,对称的 P 和 P' 磁感应强度大小相等、方向相反,过 P 和 P' 点建立安培环路 L,则由安培环路定理

$$B \cdot 2L = \mu_0 jL$$

得

$$B = \frac{\mu_0 j}{2} \tag{10.13}$$

10.1.5 磁场对电流作用

1 安培力(F_A)

一段通电导线 $I\Delta L$ 在磁感应强度为 B 的磁场所受到的安培力为

$$F_A = BIL \sin \theta$$

式中,θ 为磁感应强度 B 的方向与电流流向的夹角。

安培力的方向由左手定则来判断。

2 磁力矩

匀强磁场对通电线圈作用的力矩大小为

$$M = NBIS \cos \theta \tag{10.14}$$

式中,N 为线圈的匝数;I 为线圈中的电流强度;θ 为线圈平面与磁场方向所夹的角;S 为线圈的面积。磁力矩的大小与线圈的形状、转轴的位置无关。

典型例题

例1 质量为 m 的一段柔软的导线如图 10.7(a)所示放置。它的两端固定在同一高度,导线处于磁感应强度大小为 B、方向水平向外的匀强磁场中,且通以电流 I,作用在导线悬点的力与水平面成 θ 角。求它的最低点所受的拉力 T(尺寸 L 和 h 为已知)。

解 对整段导线研究,受力如图 10.7(b)所示,其中,整根通电导线受安培力的等效长度为 L,由于受力平衡,有

$$2F_{Ty} = BIL + mg$$

取半边导线研究,在 x 方向,导线受力如图 10.7(c)所示,半边导线所受所受安培力在 x 方向的分力的等效长度为 h,由平衡有

$$T = BIh + F_{Ty} \cdot \cot \theta$$

则

$$T = BIh + \frac{mg + BIL}{2} \cdot \cot \theta$$

例2 如图 10.8(a)所示,一个长为 L_1、宽为 L_2、质量为 m 的矩形导电线框 $PQQ'P'$,由质量均匀分布的刚性杆构成,静止放置在不导电的水平桌面上,可绕与线框的一条边重合的

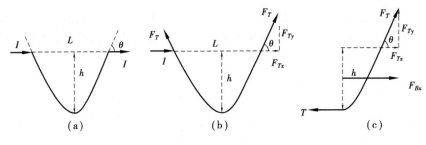

图10.7

光滑固定轴 ab 转动,在此边中串接一能输出可变电流的电流源(图中未画出)。线框处在匀强磁场中,磁场的磁感应强度 B 水平向右且与转轴垂直。现让电流从零逐渐增大,当电流大于某一最小值 I_{min} 时,线框将改变静止状态。

(1)求电流值 I_{min} ;

(2)当线框改变静止状态后,设该电源具有始终保持恒定电流 I_0 不变($I_0 > I_{min}$)的功能。已知在线框运动过程中存在空气阻力,试分析线框的运动状况。

解 (1)导线框放在水平桌面上,如图10.8(b)所示,在线框没动以前,线框 PQ 边与 $P'Q'$ 边平行于磁场 B ,因而不受磁场力,PP' 边受到安培力的大小为 IBL_1 ,方向垂直于桌面向下,但此力对轴的力矩为零,QQ' 边受力大小为

$$F_{QQ'} = IBL_1$$

方向垂直桌面向上,此力对固定轴的力矩为

$$M_0 = IBL_1L_2$$

除此力矩外,线框还受到重力的力矩作用,则有

$$I_{min}BL_1L_2 = \frac{1}{2}mgL_2$$

得

$$I_{min} = \frac{mg}{2BL_1}$$

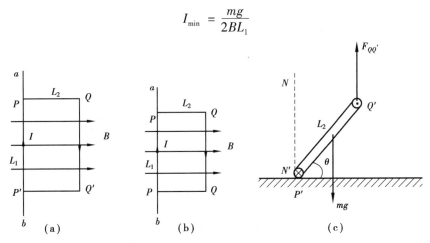

图10.8

(2)线框处于静止状态时,若 I_0 比 I_{min} 稍大,线框所受的电磁力矩将大于重力力矩,使线框绕 ab 轴向上翘起。PQ 边和 $P'Q'$ 边所受电磁力不等于零,但二者相互抵消。当保持电流

值 I_0 恒定不变时,线框将从静止状态开始绕固定轴做加速运动。在此过程中,由于已设通过线框的电流保持恒定不变,所以当线框平面转至与桌面成 θ 角时,如图 10.8(c)所示,线框受到的合力矩为

$$M_合 = \left(I_0 BL_1 - \frac{1}{2}mg\right)L_2 \cdot \cos\theta$$

随着 θ 角逐渐增大,合力矩随之减小,但始终大于零,因而线框仍做逆时针加速运动,角速度不断增大。当线框平面转至竖直面 NN' 时,合力矩为零,角速度达到最大。由于惯性,线框将越过 NN' 面做逆时针转动,此时,合力矩与线框转动方向相反,角速度将逐渐减小。

同时由于空气阻力存在,线框平面在 NN' 平面两侧摆动的幅度将逐渐减小,最终静止在 NN' 面处,并且该平衡位置为稳定平衡状态。

例 3 如图 10.9(a)所示,载流电流 I_1 的长直导线旁边有一圆形线圈,线圈与导线在同一平面内。线圈的半径为 R,其圆心到直导线的垂直距离为 l,线圈中的电流为 I_2。求作用在线圈上的磁场力。

解 如图 10.9(b)所示,在线圈上任取一电流元 $I_2 \mathrm{d}l$,该处的磁感应强度为

$$B = \frac{\mu_0 I_1}{2\pi} \frac{1}{l + R\cos\theta}$$

方向垂直纸面向里。

电流元 $I_2 \mathrm{d}l$ 受磁场力

$$\mathrm{d}f = BI_2 \mathrm{d}l = BI_2 R \mathrm{d}\theta$$

方向沿半径向外。

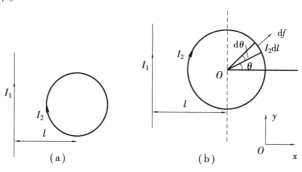

图 10.9

由于圆的对称性,在 y 方向的合力为零,所以整个线圈收到的磁场力沿 x 轴负方向,大小为

$$f = f_x = \int \mathrm{d}f_x = \int_0^{2\pi} BI_2 R\cos\theta \mathrm{d}\theta$$

$$= \int_0^{2\pi} \frac{\mu_0 I_1}{2\pi} \frac{1}{l + R\cos\theta} I_2 R\cos\theta \mathrm{d}\theta$$

$$= \frac{\mu_0 I_1 I_2 R}{2\pi} \int_0^{2\pi} \frac{\cos\theta}{l + R\cos\theta} \mathrm{d}\theta$$

$$= \frac{\mu_0 I_1 I_2}{2\pi} \int_0^{2\pi} \left(1 - \frac{l}{l + R\cos\theta}\right) d\theta$$

$$= \frac{\mu_0 I_1 I_2}{2\pi} \left[\theta - \frac{2l}{\sqrt{l^2 - R^2}} \arctan\left(\frac{\sqrt{l^2 - R^2}}{l + R}\tan\frac{\theta}{2}\right)\right]_0^{2\pi}$$

$$= \frac{\mu_0 I_1 I_2}{2\pi}\left(2\pi - \frac{2\pi l}{\sqrt{l^2 - R^2}}\right) = \mu_0 I_1 I_2\left(1 - \frac{l}{\sqrt{l^2 - R^2}}\right)$$

巩固提升

1. 如图 10.10 所示，一质量均匀分布的细圆环的半径为 R，质量为 m，令此圆环均匀带正电，总电荷量为 Q，现将此环平放在光滑水平桌面上，并处于磁感强度为 B 的均匀恒磁场中，磁场方向竖直向下。当此环绕通过其中心的竖直轴以匀角速度 ω 沿图示方向旋转时，环中的张力增加多少？

2. 如图 10.11 所示，无限长竖直向上的导线中通有恒定电流 I_0，已知由 I_0 产生的磁场公式是 $B = k\dfrac{I_0}{r}$，k 为恒量，r 是场点到 I_0 导线的距离。边长为 $2L$ 的正方形线圈轴线 OO' 与 I_0 导线平行。某时刻线圈的 ab 边与 I_0 导线相距 $2L$，已知线圈中通有电流 I，求此时线圈所受的磁力矩。

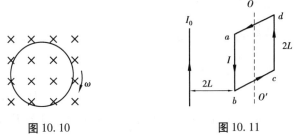

图 10.10   图 10.11

3. 一个边长为 a 的小正方形线圈被弹性线拉紧于一个半径为 R 的大的圆形线圈的中心。弹性线给予正方形线圈的恢复力矩为 $K\theta$，其中 θ 是两线圈平面的夹角，K 为一常数。现有电流 i 通过小正方形线圈，电流 I 通过大圆形线圈。

(1) 求 K 的最小值 K_0，以确保 $\theta = 0$ 时是稳定平衡状态；

(2) 当 $K = \dfrac{2}{\pi}K_0$ 时，θ 为多少？

(3) 当 $K = \dfrac{1}{2}K_0$ 时，θ 为多少？

4. 如图 10.12 所示，半径为 r 的载有电流 I_1 的导体圆环与载有电流 I_2 的无限长直导线 AB 共面，AB 通过圆环的竖直直径且与圆环彼此绝缘，求圆环所受的力。

5. 如图 10.13 所示，一长直导线 $ABCDE$ 通有电流 I，中部一段弯成圆弧形，圆心为 O、半径为 a，求圆心处的磁感应强度。

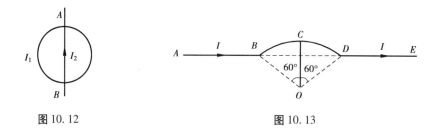

图 10. 12   图 10. 13

10.2 磁场对运动电荷的作用

10.2.1 洛伦兹力($f_洛$)

运动电荷在磁场中受到的磁场力叫洛伦兹力。当电荷量为 q 的电荷以速度 v 在磁感应强度为 B 的磁场中运动时,洛伦兹力的大小为

$$f_洛 = qvB \sin \theta \tag{10.15}$$

式中,θ 为带电粒子的运动方向与电荷所处磁感应强度方向的夹角。

洛伦兹力的方向由左手定则来判断:洛伦兹力的方向垂直于 v 和 B 所构成的平面,洛伦兹力始终垂直于电荷的运动方向,所以它对电荷不做功,不能改变电荷的动能和速率,只能改变电荷的运动方向,使运动电荷的运动路径偏转。

10.2.2 带电粒子在磁场中的运动

1 初速度方向垂直于匀强磁场时的运动

当带电粒子的运动方向与匀强磁场方向垂直时,只受洛伦兹力作用,带电粒子将做匀速圆周运动。设带电粒子质量为 m,电量为 q,速度为 v,磁感应强度为 B,则其轨道半径 r 和运动周期 T 为

$$r = \frac{mv}{qB}, T = \frac{2\pi m}{qB} \tag{10.16}$$

2 初速度方向与匀强磁场成任意夹角时的运动

当带电粒子的运动方向与匀强磁场方向之间的夹角为 θ,可将初速度 v 分解为沿磁场 B 的分量 $v_{//}$ 和垂直于磁场 B 的分量 $v_\perp$,带电粒子的运动是这两种运动的合成:在垂直于磁场的平面内做匀速圆周运动,同时在平行于 B 的方向以速度 $v_{//}$ 做匀速直线运动。其轨迹为螺旋线,其半径 r 和螺距 h 分别为

$$r = \frac{mv_\perp}{qB} = \frac{mv \sin \theta}{qB}$$

$$h = v_{//} \cdot T = \frac{2\pi m}{qB}v \cos \theta \tag{10.17}$$

3 带电粒子做匀速圆周运动的分析方法

在研究带电粒子在匀强磁场中的匀速圆周运动时,要着重掌握"找圆心,找半径,找时

间"的规律。

（1）圆心的确定

常利用粒子做圆周运动时的轨道特性。

①若已知粒子运动轨迹中两个位置的速度方向，分别过两个位置做速度方向的垂线，垂线的交点即为两条半径的交点，圆心可定（图 10.14）；

②若已知粒子运动轨迹中的两个位置和某个位置的速度方向，分别做两个位置连线的中垂线（弦的中垂线）和速度的垂线，则两垂线的交点为轨道圆心（图 10.15）。

（2）半径的确定和计算

常利用平面几何中的三角形关系（尤其是直角三角形的勾股定理），求出该圆的可能半径（或圆心角），并注意以下几何关系（图 10.16）：

粒子速度的偏向角（φ）等于轨道的圆心角（α），并等于 AB 弦与切线的夹角（弦切角 θ）的 2 倍，即

$$\varphi = \alpha = 2\theta = \omega t$$

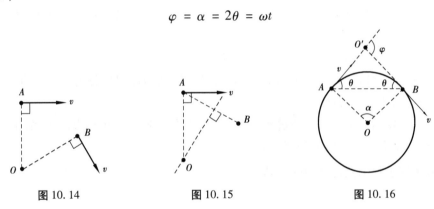

图 10.14　　　　　图 10.15　　　　　图 10.16

（3）粒子在磁场中运动时间的确定

利用圆周运动中回旋角同角速度的关系 $\alpha = \omega t$ 或弧长同线速度的关系 $\overset{\frown}{l} = vt$，可求出运动时间。

4　边界磁场中带电粒子的运动特征

（1）直线边界磁场

带电粒子先后射入、射出直线边界磁场，那么，在粒子入射时速度同边界的夹角等于射出时速度同边界的夹角（图 10.17）。

（2）圆形边界磁场

当带电粒子进入沿磁场的径向入射圆形边界磁场，则沿磁场的径向射出（图 10.18）。

当带电粒子从同一点沿不同方向进入圆磁场时满足 $r = \dfrac{mv_0}{Bq}$ 与磁场圆的半径 R 相等，则粒子出磁场时速度相互平行且垂直于入射点与磁场圆圆心的连线（图 10.19）。

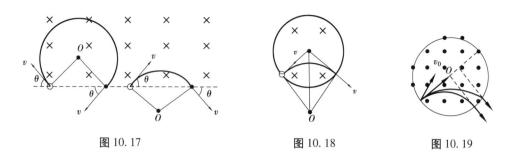

图 10.17　　　　　　　　　图 10.18　　　　　　图 10.19

10.2.3　带电粒子在复合场中的运动

1　带电粒子在分离的电磁场中的运动

带电粒子在组合场中运动的处理方法。

①明性质:要清楚场的性质、方向、强弱、范围等。

②定运动:带电粒子依次通过不同场区时,由受力情况确定粒子在不同区域的运动情况。

③画轨迹:正确地画出粒子的运动轨迹图。

④用规律:根据区域和运动规律的不同,将粒子运动的过程划分为几个不同的阶段,对不同的阶段选取不同的规律处理。

⑤找关系:要明确带电粒子通过不同场区的交界处时速度大小和方向关系,上一个区域的末速度往往是下一个区域的初速度。

2　带电粒子在重叠的复合场中的运动

"两分析、一应用"巧解复合场问题。

(1)受力分析,关注几场叠加

①磁场、重力场并存,受重力和洛伦兹力;②电场、磁场并存(不计重力的微观粒子),受电场力和洛伦兹力;③电场、磁场、重力场并存,受电场力、洛伦兹力和重力。

(2)运动分析,典型运动模型构建

带电体受力平衡,做匀速直线运动;带电体受力恒定,做匀变速运动;带电体受力大小恒定且方向指向圆心,做匀速圆周运动,带电体受力方向变化复杂,做曲线运动等。

(3)选用规律,两种观点解题

①带电体做匀速直线运动,则用平衡条件求解(即二力或三力平衡);②带电体做匀速圆周运动,应用向心力公式或匀速圆周运动的规律求解;③带电体做匀变速直线或曲线运动,应用牛顿运动定律和运动学公式求解;④带电体做复杂的曲线运动,应用能量守恒定律或动能定理求解。

10.2.4　电磁场技术的应用

1　速度选择器

两平行板间有互相垂直的匀强电场 E 和匀强磁场 B,带电粒子垂直于电场和磁场方向射入速度选择器后,同时受到电场力 qE 和洛伦兹力 qvB 的作用,如图 10.20 所示。带电粒子能够沿直线匀速通过速度选择器的条件是 $qE = qv_0B$,得 $v_0 = \dfrac{E}{B}$;当 $v > v_0$ 时,洛伦兹力大于电场力,带电粒子向上偏转;当 $v < v_0$ 时,洛伦兹力小于电场力,带电粒子向下偏转。

2　磁流体发电机

磁流体发电机是一项新兴技术,它直接把内能转化为电能。如图 10.21 所示,间距为 d 的一组平行板间,有垂直纸面向里的匀强磁场,磁感应强度为 B。从左侧有高速运动的等离子(含数量相等的正、负粒子)以速度 v 射入磁场,粒子带电量均为 q。

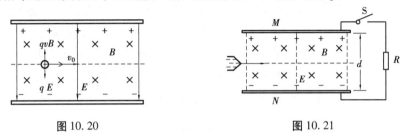

图 10.20　　　　　　　　　　　　图 10.21

正、负粒子开始进入磁场后,在洛伦兹力作用下分别偏转到 M、N 两极板上,两极板间立即形成电场,并开始对等离子体施加电场力的作用。随着粒子的持续偏转,两极板积累的电荷量持续增多,极板间的电场逐渐变强,直至电场力同洛伦兹力大小相等,粒子做匀速直线运动。

于是,由 $qE = q\dfrac{U}{d} = qvB$ 得两极板的电势差为 $U = Bdv$。按照对电源的分析思路,这一电势差就是电动势。有外电路消耗电能时,极板间电场强度减弱,前述的电荷偏转累积过程又开始进行使粒子做匀速直线运动。从整个过程来看,磁流体发电机用上述动态平衡的方式来维持电源间恒定的电势差。

在第 11 章中,对于磁流体发电机的模型可以换一种理解的方式:当极板间的带电粒子处于电场力和洛伦兹力的动态平衡时,可以认为长度为 d 的导体(等离子体)以速度 v 做切割磁感线的运动,导体两端形成电动势 Bdv。

3　电磁流量计

电磁流量计的工作原理类似于磁流体发电机。

如图 10.22 所示,圆形导管直径为 d,用非磁性材料制成,导电液体在管中向左流动,导电液体中的自由电荷(正、负离子),在洛伦兹力的作用下横向偏转,a、b 间出现电势差,形成电场,当自由电荷所受的电场力和洛伦兹力平衡时,a、b 间的电势差就保持稳定,即

$$qvB = qE = q\dfrac{U}{d}$$

所以

$$v = \frac{U}{Bd}$$

因此液体流量

$$Q = Sv = \frac{\pi d^2}{4} \cdot \frac{U}{Bd} = \frac{\pi dU}{4B} \qquad (10.18)$$

4　霍尔效应

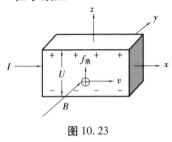

当电流垂直于外磁场通过导体时,在导体的垂直于磁场和电流方向的两个端面之间会出现电势差,这一现象就是霍尔效应,这个电势差也被称为霍尔电势差。其物理本质为:导体中的载流子定向移动时,磁场的洛伦兹力使载流子发生偏转。对金属导体而言,载流子为电子,则导体上表面聚集负电荷,下表面聚集正电荷;若导电的载流子为正电荷,则上表面聚集正电荷,下表面聚集负电荷(图10.23)。

图 10.23

典型例题

例 1　如图 10.24 所示,在第一象限存在匀强磁场,磁感应强度方向垂直于纸面(xy 平面)向外;在第四象限存在匀强电场,方向沿 x 轴负方向。在 y 轴正半轴上某点以与 x 轴正向平行、大小为 v_0 的速度发射出一带正电荷的粒子,该粒子在$(d,0)$点沿垂直于 x 轴的方向进入电场。不计重力。若该粒子离开电场时速度方向与 y 轴负方向的夹角为 θ,求:

(1)电场强度大小与磁感应强度大小的比值;

(2)该粒子在电场中运动的时间。

解　如图 10.25 所示,粒子进入磁场后做匀速圆周运动。设磁感应强度的大小为 B,粒子质量与所带电荷量分别为 m 和 q,圆周运动的半径为 r,由洛伦兹力公式及牛顿第二定律得

$$qv_0B = m\frac{v_0^2}{r}$$

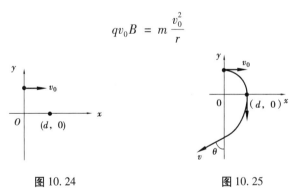

图 10.24　　　　　　图 10.25

由题设条件和图中几何关系可知

$$r = d$$

设电场强度大小为 E,粒子进入电场后沿 x 轴负方向运动的速度大小为 v_x,由牛顿第二定律有

$$qE = ma_x$$

根据运动学公式有

$$v_x = a_x t, \frac{v_x}{2} \cdot t = d$$

由于粒子在电场中做类平抛运动,有

$$\tan \theta = \frac{v_x}{v_0}$$

解得

$$\frac{E}{B} = \frac{1}{2} v_0 \tan^2 \theta$$

$$t = \frac{2d}{v_0 \tan \theta}$$

例2 如图10.26所示的空间,匀强电场的方向竖直向下,场强为 E;匀强磁场的方向水平向外,磁感应强度为 B。有两个带电小球 M 和 N 都能在垂直于磁场方向的同一竖直平面内做匀速圆周运动(两小球间的库仑力可以忽略),运动轨迹如图。已知两个带电小球 M 和 N 的质量关系为 $m_M = 3m_N$,轨道半径为 $R_M = 3R_N = 9$ cm。

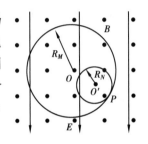

图10.26

(1)试说明小球 M 和 N 带什么电,它们所带的电荷量之比 q_M:q_N 等于多少;

(2)指出小球 M 和 N 的绕行方向;

(3)设小球 M 和 N 在图示位置 P 处发生碰撞,且碰撞后原先在小圆轨道上运动的带电小球 N 恰好能沿大圆轨道运动,求小球 M 碰撞后所做圆周运动的轨道半径(设碰撞时两个小球间的电荷量不发生转移)。

解 (1)因为两个带电小球都在复合场中做匀速圆周运动,所以电场力和重力大小相等、方向相反,则

$$q_M E = m_M g, q_N E = m_N g$$

因为

$$m_M = 3m_N$$

所以

$$q_M : q_N = 3 : 1$$

(2)两小球所受电场力竖直向上,而匀强电场的方向竖直向下,则两小球都带负电。小球在竖直平面内做匀速圆周运动,由左手定则可判断:小球沿逆时针方向运动。

(3)两小球在碰撞之前,洛伦兹力提供向心力

$$qvB = \frac{mv^2}{R}$$

得

$$R = \frac{mv}{qB}$$

由题意知

$$R_M = 3R_N$$

所以

$$v_M : v_N = 3 : 1$$

两小球碰撞时所受的洛伦兹力同运动的方向相互垂直,所以在碰撞的速度方向上动量守恒,则

$$m_M v_M + m_N v_N = m_M v'_M + m_N v'_N$$

由于小球 M、N 在 P 处发生碰撞后,带电小球 N 恰好能沿大圆轨道运动,由 $R = \frac{mv}{qB}$ 可知,

$v'_N = 3v_N$。代入动量守恒方程,解得 $v'_M = \frac{7}{3}v_N$。

则

$$\frac{R_M}{R'_M} = \frac{m_M v_M}{q_M B} : \frac{m_M v'_M}{q_M B} = \frac{9}{7}$$

所以

$$R'_M = \frac{7}{9}R_M = 7 \text{ cm}$$

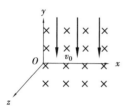

图 10.27

例 3 如图 10.27 所示,空间的匀强电场沿 $-y$ 方向,电场强度大小为 E,匀强磁场沿 $-z$ 方向,磁感强度大小为 B。有带正电的粒子(已知质量为 m、电荷量为 q)从 O 点出发沿 $+x$ 方向以初速度为 $v_0 = \frac{2E}{B}$ 射入场区,不计重力。求:

(1)此带电粒子到达的地方到 x 轴的最远距离;

(2)粒子运动轨迹跟 x 轴相切的点的坐标。

解 (1)正电粒子的初速度 $v_0 = \frac{2E}{B}$,可以分解沿 x 轴正方向的初速度 $v_1 = \frac{E}{B}$ 和沿 x 轴正方向初速度 $v_2 = \frac{E}{B}$。

由左手定则可知,对于 x 轴正方向的速度 v_1,粒子受到竖直向上的电场力与竖直向下的洛伦兹力平衡,可看成沿 x 轴正方向的匀速直线运动,而此时粒子还具有 x 轴正方向的初速度 v_2 而受到竖直向上的洛伦兹力作用做逆时针方向的匀速圆周运动,所以粒子的运动可以看成沿 x 轴正方向的匀速直线运动和沿逆时针方向的匀速圆周运动的合运动。当带电粒子到达的地方到 x 轴的最远距离时,粒子运动到最高点,匀速圆周运动的速度方向改变了 $180°$,由于 $R = \frac{mv_2}{Bq}$,则

$$y_{max} = 2R = \frac{2mE}{qB^2}$$

（2）带电粒子相邻两次与 x 轴相切的时间间隔 $T = \dfrac{2\pi m}{Bq}$，则粒子运动轨迹跟 x 轴相切的点的坐标

$$x_n = v_1 \cdot nT = \frac{2n\pi mE}{Bq^2}(n = 1,2,3,\cdots)$$

巩固提升

1. 如图 10.28 所示，在磁感应强度为 B 的水平匀强磁场中，有一足够长的绝缘细棒 OO' 在竖直面内垂直于磁场方向放置，细棒与水平面夹角为 α。一质量为 m、带电荷量为 $+q$ 的圆环 A 套在 OO' 棒上，圆环与棒间的动摩擦因数为 μ，且 $\mu < \tan \alpha$。现让圆环 A 由静止开始下滑，试问圆环在下滑过程中：

（1）圆环 A 的最大加速度为多大？获得最大加速度时的速度为多大？

（2）圆环 A 能够达到的最大速度为多大？

2. 如图 10.29 所示，$x > 0$ 在区域内有沿 y 轴正方向的匀强电场，在 $x < 0$ 区域内有垂直坐标平面向里的匀强磁场。一电子（质量为 m、电量为 e）从 y 轴上 A 点以沿 x 轴正方向的初速度 v_0 开始运动。当电子第一次穿越 x 轴时，恰好到达 C 点；当电子第二次穿越 x 轴时，恰好到达坐标原点；当电子第三次穿越 x 轴时，恰好到达 D 点。C、D 两点均未在图中标出。已知 A、C 点到坐标原点的距离分别为 d、$2d$。不计电子重力，求：

（1）电场强度 E 的大小；

（2）磁感应强度 B 的大小；

（3）电子从 A 点运动到 D 点经历的时间 t。

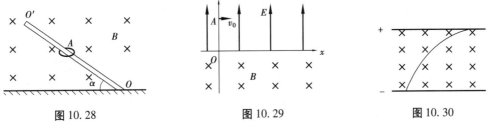

图 10.28　　　　　　　　图 10.29　　　　　　　　图 10.30

3. 如图 10.30 所示，一个平行板电容器，间距为 d，电压为 u，上极板带正电，下极板带负电，有正交于电场的磁场，垂直于纸面向里，下极板有一电子 (e,m)，静止释放，其运动轨迹恰好与上极板相切，求：

（1）磁场的磁感应强度的大小；

（2）当电子运动到上极板时，其轨迹的曲率半径。

4. 如图 10.31 所示，一质量分布均匀的细圆环，其半径为 R、质量为 M，令其均匀带电，总电量为 $+Q$。现将此环平放在绝缘的光滑水平桌面上，并处于磁感应强度为 B 的匀强磁场中，磁场方向竖直向下。当此环通过其圆心的竖直轴以角速度 ω 旋转时，试求环中增加的张力。

5. 真空中有一半径为 r 的圆柱形匀强磁场，方向垂直纸面向里，Ox 为过边界上 O 点的切线，如图 10.32（a）所示，从 O 点在纸面内向各个方向发射速率均为 v_0 的电子，忽略电子间相互作用和重力影响，且电子在磁场中偏转半径也为 r，已知电子的电荷量为 e，质量为

m。求：

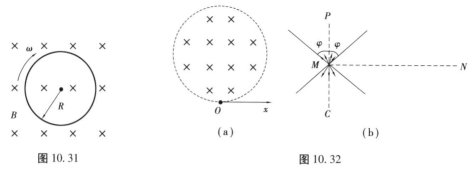

图 10.31　　　　　　　　　　　　图 10.32

（1）所有在磁场中运动后从边界出射的电子，分析其速度方向的特征；

（2）速度方向分别与 Ox 方向夹角为 60° 和 90° 的电子，在磁场中的运动时间；

（3）若在某一平面内有 M、N 两点，PC 垂直于 MN。从 M 点可以向平面内的多个方向发射速率均为 v_0 的电子，电子散开在与 PC 夹角为 $\varphi\left(0<\varphi<\dfrac{\pi}{2}\right)$ 的范围内，如图 10.32（b）所示。请设计一种匀强磁场分布，其磁感应强度大小均为 B，使得由 M 点发出的电子能够汇聚到 N 点。

6. 如图 10.33 所示，半径为 R 的光滑圆轨道竖直放置，匀强磁场垂直于纸面向外，一个质量为 m，带电量为 $+q$ 的小球从轨道的最高点由静止释放。

（1）如果磁感应强度的大小为 B，小球从左侧滑下，求小球脱离轨道时与球心连线和竖直方向之间的夹角 θ；

（2）如果 B 的大小未知，小球从右侧由静止滑下，刚好能滑到底部，求 B 的大小；

（3）在上一问的情况下，小球是否能够继续在竖直平面内转圈？

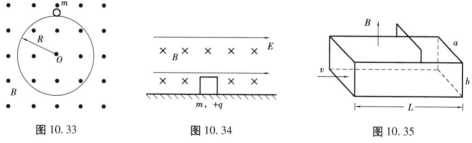

图 10.33　　　　　　　　图 10.34　　　　　　　　图 10.35

7. 如图 10.34 所示，水平面上放有质量为 m，带电量为 $+q$ 的滑块，滑块和水平面之间的动摩擦因数为 μ。水平面的上方有一场强大小为 E、方向水平向右的匀强电场以及垂直于纸面向里的匀强磁场，磁感应强度为 B。若 $\mu<\dfrac{qE}{mg}$，则滑块由静止释放后经过时间 t 离开水平面，求这段时间里滑块相对于地面运动过的位移 S。

8. 如图 10.35 所示，一矩形管长为 L，宽为 a，高为 b，相距为 a 的两个侧面是导体，上下平面是绝缘体。现将两个导体平面用导线短路，磁感应强度为 B 的匀强磁场垂直于上下平面，有电阻率为 ρ 的水银通过矩形管，如果水银通过管子的速度 v 和加在管两端的压强差成正比。如果无磁场时，在压强为 P 时水银的速度为 v_0。当加在管子上的压强为 P 且有磁场时,求水银的流速 v。

9. 如图 10.36 所示的装置中,重 $G = 0.50$ N、宽 $L = 20$ cm 的倒 U 形导体置入水银槽中,空间存在区域很窄(恰好覆盖住导体)的、磁感应强度 $B = 2.0$ T 的匀强磁场。现将开关 K 合上后,导体立即跳离水银槽,且跳起的最大高度 $h = 3.2$ cm,重力加速度取 $g = 10$ m/s^2,忽略电源内阻。若通电时间 $t = 0.01$ s,忽略导体加速过程中产生的感应电动势,求通电过程流过导体的电量。

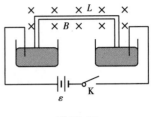

图 10.36

10. 回旋加速器中匀强磁场的磁感应强度 $B = 1$ T,高频加速电压的频率为 $\nu = 7.5 \times 10^6$ Hz,带电粒子在回旋加速器中运动形成离子束的平均电流为 $I = 1$ mA,最后离子束从半径 $R = 1$ m 的轨道飞出,如果离子束进入冷却"圈套"的水中并停止运动,问可使"圈套"中的水温升高多少度? 设"圈套"中水的消耗量为 $m = 11$ kg/s,水的比热容取 $C = 4.2 \times 10^3$ J/(kg·K)。

11. 如图 10.37 所示,光滑绝缘水平面内建有 xOy 坐标系,绝缘水平面处于竖直向下(图中垂直纸面朝里)的匀强磁场中,磁感应强度的大小为 B。

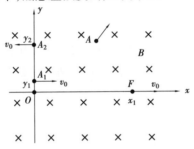

图 10.37

(1)一质量为 m、电荷量为 $+q$ 的小球 A,在 xOy 平面上以水平速度 v_0 做匀速圆周运动,其初速度方向如图所示,试求其轨道半径 R 和运动周期 T。

(2)小球 A_1、A_2 的质量和电荷量均与小球 A 相同,它们开始时分别位于 y 轴上的 y_1、y_2($y_2 > y_1$)位置;其初速度方向如图 10.37 所示,大小同为 v_0。如要求 A_1 能到达 y_2 处,试求 $y_2 - y_1$ 所有可能的取值。本问及下一问中,带电小球间可能发生的碰撞是时间极短的弹性正碰,碰撞时无电荷的转移且小球间的库仑力忽略不计。

(3)图 10.37 中小球 F 的质量和电荷量亦为 m、$+q$,$t = 0$ 时刻位于 x 轴上距 O 稍远的 x_1 位置,其初速度的方向沿 x 轴,大小也为 v_0。现给一个质量为 m、电荷量为 $-q$、初速度大小为 v_0 的小球 F_1(图中未画出),$t = 0$ 时其初始位置和初始速度方向由读者选定,但要求在 $t = \left(k + \dfrac{1}{2}\right)T$ 时刻($k \in \mathbf{N}$),F 球可达到 x 轴上与 x_1 相距尽可能远的 x_2($x_2 > x_1$)位置,最后给出所得的 $x_2 - x_1$ 值。

参考答案与解析

第 11 章　电磁感应

11.1　电磁感应定律

11.1.1　电磁感应现象

1820 年奥斯特发现电流产生磁场,那磁场是否会产生电流? 这个逆问题引起人们极大的兴趣,人们做了许多实验,但直到 1831 年,英国物理学家法拉第才第一次发现了电磁感应现象,并总结出电磁感应规律。

1　产生感应电流的条件

穿过闭合电路的磁通量发生变化。

2　引起磁通量变化的常见情况

①闭合电路的部分导体做切割磁感线运动,导致 Φ 变化。

②线圈在磁场中转动,导致 Φ 变化。

③磁感应强度 B 变化,导致 Φ 变化。

3　产生感应电动势的条件

无论回路是否闭合,只要穿过线圈平面的磁通量发生变化,线路中就有感应电动势。

4　电磁感应现象的实质

电磁感应现象的实质是产生感应电动势,如果回路闭合则产生感应电流;如果回路不闭合,则只有感应电动势,而无感应电流。感应电动势使闭合回路中形成定向电流,产生感应电流的回路部分充当电路中的电源,在电源的内部,电流从电源负极流向正极。

11.1.2　楞次定律

1　楞次定律的内容

用以判断电磁感应现象中感应电流的方向,即感应电流的磁场总要阻碍引起感应电流的磁通量的变化。

2 楞次定律的动力学表现

在楞次定律中,感应电流的磁场阻碍原磁通量的变化,其方式常常伴随有动力学现象的出现。形成感应电流的导体部分通常都通过运动、变化形状、旋转等动态过程来阻碍形成感应电流的磁通量的变化。

3 右手定则

右手定则为楞次定律的一种特例。导体切割磁感线产生的感应电动势,导体内部的洛伦兹力充当非静电力。此时的导体以动生电动势的方式构成电源,导体中电流从低电势流向高电势,即从电源负极流向电源正极。

11.1.3 电磁感应定律

当通过闭合线圈的磁通量变化时,线圈中有感应电流产生,而电流的产生必与某种电动势的存在相联系,这种由于磁通量变化而引起的电动势,称为感应电动势。感应电动势比感应电流更能反映电磁感应现象的本质。因为感应电流的大小随线圈的电阻而变,而感应电动势仅与磁通量的变化有关,与线圈电阻无关,特别是当线圈不闭合时,只要有磁通变化,线圈内就有感应电动势而此时线圈内却没有感应电流,这时我们还是认为发生了电磁感应现象。

精确的实验表明:闭合回路中的感应电动势 ε 与穿过回路的磁通量的变化率 $\Delta\Phi/\Delta t$ 成正比,这个结论叫做法拉第电磁感应定律。即

$$\varepsilon = K\frac{\Delta\Phi}{\Delta t} \tag{11.1}$$

式中,K 是比例常数,取决于 ε、Φ、t 的单位。在国际单位制中,Φ 的单位为韦[伯](Wb),t 的单位为秒(s),ε 的单位是伏[特](V),则 $K=1$。

$$\varepsilon = \frac{\Delta\Phi}{\Delta t} \tag{11.2}$$

上式只适用于单匝导线绕成的回路,如果回路是由 N 匝线圈组成的,则由于穿过每匝线圈的磁通量的变化率都相同,在每匝线圈内都产生相同的感应电动势,整个线圈相当于 N 个电池串联的电池组,总电动势应为

$$\varepsilon = N\frac{\Delta\Phi}{\Delta t} \tag{11.3}$$

这个定律告诉我们,决定感应电动势大小的不是磁通量 Φ 本身,而是 Φ 随时间的变化率。在磁铁插在线圈内部不动时,通过线圈的磁通量虽然很大,但并不随时间而变化,那仍然没有感应电动势。

这个定律是实验定律,它与库仑定律,毕奥-萨伐尔定律这两个实验定律一起,撑起了电磁理论的整座大厦。

法拉第定律确定了感应电动势的大小,而楞次定律确定了感应电动势的方向,若要把二者统一于一个数学表达式中,必须把磁通量和感应电动势看成代数量,并对它的正负赋予确切的含义。人们做出这样的规定:如果一个线圈中感应电流产生的磁场方向和原来穿过线

圈的磁场方向相同,则这个感应电流和感应电动势的方向为正,反之为负。

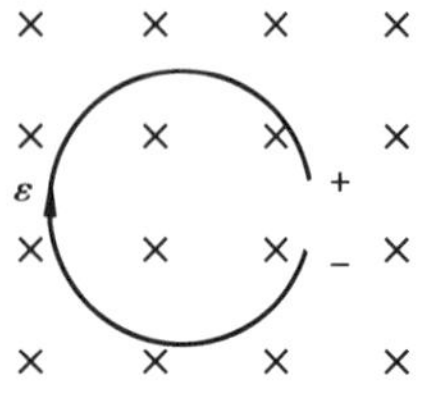

对电动势和磁通量的方向做以上规定后,法拉第定律和楞次定律就统一于下式

$$\varepsilon = - N \frac{\Delta \Phi}{\Delta t} \tag{11.4}$$

图 11.1

例如,在图 11.1 中,当穿过线圈的磁通量增大时,$\Delta \Phi > 0$,则 ε 为负,ε 的方向与标定的回路方向相反;反之,当穿过线圈的磁通量减少时,$\Delta \Phi < 0$,ε 为正,ε 的方向与标定的回路方向相同。

11.1.4 自感和互感

1 自感

(1)概念

由于导体本身电流发生变化而产生电磁感应现象叫做自感现象。

导体回路由于自感现象产生的感生电动势叫做自感电动势,自感电动势的大小和电流的变化率成正比

$$\varepsilon_{自} = - L \frac{\Delta i}{\Delta t} \tag{11.5}$$

这是由于电流变化引起了回路中磁通量变化的缘故,式中比例常数 L 叫做自感系数。

(2)单位

在国际单位制中,自感系数的单位是亨[利](H)。

(3)说明

①自感是导体本身阻碍电流变化的一种属性。对于一个线圈来说,自感系数的大小取决于线圈的匝数、直径、长度以及线芯材料等性质。在线圈直径远较线圈长度小时

$$L = \mu \frac{N^2}{l} S \tag{11.6}$$

式中,μ 是线芯材料的磁导率;l 是线圈长度;N 是线圈匝数;S 是线圈横截面积。

②自感现象产生的原因是当线圈中电流发生变化时,该线圈中将引起磁通量变化,从而产生感生电动势。因此,自感电动势的方向也可由楞次定律确定。当电流减小时,穿过线圈的磁通量也将减小,这时自感电动势的方向应和正在减小的电流方向一致,以阻碍原电流的减小。同理,当线圈中电流增大时,则穿过线圈的磁通量也随着增大,因而有时将导体的自感现象与惯性现象作类比,它们都表现为对运动状态变化的阻碍,所以自感现象又叫做电磁惯性现象,自感系数又叫做电磁惯量。

这也可以在能量关系上作一类比,电场能的公式为

$$W = \frac{1}{2} C U^2 \tag{11.7}$$

储藏在磁场里的能量公式为

$$W = \frac{1}{2} L I^2 \tag{11.8}$$

因而 L 与 C（电容）相当，I 与 U（电压）相当，自感系数 L 又可叫做电磁容量。但须注意，在线圈中被自感而产生电动势所阻碍的是电流的变化，而不是阻碍电流本身。所以线圈中电流变化率越大则线圈两端阻碍电流变化的感生电动势值也越大，与电流的大小无直接关系。

③自感现象也可从能量守恒观点来解释。在自感电路里，接通直流电源，电流逐渐增加，在线圈内穿过的磁通量也逐渐增大，建立起磁场。在电流达到最大值前电源供给的能量将分成两部分，一部分消耗在线路的电阻上转变为内能；另一部分克服自感电动势做功，转化为磁场能。如果线路上内能损耗很小，可以忽略不计，那么在电流达到最大值前，电源供应的能量将全部转化为磁场能，当电流达到最大值时，磁场能也达到最大。当电流达到最大值稳定时，自感电动势不再存在，电源不再供给线圈电能。

④自感系数不仅和线圈的几何形状以及密绕程度有关，而且还和线圈中放置铁芯或磁芯的性质有关。如果空心线圈的自感系数为 L_0，放置磁芯后，线圈的自感系数 L_K 将增大 μ_e 倍，即 $L_K = \mu_e L_0$，式中 μ_e 为磁芯的有效磁导率，它和磁芯材料的相对磁导率 μ_r 有内在的联系。闭合的环形磁芯 μ_e 和 μ_r 数值相等。它们还和导体中工作电流的大小有关。μ_e 和 μ_r 也有所区别。至于 μ_e 的大小还与磁芯材料的粗细、长短等几何形状有关，例如，对棒形铁芯或包含有空气隙的环形磁芯来说，μ_e 小于 μ_r。用 $\mu_r = 400$ 的锰锌铁氧体材料制作的天线磁棒，其 μ_e 常常不到 10。

2　互感

（1）概念

由于电路中电流的变化，而引起邻近另一电路中产生感电动势的现象叫做互感现象。导体由于互感现象，在次级线圈中产生感生电动势。感生电动势的大小和初级线圈中电流的变化率成正比

$$\varepsilon = M \frac{\Delta i}{\Delta t} \tag{11.9}$$

式中，比例常数 M 叫做互感系数。

（2）单位

在国际单位制中，互感系数的单位是亨[利]（H）。

（3）说明

互感系数 M 的大小和初、次级线圈的自感系数有关。当两个自感系数分别为 L_1 和 L_2 的线圈由闭合铁芯相连，而且初、次级线圈又耦合得十分紧密的情况下，即可看作是一种理想耦合，在理想耦合时互感系数 $M = \sqrt{L_1 L_2}$。在一般情况下，两线圈之间不一定有铁芯相连，它们之间的磁耦合并不很紧密，其中某线圈中电流所激发的磁通量不全部通过另一线圈时，那么 $M = k\sqrt{L_1 L_2}$，k 为耦合系数，它的物理意义是表示为磁耦紧密程度。

k 值和两线圈或回路的相对位置以及和周围的介质材料有关。对于 k 值的选取，由实际需要而定。如果要减小互感干扰，则选取较小的耦合系数；如果要加强互感，则选取较大的耦合系数。

典型例题

例 如图 11.2(a)所示,在重庆某地一水平桌面放着长方形线圈 $abcd$,已知 ab 边长为 l_1,bc 边长为 l_2,线圈总电阻为 R,ab 边正好指向正北方。现将线圈以南北连线为轴翻转 $180°$,使 ab 边与 cd 边互换位置,在翻转的全过程中,测得通过导线的总电量为 Q_1。然后维持 ad 边(东西方向)不动,将该线圈绕 ad 边转 $90°$,使之竖直,测得此过程中流过导线的总电量为 Q_2。试求该处地磁场磁感强度 B。

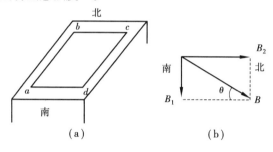

图 11.2

解 由于地磁场存在,无论翻转或竖直,都会使通过回路的磁通量发生变化,产生感应电动势,引起感应电流,导致电量传输。值得注意的是,地磁场既有竖直分量,又有南北方向的分量。

重庆在北半球,地磁场 B 可分解为竖直向下的 B_1 和沿水平面由南指北的 B_2,如图 11.2(b)所示,其中 B 与水平方向夹角为 θ。由

$$\varepsilon = \frac{\Delta \Phi}{\Delta t}, i = \frac{\varepsilon}{R}$$

可得 Δt 时间通过导体截面电量

$$\Delta q = i\Delta t = \frac{\Delta \Phi}{R}$$

当线圈翻转 $180°$ 时,初末磁通量分别为

$$\Phi_1 = B_1 l_1 l_2, \Phi_2 = -B_1 l_1 l_2$$

所以在这一过程中有

$$Q_1 = \frac{2B_1 l_1 l_2}{R}$$

水平转为竖直过程,B_1、B_2 均有影响,即

$$\Phi_1 = B_1 l_1 l_2, \Phi_2 = B_2 l_1 l_2$$

$$Q_2 = \frac{|B_2 - B_1| l_1 l_2}{R}$$

于是解得

$$B_1 = \frac{RQ_1}{2l_1 l_2}$$

$$B_2 = \begin{cases} \dfrac{R}{2l_1l_2}(Q_1 + 2Q_2), B_1 < B_2 \\[3mm] \dfrac{R}{2l_1l_2}(Q_1 - 2Q_2), B_1 > B_2 \end{cases}$$

$$B = \sqrt{B_1^2 + B_2^2} = \frac{\sqrt{2}R}{2l_1l_2}\sqrt{Q_1^2 \pm 2Q_1Q_2 + 2Q_2^2}$$

$$\tan\theta = \frac{B_1}{B_2} = \frac{Q_1}{Q_1 \pm 2Q_2}$$

当 $B_1 < B_2$ 时,取"$+$"号;当 $B_1 > B_2$ 时,取"$-$"号。

巩固提升

如图 11.3 所示,在边长为 a 的等边三角形区域内有匀强磁场 B,其方向垂直纸面向外。一个边长也为 a 的等边三角形导体框架 ABC,在 $t = 0$ 时恰好与上述磁场区域的边界重合,而后以周期 T 绕其中心在纸面内沿顺时针方向匀速运动,于是在框架 ABC 中产生感应电流。规定电流按 A—B—C—A 方向流动时电流强度取正值,反向流动时的取负值。设框架 ABC 的电阻为 R,试求从 $t = 0$ 到 $t_1 = \dfrac{T}{6}$ 时间内的平均电源强度 $\overline{I_1}$ 和从 $t = 0$ 到 $t_2 = \dfrac{T}{2}$ 时间内的平均电流强度 $\overline{I_2}$。

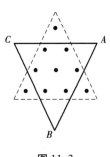

图 11.3

11.2　感应电动势

11.2.1　动生电动势

因导体做切割磁感线运动而在导体两端形成的电动势,叫动生电动势。

1　平动切割

在导体棒沿垂直于磁场方向平动的情况下,其大小由 $\varepsilon = BLv\sin\theta$ 来计算,其中 θ 指 v 和 B 的夹角,L 是导体切割磁感线的有效长度(即垂直于 v 和 B 的直线部分的长度)。其方向可用右手定则来判断。

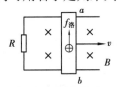

图 11.4

产生动生电动势的非静电力是作用在导体内部电荷上的洛伦兹力。其具体机理如图 11.4 所示:当导体棒 ab 做切割磁场的运动时,导体棒中的自由电子就会随导体棒做向右的定向移动。在洛伦兹力的作用下,自由电子的定向移动会使正电荷向 a 端聚集,使得 a 端的电势高于 b 端的电势。这种非静电力引起的电势差实际上就是电源内部形成电动势的原因,洛伦兹力在这里起到了非静电力的作用,但洛伦兹力不是不做功吗? 这里其实是洛伦兹力的一个分力。

2 转动切割

当导体棒绕一端点转动切割磁感线时产生的电动势为

$$E = \frac{1}{2}Br^2\omega \tag{11.10}$$

匀强磁场 B 中,导体棒 OM 以 O 为圆心转动,角速度为 ω。

推导1:在 $\Delta t(\Delta t \to 0)$ 内,OM 转过一个角度 $\Delta\theta = \omega\Delta t$,对应面积变化量(由于圆心角极小,可以把小扇形看作一个直角三角形,如图 11.5 所示)

$$\Delta S = \frac{1}{2} \cdot r \cdot r \sin\Delta\theta = \frac{1}{2} \cdot r \cdot r \cdot \Delta\theta = \frac{1}{2}r^2\omega\Delta t$$

$$E = B\frac{\Delta S}{\Delta t} = \frac{1}{2}Br^2\omega$$

推导2:杆上某点速度大小为 $v = \omega R \propto R$,可求某时刻杆上各点的平均速度为

$$\bar{v} = \frac{v_0 + v_M}{2} = \frac{0 + \omega r}{2}$$

则

$$E = Br\bar{v} = \frac{1}{2}Br^2\omega$$

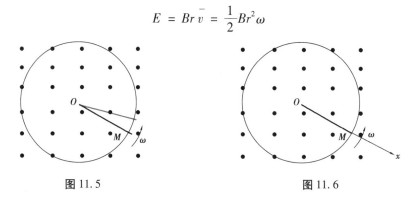

图 11.5   图 11.6

推导3:以 O 为坐标原点,沿 OM 方向建立坐标系 Ox,如图 11.6 所示,在 OM 上坐标为 x 处取一微元 dx,则这一微元切割磁感线产生的电动势为

$$dE = B(dx)(x\omega) = B\omega x dx$$

积分可得

$$E = \int_0^r dE = \int_0^r B\omega x dx = \frac{1}{2}Br^2\omega$$

11.2.2 感生电动势

1 感应电场

变化的磁场在其周围空间激发一种新的电场,称为感生电场或涡旋电场。涡旋电场的方向可以用右手螺旋定则来判断。

处于电场中的电荷会受到感生电场力的作用,**感生电场力是产生电动势的非静电力**,其感应电场的存在与是否存在闭合电路无关。变化的磁场周围所产生的电场与电荷周围的静

电场的区别:①静电场由电荷激发,而磁场周围的感生电场是由变化的磁场激发的;②静电场的电场线不闭合,总是出发于正电荷,终止于负电荷,且单位正电荷在电场中沿闭合线路运动一周时,电场力所做的功为零。而变化的磁场周围的电场中的电场线是闭合曲线,没有终点与起点,这种情况与磁场中的磁感线类似。所以,单位正电荷在此电场中沿闭合电路运动一周时,电场力所做的功不为零;③静电场中,电荷做功只与初、末位置有关而与路径无关,而在感生电场中,移动电荷做功与路径有关。

感生电场力充当电路的电源时,它的作用是通过非静电力做功来提升电路中的电势,沿感生电场(电路中的电流)的方向绕行,电势升高(这点在做题时经常用到)。

应当指出的是,按照引起磁通量变化原因的不同,把感应电动势区分为动生电动势和感生电动势,从参考系变换的观点看,在一定程度上只具有相对的意义。在某些情形,例如磁棒插入线圈产生电动势,以线圈为参考系,是感生电动势;以磁棒为参考系,是动生电动势。但在一般情形下,不可能通过坐标变换,把感生电动势归结为动生电动势,反之亦然。

2 感应电场的强度 E

如图 11.7 所示,一圆柱形匀强磁场区域的半径为 R,如果磁感应强度 B 随时间增加,变化率为 $\Delta B/\Delta t$,B 的方向垂直纸面向里。则磁场中以 O 点为圆心、以 r 为半径的导体回路上的电动势为

$$\varepsilon = \frac{\Delta B}{\Delta t}\pi r^2 \ (r \leqslant R) \tag{11.11}$$

$$\varepsilon = \frac{\Delta B}{\Delta t}\pi R^2 \ (r > R) \tag{11.12}$$

根据电势差和电场的关系,回路上的电场强度 E 的方向沿图11.7中的切线方向,大小满足关系 $\varepsilon = E \cdot 2\pi r$,所以有

$$E = \frac{\Delta B}{2\Delta t} \cdot r \ (r \leqslant R) \tag{11.13}$$

$$E = \frac{R^2 \Delta B}{2\Delta t} \cdot \frac{1}{r} \ (r > R) \tag{11.14}$$

3 常见情形下感生电动势的计算

如图 11.8 所示,在半径为 R 的圆柱形区域内有一垂直纸面向里的匀强磁场,一根长度为 $\sqrt{3}R$ 的金属杆 ab 与磁场垂直地放入磁场区域内,杆的两端恰好在圆周上。如果磁感应强度 B 随时间增加,变化率为 k,求杆中的感应电动势 ε 的大小。

解 将回路 Oab 看作导体杆 ab、Oa 和 Ob 所构成的回路,如图 11.9 所示。根据电磁感应定律,回路中的电动势为

$$\varepsilon = k \cdot \frac{\sqrt{3}}{4}R^2$$

由于涡旋电场同 Oa 和 Ob 垂直,故杆中的自由电荷不会在涡旋电场的作用下沿杆移动,所以 Oa 和 Ob 中不产生感应电动势,故

$$\varepsilon_{ab} = \varepsilon = k \cdot \frac{\sqrt{3}}{4}R^2$$

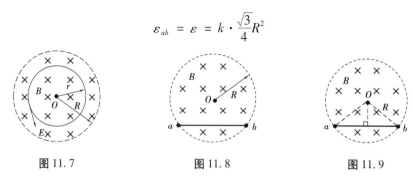

图 11.7　　　　　　　　图 11.8　　　　　　　　图 11.9

本题的计算过程介绍了一种圆形磁场区域中计算感生电动势的普遍方法。将要计算电动势的两点分别与圆心相连,则三点构成的虚拟回路中产生的感应电动势就是要计算的两点间的感生电动势。

4　感应电动势在电路中的作用

应当注意的是,电路中不同位置间,电势高低的判断需要考虑到电源问题。发生电磁感应现象时,产生电动势(无论动生电动势或感生电动势)的导体或部分回路充当电路中的电源。在电源内部,非静电力使电流从电源负极向正极流动。

11.2.3　法拉第电磁感应定律的完整形式

$$\varepsilon = n\frac{\Delta\Phi}{\Delta t} = n\frac{\Delta(BS)}{\Delta t} = nB\frac{\Delta S}{\Delta t} + n\frac{\Delta B}{\Delta t}S \qquad (11.15)$$

当回路面积的改变是由导体棒切割磁感线引起时,定律的形式为

$$\varepsilon = nBLv + n\frac{\Delta B}{\Delta t}S \qquad (11.16)$$

典型例题

例1　如图 11.10 所示,半径为 R 的螺线管内存在匀强磁场,磁场随时间均匀变大,变化率为 k。求长为 R 的直导线在 a、b、c 三个位置时,各自产生的感应电动势大小为多少?假设直导线所在的平面垂直于磁场,且 L 为磁场中心 O 到直导线 c 的垂直距离。

解　本题可以参照知识点中所说的感生电动势的求法。直导线在 a 位置时没有电动势,感生电场同导线垂直,如图 11.11 所示。

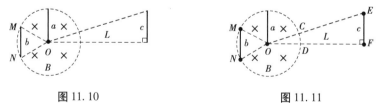

图 11.10　　　　　　　　　　图 11.11

直导线在 b 位置时形成的电动势,大小等于闭合回路 OMN 在磁场中形成的感生电动势,OM 和 ON 磁场中不形成感应电动势

$$\varepsilon_b = \frac{\Delta\Phi}{\Delta t} = kS_{\triangle OMN} = k \cdot \frac{\sqrt{3}}{4}R^2$$

直导线在 c 位置时形成的电动势,大小等于闭合回路 OEF 在磁场中形成的感生电动势,计算时磁场区域的有效面积要注意,$\varepsilon_c = \dfrac{\Delta\Phi}{\Delta t} = kS_{扇形OCD} = \dfrac{1}{2}kR^2 \cdot \arctan\left(\dfrac{R}{L}\right)$。

同 b 位置一样,OE 和 OF 在磁场中也不形成感应电动势。

例2 如图 11.12 所示,一磁感应强度为 B 的匀强磁场,分布在半径为 R 的无限长圆柱体内,设 $B = B_0t(B_0 > 0)$。现有一半径也为 R,电阻均匀分布且总电阻为 r 的金属圆环,放在垂直于磁场的平面内,金属圆环中心在匀强磁场的对称轴上。长为 R、电阻为 r' 的直导线的两个端点 a、b 与金属圆环良好连接,求此直导线中感应电流的大小。(设感应电流所产生的磁场可以忽略)

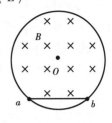

图 11.12

解 扇形 Oab 的面积 $S_1 = \dfrac{\pi R^2}{6}$,三角形 Oab 的面积 $S_2 = \dfrac{\sqrt{3}}{4}R^2$。设金属圆环个部分的电流如图 11.13 所示,则由电流关系可知

$$I_1 = I_2 + I_3 \qquad \text{①}$$

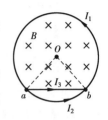

图 11.13

直导线 ab 将金属圆环分割成两个回路,两个回路都可以形成电磁感应现象,对回路中电流的分析必须涉及两个电源。依次可得

$$I_1\left(\frac{5r}{6}\right) + I_3r' = B_0\left(\frac{5\pi R^2}{6} + \frac{\sqrt{3}}{4}R^2\right) \qquad \text{②}$$

$$I_1\left(\frac{5r}{6}\right) + I_2\left(\frac{r}{6}\right) = B_0\pi R^2 \qquad \text{③}$$

联立①②③三式求解可得

$$I_3 = 9\sqrt{3}\,\frac{B_0R^2}{5r + 36r'}$$

巩固提升

1. 如图 11.14 所示是一种延时开关,当 S_1 闭合时,电磁铁 F 将衔铁 D 吸下,C 线路接通。当 S_1 断开时,由于电磁感应作用,D 将延迟一段时间才被释放。试分析下列说法中正确的是(　　)。

A. 由于 A 线圈的电磁感应作用,才产生延时释放 D 的作用

B. 由于 B 线圈的电磁感应作用,才产生延时释放 D 的作用

C. 如果断开 B 线圈的电键 S_2,无延时作用

D. 如果断开 B 线圈的电键 S_2,延时将变长

2. 边长为 L 的正方形导线框 $abcd$,在磁感应强度为 B 的匀强磁场中以垂直于边的速度 v 在线框平面内移动,磁场方向与线框平面垂直,如图 11.15 所示,设整个线框的总感应电动势为 ε,b、c 两点的电势差为 U,则(　　)。

A. $\varepsilon = BLv, U = BLv$ 　　　　　B. $\varepsilon = 0, U = BLv$

C. $\varepsilon = 0, U = 0$ 　　　　　D. $\varepsilon = BLv, U = 0$

3. 如图 11.16 所示,已知粗细均匀的圆环半径为 R,杆长为 $2R$,两个物体单位长度的电阻均为 ρ。匀强磁场方向垂直于纸面向里,磁感应强度为 B。在 $t = 0$ 时,杆的中心与圆环相

切。现杆以速度 v 沿着垂直于杆的方向做匀速直线运动,求杆中电流 I 随时间 t 的变换规律。(感应电流所产生的磁场可以忽略)

4. 如图 11.17 所示,一磁感应强度为 B 的匀强磁场,分布在半径为 R 的无限长圆柱体内,设 $B = B_0 t (B_0 > 0)$。现有一半径也为 R,电阻均匀分布且总电阻为 r 的金属圆环,放在垂直于磁场的平面内,金属圆环中心在匀强磁场的对称轴上。a、b 金属圆环上相距为 R 的两点,则两点间的电势差 $U_a - U_b = $ _____。(设感应电流所产生的磁场可以忽略)

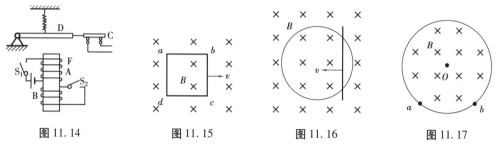

图 11.14　　　　图 11.15　　　　图 11.16　　　　图 11.17

5. 如图 11.18 所示,直径为 D 的导体圆环,由 4 种等长的不同导体材料制作而成。AB 间的电阻值为 R,BC 间的电阻值为 $2R$,CD 间的电阻值为 $3R$,DA 间的电阻值为 $4R$。环内有一均匀变化的磁场,其方向与圆面垂直,变化率为 k。试求圆环上最大的两点间的电势差值。

6. 在图 11.19 中 ab、cd 为相距为 L 的平行导轨(电阻可以忽略),a、b 间接有一阻值为 R 的固定电阻,长直细杆 MN 可以按任意角 θ 架在平行导轨上,并以匀速 v 平移滑动,v 的方向与 da 平行,杆 MN 有电阻,单位长度的电阻值为 R,整个空间充满磁感应强度为 B 的匀强磁场。求:

(1)固定电阻 R 上消耗的功率最大时角 θ 的值;

(2)细杆 MN 上消耗的电功率最大时角 θ 的值。

7. 如图 11.20 所示,均匀导体做成的半径为 R 的 Φ 形环,内套半径为 $R/2$ 的无限长螺线管,其内部的均匀磁场随时间正比例增大,$B = kt$,试求导体环直径两端 M、N 的电势差 U_{MN}。

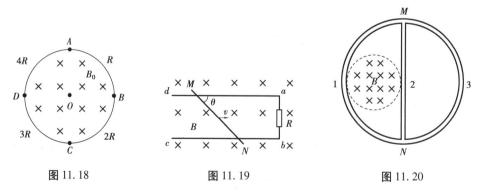

图 11.18　　　　图 11.19　　　　图 11.20

8. 如图 11.21(a)所示,在圆柱形区域内存在一方向竖直向下、磁感应强度大小为 B 的匀强磁场,在此区域内,沿水平面固定一半径为 r 的圆环形光滑细玻璃管,环心 O 在区域中心。一质量为 m、带电量为 $q(q > 0)$ 的小球,在管内沿逆时针方向(从上向下看)做圆周运动。已知磁感应强度大小 B 随时间 t 的变化关系如图 11.21(b)所示,其中 $T_0 = \dfrac{2\pi m}{qB_0}$。设小球在运动过程中电量保持不变,对原磁场的影响可忽略。

(1)在 $t = 0$ 到 $t = T_0$ 这段时间内,小球不受细管侧壁的作用力,求小球的速度大小 v_0;

(2)在竖直向下的磁感应强度增大过程中,将产生涡旋电场,其电场线是在水平面内一系列沿逆时针方向的同心圆,同一条电场线上各点的场强大小相等。试求 $t = T_0$ 到 $t = 1.5T_0$ 这段时间内:

①细管内涡旋电场的场强大小 E;

②电场力对小球做的功 W。

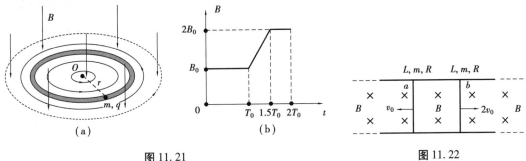

图 11.21　　　　　　　　　　　　　图 11.22

9. 如图 11.22 所示,两条电阻可以忽略不计的金属长导轨固定在一个水平面上,互相平行,相距 L。另外两根长都是 L、质量都是 m、电阻都是 R 的导体棒可以在长导轨上无摩擦地左右滑动。在讨论的空间范围内,存在着竖直向下的匀强磁场,磁感应强度大小为 B。开始时,右侧的导体棒具有朝右的初速度 $2v_0$,左侧的导体棒具有朝左的初速度 v_0。

(1)计算开始时流过两根导体棒的电流以及各自所受安培力的大小和方向;

(2)当两根导体棒中有一根速度为零时计算此时各棒所受安培力的大小和方向;

(3)让两根导体棒在磁场中运动足够长的时间,求系统损失机械能的最大值。

10. 如图 11.23 所示,平行长直金属导轨水平放置,导轨间距为 L,一端接有阻值为 R 的电阻,整个装置处于竖直向下的匀强磁场中,磁感应强度的大小为 B;一根质量为 m 的金属杆置于导轨上,与导轨垂直且接触良好。已知金属杆在导轨上开始运动的速度大小为 v_0,方向平行于导轨。忽略金属杆与导轨的电阻,不计摩擦。证明金属杆运动到总路程的 λ 倍($0 \le \lambda \le 1$)时,安培力的瞬时功率为 $P = \dfrac{(1-\lambda)^2 B^2 L^2 v_0^2}{R}$。

图 11.23　　　　　　　　　图 11.24

11. 图 11.24 为磁流体发电机结构示意图。利用燃烧室加热气体使之离解成为等离子体,等离子体以高速进入两侧有磁极的发电通道,通道上下两侧面为电极。等离子体中的正负电荷受磁场力的作用,分别向上下两侧偏转,则上下两个电极间就会产生电动势,这就是磁流体发电机工作的基本原理。假设等离子体沿通道方向进入时的速率为 v,其电导率为 σ,发电通道中的磁场为匀强磁场,磁感应强度为 B,发电通道上下电极面积均为 A,上下电极的距离为 L。求:磁流体发电机的最大输出功率。(已知等离子体中的电流密度 j 与等离子体中电场强度的关系为 $j=\sigma E$,其中电场强度 E 包括电动势所对应的非静电场 E_i 和由于上下电极的电荷积累所产生的静电场 E_e,即 $E=E_i+E_e$;上下电极之间的电流 $I=jA$。)

参考答案与解析

第 12 章 交流电

12.1 交流电基本知识

12.1.1 交流电的产生及变化规律

如图 12.1 所示,矩形线圈 $abcd$ 在匀强磁场中绕垂直于磁场的轴匀速转动,闭合电路中产生交流电。

如果从线圈转过中性面的时刻开始计时,那么线圈平面与磁感应强度方向的夹角为 ωt,如图 12.2 所示。线圈中产生的瞬时感应电动势按正弦规律变化

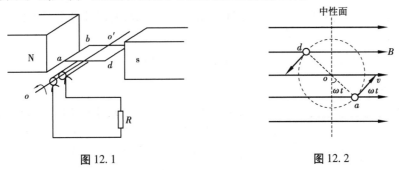

图 12.1   图 12.2

$$e = nBS\omega \sin \omega t = \varepsilon_m \sin \omega t \tag{12.1}$$

式中,$\varepsilon_m = nBS\omega$,称为感应电动势的最大值。电路中的电流强度也按正弦规律变化

$$i = \frac{\varepsilon_m}{R + r} \sin \omega t = I_m \sin \omega t \tag{12.2}$$

式中,$I_m = \dfrac{\varepsilon_m}{R + r}$,称为交流电流的最大值。

外电路的电压按正弦规律变化

$$u = \frac{\varepsilon_m R}{R + r} \sin \omega t = U_m \sin \omega t \tag{12.3}$$

式中,$U_m = \dfrac{\varepsilon_m R}{R + r}$ 称为交流电压的最大值。

12.1.2　表征交流电的物理量

1　周期和频率

周期和频率是表征交流电变化快慢的物理量。一对磁极的交流发电机中的线圈在匀强磁场中匀速转动一周,电流按正弦规律变化一周。把电流完成一次周期性变化所需的时间,叫做交流电的周期 T,单位是秒(s)。把交流电在 1 s 内完成周期性变化的次数,叫做交流电的频率 f,单位是赫兹(Hz)。

2　最大值和有效值

交流电流的最大值与交流电压的最大值是交流电在一周期内电流与电压所能达到的最大值。交流电流和电压的最大值可以分别表示交流电流的强弱与电压的高低。

交流电的有效值是根据电流热效应来规定的。让交流电和直流电通过相同阻值的电阻,如果它们在相同时间内产生的热效应相等,就把这一直流电的数值叫做这一交流电的有效值。通常用 ε 表示交流电动势的有效值,用 I 表示交流电流的有效值,用 U 表示交流电压的有效值。正弦交流电的有效值与最大值之间有如下的关系

$$\varepsilon = \frac{\varepsilon_{\mathrm{m}}}{\sqrt{2}}, I = \frac{I_{\mathrm{m}}}{\sqrt{2}}, U = \frac{U_{\mathrm{m}}}{\sqrt{2}} \tag{12.4}$$

当知道了交流电的有效值,很容易求出交流电通过电阻产生的热量。设交流电的有效值为 I,电阻为 R,则在时间 t 内产生的热量 $Q = I^2 Rt$。这跟直流电路中焦耳定律的形式完全相同。由于交流电的有效值与最大值之间只相差一个倍数,所以计算交流电的有效值时,欧姆定律的形式不变。

通常情况下所说的交流电流或交流电压是指有效值。

3　相位和相差

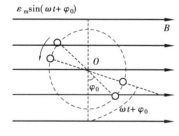

图 12.3

交流发电机中如果从线圈中性面重合的时刻开始计时,交流电动势的瞬时值是 $e = \varepsilon_{\mathrm{m}} \sin \omega t$。如果从线圈平面与中性面有一夹角 φ_0 时开始计时,那么经过时间 t,线圈从线圈平面与中性面有一夹角是 $\omega t + \varphi_0$,如图 12.3 所示,则交流电的电动势瞬时值是

$$e = \varepsilon_{\mathrm{m}} \sin(\omega t + \varphi_0) \tag{12.5}$$

从交流电瞬时值表达式可以看出,交流电瞬时值何时为零,何时最大,不是简单地由时间 t 确定,而是由 $\omega t + \varphi_0$ 来确定。这个相当于角度的量 $\omega t + \varphi_0$ 对于确定交流电的大小和方向起重要作用,称为交流电的相位。φ_0 是 $t = 0$ 时刻的相位,叫做初相位。在交流电中,相位这个物理量是用来比较两个交流电的变化步调的。

两个交流电的相位之差叫做它们的相差,用 $\Delta\varphi$ 表示。如果交流电的频率相同,相差就等于初相位之差,即

$$\Delta\varphi = (\omega t + \varphi_{10}) - (\omega t + \varphi_{20}) = \varphi_{10} - \varphi_{20} \tag{12.6}$$

这时相差是恒定的,不随时间而改变。

两个频率相同的交流电,它们变化的步调是否一致,要由相差 $\Delta\varphi$ 来决定。如果 $\Delta\varphi = 0$,这两个交流电称为同相位;如果 $\Delta\varphi = 180°$,这两个交流电称为反相位;若 $\varphi_{10} > \varphi_{20}$,我们说交流电 I_1 比 I_2 相位超前 $\Delta\varphi$,或说交流电 I_2 比 I_1 相位落后 $\Delta\varphi$。

12.1.3 交流电的旋转矢量表示法

交流电的电流或电压是正弦规律变化的。这一变化规律除了可以用公式和图像来表示外,还可以用一个旋转矢量来表示。

图 12.4 是正弦交流电的旋转矢量表示法与图像表示法的对照图,左边是旋转矢量法,右边是图像法。

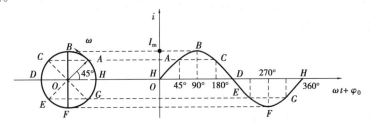

图 12.4

在交流电的旋转矢量表示法中,OA 为一旋转矢量,旋转矢量 OA 的大小表示交流电的最大值 I_m,旋转矢量 OA 旋转的角速度是交流电的角频率 ω,旋转矢量 OA 与横轴的夹角 $\omega t + \varphi_0$ 为交流电的相位,旋转矢量 OA 在纵轴上的投影为交流电的瞬时值 $i = I_m \sin \omega t$。

交流电的旋转矢量表示法使交流电的表达更加直观简洁,并且也为交流电的运算带来极大的方便。

12.1.4 交流电路

1 纯电阻电路

给电阻 R 加上一正弦交流电,如图 12.5 所示,其电压为

$$u = U_m \sin \omega t \tag{12.7}$$

电流、电压的瞬时值仍遵循欧姆定律

$$i = \frac{u}{R} \tag{12.8}$$

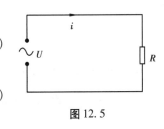

图 12.5

最大值

$$I_m = \frac{U_m}{R} \tag{12.9}$$

它们的有效值同样也满足

$$I = \frac{U}{R} \tag{12.10}$$

在纯电阻电路中,u、i 变化步调是一致的,即它们是同相,图 12.6(a)表示电流、电压随时间

变化的步调一致特性,图 12.6(b)是用旋转矢量法来表示纯电阻电路电流与电压相位关系。

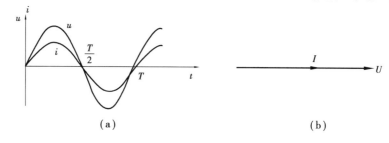

图 12.6

2 纯电感电路

纯电感电路如图 12.7 所示,自感线圈中产生自感电动势为 $\varepsilon_{自}$,电路中电阻 R 可近似为零,由含源电路欧姆定律有

$$u + \varepsilon_{自} = iR$$
$$R = 0 \tag{12.11}$$
$$\varepsilon_{自} = -u$$

自感电动势与外加电压是反相的。

设电路中电流 $i = I_m \sin \omega t$,自感电动势为

$$\varepsilon_{自} = -L \frac{\Delta i}{\Delta t} \tag{12.12}$$

电流的变化为

$$\Delta i = I_m \sin \omega(t + \Delta t) - I_m \sin \omega t \tag{12.13}$$

由于时间 Δt 很短,依三角关系展开上式后,近似处理

$$\cos \omega \Delta t = 1, \sin \omega \Delta t = \omega \Delta t, \Delta i = I_m \omega \Delta t \cos \omega t$$

$$\varepsilon_{自} = -L \frac{\Delta i}{\Delta t} = -L \omega I_m \cos \omega t = -L \omega I_m \sin\left(\omega t + \frac{\pi}{2}\right)$$

则

$$u = L\omega I_m \sin\left(\omega t + \frac{\pi}{2}\right) = U_m \sin\left(\omega t + \frac{\pi}{2}\right) \tag{12.14}$$

由上面可见:纯电感电路中 $U_m = I_m \omega L$,其中 $X_L = \omega L = 2\pi f L$ 称为感抗,单位为欧姆(Ω)。

图 12.7 电压、电流相位关系是电压超前电流 $\frac{\pi}{2}$,它们的图像和矢量表示如图 12.8 所示。

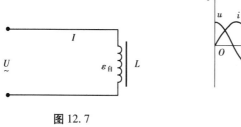

图 12.7

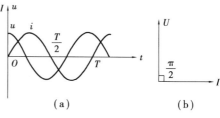

图 12.8

3 纯电容电路

纯电容电路如图 12.9 所示,外加电压 U,电容器反复进行充放电 $i = \dfrac{\Delta Q}{\Delta t} = C \dfrac{\Delta u}{\Delta t}$

设所加交变电压 $u = U_m \sin \omega t$

与前面推导方式相同,时间 Δt 很短,得到

$$\Delta u = U_m \omega \Delta t \cos \omega t = U_m \omega \Delta t \sin\left(\omega t + \frac{\pi}{2}\right)$$

$$i = C \frac{\Delta u}{\Delta t} = C\omega U_m \sin\left(\omega t + \frac{\pi}{2}\right) = I_m \sin\left(\omega t + \frac{\pi}{2}\right) \tag{12.15}$$

由上面可见:纯电容电路中 $I_m = U_m \omega C$,其中 $X_C = \dfrac{1}{\omega C} = \dfrac{1}{2\pi f C}$ 称为容抗,单位为欧[姆](Ω)。

图 12.9 电压、电流相位关系是电压落后电流 $\dfrac{\pi}{2}$,它们的图像和矢量表示如图 12.10 所示。

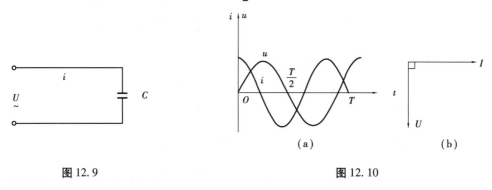

图 12.9

(a)

(b)

图 12.10

4 交流电路中的欧姆定律

在交流电路中,电压、电流的峰值或有效值之间关系和直流电路中的欧姆定律相似,其等式为

$$I = \frac{U}{Z}$$

式中,I、U 都是交流电的有效值;Z 为阻抗,该式就是交流电路中的欧姆定律。

由于电压和电流随元件不同而具有相位差,所以电压和电流的有效值之间一般不是简单数量的比例关系。

以串联电路为例,如图 12.11 所示,R、L、C 串联在交流电路中,总电压不等于各段分电压的和,$U \neq U_R + U_L + U_C$。因为电感两端电压相位超前电流相位 $\dfrac{\pi}{2}$,电容两端电压相位落后电流相位 $\dfrac{\pi}{2}$。所以 R、L、C 上的总电压,绝不是各个元件上的电压的代数和,而是矢量和。

对纯电阻而言,$U_{mR} = I_m Z_R = I_m R$

227

对纯电感而言，$U_{mL} = I_m Z_L = I_m \omega L = I_m X_L$

对纯电容而言，$U_{mC} = I_m Z_C = I_m \dfrac{1}{\omega C} = I_m X_C$

当三者串联时，矢量表示如图 12.12 所示，合成的总电压最大值

$$U_m = \sqrt{(I_m X_L - I_m X_C)^2 + (I_m R)^2} = I_m \sqrt{(X_L - X_C)^2 + R^2} = I_m Z$$

则

$$Z = \sqrt{(X_L - X_C)^2 + R^2}$$

$$I_m = \frac{U_m}{Z} \tag{12.16}$$

而电压和电流还有相位差 φ。

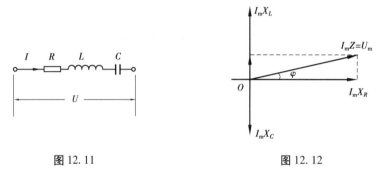

图 12.11　　　　　　　　　图 12.12

12.1.5　交流电的功率

在交流电中电流、电压都随时间而变，因此电流和电压的乘积所表示的功率也将随时间而变。

与交流电功率有关的概念有：瞬时功率、有功功率、视在功率（又称总功率）、无功功率以及功率因素。

1　瞬时功率

由瞬时电流和瞬时电压的乘积所表示的功率

$$P_t = i(t) \cdot u(t) \tag{12.17}$$

它随时间而变，在任意电路中，若 i 与 u 之间存在的相位差为 φ，则

$$i(t) = I_m \sin \omega t \quad u(t) = U_m \sin(\omega t + \varphi)$$

$$P_t = iu = I_m \sin \omega t \cdot U_m \sin(\omega t + \varphi) = I_{eff} \cdot U_{eff}[\cos \varphi - \cos(2\omega t + \varphi)] \tag{12.18}$$

式中，I_{eff}、U_{eff} 表示电流和电压的有效值。在纯电阻电路中，电流和电压之间无相位差，瞬时功率

$$P_t = I_{eff} \cdot U_{eff}(1 - \cos 2\omega t) \tag{12.19}$$

2　有功功率

用电设备平均每单位时间内所用的能量或在一个周期内所用能量和时间的比值。在纯电阻电路中

$$\overline{P_R} = \frac{\int_0^T P_R(t)\,\mathrm{d}t}{T} = \frac{\int_0^T I_{\mathrm{eff}} \cdot U_{\mathrm{eff}}(1 - \cos 2\omega t)\,\mathrm{d}t}{T} = I_{\mathrm{eff}} \cdot U_{\mathrm{eff}} \tag{12.20}$$

纯电阻电路中有功功率和直流电路中的功率计算方法完全一致,电压和电流都用有效值来计算。

在纯电感电路中$\left(\text{电压超前电流}\dfrac{\pi}{2}\right)$

$$\overline{P_L} = \frac{1}{T}\int_0^T P_L\,\mathrm{d}t = \frac{1}{T}\int_0^T I_{\mathrm{eff}} \cdot U_{\mathrm{eff}}[\cos\varphi - \cos(2\omega t + \varphi)]\,\mathrm{d}t = 0 \tag{12.21}$$

在纯电容电路中$\left(\text{电流超前电压}\dfrac{\pi}{2}\right)$

$$\overline{P_C} = \frac{1}{T}\int_0^T P_C\,\mathrm{d}t = \frac{1}{T}\int_0^T I_{\mathrm{m}}U_{\mathrm{m}}\cos\omega t\sin\omega t\,\mathrm{d}t = 0 \tag{12.22}$$

以上说明电感电路或电容电路中能量只能在电路中互换,即电容与电源、电感与电源之间交换能量,对外无能量交换,所以它们的有功功率为零。

对于一般电路的平均功率

$$\overline{P} = \frac{1}{T}\int_0^T P_t\,\mathrm{d}t = \frac{1}{T}\int_0^T I_{\mathrm{eff}}U_{\mathrm{eff}}[\cos\varphi - \cos(2\omega t + \varphi)]\,\mathrm{d}t \tag{12.23}$$

3　视在功率

在交流电路中,电流和电压有效值的乘积叫做视在功率,即

$$S = I_{\mathrm{eff}} \cdot U_{\mathrm{eff}} \tag{12.24}$$

它可用来表示用电器(发电机或变压器)本身所容许的最大功率(即容量)。

4　无功功率

在交流电路中,电流、电压的有效值与它们的相位差φ的正弦的乘积叫做无功功率,即

$$Q = I_{\mathrm{eff}}U_{\mathrm{eff}}\sin\varphi \tag{12.25}$$

它和电路中实际消耗的功率无关,而只表示电容元件、电感元件和电源之间的能量交换的规模。

有功功率,无功功率和视在功率之间的关系,可用如图12.13所示的所谓功率三角形来表示。

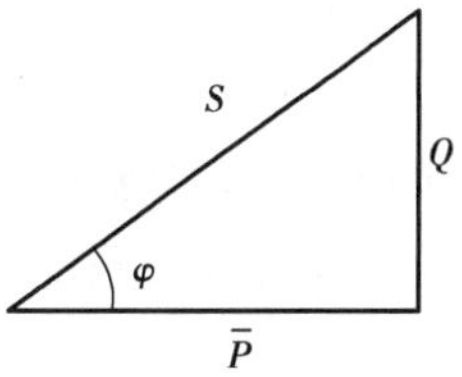

5　功率因数 $\cos\varphi$

发电机输送给负载的有功功率和视在功率的比值

$$\frac{\overline{P}}{S} = \frac{I_{\mathrm{eff}} \cdot U_{\mathrm{eff}}\cos\varphi}{I_{\mathrm{eff}} \cdot U_{\mathrm{eff}}} = \cos\varphi \tag{12.26}$$

图 12.13

为了提高电能的可利用程度,必须提高功率因数,或者说减小相位差。

典型例题

例　如图 12.14 所示,正方形线圈 $abcd$ 绕对称轴 OO' 在匀强磁场中匀速运动,转速为

$n = 120 \text{ rad/min}$。若已知 $ab = bc = 0.20 \text{ m}$，匝数 $N = 20$，磁感应强度 $B = 0.2 \text{ T}$，求：

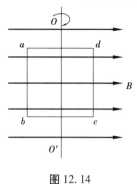

图 12.14

（1）转动中的最大电动势及位置；

（2）从图示位置转过 90° 过程中的平均电动势；

（3）设线圈是闭合的，总电阻 $R = 10 \ \Omega$，线圈转动过程中受到的最大电磁力矩及位置。

解 这是一个以交流发电机为原型的计算题。根据导线切割磁感线产生感应电动势的公式，可计算出线圈中产生的最大感应电动势；根据线圈中的磁通量的平均变化率，可计算出线圈在转动过程中受到磁力矩。

（1）当线圈平面与磁场方向平行时，线圈的 ab、cd 边切割磁感线的有效速度最大，产生的感应电动势最大

$$\varepsilon_{\mathrm{m}} = NBS\omega = NBS \cdot 2\pi \frac{n}{60} = 20 \times 0.2 \times 0.2^2 \times 2\pi \times \frac{120}{60} = 2.01 (\text{V})$$

（2）从图示位置转过 90° 过程中，线圈中发生的磁通量变化 $\Delta\Phi = BS$，经历的时间为 $\dfrac{\pi/2}{\omega}$，由法拉第电磁感应定律解得平均感应电动势为

$$\bar{\varepsilon} = N\frac{\Delta\Phi}{\Delta t} = \frac{NBS\omega}{\dfrac{\pi}{2}} = \frac{\varepsilon_{\mathrm{m}}}{\dfrac{\pi}{2}} = \frac{2.01}{\dfrac{\pi}{2}} = 1.28 (\text{V})$$

（3）当线圈平面与磁场方向平行时，线圈中产生的感应电动势最大，产生的感应电流最大。此时线圈的 ab、cd 边受到的安培力最大且与线圈平面垂直，因而磁力矩的最大值

$$M_{\mathrm{m}} = NBI_{\mathrm{m}}S = NBS\frac{\varepsilon_{\mathrm{m}}}{R} = \frac{N^2B^2S^2\omega}{R} = \frac{(20 \times 0.2 \times 0.2^2)^2}{10} \times 2\pi \times \frac{120}{60} = 0.030\ 2 (\text{N} \cdot \text{m})$$

巩固提升

1. 氖灯接入频率 $f = 50 \text{ Hz}$、电压为 120 V 的交流电路中共 10 min，若氖灯点燃和熄灭电压 $u_0 = 120 \text{ V}$，试求氖灯的发光时间。

2. 某用电区总功率表的读数和总电流表的读数常常是 16 kW 和 90 A 左右，原因是电感性负载增大，总电流相位比总电压相位落后较多造成的，导致功率因素过低，于是在该用电区输入端并联一只电容，结果使该电路的功率因素提高到了 0.9，试问并联这一电容规格如何？

12.2　交流电进阶

12.2.1　三相交流电

三相交流电发电机原理如图 12.15 所示，其中 AX、BY、CZ 三组完全相同的线圈，它们排

列在圆周上位置彼此差120°,当磁铁以角速度 ω 匀速转动时,每个线圈中都会产生一个交变电动势,它们彼此相位差为 $\dfrac{2\pi}{3}$,因而有

$$e_{AX} = \varepsilon_{\mathrm{m}} \sin \omega t$$

$$e_{BY} = \varepsilon_{\mathrm{m}} \sin\left(\omega t + \frac{2}{3}\pi\right) \tag{12.27}$$

$$e_{CZ} = \varepsilon_{\mathrm{m}} \sin\left(\omega t + \frac{4}{3}\pi\right)$$

(1)星形(Y型)连接的三相交流电源如图 12.16 所示,三相中每个线圈的头 A、B、C 分别引出三条线,称为端线(火线),而每相线圈尾 X、Y、Z 连接在一起,引出一条线,此线称为中线。因为总共接出四根导线,所以连接后的电源称为三相四线制。

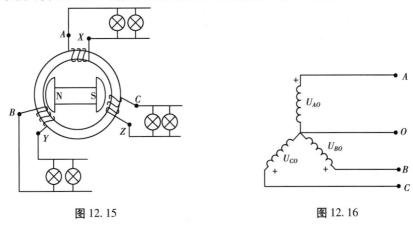

图 12.15　　　　　　　　　　　　　图 12.16

三相电源中,每相线圈中电流称为相电流,端线与中线间的电流为相电流,端线之间的电流为线电流,每个线圈中电压为相电压,任意两条端线间的电压为线电压。则线电压与相电压关系

$$U_{AB} = U_{AO} + U_{OB} = U_{AO} - U_{BO}$$

$$U_{AB} = U_{\mathrm{m}}\sin \omega t - U_{\mathrm{m}}\sin\left(\omega t + \frac{2}{3}\pi\right) = \sqrt{3}U_{\mathrm{m}}\sin\left(\omega t + \frac{\pi}{6}\right)$$

所以对有效值而言,有

$$U_{AB} = \sqrt{3}U_{AO} \tag{12.28}$$

同理有

$$U_{BC} = \sqrt{3}U_{BO} , U_{CA} = \sqrt{3}U_{CO} \tag{12.29}$$

而星形连接后,相电流与线电流大小是一样的,即

$$I_{相} = I_{线} \tag{12.30}$$

(2)三角形(△形)连接的三相电源如图 12.17 所示,它构成三相三线制电路。由图可知,在此情形下线电压等于相电压,但线电流与相电流是不相等的,若连接负载在对称平衡条件下

$$i_{AX} = I_{\mathrm{m}} \sin \omega t$$

$$i_{CZ} = I_m \sin\left(\omega t - \frac{4}{3}\pi\right)$$

$$i_A = i_{AX} - i_{CZ} = \sqrt{3}I_m \sin\left(\omega t - \frac{\pi}{6}\right)$$

所以有

$$I_{线} = \sqrt{3}I_{相} \tag{12.31}$$

（3）三相交流电负载的星形和三角形连接如图 12.18 所示,星形连接时,有

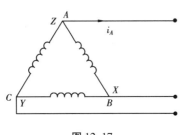

图 12.17

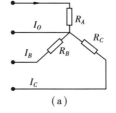

（a）

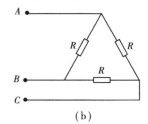

（b）

图 12.18

$$U_{相} = \frac{U_{线}}{\sqrt{3}} \tag{12.32}$$

电流关系

$$I_{相} = I_{线} \tag{12.33}$$

若三相负载平衡,即

$$R_A = R_B = R_C$$

则有

$$i_0 = i_A = i_B = i_C = 0$$
$$I_0 = 0 \tag{12.34}$$

中线可省去,改为三相三线制。

三相负载的三角形连接时,线电压与相电压相等,而负载上电流与线电流不等,当三相平衡时,线电流是相电流的$\sqrt{3}$倍。

12.2.2　整流和滤波

1　整流

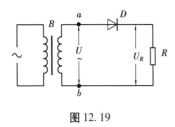

图 12.19

把交流电变为直流电的过程叫做整流,通常是利用二极管的单向导电特性来实现整流目的,一般的整流方式为半波整流、全波整流、桥式整流。

（1）半波整流

如图 12.19 所示电路为半波整流电路,B 是变压器,D是二极管,R 是负载。当变压器输出正弦交流

$$u_{ab} = U_m \sin \omega t$$

波形如图 12.20(a)所示,当 $u_{ab} > 0$ 时,二极管 D 正向导通,设正向电阻为零,则 $u_R = u_{ab}$。当 $u_{ab} < 0$ 时,在交流负半周期,二极管处于反向截止状态,$R_D \to \infty$,所以 R 上无电流,$u_R = 0$,变化如图 12.20(b)所示。可见 R 上电压是单方向的,而强度是随时间变化的。

(2)全波整流

全波整流是用两个二极管 D_1、D_2 分别完成的半波整流后再实现全波整流,如图 12.21 所示,O 为变压器中央抽头,当 $u_{ab} > 0$ 时,D_1 导通,D_2 截止,当 $u_{ab} < 0$ 时,D_1 截止,D_2 导通,所以 R 上总是有从上向下的单向电流,如图 12.22 所示。

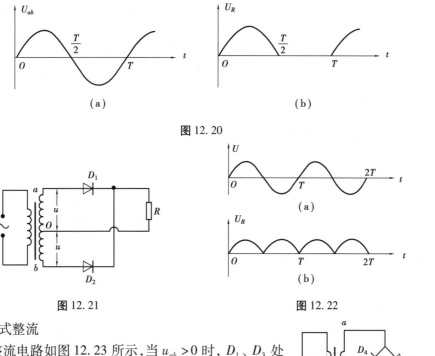

（a）　　　　　　　　　　　　（b）

图 12.20

图 12.21

图 12.22

(3)桥式整流

桥式整流电路如图 12.23 所示,当 $u_{ab} > 0$ 时,D_1、D_3 处于导通状态,D_2、D_4 处于反向截止,而当 $u_{ab} < 0$ 时,D_2、D_4 处于导通,D_1、D_3 反向截止,流经 R 的电流总是从上向下的直流电,它与全波整流波形相似。所不同的是,全波整流时,二极管截止时承受反向电压的最大值为 $2\sqrt{2}U$,而桥式整流二极管截止时,每一个承受最大反向电压为 $\sqrt{2}U$。

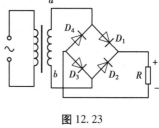

图 12.23

2 滤波

交流电经整流后成为脉动直流电,其电流强度大小仍随时间变化,为了使脉动电流变为比较平稳的直流,需将其中脉动成分滤去,这一过程称为滤波。滤波电路常见的是电容滤波、电感滤波和 π 型滤波。

图 12.24 为电容滤波电路,电解电容 C 并联在负载 R 两端。由于脉动直流可看作是稳恒直流和几个交流电成分叠加而成,因而电容器的隔直流通交流的性质能让脉动直流中的大部分交流成分通过电容器而滤去,使得 R 上获得比较平稳的直流电,如图 12.25 所示。

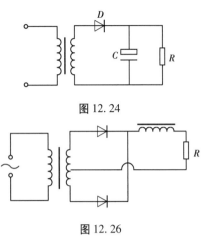

图 12.24

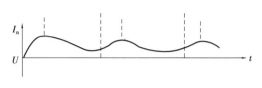

图 12.25

图 12.26

电感线圈具有通直流阻交流的作用,也可以作为滤波元件,如图 12.26 所示电路中 L 与 R 串联,电压交流成分的大部分降在电感线圈上,而 L 的电阻很小,电压的直流成分则大部分降在负载电阻上,因此 R 上电压、电流都平稳得多。

把电容和电感组合起来,还可以组成滤波效果更好的 π 型滤波器。

12.2.3 电磁振荡与电磁波

1 电磁振荡

电路中电容器极板上的电荷和电路中的电流及它们相联系的电场和磁场做周期性变化的现象,叫做电磁振荡。在电磁振荡过程中所产生的强度和方向周期性变化的电流称为振荡电流。能产生振荡电流的电路叫振荡电路。最简单的振荡电路,是由一个电感线圈和一个电容器组成的 LC 电路,如图 12.27 所示。

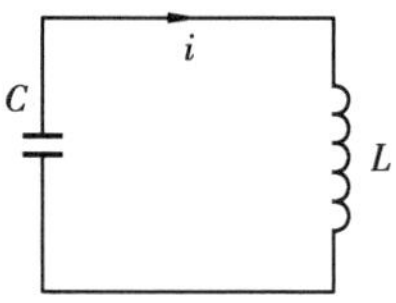

图 12.27

在电磁振荡中,如果没有能量损失,振荡应该永远持续下去,电路中振荡电流的振幅应该永远保持不变,这种振荡叫做自由振荡或等幅振荡。但是,由于任何电路都有电阻,有一部分能量要转变成热,还有一部分能量要辐射到周围空间中去,这样振荡电路中的能量要逐渐减小,直到最后停止下来。这种振荡叫做阻尼振荡或减幅振荡。

电磁振荡完成一次周期性变化时需要的时间叫做周期。一秒钟内完成的周期性变化的次数叫做频率。

振荡电路中发生电磁振荡时,如果没有能量损失,也不受其他外界的影响,即电路中发生自由振荡时的周期和频率,叫做振荡电路的固有周期和固有频率。

LC 回路的周期 T 和频率 f 跟自感系数 L 和电容 C 的关系是

$$T = 2\pi\sqrt{LC},\ f = \frac{1}{2\pi\sqrt{LC}} \tag{12.35}$$

2 电磁场

任何变化的电场都要在周围空间产生磁场,任何变化的磁场都要在周围空间产生电场。变化的电场和磁场总是相互联系的,形成一个不可分割的统一的场,这就是电磁场。麦克斯韦理论是描述电磁场运动规律的理论。

变化的磁场在周围空间激发的电场,其电场呈涡旋状,这种电场叫做涡旋电场。涡旋电场与静电场一样对电荷有力的作用,但涡旋电场又与静电场不同,它不是静电荷产生的,它的电场线是闭合的,在涡旋电场中移动电荷时电场力做的功与路径有关,因此不能引用"电势""电势能"等概念。

3 电磁波

如果空间某处产生了振荡电场,在周围的空间就要产生振荡的磁场,这个振荡磁场又要在较远的空间产生新的振荡电场,接着又要在更远的空间产生新的振荡磁场……这样交替产生的电磁场由近及远地传播就是电磁波。

电磁波的电场和磁场的方向彼此垂直,并且跟传播方向垂直,所以电磁波是横波。

电磁波不同于机械波,机械波要靠介质传播,而电磁波它可以在真空中传播。电磁波在真空中的传播速度等于光在真空中的传播速度。

电磁波在一个周期的时间内传播的距离叫电磁波的波长。电磁波在真空中的波长为

$$\lambda = cT = \frac{c}{f} \tag{12.36}$$

电磁波可以脱离电荷独立存在,电磁波具有能量,它是物质的一种特殊形态。

典型例题

例 三相交流电的相电压为 220 V,负载是不对称的纯电阻,$R_A = R_B = 22\ \Omega$,$R_C = 27.5\ \Omega$,连接如图 12.28 所示,试求:(1)中线电流;(2)线电压。

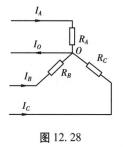

图 12.28

解 有中线时,三相交流三个相变电压的相位彼此差 $\frac{2}{3}\pi$,振幅相同,因负载为纯电阻,三个线电流的相位也应彼此相差 $\frac{2}{3}\pi$,因负载不对称,三个线电流振幅不同,但始终有

$$i_0 = i_A + i_B + i_C$$

(1)有中线时,三个相电压 $U_{AO} = U_{BO} = U_{CO} = 220$ V,彼此相差为 $\frac{2}{3}\pi$,表达式为

$$u_{AO} = 220\sqrt{2}\sin \omega t$$

$$u_{BO} = 220\sqrt{2}\sin\left(\omega t - \frac{2}{3}\pi\right)$$

$$u_{CO} = 220\sqrt{2}\sin\left(\omega t - \frac{4}{3}\pi\right)$$

三个线电流为

$$i_A = \frac{u_{AO}}{R_A} \quad i_B = \frac{u_{BO}}{R_B} \quad i_C = \frac{u_{CO}}{R_C}$$

则有

$$i_A = 10\sqrt{2}\sin \omega t$$

$$i_B = 10\sqrt{2}\sin\left(\omega t - \frac{2}{3}\pi\right)$$

$$i_C = 8\sqrt{2}\sin\left(\omega t - \frac{4}{3}\pi\right)$$

中线电流 $i_0 = i_A + i_B + i_C$，得

$$i_0 = 10\sqrt{2}\sin\omega t + 10\sqrt{2}\sin\left(\omega t - \frac{2\pi}{3}\right) + 8\sqrt{2}\sin\left(\omega t - \frac{4}{3}\pi\right)$$

$$= \sqrt{2}\sin\omega t - \sqrt{2}\cdot\sqrt{3}\cos\omega t = 2\sqrt{2}\sin\left(\omega t - \frac{\pi}{3}\right)$$

所以，中线电流为 2 A。

（2）线电压最大值皆为 $380\sqrt{2}$ V，有效值为 380 V，彼此相差为 $2\pi/3$。

巩固提升

1. 如果回旋加速器的高频电源是一个 LC 振荡器，加速器的磁感强度为 B。被加速的带电粒子质量 m、带电量为 q，那么 LC 振荡电路中电感 L 和电容 C 的乘积 LC 为何值？

2. 在图 12.29 所示的电路中，当电容器 C_1 上电压为零的各时刻，开关 S 交替闭合、断开，画出电感线圈 L 上电压（自设最大值）随时间 t 持续变化的图线，忽略电感线圈及导线上的电阻。

3. 电容为 C 的两个完全相同的电容器 A 和 B 与一个电感为 L 的线圈相联，如图 12.30所示。在开始的时候，开关 S 断开，电容器 A 充电至电压为 U，电容器 B 和线圈上的电荷为零。试确定接通开关以后，在线圈中通过的电流的最大值。

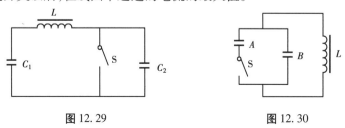

图 12.29　　　　　　　　　　图 12.30

参考答案与解析

第 13 章　光学

13.1　几何光学基础

13.1.1　光的直线传播

在真空中或在同一均匀介质中,光可认为沿直线传播。这就构成了以光的直线传播为理论基础的几何光学。光的传播具有独立性,即几束光在相互交错时互不影响。

13.1.2　光的反射与像

在两种介质的界面上,发生光的反射现象时,反射光线跟入射光线和法线在同一平面内,反射光线和入射光线分居法线的两侧,反射角等于入射角。

从物体发出光经过一定的光学系统后,由出射的实际光线或实际光线的反向延长线(又称虚光线)会聚成的图形叫做像。物体是有大量的物点构成的,物点发出的发散光束经过一定的光学元件后有三种可能:

①成为会聚光束,其会聚点称为物点的实像;

②成为发散光束,其反向延长线的会聚点称为物点的虚像;

③成为平行光束,通常说不成像,或说成像于无限远处。

根据光路可逆原理,物与实像具有空间对应性。物点发出的光经过固定的光学元件后形成实像,如果将物点放在实像的位置,则实像将在原来的物点上。这一关系称为"物像共轭"。

13.1.3　光的折射

1　折射率

折射率的定义为

$$n = \frac{c}{v} \tag{13.1}$$

其中,c 为光在真空中的传播速度;v 为光在该种介质中的传播速度。相较而言,n 值较大的介质称为光密介质,较小的称为光疏介质。

2　折射定律

折射光线跟入射光线和法线在同一平面内,折射光线和入射光线分居法线的两侧,入射角的正弦与折射角的正弦之比为一常数。真空的折射率为1,通过折射定律可以对任一物质的折射率进行定义。

13.1.4　光的传播的基本原理

1　光路可逆原理

在光的反射和折射中,光路都是可逆的。如果光线逆着原来的反射光线或折射光线的方向射到界面上,它就逆着原来的入射光线的方向反射或折射。

2　费马原理

光从空间一点传到另一点是沿着光程为极值的路径传播的。这个极值可能是最大值、最小值,甚至是函数的拐点。费马原理最初提出时,又名"最短时间原理",即光线传播的路径是需时最少路径,或光线沿光程差最小的路径传播。

光程是指光在均匀介质中通过的路程 l 与介质折射率 n 的乘积 nl。从最短光程可导出光在均匀介质中沿直线传播、光的反射定律和折射定律这三个基本实验定律。

如图 13.1 所示为以焦点 F_1、F_2 为焦点的椭球凹面镜,从焦点 F_1 发出的光线反射后都通过该椭球面的另一个焦点 F_2。根据椭圆的特点,从椭圆两个焦点到椭圆上任一点 P 的距离之和为一常量。这种情况下的反射,相当于光程为常量的情形。理想光学系统成像时,有一个重要的性质,即从物点 P 到像点 P' 的各光线的光程相等,称为物像之间的等光程性。因为在图 13.2 中,物点 P 发出的同心光束,通过系统后成为中心在像点 P' 的同心光束。在这个同心光束中,连续分布着无穷多条实际的光线路径。根据费马原理,它们的光程应取最大值,或最小值,或恒定值。对于这些连续分布的实际光线,其光程都取最大值或极小值是不可能的,唯一的可能性是光程取恒定值,即它们的光程差相等。

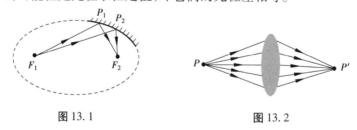

图 13.1　　　　　　　　　　　　　图 13.2

13.1.5　全反射

出现全反射现象的条件是:光必须从光密介质射向光疏介质,入射角大于临界角。发生全反射时,反射光线与入射光线的关系满足反射定律。

利用全反射现象制成的全反射棱镜(横截面为等腰直角三角形的棱镜,可使光线发生90°和180°的偏折),可用来代替反光膜的反射镜,能够减小光能的损失。光导纤维(俗称光纤)也是利用光在均匀透明的玻璃柱的光滑内壁上连续不断地全反射,将光从其一端传送到另一端。

13.1.6 棱镜及色散

棱镜是一种常用的光学元件,它有两个反射面。光从一个面射入,经过两次折射后从另一个面射出,使出射光线向底面偏折。出射光线和入射光线(延长线)的夹角 δ 称为偏折角,由图13.3可以看出

$$\delta = (i_1 - r_1) + (i_2 - r_2)$$

又因为 $r_1 + i_2 = \alpha$,所以 δ 的大小随入射角 i_1 的变化而变化,可以证明,折偏角的最小值为

$$\delta_0 = 2i_1 - \alpha(此时 i_1 = r_2, r_1 = i_2)$$

如果棱镜相对于周围介质的折射率为 n,对应最小偏折角的入射角 i 为

$$n = \frac{\sin i}{\sin r} = \frac{\sin i}{\sin \frac{\alpha}{2}} = \frac{\sin \frac{\delta_0 + \alpha}{2}}{\sin \frac{\alpha}{2}} \tag{13.2}$$

利用该式可以测量棱镜的折射率,有

$$i = \arcsin\left(n \cdot \sin \frac{\alpha}{2}\right) \tag{13.3}$$

由于同一种介质对不同色光有不同的折射率,各种色光的偏折角不同,所以白光经过棱镜折射后能够形成一条由红、橙、黄、绿、蓝、靛、紫七种单色光组成的光带,这种现象叫色散。通过折射定律可以分析得出:同一介质对各种单色光的折射率略有不同,对紫光的折射率最大,对红光的折射率最小(图13.4)。

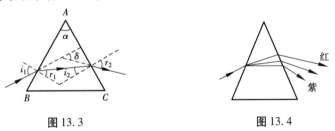

图 13.3   图 13.4

13.2 单个面镜、透镜的成像

13.2.1 球面的反射

反射面是球面的一部分的镜叫球面镜。反射面如果是凹的叫凹面镜,简称凹镜;反射面是凸的叫凸面镜,简称凸镜。镜面的中心点 O 叫镜的顶点,球面的球心 C 叫曲率中心。根据反射定律,从图13.5中所示光路可以看出,凹镜对光线有会聚作用,凸镜对光线有发散

作用。图中 OC 称为主光轴,平行于主光轴且接近主光轴的光线(近轴光线)反射后会聚于主光轴的一点 F,叫焦点,凹镜为实焦点,凸镜为虚焦点。

由反射定律知,$\angle SAC = \angle CAF$,且 $SA \parallel CO$,所以 $CF = AF$。当 SA 接近主光轴时,有 $OF = AF$,故焦距 $f = OF = \dfrac{R}{2}$,R 是球面的半径。

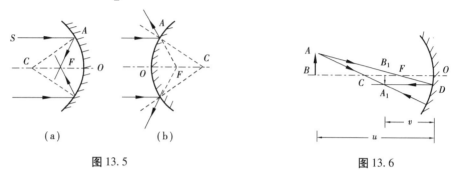

图 13.5   图 13.6

如图 13.6 所示的物 AB 经凹面镜成像 A_1B_1 的光路,可以推导出面镜的成像公式,图中 u 为物距,v 为像距。

由于 $\triangle ABC \backsim \triangle A_1B_1C$,故

$$\frac{u - 2f}{2f - v} = \frac{\overline{AB}}{\overline{A_1B_1}}$$

光线近轴,又由于 $\triangle ABF \backsim \triangle DOF$,故

$$\frac{u - f}{f} = \frac{\overline{AB}}{\overline{OD}} \approx \frac{\overline{AB}}{\overline{A_1B_1}}$$

所以

$$\frac{u - 2f}{2f - v} = \frac{u - f}{f}$$

整理后,得

$$\frac{1}{u} + \frac{1}{v} = \frac{1}{f}\left(= \frac{2}{R} \right) \tag{13.4}$$

像的长度放大率

$$m = \frac{A_1B_1}{AB} = \left| \frac{f}{u - f} \right| = \left| \frac{v}{u} \right| \tag{13.5}$$

式(13.5)对凸面镜同样适用,但均只适用于近轴光线。u、v 的符号法则同透镜中类似,即实物 u 为正值,虚物(会聚光线在还未会聚成一点之前已碰到光具,对这个光具而言即为虚物)u 为负值;实像 v 为正值,虚像 v 为负值;凹镜的焦距 $f > 0$,凸镜的焦距 $f < 0$。

面镜成像作图中常用的三条特殊光线为:跟主光轴平行的入射光线,其反射光线必通过焦点;通过焦点的入射光线,其反射光线与主光轴平行;通过曲率中心的入射光线,其反射光线和入射光线重合但方向相反。

13.2.2 球面的折射

考虑某一条近轴光线 SA,经球面 Σ 折射后沿 AS' 行进,与主光轴交于 S'。设点 A 与主光

轴的距离为 h,如图 13.7 所示。

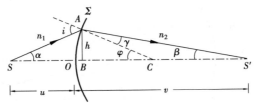

图 13.7

由于 SA 是近轴光线,图中所标出的角度均为小角,所以有 $\sin x \approx \tan x \approx x$,折射定律表示为

$$n_1 i = n_2 r$$

但由几何关系,有

$$i = \alpha + \varphi, r = \varphi - \beta$$

令 $SO = u, OS' = v$,将以上两式代入前式,并利用 $\alpha \approx \dfrac{h}{u}, \varphi \approx \dfrac{h}{R}, \beta \approx \dfrac{h}{v}$

得

$$n_1 \left(\frac{h}{u} + \frac{h}{R} \right) = n_2 \left(\frac{h}{R} - \frac{h}{v} \right)$$

即

$$\frac{n_1}{u} + \frac{n_2}{v} = \frac{n_2 - n_1}{R} \tag{13.6}$$

在用上式解题时,对实物 u 为正值,虚物(会聚光线在还未会聚成一点之前已碰到光具,对这个光具而言即为虚物)u 为负值;实像 v 为正值,虚像 v 为负值;当球心 C 位于 O 点左方时,半径 R 应取负值。

同时,当 $u = \dfrac{n_1 R}{n_2 - n_1} = f$ 时,像距 $v \to \infty$,这时的物点称为物方焦点,用 F 表示,F 与 O 点的距离称为物方焦距,用 f 表示。

当 $u \to \infty$ 时,像距 $v = \dfrac{n_2 R}{n_2 - n_1} = f'$,这时的像点称为像方焦点,用 F' 表示,F' 与 O 点的距离称为像方焦距,用 f' 表示,则

$$\frac{f'}{f} = \frac{n_2}{n_1} \tag{13.7}$$

下面讨论单球面折射的放大率。

在图 13.8 中,将 S 点以 C 为中心转动一个小的角度至 S_1 点,不难看出,自 S_1 点发出的细光束将成像在直线 $S_1 C$ 的延长线与过 S' 以 C 为圆心的圆弧的交点 S_1',如图 13.8 所示。只要 $\angle SCS_1$ 很小,S_1 可近似看成在过 S 点且与主光轴垂直的平面上,S_1' 则在过 S' 且与主光轴垂直的平面上。前一平面称为物平面,后一平面称为像平面。物平面上任一离 S 点很近的点均将成像在像平面上某一对应点。当物平面上存在以 $SS_1 = y$ 为高的物时,经球面折射后将在像平面上形成高为 $S'S_1' = y'$ 的像。像高 y' 和物高 y 之比称为横向放大率。当物或像在

主光轴上方时,y' 或 y 视为正;在主光轴下方时,视为负。

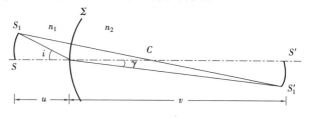

图 13.8

由图 13.8 所示,在考虑近轴光线成像的情况下有

$$n_1 i = n_2 r,\ i = \frac{h}{u},\ \gamma = \frac{h'}{v}$$

相应的放大率为

$$m = \frac{h'}{h} = \frac{n_1}{n_2}\left|\frac{v}{u}\right|$$

据此,也可以知道在平面上折射时,由

$$\frac{n_1}{u} + \frac{n_2}{v} = \frac{n_2 - n_1}{\infty}$$

得

$$v = -\frac{n_2}{n_1}u$$

故平面放大率必为 1。

13.2.3　薄透镜成像公式

薄透镜是一种理想化的透镜模型,它两表面的曲率中心之间的距离远大于它两个顶点之间的距离。对近轴光线,其成像公式为

$$\frac{1}{u} + \frac{1}{v} = \frac{1}{f} \tag{13.8}$$

像的放大率可以表示为

$$m = \left|\frac{v}{u}\right| \tag{13.9}$$

应用成像公式的符号法则:实为正,虚为负;凸透镜的焦距 $f>0$,凹透镜的焦距 $f<0$。

13.2.4　透镜成像作图

作图时常用的三条特殊光线为:①透过光心的光线方向不变;②平行于主光轴的光线折射后通过焦点;③通过焦点的光线经过透镜折射后平行与主光轴,如图 13.9 所示。

在实际问题中,对于任意方向的入射光线或折射光线,还常利用副光轴和焦平面作图。除主光轴外,通过光心的其他直线叫透镜的副轴,过主焦点垂直于主光轴的平面叫焦平面,副轴与焦平面的交点叫副焦点,如图 13.10 所示。平行于副轴入射的光线(光线④)经透镜折射后过副轴与第二焦平面的交点;过副轴与第一焦平面的交点的光线(光线⑤)经透镜折射后平行于副轴。

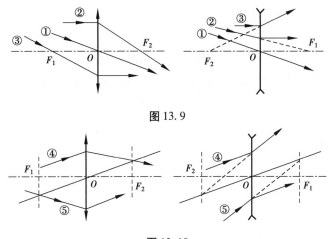

图 13.9

图 13.10

13.2.5　光具组的成像

各个光学元件组成的光学系统称为光具组。解物体通过光具组成像问题的总原则是：物体通过前一光学元件所成的像就是后一光学元件的物；遇平面镜、球面镜等反射镜，应考虑光线折回后再成像这一点。具体来说，可有下列结论：

①后一次成像的物距（有正负）等于两光具的距离（总为正）与前一次成像的像距（有正负）之差，即 $u_{n+1} = d_n - v_n$。

②最终成像位置由最后一个光具所成像的位置决定。$v_n > 0$ 时，表示最终成像在最后光具沿主轴的正向侧；$v_n < 0$ 时，表示最终成像在最后光具沿主轴的反向侧。

③最终成像的虚实由最后一次成像决定，$v_n > 0$ 为实像；$v_n < 0$ 为虚像。

④总放大率等于各次放大率的乘积。

⑤最终成像正倒的确定：先根据单次成像时，实物成实像与虚物成虚像为倒立、实物成虚像与虚物成实像为正立的原则确定正、倒立的次数，再根据倒立了偶数次则是最终成像正立、倒立了奇数次则最终成像倒立确定最终成像的正、倒情况。

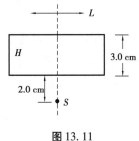

简单的光学仪器

典型例题

例 1　有一水平放置的平行平面玻璃板 H，厚 3.0 cm，折射率 $n = 1.5$。在其下表面下方 2.0 cm 处有一小物 S；在玻璃板上方有一薄凸透镜 L，其焦距 $f = 30$ cm，透镜的主轴与玻璃板面垂直；S 位于透镜的主轴上，如图 13.11 所示。若透镜上方的观察者顺着主轴方向观察到 S 的像就在 S 处，问透镜与玻璃板上表面的距离为多少？

解　物体 S 通过平行玻璃板及透镜成三次像才能被观察到。

图 13.11

设透镜的主轴与玻璃板下表面和上表面的交点分别为 A 和 B,S 作为物,通过玻璃板 H 的下表面折射成像于点 S_1 处,如图 13.12 所示。

根据折射定律,有

$$n'\sin i = n \sin \gamma$$

式中,$n' = 1.0$ 是空气的折射率,对傍轴光线,i、γ 很小,$\sin i \approx \tan i$,$\sin \gamma \approx \tan \gamma$,则

$$\frac{\overline{AD}}{\overline{SA}} = n \frac{\overline{AD}}{\overline{S_1 A}}$$

式中,$\overline{SA}$ 为物距,$\overline{S_1 A}$ 为像距,有

$$\overline{S_1 A} = n \overline{SA} \tag{①}$$

将 S_1 作为物,再通过玻璃板 H 的上表面折射成像于点 S_2 处,这时物距为

$$\overline{S_1 B} = \overline{S_1 A} + \overline{AB}$$

同样根据折射定律可得像距

$$\overline{S_2 B} = \frac{\overline{S_1 B}}{n} \tag{②}$$

将 S_2 作为物,通过透镜 L 成像,设透镜与 H 上表面的距离为 x,则物距 $u = x + \overline{S_2 B}$。根据题意知,最后所成像的像距 $v = -(x + \overline{SA} + \overline{AB})$,代入透镜成像公式,有

$$\frac{1}{x + \overline{S_2 B}} - \frac{1}{x + \overline{SA} + \overline{AB}} = \frac{1}{f} \tag{③}$$

由①、②、③式代入数据可求得 $x = 1.0$ cm,即 L 应置于距玻璃板 H 上表面 1.0 cm 处。

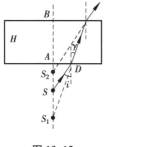

图 13.12

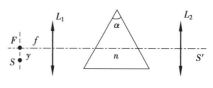

图 13.13

例 2 如图 13.13 所示,三棱镜的顶角 α 为 $60°$,在三棱镜两侧对称位置上放置焦距均为 $f = 30.0$ cm 的两个完全相同的凸透镜 L_1 和 L_2。若在 L_1 的前焦面上距主光轴下方 $y = 14.3$ cm 处放一单色点光源 S,已知其像 S' 与 S 对该光学系统是左右对称的。试求该三棱镜的折射率。

解 由于光学系统是左右对称的,物、像又是左右对称的,光路一定是左右对称的。该光线在棱镜中的部分与光轴平行。由 S 射向 L_1 光心的光线的光路图如图 13.14 所示。

由对称性可知

$$i_1 = \gamma_2 \tag{①}$$

$$i_2 = \gamma_1 \tag{②}$$

由几何关系得

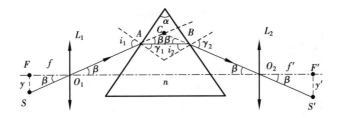

图 13.14

$$\gamma_1 + i_2 = \alpha = 60° \qquad\qquad ③$$

由图可见

$$i_1 = \beta + \gamma_1 \qquad\qquad ④$$

又从 $\triangle FSO_1$ 的边角关系得

$$\tan \beta = \frac{y}{f} \qquad\qquad ⑤$$

代入数值得

$$\beta = \arctan(14.3/30.0) = 25.49° \qquad\qquad ⑥$$

由②、③、④与⑥式得

$$\gamma_1 = 30°, i_1 = 55.49°$$

根据折射定律,求得

$$n = \frac{\sin i_1}{\sin \gamma_1} = 1.65 \qquad\qquad ⑦$$

例3 一束平行光沿薄平凸透镜的主光轴入射,经透镜折射后,会聚于透镜 $f = 48$ cm 处,透镜的折射率 $n = 1.5$。若将此透镜的凸面镀银,物置于平面前 12 cm 处,求最后所成像的位置。

解 (1)先求凸球面的曲率半径 R。平行于主光轴的光线与平面垂直,不发生折射,它在球面上发生折射,交主光轴于 F 点,如图 13.15 所示。C 点为球面的球心,$\overline{CO} = R$,由正弦定理,可得

$$\frac{R + f}{R} = \frac{\sin \gamma}{\sin(\gamma - i)} \qquad\qquad ①$$

由折射定律知

$$\frac{\sin i}{\sin \gamma} = \frac{1}{n} \qquad\qquad ②$$

当 i、γ 很小时,$\sin \gamma \approx \gamma$,$\sin(\gamma - i) \approx \gamma - i$,$\sin i \approx i$,由以上两式得

$$1 + \frac{f}{R} = \frac{\gamma}{\gamma - i} = \frac{n}{n - 1} = 1 + \frac{1}{n - 1} \qquad\qquad ③$$

所以

$$R = (n - 1)f \qquad\qquad ④$$

(2)凸面镀银后将成为半径为 R 的凹面镜,如图 13.16 所示。

令 P 表示物所在位置,P 点经平面折射成像 P',根据折射定律可推出

$$\overline{P'O} = n\,\overline{PO} \qquad ⑤$$

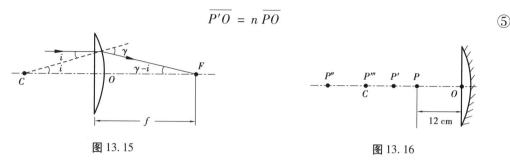

图 13.15   图 13.16

由于这是一个薄透镜,P' 与凹面镜的距离可认为等于 $\overline{P'O}$,设反射后成像于 P'',则由球面镜成像公式可得

$$\frac{1}{\overline{P''O}} + \frac{1}{\overline{P'O}} = \frac{2}{R} \qquad ⑥$$

由此可解得 $\overline{P''O} = 36$ cm,可知 P'' 位于平面的左方,对平面折射来说,P'' 是一个虚物,经平面折射后,成实像于 P''' 点。

$$\frac{\overline{P'''O}}{\overline{P''O}} = \frac{1}{n} \qquad ⑦$$

所以

$$\overline{P'''O} = 24 \text{ cm} \qquad ⑧$$

最后所成实像在透镜左方 24 cm 处。

巩固提升

1. 一曲率半径 $R = 60$ cm 的凹面镜水平放置,使其凹面向上,并在其中装满水,水的折射率为 $n = \dfrac{4}{3}$,假如装满水后水的深度比半径 R 小得多,试问平行光束成像于何处。

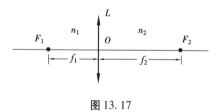

图 13.17

2. 薄凸透镜放在空气中时,两侧焦点与透镜中心的距离相等。如果此薄透镜两侧的介质不同,其折射率分别为 n_1 和 n_2,则透镜两侧各有一个焦点(设为 F_1 和 F_2,但 F_1、F_2 和透镜中心的距离不相等,其值分别为 f_1 和 f_2。现有一个薄凸透镜 L,已知此凸透镜对平行光束起会聚作用,在其左右两侧介质的折射率及焦点的位置如图 13.17 所示。

(1)试求出此时物距 u,像距 v,焦距 f_1 和 f_2 四者之间的关系式。

(2)若有一旁轴光线射向透镜中心,已知它与透镜主轴的夹角为 θ_1,则与之相应的出射线与主轴的夹角 θ_2 多大?

(3)f_1、f_2、n_1、n_2 四者之间有何关系?

3. 有一放在空气中的玻璃棒,折射率 $n = 1.5$,中心轴线长 $L = 45$ cm,一端是半径为 $R_1 = 10$ cm 的凸球面。

(1)要使玻璃棒的作用相当于一架理想的天文望远镜(使主光轴上无限远处物成像于主光轴上无限远处的望远系统),取中心轴线为主光轴,玻璃棒另一端应磨成什么样的球面?

（2）对于这个玻璃棒，由无限远物点射来的平行入射光束与玻璃棒的主光轴成小角度 φ_1 时，从棒射出的平行光束与主光轴成小角度，求 φ_2/φ_1（此比值等于此玻璃棒望远系统的视角放大率）。

13.3　波动光学基础

13.3.1　光波的描述

1　波的数学表达

波是随时间做周期性变化的物理量在空间的周期性分布。

一列波沿 x 轴的正方向传播，速度为 v，波场中原点处振源的振动表示为

$$\Psi(0,t) = A\cos(\omega t + \varphi_0)$$

在波场中到原点的距离为 x 的位置，振动从原点传播到该位置所需的时间为 $\Delta t = \dfrac{x}{v}$，即 x 点的振动比原点滞后 Δt，即 x 点在 t 时刻的振动就是原点在 $t - \Delta t$ 时刻的振动，即

$$\Psi(x,t) = \Psi(0,t-\Delta t) = A\cos\left[\omega(t-\Delta t)+\varphi_0\right] = A\cos\left[\omega t - \omega\frac{x}{v}+\varphi_0\right]$$

由于 $\omega\dfrac{x}{v}=\dfrac{2\pi}{\lambda}x, \dfrac{2\pi}{\lambda}=2\pi\dfrac{1}{\lambda}$，即空间长度内的相位角大小，通常记为 $k=\dfrac{2\pi}{\lambda}$，称为角波数或圆波数。因而光学中描述一维光波的表达式是

$$\Psi(x,t) = A\cos(\omega t - kx + \varphi_0) \tag{13.10}$$

2　光的辐射通量与光强

（1）光的辐射通量

单位时间内通过某一垂直于光传播方向的截面的能量称为光波的辐射通量。辐射通量也被称为能流，其实就是通过某一横截面的光功率。

能流是矢量，其方向与光的传播方向一致。

（2）光强

单位时间内通过某一垂直于光传播方向的单位截面的能量称为光波的强度，简称光强。光强就是光的功率密度。有时将光强称为能流密度，即通过单位面积的能流。能流密度也是矢量，在电磁学中，能流密度就是坡印亭矢量，其表达式为

$$S = E \times H$$

其中，E 为电场强度，H 为磁场强度，$H=\dfrac{B}{\mu_r\mu_0}$，μ_r 是介质的相对磁导率。

由于光波具有很高的频率，光学测量仪器的响应时间远大于光波的振动周期，所以实验中所测量到的总是能流密度在一段时间内的平均值。所以光强就是光波场平均能流密度的绝对值，就是评价坡印亭矢量的模，可以表示为 $I=\langle|S|\rangle=\langle|E\times H|\rangle$。一般情况下，介质的磁导率 $\mu_r \approx 1$，如果不考虑光强的量纲，而只关心其相对数值，则 $I \propto E_0^2$。

（3）光的叠加

由于光波的高频率，光强的测量值实际上是光波的能流密度在一定时间内的平均值。设仪器的响应时间为 τ（$\tau \gg T$），则光强为

$$I = \frac{1}{\tau}\int_0^\tau A^2 \mathrm{d}t$$

两列光波 $\psi_1 = A_1\cos(\omega t - \varphi_1)$ 和 $\psi_2 = A_2\cos(\omega t - \varphi_2)$ 叠加后，所引起的合振动的振幅可表示为

$$A^2 = A_1^2 + A_2^2 + 2A_1A_2\cos(\varphi_2 - \varphi_1) = A_1^2 + A_2^2 + 2A_1A_2\cos\Delta\varphi$$

其中，$\Delta\varphi = \varphi_2 - \varphi_1$。

则两列光波叠加后的强度为

$$I = \frac{1}{\tau}\int_0^\tau A^2\mathrm{d}t = \frac{1}{\tau}\int_0^\tau \left[A_1^2 + A_2^2 + 2A_1A_2\cos\Delta\varphi\right]\mathrm{d}t = \frac{1}{\tau}\int_0^\tau \left[I_1 + I_2 + 2\sqrt{I_1I_2}\cos\Delta\varphi\right]\mathrm{d}t$$

$$(13.11)$$

对于定态光波，其在某一场点的振幅、空间相位都是不随时间变化的，则上式中的被积函数与时间无关，则一定有

$$I = I_1 + I_2 + 2\sqrt{I_1I_2}\cos\Delta\varphi$$

设 n 为任意整数。

当 $\Delta\varphi = 2n\pi$ 时，$\cos\Delta\varphi = 1$ 时，有 $I > I_1 + I_2$，称为相长干涉；

当 $\Delta\varphi = (2n+1)\pi$ 时，$\cos\Delta\varphi = -1$ 时，有 $I < I_1 + I_2$，称为相消干涉。

＊＊＊合振幅的算法＊＊＊

方法一：瞬时值法（代数法）

设两列波在相遇点的函数分别为 $\psi_1 = A_1\cos(\omega t - \varphi_1)$ 和 $\psi_2 = A_2\cos(\omega t - \varphi_2)$，按照叠加原理，合振动为

$$\psi = \psi_1 + \psi_2 = A_1\cos(\omega t - \varphi_1) + A_2\cos(\omega t - \varphi_2)$$
$$= (A_1\cos\varphi_1 + A_2\cos\varphi_2)\cos\omega t + (A_1\sin\varphi_1 + A_2\sin\varphi_2)\sin\omega t$$

设 $A = \sqrt{(A_1\cos\varphi_1 + A_2\cos\varphi_2)^2 + (A_1\sin\varphi_1 + A_2\sin\varphi_2)^2}$，可以进一步化为

$$\psi = A\left(\frac{A_1\cos\varphi_1 + A_2\cos\varphi_2}{A}\cos\omega t + \frac{A_1\sin\varphi_1 + A_2\sin\varphi_2}{A}\sin\omega t\right)$$

再设 $\cos\varphi = \dfrac{A_1\cos\varphi_1 + A_2\cos\varphi_2}{A}$，$\sin\varphi = \dfrac{A_1\sin\varphi_1 + A_2\sin\varphi_2}{A}$，则

$$\psi = A(\cos\varphi\cos\omega t + \sin\varphi\sin\omega t) = A\cos(\omega t - \varphi) \qquad (13.12)$$

两列同频率的光波在相遇点的合振动是与两列波同频率的简谐振动，叠加之后的振幅和空间相位分别是

$$A^2 = A_1^2 + A_2^2 + 2A_1A_2\cos(\varphi_2 - \varphi_1), \quad \tan\varphi = \frac{A_1\sin\varphi_1 + A_2\sin\varphi_2}{A_1\cos\varphi_1 + A_2\cos\varphi_2} \qquad (13.13)$$

由于采用光波的代数式进行叠加，这种方法被称作代数法；又因为代数式是光波的瞬时值表达式，所以该方法也被称为瞬时值法。

方法二：振幅矢量法

瞬时值法得出的结论 $A^2 = A_1^2 + A_2^2 + 2A_1A_2\cos(\varphi_2 - \varphi_1)$ 与三角形的余弦定理形式一致，因此，也可以采用如图 13.18 所示方法求出两列简谐光波合振动的振幅。用两列波的振幅 A_1，A_2 和相位差 $(\varphi_2 - \varphi_1)$ 构成三角形的两条边，另一条边的长度就对应合振动的振幅。该方法与振幅矢量法的原理相同，规则与一般矢量的叠加相同。

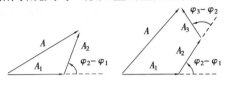

图 13.18

13.3.2 惠更斯原理

法国物理学家菲涅耳在详细研究光的干涉、衍射现象的基础上，总结出惠更斯-菲涅耳原理：由光源发出的光波，在同一时刻 t 时所到达的各点的集合构成的面，叫做该时刻的波阵面（又称为波前或波面），在同一波阵面上各点的相位都相同，且波阵面上的各点又可以看作新的波源向外发射子波，子波相遇时可以相互叠加，经过 Δt 后，这些子波的包络面就是 $t + \Delta t$ 时刻的新的波阵面。波的传播方向与波阵面垂直，波阵面是一个平面的波叫平面波，其传播方向与波阵面垂直；波阵面是一个球面（或球面的一部分）的波叫球面波，其传播方向沿球面的半径方向，如图 13.19 所示。

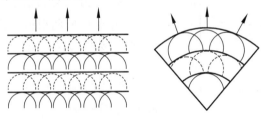

图 13.19

13.4 光的干涉、衍射与偏振

13.4.1 光程差和相位差

光程是光在媒质中所经历的几何路径折合成光在真空中的路程，其大小等于光在媒质中经历的几何路程 r 与媒质折射率 n 的乘积 nr。

如果光线连续穿过几种媒质，则光程可以表示为：$\sum n_i r_i$。

两束相干光经历不同的光程在某点相遇，两束光线的光程之差称为光程差 δ。

如果两束光的光程差为 δ，两束相干光在该处光振动的相位差为

$$\Delta\varphi = 2\pi\frac{\delta}{\lambda}$$

值得说明的是,式子中 λ 为光在真空中的波长(即使光在介质中传播)。

13.4.2　半波损失

光从光疏介质射向光密介质,在分界面反射时,反射光波与入射光波在入射点处(分界面上)同时刻相比,两者位相突变 π,相当于反射光的光程在反射过程中损失了半个波长,这种现象称为半波损失。而对折射光线,无论是由光密介质射向光疏介质,还是由光疏介质射向光密介质,都没有半波损失。

13.4.3　光的干涉

频率相同、振动方向相同、有恒定的相位差的两束光称为相干光。两列相干光相遇叠加,在叠加区域出现稳定相间的明、暗条纹(或彩色带)的现象称为光的干涉现象,即两列光波叠加后振动强度有稳定的空间分布。

在光学中,获得相干光的方法是把光源上同一点发出的光设法"一分为二"。具体方法有两种:一种叫分波面法,由于同一波面上各点振动具有相同相位,所以从同一波面上取出的两部分可以作为相干光源;另一种叫分振幅法,就是当一束光投射到两种介质的分界面上时,一部分反射、一部分透射,随着光的能量被分成两部分或若干份,光的振幅也同时被分成几份。

1　由分波面法产生的光的干涉——杨氏双缝干涉

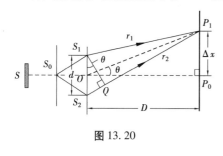

图 13.20

如图 13.20 所示,由同一线光源 S_0 发出的光经双缝 S_1、S_2 后形成两束振动情况总是相同的相干光波。则在接收屏 P_1 处,到双缝的光程差为 $\delta = r_2 - r_1$。

在图 13.20 中,做直线 S_1Q 垂直于 S_2P_1,根据三角函数关系有 $r_2 - r_1 = d\sin\theta$,另一方面,$\Delta x = D\tan\theta \approx D\sin\theta$,消去 $\sin\theta$,则有

$$r_2 - r_1 = d\frac{\Delta x}{D}$$

到双缝的光程差是波长整数倍处出现亮条纹;是半波长的奇数倍处出现暗条纹。相邻的明条纹(或暗条纹)之间距离 Δx 与波长 λ、双缝间距 d 及屏到双缝距离 D 的关系为 $\Delta x = \dfrac{D}{d}\lambda$,也说明杨氏双缝干涉实验得到的干涉条纹是等间距的。

杨氏双缝
干涉的拓展

2　由分振幅法产生的光的干涉

薄膜干涉就是用分振幅法产生干涉现象的,光射向薄膜时,膜的上、下表面反射的光束来自同一入射光的两部分,这样的两部分光相遇时产生了干涉。

(1)等倾干涉

如图 13.21 所示,两面平行的均匀透明薄膜置于空气中,光线 SA 射到表面 1 的 A 点,一

部分沿 AA' 反射,另一部分沿 AB 折射,又经表面 2 反射,再从表面 1 沿 CC' 方向射向空气, $AA' /\!\!/ CC'$,经透镜 L 后会聚叠加于光屏 E 上的 S' 点。就整个平面膜层来讲,如果入射光是平行光,则经两个表面反射的光也是平行光,经透镜后都会聚于一点,其干涉效果比只有一束光要强;就膜层上的某一点来讲,凡是入射角相同的光经薄膜两表面反射后形成的反射光在相遇点有相同的光程差,也就是说,凡入射角相同的就形成同一条纹,故这种干涉称为等倾干涉。

(2)等厚干涉

等厚干涉条纹是相干光交叠在膜层表面的干涉现象。如图 13.22 所示,从光源 S 发出的两条光线经不同路径交叠在膜面上的 C 点发生干涉。若有一顶角 θ 很小的劈形薄膜,来自同一光源的单色平行光射向折射率均匀的膜层时,由于上、下表面反射的光为相干光,等厚度处的两表面反射的光有相同的光程差,形成同条干涉条纹,因此干涉图样是一组平行于劈棱的明暗相间的干涉条纹,这种干涉称为等厚干涉,牛顿环、肥皂泡和楔形平板的干涉均属于等厚干涉。

3 干涉条纹的可见度(反衬度)

双缝干涉的图样是明暗相间的条纹。条纹的间隔与干涉装置有关,同时还应该注意到,如果两相干光源的强度不相等,对干涉条纹也有一定的影响。

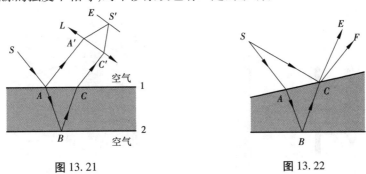

图 13.21   图 13.22

为了衡量干涉图样的明暗反差程度,引入可见度的概念。在接收屏上一选定的区域中,取光强最大值 I_{max} 和最小值 I_{min},则可见度为

$$\gamma = \frac{I_{max} - I_{min}}{I_{max} + I_{min}} \tag{13.14}$$

可见度也被称为反衬度。由干涉的结果可以得到

$$I_{max} = (A_1 + A_2)^2, I_{min} = (A_1 - A_2)^2$$

则有

$$\gamma = \frac{2A_1 A_2}{A_1^2 + A_2^2} = \frac{2\dfrac{A_1}{A_2}}{1 + \left(\dfrac{A_1}{A_2}\right)^2} \tag{13.15}$$

当 $A_1 = A_2$ 时,即两列光的强度相等时,可见度最大;当 $A_1 \gg A_2$ 或 $A_1 \ll A_2$ 时,$\gamma \approx 0$,即两列光的强度相差悬殊时,可见度最小。

13.4.4 光的衍射

光在传播路径中,遇到不透明或透明的障碍物时,绕过障碍物而产生的偏离直线传播的现象,称为光的衍射。

1 单缝的夫琅禾费衍射

单缝夫琅禾费衍射的实验装置如图 13.23 所示。点光源 S 放在透镜 L_1 的焦点处,从透镜 L_1 穿出的光线形成平行光束。这束平行光照射到单缝 K 上,一部分穿过单缝,再经过透镜 L_2,在 L_2 的焦平面处的屏幕 P 上将出现一组明暗相间的平行直条纹。单缝衍射的图样的中央条纹既宽又亮,旁边的条纹窄且亮度小。

如图 13.24 所示,设单缝的宽度为 a,在平行单色光的垂直照射下,位于单缝所在处的波面 AB 上各点所发出的子波沿各个方向传播。我们把衍射后沿某一方向传播的子波波线与平面衍射屏法线之间的夹角称为衍射角。衍射角相同的平行光束(图 13.24 中用 2 表示)经过透镜后,聚集到屏幕上 P 点。两条边缘衍射光束之间的光程差为 $BC = a\sin\theta$,P 点条纹的明暗完全取决于光程差 BC 的数值。菲涅耳在惠更斯-菲涅耳原理的基础上,提出了将波阵面分割为许多等面积的波带的方法。在单缝的例子里,可以做一些平行于 AC 的平面,使两相邻平面之间的距离等于入射光的半波长。

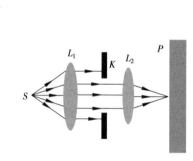

图 13.23

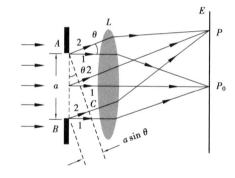

图 13.24

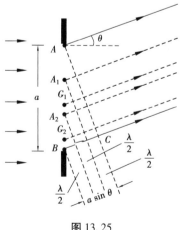

图 13.25

假定这些平面将单缝处的波面 AB 分成 AA_1、A_1A_2、A_2B 等整数个波带(图 13.25)。由于各个波带的面积相等,所以各个波带在 P 点所引起的光振幅接近相等。两相邻的波带面上,任何两个对应点所发出的子波的光程差总是半个波长,亦即相位差总是 π。经过透镜会聚,由于透镜不产生附加相位差,所以到达 P 点时相位差仍然是 π。结果任何两个相邻波带面所发出的子波在 P 点引起的光振动将完全相互抵消。由此可见,BC 是半波带的偶数倍时,亦即对应于某给定角度 θ,单缝可分为偶数个波带时,所有波带的作用成对地相互抵消,在 P 点处将出现暗纹。如果 BC 是半波带的奇数倍时,亦即单缝可分为奇数个波带时,相互抵消的结果还留下一个波带的作用,在 P 点处将出现明纹。

上述内容可用 θ 的数学关系式表达如下:

当 $a \sin \theta = \pm 2k \dfrac{\lambda}{2} (k = 1, 2, 3, \cdots)$ 时为暗纹;

当 $a \sin \theta = \pm (2k - 1) \dfrac{\lambda}{2} (k = 1, 2, 3, \cdots)$ 时为明纹。

我们把 $k = \pm 1$ 的两个暗点之间的角距离作为中央明纹的角宽度。由于 $k = 1$ 时的暗点对应衍射角 θ_1,显然它就是中央明纹的半角宽度 $\Delta\theta$,于是

$$\Delta\theta = \theta_1 = \arcsin \frac{\lambda}{a} \tag{13.16}$$

2 衍射光栅

由大量等宽、等间距的平行狭缝构成的光学器件称为光栅。一般常用的光栅是在玻璃片上刻出大量平行刻痕制成,刻痕为不透光部分,两刻痕之间的光滑部分可以透光,相当于一狭缝,这种利用透射光衍射的光栅称为透射光栅。还有利用两刻痕间的反射光衍射的光栅,如在镀有金属层的表面上刻出很多平行划痕,两刻痕间的光滑金属面可以反光,这种光栅称为反射光栅。

设透射光栅的总缝数为 N,缝宽为 a,缝间不透光部分宽度为 b,$(a + b) = d$ 称为光栅常量。当平行单色光垂直入射到光栅上,衍射光束通过透镜会聚在透镜的焦平面上,且在屏上几乎黑暗的背景上呈现出一系列又细又亮的明条纹。

如图 13.26 所示,对应于衍射角 θ,光栅上相邻两缝发出的光到达 P 点时的光程差都是相等的,这一光程差等于 $(a + b) \sin \theta$。

当 θ 满足 $(a + b) \sin \theta = \pm k\lambda (k = 0, 1, 2, 3, \cdots)$ 时,所有的缝发出的光到达 P 点时将发生相长干涉而形成明条纹。上式称为光栅方程。

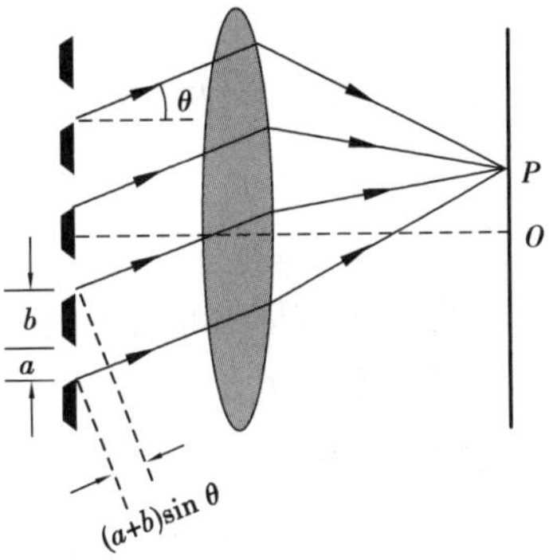

图 13.26

13.4.5 光的偏振

1 布儒斯特定律

振动方向对传播方向的不对称性叫偏振。偏振是横波区别于纵波的一个最明显的标志。

人们从光的偏振现象认识到光是横波。我们知道,光是电磁波的特例,电磁波被表征为相互垂直的电场强度矢量与磁感应强度矢量的周期性振动,光振动指的是电场强度矢量——光矢量的振动。

普通光源所发出的光称为自然光。这是因为大量原子发光时,各原子所发光的光矢量取所有可能方向,没有哪个方向较其他方向更占优势,平均来看,光矢量的振动对于光传播方向是对称又均匀分布的。激光器所发出的光是偏振光,即光矢量在一个固定平面内只沿一个固定方向做振动。光矢量振动方向与光传播方向所成平面称为振动面。

图 13.27(a) 表示沿 z 轴传播的自然光,对自然光中任何取向的光矢量都分解为相互垂直的两个方向上的分量,就可以用振动方向相互垂直的两个偏振光来表示自然光,如图 13.27(b) 所示。图中用黑点表示垂直于纸面的光振动,双箭头短线表示在纸面内的光振动,点、线画成均匀分布,表示代表自然光的这两个方向的偏振强度是一样的。图 13.28 表示各种偏振光。

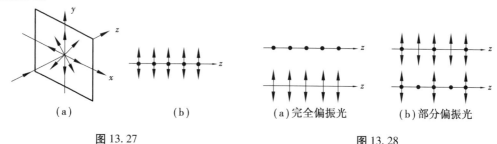

| (a) | (b) | (a) 完全偏振光 | (b) 部分偏振光 |

图 13.27 　　　　　　　　　　　　　　　　　图 13.28

自然光在两种介质的界面上反射与折射时,反射光与折射光都将成为偏振光,在特定条件下,反射光有可能成为完全偏振光。如图 13.29 所示,SO 为自然光入射线,在两种介质的界面 MM' 上 O 点反射与折射,反射线为 OA,折射线为 OB,反射光与折射光均为部分偏振光,反射光中垂直于入射面的振动多于平行于入射面的振动,而折射光线情况相反。当改变入射角 i,反射光的偏振化程度也随之变化,当反射光与折射光相互垂直时,在反射光中只有垂直于入射面的振动,而平行于入射面的振动变为零,即反射光称为完全偏振光,这时的入射角叫全偏振角。

若以 i_0 表示,由 $i_0 + \gamma = 90°$ 及折射定律 $\dfrac{\sin i_0}{\sin \gamma} = \dfrac{n_2}{n_1}$,可得

$$\tan i_0 = \frac{n_2}{n_1} \tag{13.17}$$

这个规律被称为布儒斯特定律,全偏振角亦称为布儒斯特角。布儒斯特角与两种介质的相对折射率有关。

2 马吕斯定律

马吕斯在研究线偏振光透过检偏器后透射光的光强时发现:如果入射线偏振光的光强为 I_1,透射光的光强(不计检偏器对透射光的吸收)I_2 为 $I_2 = I_2\cos^2\alpha$,这就是马吕斯定律。式中 α 是检偏器的偏振化方向和入射线偏振光的光矢量振动方向之间的夹角。

马吕斯定律的证明如下:

如图 13.30 所示,设 A_1 为入射线偏振光的光矢量的振幅,P_2 是检偏器的偏振化方向,入射光矢量的振动方向与 P_2 间的夹角为 α,将光振动分解为平行于 P_2 和垂直于 P_2 的两个分振动,它们的振幅分别为 $A_1\cos\alpha$ 和 $A_1\sin\alpha$,因为只有平行分量可以透过 P_2,所以透射光的振幅 A_2 和光强 I_2 分别为

$$A_2 = A_1\cos\alpha, \quad I_2 = I_1\cos^2\alpha \tag{13.18}$$

由上式可知,当 $\alpha = 0°$ 或 $180°$ 时,$I_2 = I_1$,光强最强;当 $\alpha = 90°$ 或 $270°$ 时,$I_2 = 0$,这时没有光从检偏器射出。

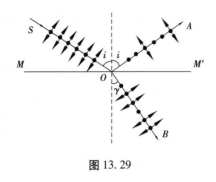

图 13.29

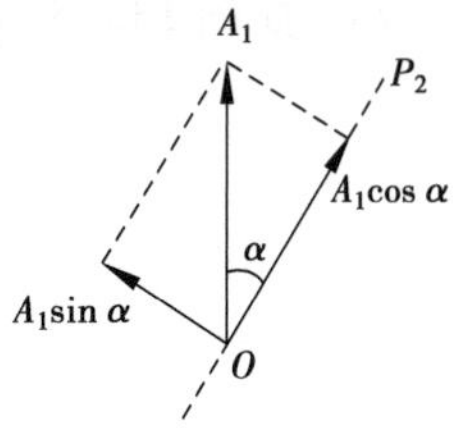

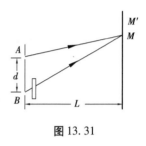

图 13.30

典型例题

例1 在杨氏双缝干涉实验中,若已知狭缝 A、B 的间距为 $d = 3.3$ mm,狭缝到光屏的距离为 $L = 3$ m,单色光的波长 λ 为 5 000 Å。求:(1)试计算两相邻亮条纹的间距;(2)若在狭缝 B 后插入一厚度为 $D = 10$ μm 的两面平行的玻璃片,如图 13.31 所示,试确定由此引起的条纹移动方向;(3)若已知插入上述玻璃片后,屏上条纹移动了 4.73 mm,试求此玻璃的折射率。

图 13.31

解 (1)由双缝干涉的规律可知

$$\Delta x = \frac{L}{d}\lambda = 0.45 \times 10^{-3} \text{ m}$$

(2)插入玻璃片后,由于插入的玻璃片的折射率大于空气的折射率,所以由 B 到 M 的光程增加。此时射到 M 的光程与没有玻璃时到 M' 的光程相当。所以,插入玻璃片后,原来在 M' 的图样将移至 M 点,即插入玻璃片后,图样下移。

(3)若干涉条纹移动一级相当于两缝到屏的光程差变化了一个波长,那么,插入玻璃后,条纹移动的长度为

$$\frac{4.73}{0.45}\lambda = 10.5\lambda$$

即条纹向下移动了 10.5 级。

即 BM 线上的光程增加了 10.5λ,增加的光程差为 $\Delta\sigma = (n-1)D = 10.5\lambda$,所以 $n = 1.525$。

例2 如图 13.32 所示,带有狭缝 S 的板 N 与光屏 M 平行放置,平板玻璃片 P 与 N 和 M 均垂直。已知平板玻璃片的长度为 $c = 4.0$ cm,其上表面与狭缝 S 的竖直距离为 $a = 0.10$ cm,其左侧到板 N 的距离为 $b = 2.0$ cm,N、M 之间的距离为 $D = 100$ cm。现有波长 λ 为 500 nm 的光透过狭缝 S 照到平板玻璃片 P 和光屏 M 上,求 M 上干涉区的宽度和亮纹条数。

解 该装置为杨氏双缝干涉实验的变形,狭缝 S 发出的一部分光经过平面镜 P 的反射后,反射光与狭缝 S 发出的直接到达光屏 M 的另一部分光发生干涉现象。从平面镜成像的角度,反射光可看成光源 S 的虚像光源 S',因此该实验等效为距离为 $2a$ 的双缝"光源" S 和

S' 在光屏 M 上产生的干涉。P 的反射光到达光屏 M 的区域 AB 即为发生干涉的区域,其宽度为 $\overline{AB} = \overline{AF} - \overline{BF}$,如图 13.33 所示。

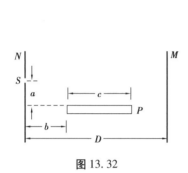

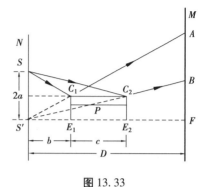

图 13.32　　　　　　　　　　图 13.33

由 $\triangle S'C_1E_1 \sim \triangle S'AF$ 可得

$$\overline{AF} = \frac{Da}{b} = 5 \text{ cm}$$

由 $\triangle S'C_2E_2 \sim \triangle S'BF$ 可得

$$\overline{BF} = \frac{Da}{b+c} = \frac{5}{3} \text{ cm}$$

故干涉区的宽度

$$\overline{AB} = \overline{AF} - \overline{BF} = \frac{10}{3} \text{ cm}$$

题目中的干涉现象与间距为 $2a$ 的双缝干涉等效,所以条纹间距为

$$\Delta x = \frac{D}{2a}\lambda$$

则干涉亮条纹的总数为

$$N = \frac{\overline{AB}}{\Delta x} = \frac{\overline{AB} \cdot 2a}{D\lambda} = 1.2 \times 10^2$$

例 3　将焦距 $f = 20$ cm 的薄凸透镜从正中切去宽度为 a 的一小部分,如图 13.34(a)所示。再将剩下的两半粘连在一起,构成一个"黏合透镜",见图 13.34(b),图中 $D = 2$ cm。在黏合透镜一侧的中心轴线上距镜 20 cm 处,置一波长 $\lambda = 500$ nm 的单色电光源 S,另一侧,垂直于中心轴放置屏幕 P,见图 13.34(c)。屏幕上出现干涉条纹,条纹间距为 $\Delta x = 0.2$ mm。试问:

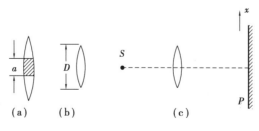

(a)　　(b)　　　　(c)

图 13.34

（1）切去部分 a 的宽度是多少？

（2）为获得最多的干涉条纹，屏幕应该离透镜多远？

解　（1）首先讨论黏合透镜上半个透镜的成像。在图13.35中 OO 是黏合透镜的中心轴线，在 OO 上方用实线画出了半个透镜，在 OO 下方未画出半个透镜，而是补足了未切割前整个透镜的其余部分，用虚线表示。整个透镜的主光轴为 $O'O'$，C 为整个透镜的光心。

半个透镜的成像规律应与完整的透镜相同。现在，物点（即光源）S 在黏合透镜的中心轴线上，即在图13.35中透镜的主光轴上方 $\dfrac{a}{2}$ 处，离透镜光心的水平距离正好是透镜的焦距。根据几何光学，光源 S 发出的光线，经透镜折射后称为一束平行光束，其传播方向与 SC 平行。设此方向与主光轴 $O'O'$（对 OO 也是一样）夹角为 $\dfrac{\theta}{2}$。由几何关系可知 $\dfrac{\theta}{2}=\dfrac{a}{2f}$，根据题意，$a\ll f,\theta\ll1$，故此光束的宽度为 $\dfrac{1}{2}D\cos\left(\dfrac{1}{2}\theta\right)\approx\dfrac{1}{2}D$。

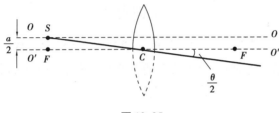

图 13.35

同理，S 所发出的光，经下半个透镜折射后，形成与 $O'O'$ 轴夹角为 $\dfrac{\theta}{2}$、宽度也是 $\dfrac{D}{2}$、由下方射向右上方的平行光束。

于是，在透镜右侧，来自同一光源的两束夹角为 θ 的相干的平行光束在右侧发生干涉（图13.36），图中两平行光束的重叠区（用阴影表示）即为干涉区。为作图清楚起见，特别是图13.36中的角，均较实际角度为大。

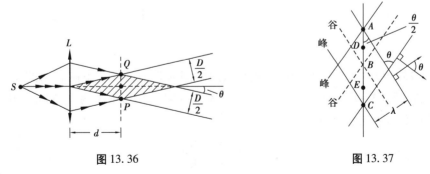

图 13.36　　　　　　　图 13.37

图13.37表示的是两束平行光的干涉情况，其中 θ 是和图13.36中的 θ 相对应的。图中实线和虚线分别表示某一时刻的波峰平面和波谷平面，在垂直于中心轴线的屏幕上，A、B、C 表示相长干涉的亮纹位置，D、E 表示相消干涉的暗纹位置，相邻波峰平面之间的垂直距离是波长 λ，故干涉条纹间距满足 $2\Delta x\sin\left(\dfrac{1}{2}\theta\right)=\lambda$。

在 θ 很小时,上式成为 $\Delta x \theta = \lambda$,所以透镜切去的宽度

$$a = f\theta = \frac{f\lambda}{\Delta x} = \frac{(0.2 \text{ m}) \times (0.5 \times 10^{-6} \text{ m})}{0.2 \times 10^{-3} \text{m}} = 0.5 \text{ mm}$$

$$\theta = \frac{a}{f} = \frac{0.5}{200} \text{rad}$$

(2)由以上的求解过程可知,干涉条纹间距 Δx 与屏幕离透镜的距离 L 无关,这正是两束平行光干涉的特点。但屏幕必须位于两束光的相干叠加区才行。图 13.36 中以阴影菱形部分表示这一相干叠加区。因为由上述已知条纹是等间距的,显然当屏幕位于 PQ 处可获得最多的干涉条纹,而 PQ 平面到透镜 L 的距离

$$\overline{d} = \frac{\dfrac{D}{2}}{\theta} = \frac{10^{-2}\text{m}}{\dfrac{0.5}{200}} = 4 \text{ m}$$

巩固提升

1. 在如图 13.38 所示的双缝干涉实验中,两条狭缝 S_1、S_2 上下放置。若把下面一条缝封闭,并将一面平面反射镜(镜面向上)平放在两狭缝的垂直平分线上,则在屏上( )。

A. 没有干涉条纹

B. 干涉条纹不变

C. 干涉条纹的区域只在屏中心以上部分,干涉条纹的间距不变,明、暗条纹的位置不变

D. 干涉条纹的区域只在屏中心以上部分,干涉条纹的间距不变,明、暗条纹的位置与原来的对换

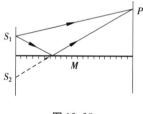

图 13.38

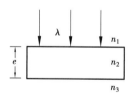

图 13.39

2. 如图 13.39 所示,一束平行单色光垂直照射到薄膜上,经上、下两表面的反射的光束发生干涉,若薄膜的厚度为 e 且 $n_1 < n_2 < n_3$,λ 为入射光在折射率为 n_1 的介质中的波长,则两束反射光在相遇点的相位差为( )。

A. $\dfrac{2\pi}{\lambda} \cdot \dfrac{n_2}{n_1} e$

B. $\dfrac{4\pi}{\lambda} \cdot \dfrac{n_1}{n_2} e + \pi$

C. $\dfrac{4\pi}{\lambda} \cdot \dfrac{n_2}{n_1} e + \pi$

D. $\dfrac{4\pi}{\lambda} \cdot \dfrac{n_1}{n_2} e$

3. 在著名的杨氏双缝实验面世后不久,便产生了菲涅耳双棱镜的设计,用以进一步研究干涉现象。如今,它已被广泛用于不同的应用。如图 13.40 所示,某系统由一个单一的光源 S 和一对背对背的楔形棱镜组成。引入以下符号:n 代表双棱镜的折射率,α 代表双棱镜的

顶角,b 为光源与双棱镜的距离,c 表示双棱镜与屏幕的距离,λ 代表光的波长。

(1)试推导光束经过其中一个棱镜后偏转角的表达式;

(2)试推导屏幕上条纹距离的表达式;

(3)该原理已应用到电子显微镜中。在应用时,单个光源被替换成入射的平行波束,且波束垂直于双棱镜的平面。试推导屏幕上条纹距离的表达式。

4. 如图 13.41 所示,间距为 d 的双缝 B 和 C 后放置一个会聚透镜 L,透镜后焦平面放一光屏 P,该装置正对遥远的双星 S 和 S',在屏上观察双星产生的干涉条纹,当 d 连续变大时,干涉条纹的反衬度将做周期的变化。

(1)试解释此现象;

(2)若星光的平均波长为 550 nm,当 d 变到 2.0 mm 时,条纹第一次变模糊,试求双星的角间距 θ。

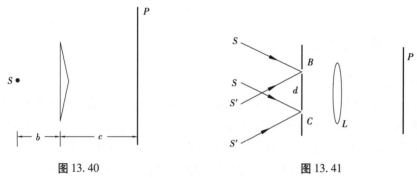

图 13.40　　　　　　　　　　　　　　　图 13.41

5. 如图 13.42 所示为杨氏双缝干涉实验的装置示意图,光源 S 为单色面光源,单色光的波长为 λ,单缝 A 的中心位于双缝 B 和 C 的垂直平分线上,B 与 C 的间距为 d,单缝与双缝之间的距离为 R,接收屏 P 与双缝之间的距离为 D。

已知 $R \gg d$,$D \gg d$,求:

(1)接收屏上干涉条纹的间距;

(2)设单缝 A 的宽度 b 可调,问 b 增大为多少时接收屏上的干涉条纹恰好第一次消失?

(3)接第(2)问,条纹恰好消失时,固定 A 的宽度 b,为了使干涉条纹再次出现,试问 d、R 和 D 三个参量中应调节哪些量?

6. 如图 13.43 所示,在杨氏干涉装置中,用三个平行狭缝代替双缝,三缝宽度相同,狭缝间距分别为 d 和 $\dfrac{3}{2}d$,设单色缝与三狭缝距离足够远,因而到三缝的光程可看作相同,设屏与三狭缝的距离足够远。试求:

(1)屏中心小范围内光强随 θ 变化的分布公式;

(2)一级极大的角位置 θ_1;

(3)在 θ 为 $\dfrac{\theta_1}{2}$ 方向的强度与一级极大强度之比。

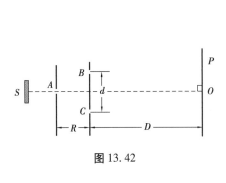

图 13.42

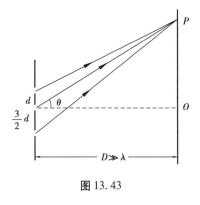

图 13.43

13.5 光的本性

13.5.1 光的粒子性

1 光电效应及其规律

照射到金属表面的光(包括不可见光),能使金属中的电子从表面逸出的现象叫光电效应。爱因斯坦于 1905 年提出了光子说,他指出:电磁辐射(光)在发射和吸收时能量是一份一份的,频率为 ν 的光子的能量为 $h\nu$。在光电效应中,金属中的电子吸收一个光子获得的能量是 $h\nu$,这些的能量的一部分用来克服金属的逸出功 W_0,剩下的表现为逸出后电子的初动能,即

$$E_\mathrm{k} = h\nu - W_0 \qquad (13.19)$$

称为光电效应方程。

2 康普顿-吴有训散射与逆康普顿效应

在研究石墨晶体对 X 射线的散射时,发现在散射的 X 射线中,除了与入射波长 λ_0 相同的成分外,还有波长大于 λ_0 的成分,这个现象叫康普顿-吴有训散射。

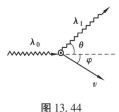

图 13.44

如图 13.44 所示,一个 X 射线光子和散射物质的一个电子发生碰撞,其中 X 射线光子的能量发生了改变,它的一部分动能转移给了电子。碰撞前,电子可以认为是静止的,质量为 m_0;碰撞后电子的速度为 v,λ_0 和 λ_1 是 X 射线光子散射前后的波长。

依据相对论的能量守恒的公式表述可以得到

$$\frac{hc}{\lambda_0} + m_0 c^2 = \frac{hc}{\lambda_1} + \frac{m_0 c^2}{\sqrt{1 - \left(\dfrac{v}{c}\right)^2}}$$

X 射线光子的动量为

$$P = \frac{h}{\lambda_0}$$

由动量守恒可得

$$\frac{h}{\lambda_1}\cos\theta + \frac{m_0}{\sqrt{1 - \left(\frac{v}{c}\right)^2}}v\cos\varphi = \frac{h}{\lambda_0}, \frac{h}{\lambda_1}\sin\theta + \frac{m_0}{\sqrt{1 - \left(\frac{v}{c}\right)^2}}v\sin\varphi = 0$$

最终波长改变为

$$\Delta\lambda = \lambda_1 - \lambda_0 = \frac{h}{m_0 c}(1 - \cos\theta) \qquad (13.20)$$

由最终结论可知:随着散射角 θ 的增大,波长的偏移会随之增加。

光电效应和康普顿-吴有训散射深入地揭示了光的粒子性的一面。前者表明光子具有能量,后者表明光子除具有能量之外还有动量。

电子和光子均是自然界的基本粒子,它们之间的相互作用是弹性的。如果光子和高能的相对论性电子对撞则能产生频率更高的散射光,称为逆康普顿效应。

原理如图 13.45 所示。

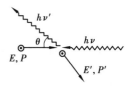

图 13.45

13.5.2　光的波粒二象性

波粒二象性是量子力学中的一个重要概念。1905 年,爱因斯坦提出了光电效应的光量子解释,人们开始意识到光波同时具有波和粒子的双重性质。1924 年,德布罗意提出"物质波"假说,认为和光一样,一切物质都具有波粒二象性。根据这一假说,电子也会具有干涉和衍射等波动现象。三年后,克林顿·戴维森和雷斯特·革末做实验将低速电子入射于镍晶体,取得电子的衍射图样。此后,对于中子、质子、原子和分子的均完成了类似实验。

典型例题

例1　在康普顿散射实验中,电子的静止质量为 m_0,入射光的频率为 ν,若反冲电子与入射光的夹角为 φ,如图 13.46 所示。求反冲电子的动能,并说明反冲电子取得最大动能的条件。

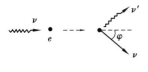

图 13.46

解　设电子反冲后的动能为 E_k。

由能量守恒可得

$$h\nu + m_0 c^2 = m_0 c^2 + E_k + h\nu' \qquad ①$$

由动量守恒可知

$$p'^2 = p^2 + p_e^2 - 2pp_e\cos\varphi \qquad ②$$

即

$$c^2 p'^2 = c^2 p^2 + c^2 p_e^2 - 2c^2 pp_e\cos\varphi \qquad ③$$

根据能量守恒,得

$$(h\nu')^2 = (h\nu - E_k)^2 = (h\nu)^2 + E_k^2 - 2h\nu E_k \qquad ④$$

联立可得

$$c^2 p_e^2 - 2c^2 p p_e \cos \varphi = E_k^2 - 2h\nu E_k \qquad ⑤$$

而

$$c^2 p_e^2 = E_e^2 - m_0 c^2 = (m_0 c^2 + E_k)^2 - m_0 c^2 = E_k^2 + 2m_0 c^2 E_k \qquad ⑥$$

联立可得

$$E_k = \frac{p p_e \cos \varphi}{mc + p} \qquad ⑦$$

由 $p_e = \left[\dfrac{E_k^2 + 2m_0 c^2 E_k}{c^2}\right]^{\frac{1}{2}}$ 可得

$$E_k = \frac{2\dfrac{h^2 \nu^2}{mc^2}\cos^2 \varphi}{\left(1 + \dfrac{h\nu}{mc^2}\right)^2 - \left(\dfrac{h\nu}{mc^2}\right)^2 \cos^2 \varphi}$$

当 $\varphi = 0$，即共线反冲时，电子的动能最大，$(E_k)_{max} = \dfrac{2h^2 \nu^2}{mc^2 + 2h\nu}$

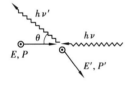

图 13.47

例2 逆康顿散射原理如图 13.47 所示，光子（激光）与高能电子对撞，散射光子的散射角为 θ。SLAC 使用上述方案时以产生高能光子，所用激光（可见区）的典型波长为 500 nm，电子的能量 $E = 20$ GeV。已知电子的静能 $E_0 = 0.511$ MeV，试求散射光子的能量。

解 由相对论的能量守恒可得

$$h\nu + E = h\nu' + E' \qquad ①$$

由动量守恒可得

$$\boldsymbol{P}_\gamma + \boldsymbol{P} = \boldsymbol{P}'_\gamma + \boldsymbol{P}' \qquad ②$$

矢量关系②写成标量式形式

$$p'^2 c^2 = (h\nu')^2 + (pc - h\nu)^2 + 2h\nu'(pc - h\nu)\cos \theta \qquad ③$$

代入求解可得

$$h\nu' = \frac{E + \sqrt{E^2 - E_0^2}}{E + h\nu + (\sqrt{E^2 - E_0^2} - h\nu)\cos \theta} h\nu \qquad ④$$

结果中，$E_0 = m_0 c^2$ 是电子的静能。

可见，当 $\theta = \pi$，即 $\cos \theta = -1$ 时，散射光子的能量最大

$$(h\nu')_{max} = \frac{E + \sqrt{E^2 - E_0^2}}{E + 2h\nu - \sqrt{E^2 - E_0^2}} h\nu$$

相对论性电子的能量要远大于电子的静能，令 $E_0 = kE_0$，上式可近似展开

$$(h\nu')_{max} = \frac{E_0(k + \sqrt{k^2 - 1})}{E_0(k - \sqrt{k^2 - 1}) + 2h\nu} h\nu = \frac{k + \sqrt{k^2 - 1}}{k - \sqrt{k^2 - 1} + \dfrac{2h\nu}{E_0}} h\nu$$

由于 $k \gg 1$，于是

$$\sqrt{k^2 - 1} \approx k\left(1 - \frac{1}{2k^2}\right) = k - \frac{1}{2k}$$

$\frac{h\nu}{E_0} \gg \frac{1}{k}$，则

$$(h\nu')_{max} \approx 4k^2 h\nu$$

代入上述数据，得 $(h\nu')_{max} \approx 0.4\ \text{MeV}$，$\lambda' \approx 3.1 \times 10^{-3}\ \text{nm}$。这种光子的能量足以击穿飞机导弹，可用于军事用途。

巩固提升

1. 在某康普顿-吴有训散射实验中，散射光线与入射光线的夹角为 $60°$，散射光波长为 $0.025\ 4\text{nm}$。试求反冲电子的动能和动量。

2. 试证明：静止的自由电子不可能产生光电效应。

3. 试证明：在康普顿-吴有训散射中，光子的散射角 θ 与电子的散射角 φ 之间的关系是

$$\cot\frac{\theta}{2} = \left(1 + \frac{\lambda_c}{\lambda_0}\right)\tan\varphi$$

式中，λ_0 是入射光的波长；$\lambda_c = \frac{h}{m_0 c}$ 是康普顿波长；m_0 是电子的静止质量。

参考答案与解析

第 14 章 近代物理

14.1 原子物理基础

14.1.1 原子结构

人们认识原子有复杂的结构是从汤姆逊发现电子开始的。由此以降，先后出现四种愈加完善的原子结构模型：汤姆逊的枣糕式原子模型、卢瑟福的原子核式结构模型、波尔的量子化轨道原子模型以及电子云式的原子结构模型。

1 氢原子光谱

巴耳末通过对氢原子光谱的研究，得出了表示氢原子光谱线波长的经验公式

$$\frac{1}{\lambda} = R\left(\frac{1}{2^2} - \frac{1}{n^2}\right) \quad n = 3,4,5,\cdots \tag{14.1}$$

这一组谱线称为巴耳末线系，式中的 R 称为里德伯常数。后来发现的氢原子光谱在红外和紫外区域的其他谱线也满足于巴耳末公式类似的关系

$$\frac{1}{\lambda} = R\left(\frac{1}{k^2} - \frac{1}{n^2}\right) \quad k = 1,2,3,\cdots; n = 3,4,5,\cdots \tag{14.2}$$

2 玻尔的氢原子理论

玻尔的氢原子理论是以下列三条假设为基础的。

定态假设：原子只能处于一系列不连续的能量状态中，在这些状态中原子是稳定的，电子虽然做加速运动，但并不向外辐射能量。

轨道和能量量子化假设：原子核外电子只能处在某些固定轨道上，即电子的轨道是量子化的；电子的轨道半径只能是某些不连续的值。

电子的角动量等于的 $\frac{h}{2\pi}$ 整数倍，即 $mvr = n\frac{h}{2\pi} = \hbar = \frac{h}{2\pi}$，常写成

$$r_n = n^2 r_1 (n \in \mathbf{N}^+) \tag{14.3}$$

当电子在不同的轨道上运动时，具有不同的能量，能量也是量子化的

$$E_n = \frac{E_1}{n^2} \ (n \in \mathbf{N}^+), E_1 = -\frac{me^4}{32\pi^2\varepsilon_0^2\hbar^2} = -13.6 \ \text{eV} \tag{14.4}$$

频率条件： 当电子从能量较高的定态轨道 E_m 跃迁到能量较低的定态轨道 $E_n(m > n)$ 时，会放出能量为 $h\nu$ 的光子，则

$$h\nu = |E_m - E_n| \quad (n \in \mathbf{N}^+) \tag{14.5}$$

称为频率条件。反之，当电子吸收光子时会从较低的能量态跃迁到较高的能量态，吸收的光子的能量同样由频率条件决定。

（1）用玻尔理论解释氢原子光谱规律

处于受激态的原子能自发地跃迁到能量低的状态时，辐射光子，其频率由公式（14.5）决定

$$\nu = \frac{E_m - E_n}{h} = \frac{1}{h}\left(\frac{E_1}{m^2} - \frac{E_1}{n^2}\right) = \frac{E_1}{h}\left(\frac{1}{m^2} - \frac{1}{n^2}\right) \tag{14.6}$$

由于 $c = \lambda\nu$，所以

$$\frac{1}{\lambda} = \frac{E_1}{hc}\left(\frac{1}{m^2} - \frac{1}{n^2}\right) \tag{14.7}$$

令 $R = \dfrac{E_1}{hc}$，则

$$\frac{1}{\lambda} = R\left(\frac{1}{m^2} - \frac{1}{n^2}\right) \tag{14.8}$$

此即巴耳末公式，R 即为里德伯常数。

（2）氢原子体系中的两体问题

尽管由玻尔模型导出了里德伯常数的表达式，但理论值与实验值仍存在万分之五的偏差。1914 年玻尔给出了如下作答：原来的推导结论假设原子核静止不动，但核并非静止（原子核所在的参考系是非惯性系），电子和原子核是典型的两体问题。

若氢原子系统的质心速度为 0，则系统动能可写成 $E_k = \dfrac{1}{2}\mu u^2$，其中 $\mu = \dfrac{m_1 m_2}{m_1 + m_2}$，是系统的折合质量。代入里德伯常数的表达式，得到的结果与实验结果完全吻合。

14.1.2 相互作用力与原子核衰变

1 强相互作用力

原子核中，核子之间存在的力叫强相互作用力。迄今为止，人们对核力的认识依然不充分。目前公认的理论是：粒子之间的作用力都是通过场量子的动量交换实现的，该场量子的静质量大约是电子质量的 200 倍，也叫介子。

2 原子核衰变

原子核的变化有衰变、人工转变、裂变、聚变四种。衰变是放射性原子核的自发变化，其余三种是原子核受激变化过程，常称为核反应。

所有的核反应遵守电荷数、质量数、能量和动量守恒定律。

14.1.3 原子核的结合能

1 质能方程与质量亏损

爱因斯坦从相对论中得出物体的能量跟它的质量存在正比关系,即 $E = mc^2$。该方程为质能方程,式中的 m 为物体的质量,E 为物体的能量,c 为真空中的光速。

当质子和中子结合成原子核时,原子核的质量总是小于组成该核的全部核子独自存在时的总质量,这两者的差值叫做质量亏损。

2 结合能与比结合能

核子与核子结合成原子核的过程中,将释放一定的能量。反之,将原子核分离为核子的过程中将吸收等量的能量,这个能量叫该原子核的结合能。

结合能的大小由质能方程来计算

$$\Delta E = B = \Delta m c^2$$

原子核的结合能与核子数的比值叫比结合能,也叫做平均结合能。比结合能越大,原子核中核子结合得越牢固,原子核越稳定。

14.1.4 反应能与阈能

1 反应能 Q

若核反应表示为 $A + B \to C + D$。用 T 表示动能,能量守恒表示为

$$(m_A c^2 + T_A) + (m_B c^2 + T_B) = (m_C c^2 + T_C) + (m_D c^2 + T_D) \tag{14.9}$$

反应能 Q 的定义:反应后产物的总动能减去反应前的总动能,即

$$Q = (T_C + T_D) - (T_A + T_B) \tag{14.10}$$

另两种表达方式分别为

$$Q = \left[(m_A + m_B) - (m_C + m_D)\right]c^2 = \Delta m c^2 \tag{14.11}$$

$$Q = (B_C + B_D) - (B_A + B_B) \tag{14.12}$$

$Q > 0$ 称为放能反应,原则上,这类反应可以自然发生;$Q < 0$ 称为吸能反应,这类反应需要反应前的例子具有一定的初动能。

2 阈能 E_{th}

对于吸能反应的发生,需要输入的最小能量,即使吸能反应得以开始的入射粒子的最小动能叫阈能。阈能的求解常使用质心系,但会涉及复杂的速度变换,简洁的方法是使用四动量守恒定律,这在狭义相对论力学的力学部分会有详细阐述。

典型例题

例 1 氢原子模型中,轨道的量子化条件为:$2\pi r_n = n\lambda_n$($n = 1, 2, 3, \cdots$),其中 r_n 为级轨道半径,λ_n 为第 n 个能级时电子对应的物质波波长。已知电子电荷量 e、静电力常数 k、电子

质量 m、普朗克常数 h。

（1）求第 n 级的电子的轨道半径 r_n；

（2）求第 n 级的电子的运动周期；

（3）偶电子素的量子化条件为 $2\pi(2r_n) = n\lambda_n$，则求偶电子素中第 n 级的电子轨道半径 r_n。偶电子素是指反电子与电子构成的体系，它们绕两点的中心做圆周运动。

解 （1）因为 $r_n = \dfrac{n\lambda_n}{2\pi}$，所以氢原子第 n 个能级电子的动量为

$$P_n = \frac{h}{\lambda_n} = \frac{n}{2\pi}\frac{h}{r_n}$$

电子做圆周运动的向心力由库仑力提供

$$k\frac{e^2}{r_n^2} = m\frac{v_n^2}{r_n} = \frac{P_n^2}{mr_n} = \frac{n^2}{4\pi^2}\frac{h^2}{mr_n^2}$$

即第 n 级的电子轨道半径为

$$r_n = \frac{n^2}{4\pi^2}\frac{h^2}{kme^2}$$

（2）由圆周运动的可知 $T_n = \dfrac{2\pi r_n}{v}$，而 $T_n = \dfrac{n^3h^3}{4\pi^2k^2me^4}$，可得

$$T_n = \frac{n^3h^3}{4\pi^2k^2me^4}$$

（3）正反电子偶素的半径为 $r_n = \dfrac{n\lambda_n}{4\pi}$，相应结果修改为

$$P_n = \frac{h}{\lambda_n} = \frac{n}{4\pi}\frac{h}{r_n}$$

同时库仑力的大小为 $k\dfrac{e^2}{4r_n^2}$，所以

$$k\frac{e^2}{4r_n^2} = m\frac{v_n^2}{r_n} = \frac{n^2}{4\pi^2}\frac{h^2}{mr_n^3}$$

因此正反电子偶素的半径表达式不变，仍为

$$r_n = \frac{n^2}{4\pi^2}\frac{h^2}{kme^2}$$

例 2 （1）已知基态 He^+ 的电离能为 $E = 54.4\ eV$，为使处于基态的静止的 He^+ 跃迁到激发态，入射光子所需的最小能量为多少？

（2）静止的 He^+ 从第一激发态跃迁到基态时，如果考虑到离子的反冲，与不考虑反冲相比，发射出的光子波长相差的百分比为多少？

已知离子 He^+ 的能级 E_n 与 n 的关系和氢原子能级公式类似。电子电荷的大小取为 $1.6 \times 10^{-19}\ C$，质子和中子质量均取为 $1.67 \times 10^{-27}\ kg$。

解 （1）由题意 He^+ 的基态能量 $E_1 = -54.4\ eV$。最小能量为使氦离子子从基态跃迁到第一激发态所需的能量，设最小能量为 E_0，即

$$E_0 = E_2 - E_1 = \frac{E_1}{2^2} - E_1 = 40.8 \text{ eV}$$

（2）若不考虑辐射反冲,辐射光子波长为 λ_0,则

$$\lambda_0 = \frac{hc}{E_0}$$

若考虑辐射反冲,设辐射光子波长为 λ,He$^+$ 离子反冲速度为 v。

由动量和能量守恒,得

$$mv = \frac{h}{\lambda}, E_0 = \frac{1}{2}mv^2 + \frac{hc}{\lambda}$$

可得

$$E_0 = \frac{h^2}{2m\lambda^2} + \frac{hc}{\lambda}$$

设光子波长为 $\lambda = \lambda_0 + \Delta\lambda$,代入上式有

$$E_0 = \frac{h^2}{2m(\lambda_0 + \Delta\lambda)^2} + \frac{hc}{\lambda_0 + \Delta\lambda}$$

利用小量近似

$$(\lambda_0 + \Delta\lambda)^{-2} = \lambda_0^{-2}\left(1 - 2\frac{\Delta\lambda}{\lambda_0}\right)$$

$$E_0 \approx \frac{h^2}{2m\lambda_0^2}\left(1 - 2\frac{\Delta\lambda}{\lambda_0}\right) + \frac{hc}{\lambda_0}\left(1 - \frac{\Delta\lambda}{\lambda_0}\right) \approx \frac{h^2}{2m\lambda_0^2} + \frac{hc}{\lambda_0} - \frac{hc}{\lambda_0}\frac{\Delta\lambda}{\lambda_0}$$

整理得

$$\frac{\Delta\lambda}{\lambda_0} = \frac{h}{2mc\lambda_0} = \frac{E_0}{2mc^2} \approx 5.4 \times 10^{-9}$$

例 3　质子数与中子数互换的核互为镜像核,例如 ^{3}He 是 ^{3}H 的镜像核,同样 ^{3}H 是 ^{3}He 的镜像核。

已知 ^{3}H 和 ^{3}He 原子的质量分别是 $m_{3H} = 3.016\,050$ u 和 $m_{3He} = 3.016\,029$ u,中子和质子质量分别是 $m_n = 1.008\,665$ u 和 $m_p = 1.007\,825$ u,1 u $= \dfrac{931.5}{c^2}$ MeV,式中 c 为光速,静电力常量 $k = \dfrac{1.44}{e^2}$ MeV $\cdot$ fm,式中 e 为电子的电荷量。

（1）试计算 ^{3}H 和 ^{3}He 的结合能之差为多少 MeV。

（2）已知核子间相互作用的"核力"与电荷几乎没有关系,又知质子和中子的半径近似相等,试说明上面所求的结合能差主要是由什么原因造成的,并由此结合能之差来估计核子半径 r_N。

（3）实验表明,核子可以被近似地看成半径 r_N 恒定的球体;核子数 A 较大的原子核可以近似地被看成半径为 R 的球体。根据这两点,试用一个简单模型找出 R 与 A 的关系式;利用本题第（2）问所求得的 r_N 的估计值出此关系式中的系数;用所求得的关系式计算 ^{208}Pb 核的半径 R_{Pb}。

解　(1)根据爱因斯坦质能关系，^{3}H 和^{3}He 的结合能差为

$$\Delta B = (m_n - m_p - m_{3_H} + m_{3_{He}}) c^2 \qquad ①$$

代入数据，可得

$$\Delta B = 0.763 \text{ MeV} \qquad ②$$

(2)^{3}He 的两个质子之间有库仑排斥能，而^{3}H 没有。所以^{3}H 与^{3}He 的结合能差主要来自它们的库仑能差。

依题意，质子的半径为 r_N，则^{3}He 核中两质子间的库仑排斥能为

$$E_C = k \frac{e^2}{2r_N} \qquad ③$$

若这个库仑能等于上述结合能差，$E_C = \Delta B$，则有

$$r_N = \frac{ke^2}{2\Delta B} \qquad ④$$

代入数据，可得

$$r_N = 0.944 \text{ fm} \qquad ⑤$$

(3)粗略地说，原子核中每个核子占据的空间体积是 $(2r_N)^3$。根据这个简单的模型，核子数为 A 的原子核的体积近似为

$$V = A(2r_N)^3 = 8Ar_N^3 \qquad ⑥$$

另一方面，当 A 较大时，有

$$V = \frac{4\pi}{3}R^3 \qquad ⑦$$

由⑥式和⑦式可得 R 和 A 的关系为

$$R = \left(\frac{6}{\pi} \right)^{\frac{1}{3}} r_N A^{\frac{1}{3}} = r_0 A^{\frac{1}{3}} \qquad ⑧$$

其中，系数 $r_0 = \left(\frac{6}{\pi} \right)^{\frac{1}{3}} r_N$ 　　　　　　　⑨

把⑤式代入⑨式得

$$r_0 = 1.17 \text{ fm} \qquad ⑩$$

由⑧式和⑩式可以算出^{208}Pb 的半径 $R_{Pb} = 6.93$ fm。

巩固提升

1. "轨道电子俘获"也是放射性同位素衰变的一种形式，它是指原子核(称为母核)俘获一个核外电子，其内部一个质子变为中子，从而变成一个新核(称为子核)，并放出一个中微子的过程。中微子的质量很小，不带电，很难被探测到，人们最早就是通过子核的反冲而间接证明中微子的存在的。一个静止的原子核发生"轨道电子俘获"，衰变为子核并放出中微子。下列关于该过程的说法正确的是(　　　)。

A. 母核的质量数等于子核的质量数

B. 母核的电荷数大于子核的电荷数

C. 子核的动量大小等于中微子的动量大小

D. 子核的动能大于中微子的动能

2. 一个静止的氡核$^{222}_{86}$Rn，放出一个 α 粒子后衰变为钋核$^{218}_{84}$Po，同时放出能量为 $E = 0.26$ MeV 的光子。假设放出的核能完全转变为钋核与 α 粒子的动能，不计光子的动量。已知 $M_{Rn} = 222.086\ 63$ u、$M_{\alpha} = 4.002\ 6$ u、$M_{Po} = 218.076\ 6$ u，1 u 相当于 931.5 MeV 的能量。

（1）写出上述核反应方程；

（2）求出发生上述核反应放出的能量；

（3）确定钋核与 α 粒子的动能。

3. 1959 年哈佛大学物理学家 Robert Pound 和 Glen Rebka 完成了第一个地球上的引力蓝移实验。他们把放射性$^{57}_{27}$Co 发出能量为 14.4 KeV 的 γ 射线从高度为 $H = 22.6$ m 的哈佛塔顶射向塔底，在地面测量时，接收到的 γ 光子的频率 ν 与塔顶时测量的光子频率 ν_0 不同，根据熟知的物理常量，试从理论上估算出$(\nu - \nu_o)/\nu_o$ 的值。

4. 一对正负电子可形成一种寿命比较短的称为电子偶素的新粒子。电子偶素中的正电子与负电子都以速率绕它们连线的中点做圆周运动。假定波尔关于氢原子的理论可用于电子偶素，电子的质量、速率和正负电子间的距离的乘积满足量子化条件，即 $mvr = n\dfrac{h}{2\pi}$。式中 n 称为量子数，可取整数值 1，2，3，…；h 为普朗克常数。试求电子偶素处在各定态时的 r 和能量以及第一激发态与基态能量之差。

5. 一个运动的质子与静止的质子相碰撞，产生一个静止质量为 M 的粒子和两个质子，求入射质子的最小动能。如果两质子以等速沿相反的方向相碰撞，相应的能量又是多少？已知质子的静止质量为 m_0。

14.2　光与原子、原子核的相互作用

由于原子和原子核有内部结构，光子与其发生作用（碰撞与散射）时，会引起原子能级或原子核能级的跃迁，过程类似于经典力学中的非弹性碰撞；如果是由于原子能级或原子核能级的跃迁产生光子，过程类似于经典力学中的反冲。有代表性的问题是激光冷却和穆斯堡尔（Mossbauer）效应，在这些问题中由于原子或原子核的质量较大，通常按非相对论的粒子处理。

14.2.1　激光冷却

激光冷却是利用激光和原子的相互作用，使原子减速以获得超低温原子的技术，涉及多个物理原理，概括起来主要有光的多普勒效应、原子能级量子化（共振吸收）、原子反冲。当然，激光的高度单色性和可调激光技术也非常重要。

在高于绝对零度的任何温度下，原子都在做无规则的热运动。当原子在频率略低于原子跃迁能级差且相向传播的一对激光束中运动时，由于多普勒效应，在该原子看来激光的频

率会略高一些。选定激光的频率略低于 f_0,多普勒效应可以使得飞向光源方向的原子看到的激光频率正好等于 f_0,如图 14.1 所示。这样,这个原子就有可能吸收激光的能量(即共振吸收)。它在吸收能量的同时也获得了动量。由于激光传播的方向与原子运动的方向相反,获得的动量将使原子的运动速度变慢。平均看来,激光的净作用是产生一个与原子运动方向相反的阻尼作用,从而使原子迎向光束方向的运动减缓(即冷却下来)。如果原子的运动方向与光子同向时,由于多普勒效应,这个原子看到的激光频率将降低,从而不会吸收激光的能量,自然也不会从激光那里获得使它加速的动量。

由于原子的热运动不是单向的,现有的激光冷却技术设置多个激光源,从不同方向照射那个样品,如图 14.2 所示。那么按上面的分析,无论样品的原子往哪个方向运动,它都只吸收迎面而来的激光,因而其运动速度总是被降低,直到几乎完全停止。

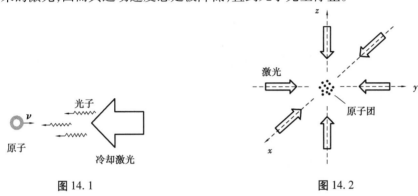

图 14.1　　　　　　　　　　　　　　图 14.2

14.2.2　穆斯堡尔效应

穆斯堡尔效应,即原子核无反冲的辐射或(共振)吸收现象。

理论上,原子核由激发态跃迁到基态,会发出一个 γ 光子;当这个光子遇到另一个同样的原子核时,就能够被(共振)吸收。但实际上,处于自由状态的原子核要实现上述过程是困难的。因为原子核在放出一个光子的同时,自身也具有了一个反冲动量,这个反冲动量会使光子的能量小于原子核的能级差。同样原理,吸收光子的原子核由于吸收光子时会有反冲效应,则光子能量大于原子核的能级差才会被原子吸收。这就造成相同原子核的发射谱和吸收谱有一定差异,所以自由的原子核很难实现共振吸收。

1957 年底,穆斯堡尔提出:如果在实验中把发射和吸收光子的原子核置于固体晶格中,那么出现反冲效应的就不再是单一的原子核,而是整个晶体。由于晶体的质量远远大于单一的原子核的质量,反冲能量可忽略,便可实现穆斯堡尔效应。

典型例题

例 1　有两个处于基态的氢原子 A、B,A 静止,B 以速度 v_0 与之发生碰撞。已知:碰撞后二者的速度 v_A 和 v_B 在一条直线上,碰撞过程中部分动能有可能被某一氢原子吸收。从而该原子由基态跃迁到激发态,然后,此原子向低能级态跃迁,并发出光子。如欲碰后发出一个光子,试论证:速度 v_0 至少需要多大(以 m/s 表示)?

已知电子电量为 $e = 1.602 \times 10^{-19}$ C,质子质量为 $m_\mathrm{p} = 1.673 \times 10^{-27}$ kg。电子质量为 $m_e = 0.911 \times 10^{-31}$ kg。氢原子的基态能量为 $E_1 = -13.58$ eV。

解 碰撞后,B 原子被激发,之后跃迁发出一个光子。这一过程中,整个体系的能量守恒、动量守恒。严格来说,应该在相对论条件下进行讨论。但是考虑到氢原子的激发态能量仅比基态高几个电子伏特,相应地,原子的动能也为几个电子伏特。而在相对论条件下,氢原子的静能为 931.5 MeV。所以可以判定原子的运动速度较小,可以不考虑相对论效应,原子的能量可以用经典动能来表达。又考虑到只有在对心碰撞的条件下 B 原子才能获得最大的动能,所以将动量守恒以标量形式表示。则体系的能量和动量分别满足

$$\frac{1}{2}mv_0^2 = \frac{1}{2}mv_A^2 + \frac{1}{2}mv_B^2 + h\nu \qquad ①$$

$$mv_0 = mv_A + mv_B + \frac{h\nu}{c} \qquad ②$$

由①式可以推得 $mv_0 > \dfrac{2h\nu}{v_0}$,因为 $v_0 \gg c$,所以 $mv_0 \gg \dfrac{h\nu}{c}$。即②式中光子的动量与原子的初动量 mv_0 相比可忽略不计,则②式可写为

$$mv_0 = mv_A + mv_B = m(v_A + v_B) \qquad ③$$

得 $v_A = v_0 - v_B$,代入①式,有

$$\frac{1}{2}mv_0^2 = \frac{1}{2}mv_0^2 - mv_0 v_B + mv_B^2 + h\nu$$

解得

$$v_0 = v_B + \frac{h\nu}{mv_B} \qquad ④$$

④式取最小值的条件为

$$v_B = \sqrt{\frac{h\nu}{m}}$$

相应的

$$v_{0\min} = 2\sqrt{\frac{h\nu}{m}}$$

代入有关数据,得

$$v_{0\min} = 6.25 \times 10^4 \text{ m/s}$$

例 2 已知钠原子从激发态(记作 $\mathrm{P}_{3/2}$)跃迁到基态(记作 $\mathrm{S}_{1/2}$),发出的光谱线的波长 $\lambda_0 = 588.9965$ nm。现有一团钠原子气,其中的钠原子做无规则的热运动(钠原子的运动不必考虑相对论效应),被一束沿 z 轴负方向传播的波长为 588.0080 nm 的激光照射。以 θ 表示钠原子的运动方向与 z 轴正方向之间的夹角,如图 14.3 所示。试问:

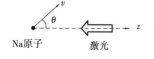

Na原子　　　激光

图 14.3

(1)问在 $30° < \theta < 45°$ 的角度区间内的钠原子中速率 u 在什么范围内能产生共振吸收,从 $\mathrm{S}_{1/2}$ 态激发到 $\mathrm{P}_{3/2}$?

(2)共振吸收前后钠原子速度(矢量)变化的大小。

(已知钠原子质量为 $M = 3.79 \times 10^{-26}$ kg,普朗克常量 $h =$

6.62×10^{-34} J·s,真空中的光速 $c = 3.00 \times 10^8$ m·s^{-1})

解 设作用前基态 Na 原子的速度为 u,夹角为 θ;共振吸收后激发态 Na 原子的速度为 v,夹角为 φ。由于 Na 原子参与热运动的速度较小,因此可被视为经典粒子。

由能量与动量守恒,得

$$\frac{1}{2}Mu^2 + \frac{hc}{\lambda} = \frac{1}{2}Mv^2 + \frac{hc}{\lambda_0} \qquad ①$$

$$Mu\cos\theta - \frac{h}{\lambda} = Mv\cos\varphi \qquad ②$$

$$Mu\sin\theta = Mv\sin\varphi \qquad ③$$

由②③两式消去,得

$$M^2u^2 + \frac{h^2}{\lambda^2} - 2Mu\frac{h}{\lambda}\cos\theta = M^2v^2 \qquad ④$$

由①④两式化简,得

$$2Mu\cos\theta = \frac{h}{\lambda} + 2Mc\frac{\lambda - \lambda_0}{\lambda_0} \qquad ⑤$$

代入数据

$$u\cos\theta = 5.85 \times 10^3 \text{ m/s} \qquad ⑥$$

则 $\theta = 30°$,$u = 6.76 \times 10^3$ m/s;$\theta = 45°$,$u = 8.28 \times 10^3$ m/s。

巩固提升

1. 当银河系中的超新星突然坍塌时,会发出大量的中微子。科学家通过在地面矿井下安装的水容器可以探测到到达地面的中微子,当中微子 ν 进入到水容器后和纯水发生相互作用,主要作用过程为:$\nu + e \rightarrow \nu + e$。在水中安装光电倍增管,通过探测与中微子作用后的电子径迹达到研究中微子的目的。

已知:入射中微子的能量是 10 MeV,其静止质量近似为零,电子的静质量是 0.51 MeV/c^2。根据上述数据,试求出射电子的最大动能。

2. 王淦昌先生是我国著名物理学家,曾任浙江大学物理系主任。早在 1941 年,王先生就发表论文,提出了一种探测中微子的方案:^{7}Be 原子核可以俘获原子的 K 层电子而成为^{7}Li 的激发态^{7}Li*,并放出中微子(当时写作 η)

$$^7\text{Be} + e \rightarrow {}^7\text{Li}^* + \eta$$

而^{7}Li*又可以放出光子 γ 而回到基态^{7}Li*

$$^7\text{Li}^* \rightarrow {}^7\text{Li} + \gamma$$

由于中微子本身很难直接观测,能过对上述过程相关物理量的测量,就可以确定中微子的存在。1942 年起,美国物理学家艾伦等人根据王淦昌方案先后进行了实验,初步证实了中微子的存在。1953 年美国人莱因斯在实验中首次发现了中微子,莱因斯与发现轻子的美国物理学家佩尔分享了 1995 年诺贝尔物理学奖。

现用王淦昌的方案来估算中微子的质量和动量。若实验中测得锂核(^{7}Li)反冲能量

（即^{7}Li 的动能）的最大值 $E_R = 56.6$ eV，γ 光子的能量 $E_\gamma = 0.48$ MeV。已知有关原子核和电子静止能量的数据为 $m_{Li}c^2 = 6\,533.84$ MeV；$m_{Be}c^2 = 6\,534.19$ MeV；$m_e c^2 = 0.51$ MeV。设在第一个过程中，^{7}Be 核是静止的，K 层电子的动能也可忽略不计。试由以上数据，算出的中微子的动能 P_η 和静止质量 m_η 各为多少？

3. 1958 年穆斯堡尔发现的原子核无反冲共振吸收效应（即穆斯堡尔效应）可用于测量光子频率极微小的变化。穆斯堡尔因此荣获 1961 年诺贝尔物理学奖。类似于原子的能级结构，原子核也具有分立的能级，并能通过吸收或放出光子在能级间跃迁。原子核在吸收和放出光子时会有反冲，部分能量转化为原子核的动能（即核反冲能）。此外，原子核的激发态相对于其基态的能量差并不是一个确定值，而是在以 E_0 为中心、宽度为 2Γ 的范围内取值的。对于 ^{57}Fe 从第一激发态到基态的跃迁，$E_0 = 2.31 \times 10^{-11}$ J，$\Gamma = 3.2 \times 10^{-13} E_0$。已知 ^{57}Fe 的质量 $m = 9.5 \times 10^{-26}$ kg，普朗克常量 $h = 6.67 \times 10^{-34}$ J·s，真空中的光速 $c = 3.0 \times 10^8$ m/s。

（1）忽略激发态的能级宽度，求核反冲能量，以及在考虑核反冲和不考虑核反冲的情形下，^{57}Fe 从第一激发态跃迁到基态发出的光子的频率之差。

（2）忽略激发态的能级宽度，求核反冲能量，以及在考虑核反冲和不考虑核反冲的情形下，^{57}Fe 从基态跃迁到激发态吸收的光子的频率之差。

（3）考虑激发态的能级宽度，处于第一激发态的静止原子核 ^{57}Fe* 跃迁到基态时发出的光子能否被另一个静止的基态原子核 ^{57}Fe 吸收而跃迁到第一激发态 ^{57}Fe*（如发生则称为共振吸收）？并说明理由。

（4）现将 ^{57}Fe 原子核置于晶体中，该原子核在跃迁过程中不发生反冲。现有两块这样的晶体，其中一块静止晶体中处于第一激发态的原子核 ^{57}Fe* 发射光子，另一块以速度 V 运动的晶体中处于基态的原子核 ^{57}Fe 吸收光子。当速度 v 的大小处于什么范围时，会发生共振吸收？如果由于某种原因，到达吸收晶体处的光子频率发生了微小变化，其相对变化为 10^{-10}，试设想如何测量这个变化（给出原理和相关计算）。

4. 试说明：考虑到原子或者原子核的反冲，当原子在能量 E_1 和 $E_2 (E_2 > E_1)$ 两个定态之间跃迁时，发射或吸收的光子的能量 $h\nu$ 分别比 $E_2 - E_1$ 小或大一个数量 $\dfrac{(E_2 - E_1)^2}{2Mc^2}$（$M$ 为原子质量）。因此，如果定态的能量宽度为 $\Delta E \geqslant \dfrac{(E_2 - E_1)^2}{2Mc^2}$（通常见于原子系统或分子系统中），一个系统发射的光子就能够被另一个同类系统所吸收，即产生了共振吸收；然而，如果 $\Delta E < \dfrac{(E_2 - E_1)^2}{2Mc^2}$（通常见于原子核系统中），不一定发生共振吸收。由上述结果说明穆斯堡尔效应的基本原理。

14.3　狭义相对论初步

狭义相对论是爱因斯坦在洛伦兹和庞加莱等人的工作基础上创立的时空理论，是对牛顿时空观(经典时空观)的拓展和修正。

14.3.1 经典时空观的局限性

在经典物理中,空间是刚性的、各向同性的绝对的三维欧几里得空间,长度与运动和参考系无关,长度与时间无关。时间是绝对的一维参量,与运动和参考系无关。

到了19世纪,人们普遍认为宇宙中充满了一种叫"以太"的介质,电磁波(光)是靠以太为介质来传播的。当时的物理学家设计了各种实验去寻找以太,但遗憾的是,几乎所有的实验都证实,以太是不存在的,光速与参考系无关。

1905年,爱因斯坦摒弃了以太假说和绝对参考系的想法,在前人工作的基础上,提出了下述两条假设,作为狭义相对论的基础。

14.3.2 狭义相对论的两个基本假设

1 相对性原理

物理定律在所有惯性系中都相同,即物理规律在一切惯性参考系中都具有相同的数学表达形式。如果在两个在互相匀速移动的坐标系中都来描述同一运动物体遵循的物理规律,得到的物理规律的数学形式完全一样。即**物理规律同具体参考系的选取无关**。相对论的相对性原理是伽利略相对性原理的推广。

2 光速不变原理

在所有惯性系中,光在真空中的速率都等于常量c,即真空中光速大小具有绝对性。在彼此相对做匀速直线运动的任一惯性参考系中,所测得的光在真空中的传播速度都是相等的。

14.3.3 洛伦兹变换

麦克斯韦方程不满足伽利略变化,为了在不同的参考系内都能保持麦克斯韦方程形式上的不变性,洛伦兹推导了一个令人奇怪的变换,即洛伦兹变换。在狭义相对论中,洛伦兹变换代替了伽利略变换。

如图14.4所示,坐标系$S'(O'\text{-}x'y'z')$以速度v相对于坐标系$S(O\text{-}xyz)$做匀速直线运动。三对坐标轴分别平行,v沿Ox轴正方向,并设Ox轴与$O'x'$轴重合,且当$t'=t=0$时原点O'与O重合。

设P为被观察的某一事件,在S系中的观察者看来,它是在t时刻发生在(x,y,z,t)处的,而在S'系中的观察者看来,它却是在t'时刻发生在(x',y',z',t')处的。这样,表示同一事件的时空坐标之间所遵循的洛伦兹变换关系就是

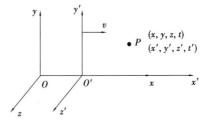

图14.4

$$\begin{cases} x' = \dfrac{x - vt}{\sqrt{1 - \left(\dfrac{v}{c}\right)^2}} \\[2ex] y' = y \\ z' = z \\[1ex] t' = \dfrac{t - \dfrac{vx}{c^2}}{\sqrt{1 - \left(\dfrac{v}{c}\right)^2}} \end{cases} \quad 或 \quad \begin{cases} x = \dfrac{x' + vt}{\sqrt{1 - \left(\dfrac{v}{c}\right)^2}} \\[2ex] y' = y \\ z' = z \\[1ex] t = \dfrac{t' + \dfrac{vx'}{c^2}}{\sqrt{1 - \left(\dfrac{v}{c}\right)^2}} \end{cases} \tag{14.13}$$

在洛伦兹变换中，x' 不仅是 x、t 的函数，而且 t' 也是 x、t 的函数，并且还都与两个惯性参考系之间的相对速度 v 有关。在低速时，洛伦兹变换就转化为伽利略变换，这正说明洛伦兹变换是相对于高速运动和低速运动都成立的变换。从洛伦兹变换中还可以看出，当 $v > c$ 时，洛伦兹变换就失去了意义，所以物体的速度不能超过真空中的光速。

14.3.4 相对论速度变换

在坐标系 S 中的速度表达式为

$$u_x = \frac{dx}{dt}, u_y = \frac{dy}{dt}, u_z = \frac{dz}{dt}$$

在坐标系 S' 中的速度表达式为

$$u'_x = \frac{dx'}{dt}, u'_y = \frac{dy'}{dt}, u'_z = \frac{dz'}{dt}$$

由洛伦兹变换 $x' = \dfrac{x - vt}{\sqrt{1 - \left(\dfrac{v}{c}\right)^2}}$ 和 $t' = \dfrac{t - \dfrac{vx}{c^2}}{\sqrt{1 - \left(\dfrac{v}{c}\right)^2}}$ 可得

$$dx' = \frac{dx - vdt}{\sqrt{1 - \left(\dfrac{v}{c}\right)^2}} = \frac{1}{\sqrt{1 - \beta^2}}(dx - vdt), dt' = \frac{dt - \dfrac{v}{c^2}dx}{\sqrt{1 - \left(\dfrac{v}{c}\right)^2}} = \frac{1}{\sqrt{1 - \beta^2}}\left(dt - \frac{v}{c^2}dx\right)$$

$$\tag{14.14}$$

因此

$$u'_x = \frac{dx'}{dt'} = \frac{dx - vdt}{dt - \dfrac{v}{c^2}dx} = \frac{u_x - v}{1 - \dfrac{v}{c^2}u_x} \tag{14.15}$$

同理可以导出

$$u'_y = \sqrt{1 - \beta^2}\frac{u_y}{1 - \dfrac{v}{c^2}u_x}, u'_z = \sqrt{1 - \beta^2}\frac{u_z}{1 - \dfrac{v}{c^2}u_x} \tag{14.16}$$

其逆变换为

$$u_x = \frac{u'_x + v}{1 + \frac{v}{c^2}u'_x}, u_y = \sqrt{1 - \beta^2}\,\frac{u'_y}{1 + \frac{v}{c^2}u'_x}, u_z = \sqrt{1 - \beta^2}\,\frac{u'_z}{1 + \frac{v}{c^2}u'_x} \tag{14.17}$$

14.3.5 狭义相对论的时空观

经典力学的时空观是一种绝对时空观,相对于一个惯性系来说,在不同地点、同时发生的两个事件,相对于另一个与之做相对运动的惯性系来说,也是同时发生的。但在相对论假设的直接推论中,"同时"和"长度"的相对性与我们日常的生活经验有很大差别,它们将因惯性系的选择而有所不同。

1 "同时"的相对性

在参考系 S 中的点在发生了一个事件,点在时刻发生了另一个事件,把这两个事件分别记为 (x_1, t_1) 和 (x_2, t_2)。在 S' 系看来,根据洛伦兹变换,这两个事件发生的时间分别为 $t'_1 = \dfrac{t_1 - \frac{v}{c^2}x_1}{\sqrt{1 - \left(\frac{v}{c}\right)^2}}$ 和 $t'_2 = \dfrac{t_2 - \frac{v}{c^2}x_2}{\sqrt{1 - \left(\frac{v}{c}\right)^2}}$,其时间间隔为

$$\Delta t' = t'_2 - t'_1 = \frac{t_2 - \frac{v}{c^2}x_2}{\sqrt{1 - \left(\frac{v}{c}\right)^2}} - \frac{t_1 - \frac{v}{c^2}x_1}{\sqrt{1 - \left(\frac{v}{c}\right)^2}} = \frac{(t_2 - t_1) - \frac{v}{c^2}(x_2 - x_1)}{\sqrt{1 - \left(\frac{v}{c}\right)^2}} \tag{14.18}$$

如果在参考系 S 中两个事件是同时发生的,即 $t_1 = t_2$,则在 S' 系看来,两个时间一定不是同时的,有

$$\Delta t' = t'_2 - t'_1 = \frac{-\frac{v}{c^2}(x_2 - x_1)}{\sqrt{1 - \left(\frac{v}{c}\right)^2}} \tag{14.19}$$

由此可见,在不同的参考系中,同时性的结论不同;"同时"不是绝对的,而取决于观察者的运动状态。

2 时间间隔的相对性

经典物理认为,某两个事件在不同的惯性参考系中观察,它们的时间间隔总是相同的;但在相对论中,两者的时间间隔也具有相对性并与参考系有关。

如图 14.5(a)所示,列车以速度向右匀速运动,有一个光源静止放在车厢底部,从车厢的地板竖直向上将一束光射向顶部的一面反射镜,车厢的高度为 d,则光束在来回往返的过程中,车上时钟走过的时间为 $\Delta t' = \dfrac{2d}{c}$。

而静止在地面上的观察者看来,由于列车在行驶,光线走过图 14.5(b)所示的折线。因为光速不变仍为 c,则此过程经历的时间为

$$\Delta t = \frac{2l}{c} = \frac{2}{c}\sqrt{d^2 + \left(\frac{v\Delta t}{2}\right)^2} \tag{14.20}$$

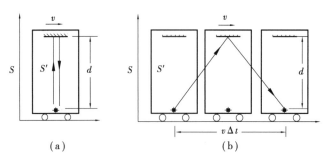

图 14.5

由于车厢的高度方向垂直于列车的运动方向,在此方向上没有相对运动,高度不变,仍为

$$d = \frac{1}{2}c\Delta t'$$ （14.21）

由式(14.20)和式(14.21)可得

$$\Delta t = \frac{2}{c}\sqrt{\left(\frac{1}{2}c\Delta t'\right)^2 + \left(\frac{v\Delta t}{2}\right)^2}$$ （14.22）

解得

$$\Delta t = \frac{\Delta t'}{\sqrt{1 - \left(\frac{v}{c}\right)^2}}$$ （14.23）

由于 $v < c$,可知 $\Delta t > \Delta t'$,所以运动的钟比静止的钟走得慢,运动的时钟所描述的物理过程变慢了,这种效应称为"钟慢效应"。需强调的是:像 $\Delta t'$ 那样,在某个惯性参考系中的同一地点测得的两个事件所经历的时间,叫"固有时",固有时最短。应用时的关键是要正确确定固有时。

需要注意的是,"钟慢效应"是两个不同惯性系进行比较的一种效应,不是时钟的结构或精度因运动发生了变化;运动时时钟变慢完全是相对的,在上面的例子中,车上的人在观察地面上发生的事件的时间间隔时,同样会发现地面上的钟也变慢了。

3 长度的相对性

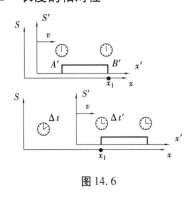

图 14.6

设有长为 L_0 的尺子 $A'B'$ 沿 x' 轴静置于系 S' 上,若 S' 系以速度 v 向右运动。为在 S 系上测量尺子的长度。在 S 系的 x 轴上取一定点 x_1,则在 S 系的观察者看来,B' 端先经过 x_1 点,经时间 Δt 后,A' 端再经过 x_1 点,如图 14.6 所示。于是在 S 系看来,尺子的长度为 $L = v\Delta t$。其中 Δt 为 B' 端和 A' 端经过同一 x_1 点的时间间隔为固有时。

对 S' 系上的观测者而言,x_1 过 A' 端和 x_1 过 B' 端这两个事件发生在不同地点,其时间间隔比固有时要长,有

$$\Delta t' = \frac{\Delta t}{\sqrt{1 - \left(\frac{v}{c}\right)^2}} \qquad (14.24)$$

x_1 点以速度 v 向右运动,尺子长为 $L_0 = v\Delta t'$,因此有

$$L = v\Delta t = v\Delta t'\sqrt{1 - \left(\frac{v}{c}\right)^2} = L_0\sqrt{1 - \left(\frac{v}{c}\right)^2} \qquad (14.25)$$

以 L_0 表示尺子的静长(或称固有长度),即在 S' 系静止时的长度,则有

$$L = L_0\sqrt{1 - \left(\frac{v}{c}\right)^2} \qquad (14.26)$$

在相对论中,一条沿自身长度方向运动的杆,其长度总比杆静止时的长度小,称为"尺缩效应"。可见静尺最长,物体运动时长度要收缩。

"尺缩效应"不是由于物体的物理状态发生了变化(如受到挤压而变形),而是"同时"的相对性带来的一个普遍的时空属性。物体运动的速度越接近光速,这种效应越显著。更为严格的数学推导表明,在垂直于运动方向上,杆的长度没有发生变化。

典型例题

例1 静止长度为 L_0 的车厢,以速度 v 相对于地面运行,在车厢后壁以相对车厢速度 u_0 向前推出一个小球,求地面观测者看到球从车厢后壁到前壁的运动时间。

解 在车厢 S' 系中,小球运动的时间和长度分别为

$$\Delta t' = \frac{L_0}{u_0}, \Delta x' = L_0$$

在地面 S 系中,小球的运动时间为

$$\Delta t = \gamma\left(\Delta t' + \frac{v}{c^2}\Delta x'\right)$$

代入可得

$$\Delta t = \gamma\frac{L_0}{u_0}\left(1 + \frac{u_0 v}{c^2}\right)$$

相对论认为时间和空间与物质的运动状态有关,有物质才有时间和空间。时间和空间是不可分割的,同一事件不仅在不同惯性系中的时间坐标不同,而且时间坐标和空间坐标紧密联系,这与绝对时间、绝对空间截然分开的情形形成鲜明对比。

例2 在某恒星惯性系 K 中观测两个宇宙飞船,它们正沿直线(x 轴)朝相反的方向运动,轨道平行相距为 d,如图 14.7 所示。每个飞船的速率皆为 $\frac{c}{2}$。

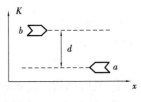

图 14.7

(1)当两飞船处于最接近位置(见图中实线)的时刻,飞船 a 以速率 $\frac{3}{4}c$(也是从 K 系测量的)发射一个小包。问从飞船 a 上

的观察者看来,为了让飞船 b 接到这个小包,应以什么样的角度瞄准?

(2)在飞船 a 上的观察者观测到小包的速率是多少?

(3)在飞船 b 上的观察者观测到小包速度沿什么方向?速率多少?

解 (1)在 K 系中,小包速度的 x 分量为 $u_x = \dfrac{c}{2}$,则 y 分量为 $u_y = \sqrt{u^2 - u_x^2} = \dfrac{\sqrt{5}}{4}c$

设飞船 a 为 K' 系,由速度变换,得

$$u_x' = \frac{u_x - v}{1 - \dfrac{u_x v}{c^2}}, u_y' = \frac{u_y \sqrt{1 - \beta^2}}{1 - \dfrac{u_x v}{c^2}}$$

代入 $v = -\dfrac{c}{2}, u_x = \dfrac{c}{2}, u_y = \dfrac{\sqrt{5}}{4}c$,得

$$u_x' = \frac{4}{5}c, u_y' = \sqrt{\frac{3}{20}}c$$

则瞄准方向为

$$\alpha' = \arctan \frac{u_y'}{u_x'} = \arctan \frac{\sqrt{15}}{8}$$

(2)在飞船 a 上的观察者观测到小包的速率分量分别为 $u_x' = \dfrac{4}{5}c, u_y' = \sqrt{\dfrac{3}{20}}c$,则

$$u' = \sqrt{u_x'^2 + u_y'^2} = \frac{\sqrt{79}}{10}c$$

(3)在飞船 b 为 K'' 系,K'' 系相对于 K 系的速度为 $v = \dfrac{c}{2}$,由速度变换

$$u_x'' = \frac{u_x - v}{1 - \dfrac{u_x v}{c^2}}, u_y'' = \frac{u_y \sqrt{1 - \beta^2}}{1 - \dfrac{u_x v}{c^2}}$$

代入 $v = \dfrac{c}{2}, u_x = \dfrac{c}{2}, u_y = \dfrac{\sqrt{5}}{4}c$,得

$$u_x'' = 0, u_y'' = \frac{\sqrt{15}}{6}c$$

巩固提升

1. 一艘飞船以 $0.8c$ 的速度飞经地球,飞船和地球上的观测者一致同意这件事发生在中午 12:00。

(1)按照飞船上的时钟读数,该飞船于 12:30 飞经一个星际宇航站,该宇航站相对于地球固定,其时间指示地球时间,试问这一事件在该站什么时间发生。

(2)在地球坐标上该站离地球多远?

(3)在飞船时间 12:30(即飞船飞经宇航站时),飞船用无线电向地球发出问候,试问按照地球时间,地球何时收到信号。

（4）如果地面立即回答，试问按照飞船时间，飞船何时接到回答？

2. 已知停靠在公路边上的一辆大卡车全长为 5 m，设有长度为 10 m 的飞船从近旁飞过，在地面参考系观察，飞船前端通过卡车车头 A 的同时，飞船的后端刚好经过车尾 B。试问：

（1）在地面参考系 K 中观测，飞船的速度为多大？

（2）在飞船参考系 K' 中观测，A 与 B 相距多远？

（3）在 K' 系中观测，飞船的前端、后端是否同时分别通过 A、B？

（4）在 K 系中测得飞船的长度不是 10 m，从 K' 系看来，在 K 系中的观测有什么问题？应该如何修正？

3. 在实验室参考系，有一静止的光源与一静止的接收器，它们距离 l，光源一接收器均浸在均匀且无限大的液体介质（静止折射率为 n）中。试对下列三种情况计算光源发出信号到接收器接到信号所经历的时间。

（1）液体介质相对于光源-接收器装置静止；

（2）液体沿着光源-接收器连线方向以速度 v 流动；

（3）液体垂直于光源-接收器连线方向以速度 v 流动。

4. 一列火车在静止时与站台长度相等，都是 8.64×10^8 km。在火车前端 B' 和后端 A' 以及站台的起点 A 和终点 B，分别安装一个时钟，这四个钟的结构完全相同。当火车以速度 2.40×10^5 km/s 的速度进站，车前端 B' 与站台起点 A 对齐时，车前端的钟 B' 和站台起点的钟 A 都指向十二点整，如图 14.8 所示。问这时车后端的钟 A' 和站台终点的钟 B 各指向什么时刻？

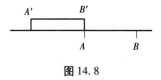

图 14.8

14.4 相对论力学基础

14.4.1 相对论质量

物体以速度 v 运动时的相对论质量 m 与静止时的质量 m_0 之间有如下关系

$$m = \gamma m_0 = \frac{m_0}{\sqrt{1 - \left(\frac{v}{c}\right)^2}} = \frac{m_0}{\sqrt{1 - \beta^2}} \qquad (14.27)$$

m_0 是指物体在相对静止的惯性参考系中的质量，叫做静止质量。

14.4.2 动量

在相对论中，动量的表达式为

$$p = mv = \frac{m_0}{\sqrt{1 - \left(\frac{v}{c}\right)^2}} v = \frac{m_0}{\sqrt{1 - \beta^2}} v \qquad (14.28)$$

当物体的运动速度 v 远小于光速时，$\sqrt{1 - \beta^2}$ 趋近于 1，可见牛顿运动定律只适用于低速情况。

14.4.3　质能关系、动能

当在质点位移的方向上对其施加外力 F 时,在速度公式 $v = \dfrac{\mathrm{d}s}{\mathrm{d}t}$ 右端的分子和分母上同时乘以 F,即得 $v = \dfrac{F\mathrm{d}s}{F\mathrm{d}t}$。

由动能定理可知,外力与位移大小的乘积是外力的功,等于质点动能的增加量,即 $F\mathrm{d}s = \mathrm{d}E_k$;而由动量定理,$F\mathrm{d}t$ 是外力的冲量,它等于质点动量的增加量,即 $F\mathrm{d}t = \mathrm{d}p$。将这些关系代入上式,即得用动能与动量定义的速度 $v = \dfrac{\mathrm{d}E_k}{\mathrm{d}p}$。

亦即

$$\mathrm{d}E_k = v\mathrm{d}(mv) = v^2\mathrm{d}m + mv\mathrm{d}v$$

把 $m = \dfrac{m_0}{\sqrt{1 - \left(\dfrac{v}{c}\right)^2}}$ 平方,得

$$m(c^2 - v^2) = m_0 c^2$$

对上式微分,则

$$(c^2 - v^2) \cdot 2m\mathrm{d}m = m^2 \cdot 2v\mathrm{d}v$$

即

$$mv\mathrm{d}v = (c^2 - v^2)\mathrm{d}m$$

则

$$\mathrm{d}E_k = c^2\mathrm{d}m$$

当质点的速度 v 增大时,其质量 m 和动能 E_k 都在增加。质量的增量 $\mathrm{d}m$ 质能方程和动能的增量 $\mathrm{d}E_k$ 之间始终保持上式所示的量值上的正比关系。

当 $v = 0$ 时,质量 $m = m_0$,动能 $E_k = 0$,据此,将上式积分可得 $\displaystyle\int_0^{E_k}\mathrm{d}E_k = \int_{m_0}^{m}c^2\mathrm{d}m$,故

$$E_k = mc^2 - m_0 c^2 \tag{14.29}$$

上式是相对论中的动能表达式。爱因斯坦把 $m_0 c^2$ 叫做物体的静能,把 mc^2 叫做物体运动时的能量,分别用 E_0 和 E 表示

$$E = mc^2, \quad E_0 = m_0 c^2$$

上列式子叫做物体的质能关系。

14.4.4　动量和能量的关系

在经典力学中,动能和动量的关系用式子 $v = \dfrac{\mathrm{d}E_k}{\mathrm{d}p}$ 极易解决。在低速情形下,质量可认作不变,因此,可将 $v = \dfrac{\mathrm{d}E_k}{\mathrm{d}p}$ 写成 $\mathrm{d}E_k = v\mathrm{d}p = \dfrac{p}{m}\mathrm{d}p$。

将上式积分可得

$$E_k = \int_0^{E_k} dE_k = \int_0^p \frac{p}{m} dp = \frac{p^2}{m}$$

这就是经典力学中动量和能量的关系。这个关系式对洛伦兹变换不是不变的,为了求得一个相对于洛伦兹变换为不变的普遍关系式,可从式子 $v = \dfrac{dE_k}{dp}$ 入手。

这时不能将质量 m 看成不变量,用 $E = mc^2$ 与 $dE_k = c^2 dm$ 相乘,考虑到 $dE = dE_k$,得

$$E dE = mc^2 v dp = c^2 p dp$$

将上式积分可得

$$\frac{1}{2}(E^2 - E_0^2) = \int_{E_0}^E dE = \int_0^p c^2 p dp = \frac{1}{2} c^2 p^2$$

整理后得,相对论中物体动量和能量的关系为

$$E^2 = c^2 p^2 + E_0^2 = c^2 p^2 + m_0^2 c^4 \tag{14.30}$$

由于运动的相对性,在不同的参考系中,速度 v 不同,则动量 p、能量 E 也不同。但对于同一研究对象,在不同的参考系中 $E^2 - p^2 c^2$ 的值是确定不变的,被称为洛伦兹不变量。上式不仅揭示了能量和动量间的关系,而且还反映了能量与动量的不可分割性和统一性。

14.4.5* 四动量(四维动量)守恒定律

对于同一研究对象(质点或孤立系统),洛伦兹不变量在不同的参考系中是确定不变的,由此出发,可得出四动量守恒定律。

由 $E^2 = c^2 p^2 + m_0^2 c^4$ 变形可得

$$p^2 - \frac{E^2}{c^2} = -m_0^2 c^2$$

任何参考系中,静质量 m_0 都是一样的,所以说静质量与参考系无关,故 $m_0^2 c^2$ 在任何参考系中都相等。如果质点的动量和能量表述在参考系中 S 系和 S' 系中依次表示为 (P_i, P_j, P_k, E) 和 (P_i', P_j', P_k', E'),其中 $i = x, j = y, k = z$。

则

$$p_1^2 + p_2^2 + p_3^2 - \frac{E^2}{c^2} = -m_0^2 c^2 = p_1'^2 + p_2'^2 + p_3'^2 - \frac{E'^2}{c^2} \tag{14.31}$$

在闵氏空间中,能量构成四维时空的第四个维度,将该维度的动量记录为 $p_4' = i\dfrac{E'}{c}$,则上式可写成

$$p_1^2 + p_2^2 + p_3^2 + p_4^2 = p_1'^2 + p_2'^2 + p_3'^2 + p_4'^2 \tag{14.32}$$

可见,同一物体(质点或孤立系统)在不同的惯性参考系中 $p_1^2 + p_2^2 + p_3^2 + p_4^2$ 是不变的,此即四动量守恒定律。**其精妙之处在于,该守恒定律与惯性参考系无关,四维动量的平方和在描述时,可以选择结论简单的参考系。**此规律在求解核反应的阈值问题时非常方便。

14.4.6 相对论力学在核(粒子)物理中的简单应用

该应用的主题是求解阈能(E_{th})。此前讲述过,求阈能的最简单方法就是利用质心系。

在质心系中,反应产物相对质心静止,对应的入射粒子的动能即为阈能。下面以反应 $A + B \rightarrow C + D$ 为例,按照非相对论和相对论两种情况讨论阈能的计算。

1 非相对论情形

先考虑打靶式碰撞。若 A 为入射粒子,速度为 v_A;B 为静止的靶粒子。这种吸能反应相当于两个例子做非弹性碰撞,损失的机械能为 $|Q|$。

两个粒子的质心速度为

$$v_{CM} = \frac{m_A v_A}{m_A + m_B}$$

在质心系中,两个粒子的速度为

$$v_A^* = v_A - v_{CM} = \frac{m_B v_A}{m_A + m_B}, v_B^* = v_B - v_{CM} = -\frac{m_A v_A}{m_A + m_B}$$

两个粒子的总动能为

$$T^* = \frac{1}{2} m_A v_A^{*2} - \frac{1}{2} m_B v_B^{*2} = \frac{m_B}{m_A + m_B} T_A$$

在实验室参考系中,要是入射粒子 A 的动能最小,应使其与靶粒子 B 做完全非弹性碰撞,即碰撞后二者相对于质心静止,对应于入射粒子 A 的入射动能最小,则

$$T^* = \frac{m_B}{m_A + m_B} T_{Ath} = |Q|$$

因此,入射粒子 A 的阈能 $T_{Ath} = \frac{m_A + m_B}{m_B} |Q| > |Q|$

同理,可讨论两个粒子的对撞式碰撞,无论是 A 还是 B 的最小动能,只要让它们的总动量为零,则它们的动能全部转化为其他形式的能,即

$$m_A v_A = m_B v_B, \frac{1}{2} m_A v_A^2 + \frac{1}{2} m_B v_B^2 = |Q|$$

求解可得

$$T_{Ath} = \frac{1}{2} m_A v_A^2 = \frac{m_B}{m_A + m_B} |Q|, T_{Bth} = \frac{1}{2} m_B v_B^2 = \frac{m_A}{m_A + m_B} |Q|$$

显然有

$$T_{th} = T_{Ath} + T_{Bth} = |Q|$$

由此可见,对撞式比打靶式更节约能量。

2 相对论情形

应用四动量(四维动量)守恒是最为方便的。

在实验室参考系中,反应前粒子 A 的四动量为 (P_A, E_A),粒子 B 的四动量为 (P_B, E_B);若要使粒子 A 的能量最小,要求反应后粒子 C 和 D 在质心系中静止,即 C、D 在质心系里的四动量分别为 $(0, E_C = m_C c^2)$、$(0, E_D = m_D c^2)$,由四动量守恒,得

$$(P_A + 0)^2 - \frac{1}{c^2}(E_{Ath} + m_B c^2)^2 = (0 + 0)^2 - \frac{1}{c^2}(m_C c^2 + m_D c^2)^2$$

$(P_A + 0)^2 - \dfrac{1}{c^2}(E_{Ath} + m_B c^2)^2$ 是在实验室参考系里,反应前系统的四动量平方和;

$(0 + 0)^2 - \dfrac{1}{c^2}(m_C c^2 + m_D c^2)^2$ 是在质心系内,系统反应后的四动量平方和。

上式可得入射粒子 A 的阈能

$$E_{Ath} = \frac{(m_C + m_D)^2 c^2 - (m_A^2 + m_B^2) c^2}{2 m_B}$$

典型例题

例 1　已知质子的静能为 938.3 MeV,中子的静能为 939.6 MeV。

(1)一质子的动能为 200 MeV,试求它的速度和动量;

(2)一中子的动量为 200 MeV/c,试求它的动能。

解　(1)已知质子的静能和动能

$$E_0 = m_0 c^2 = 938.3 \text{ MeV}$$

则质子的能量为

$$E = E_0 + T = \gamma m_0 c^2 = 1\,138.3 \text{ MeV}$$

求出其速度 v 为

$$v = 0.56c$$

则质子的能量为

$$p = mv = \gamma m_0 v = 525.5 \text{ MeV}/c$$

(2)由中子的静能和动量,可求中子的能量

$$E = \sqrt{E_0^2 + p^2 c^2} = 960.6 \text{ MeV}$$

故中子的动能为

$$T = E - E_0 = 21 \text{ MeV}$$

例 2　一个处于基态原子核的质量为 m_0,激发态能量比基态能量高出 ΔE,求速度为 v、处于激发态的原子核的能量与动量。

解　静止的激发态氮原子的能量为

$$E_0 = m_0 c^2 + \Delta E$$

相应的静质量为

$$M_0 = \frac{E_0}{c^2} = \frac{m_0 c^2 + \Delta E}{c^2}$$

运动的激发态氮原子的能量为

$$E = \gamma M_0 c^2 = \gamma(m_0 c^2 + \Delta E)$$

其动量为

$$p = \gamma M_0 v = \gamma\left(\frac{m_0 c^2 + \Delta E}{c^2}\right)v$$

例 3　已知两质点 A、B 的静止质量均为 m_0。若质点 A 静止,质点 B 以 $6m_0 c^2$ 的动能向

A 运动,碰撞后合为一粒子。若无能量释放,求合成粒子的静止质量。

解 两粒子的能量分别为

$$E_A = m_0 c^2$$

$$E_B = E_{CB} + E_{KB} = m_0 c^2 + 6 m_0 c^2 = 7 m_0 c^2$$

由能量守恒定律,合成后粒子的总能量为

$$E = E_A + E_B = 8 m_0 c^2$$

根据相对论质量与能量的关系

$$E = M c^2$$

所以

$$M = 8 m_0$$

粒子的静止质量

$$M_0 = M \sqrt{1 - \left(\frac{v}{c}\right)^2} = 8 m_0 \sqrt{1 - \left(\frac{v}{c}\right)^2}$$

现在的关键问题是求复合粒子的速度 v。

由动量守恒定律

$$p = p_B + p_A$$

由题意可知

$$p_A = 0$$

则

$$p = Mv = p_B$$

即

$$v = \frac{p_B}{M}$$

根据相对论能量与动量关系,得

$$E_B^2 = p_B^2 c^2 + m_0^2 c^4$$

即

$$49 m_0^2 c^4 = p_B^2 c^2 + m_0^2 c^4$$

得

$$p_B^2 = 48 m_0^2 c^2$$

则有

$$v^2 = \frac{p_B^2}{M^2} = \frac{48 m_0^2 c^2}{64 m_0^2} = \frac{3}{4} c^2$$

代入可得

$$M_0 = 8 m_0 \sqrt{1 - \frac{v^2}{c^2}} = 4 m_0$$

例4 美国斯坦福大学直线加速中心(SLAC)为寻找反质子($\bar{p}$)做过如下实验:用高能加速器加速的质子,去轰击静止的质子(靶质子),产生的反应方程式为:$p + p \rightarrow p + p + p + \bar{p}$。试求能够产生上述反应的被加速质子的最小能量(即阈能)。若采用质子对撞呢?已知质子和反质子的静止质量均为 m_0,并忽略质子间的静电作用。

解 反应前,系统在实验室参考系中的四动量平方为

$$p^2 - \frac{1}{c^2}(E_{th} + m_0 c^2)^2$$

反应后,产物在质心系中均静止,系统在质心系中的四动量平方为

$$0 - \frac{1}{c^2}(4 m_0 c^2)^2$$

故

$$(p + 0)^2 - \frac{1}{c^2}(E_{th} + m_0 c^2)^2 = (0 + 0)^2 - \frac{1}{c^2}(4 m_0 c^2)^2$$

联立

$$E_{th}^2 = m_0^2 c^4 + p^2 c^2$$

可得

$$E_{th} = 7 m_0 c^2$$

若采用对撞式,则四动量守恒可写为

$$(0 + 0)^2 - \frac{1}{c^2}(E'_{th} + E'_{th})^2 = (0 + 0)^2 - \frac{1}{c^2}(4 m_0 c^2)^2$$

解得

$$E'_{th} = 2 m_0 c^2$$

巩固提升

1. 一个运动的质子与静止的质子相碰撞,产生一个静止质量为 M 的粒子和两个质子,求入射质子的最小动能。如果两质子以等速相反的方向相碰撞,相应的能量又是多少?已知质子的静止质量为 m_0。

2. 当银河系中的超新星突然坍塌时,会发出大量的中微子。科学家通过在地面矿井下安装的水容器可以探测到到达地面的中微子,当中微子 ν 进入到水容器后和纯水发生相互作用,主要作用过程为: $\nu + e \rightarrow \nu + e$。在水中安装光电倍增管,通过探测作用后电子的径迹,从而到达研究中微子的目的。已知:入射中微子的能量是 10 MeV,其静止质量近似为零,电子的静质量是 0.51 MeV/c^2。根据上述数据,试求出射电子的最大动能。

3. 质量为 M 的静止粒子衰变为两个粒子 m_1 和 m_2,求粒子 m_1 的动量和能量。

4. 已知粒子 1 和粒子 2 的静止质量都是 m_0,粒子 2 静止,粒子 1 以速度 v_0 与粒子 2 发生弹性碰撞。

(1)若碰撞是斜碰,考虑相对论效应。试论证:碰后两粒子速度方向的夹角是锐角、直角还是钝角?若不考虑相对论效应结果又如何?

(2)若碰撞是正碰,考虑相对论效应,试求碰后两粒子的速度。

14.5 相对论电磁学简介

不同惯性参考系中的电磁场变换也遵从洛伦兹变换,设 S' 系以速度 v 相对于 S 系运动,可得到电磁场分量的变换式。

$$
\begin{cases}
E'_x = E_x \\
E'_y = \gamma(E_y - vB_z) \\
E'_z = \gamma(E_z + vB_y) \\
B'_x = B_x \\
B'_y = \gamma\left(B_y + \dfrac{v}{c^2}E_z\right) \\
B'_z = \gamma\left(B_z - \dfrac{v}{c^2}E_y\right)
\end{cases}
\quad 或 \quad
\begin{cases}
E_x = E'_x \\
E_y = \gamma(E'_y + vB'_z) \\
E_z = \gamma(E'_z - vB'_y) \\
B_x = B'_x \\
B_y = \gamma\left(B'_y - \dfrac{v}{c^2}E'_z\right) \\
B_z = \gamma\left(B'_z + \dfrac{v}{c^2}E'_y\right)
\end{cases}
\tag{14.33}
$$

由此可以看出:电场和磁场不再彼此独立,当坐标系变换时,电场和磁场不是各自独立地变换,而是混合地变换。在一惯性系中纯粹是电场或磁场的,在另一惯性系中必定是电场和磁场的混合,不可能将某一惯性系中的纯粹的静电场变换到另一个惯性系中纯粹的静磁场。

如果按平行和垂直与相对运动速度的方向分解,则电磁场的变换式可写为

$$
\begin{cases}
\boldsymbol{E}'_{/\!/} = \boldsymbol{E}_{/\!/} \\
\boldsymbol{E}'_{\perp} = \gamma(\boldsymbol{E} + \boldsymbol{v} \times \boldsymbol{B})_{\perp} \\
\boldsymbol{B}'_{/\!/} = \boldsymbol{B}_{/\!/} \\
\boldsymbol{B}'_{\perp} = \gamma\left(\boldsymbol{B} - \dfrac{1}{c^2} + \boldsymbol{v} \times \boldsymbol{E}\right)_{\perp}
\end{cases}
\tag{14.34}
$$

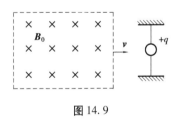

图 14.9

带电粒子在电磁场中运动时,所受的作用力为 $\boldsymbol{F} = q\boldsymbol{E} + q\boldsymbol{v} \times \boldsymbol{B}$。这个公式被称为洛伦兹力公式。它包含两部分:一部分是电场力 $q\boldsymbol{E}$,另一部分是磁场力 $q\boldsymbol{v} \times \boldsymbol{B}$(即高中阶段所认为的洛伦兹力)。试看下列问题:有界匀强磁场的磁感应强度为 $\boldsymbol{B}_0$,方向垂直纸面向内(俯视图)。如图 14.9 所示,当磁场以速度匀速向右移动,通过一水平光滑绝缘的细杆时,杆上套一个电荷量为 $+q$ 的小球,则带点小球是否受洛伦兹力?

有老师为简便起见,说洛伦兹力 qvB 中的 v,是电荷相对于磁场速度或是磁场相对于电荷速度,这些观点都是错的。理论和实验都已证实,**洛伦兹力公式的速度 v 是相对于观察者来说的,而不是相对于磁场的,E 和 B 也是相对于观察者而言的。**在应用这个公式时,首先要明确在哪个惯性参考系中。在不同的惯性参考系中,v、E、B 是不同的,必须先变换,再代入公式。

在磁场以速度 v 匀速向右平移的过程中,小球的受力情况可分析如下:

如图 14.10 所示,有两个惯性系设为 S 系和 S' 系,S 系静止,S' 系相对于 S 系以速度 v 向右匀速运动。选定 S' 系固定在磁场上,磁感应强度 $\boldsymbol{B}$ 方向为 y' 轴负方向。位于的 S' 系观察者看来,其周围空间只存在静磁场,其电场强度和磁感应强度分别为

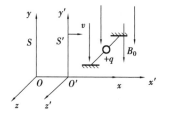

图 14.10

$$\begin{cases} E'_x = 0 \\ E'_y = 0 \\ E'_z = 0 \end{cases} \qquad \begin{cases} B'_x = 0 \\ B'_y = -B_0 \\ B'_z = 0 \end{cases}$$

在 S' 系上观察,小球以速度 v 向 x' 轴负方向运动,其受到的磁场力大小为 qvB,方向沿 z' 轴正方向。

由于坐标系变换时,电场和磁场不是各自独立地变换,而是混合地变换。S 系的观察者看来,磁场匀速向右运动,在其周围空间既存在电场,又存在磁场。由不同参考系之间的非相对论电磁场变换公式

$$\begin{cases} E_x = E'_x \\ E_y = E'_y + vB'_z \\ E_z = E'_z - vB'_y \end{cases} \qquad \begin{cases} B_x = B'_x \\ B_y = B'_y - \dfrac{v}{c^2}E'_z \\ B_z = B'_z + \dfrac{v}{c^2}E'_y \end{cases}$$

可得 S 系中的电场强度和磁感应强度分别为

$$\begin{cases} E_x = 0 \\ E_y = 0 \\ E_z = vB_0 \end{cases} \qquad \begin{cases} B_x = 0 \\ B_y = -B_0 \\ B_z = 0 \end{cases}$$

即在 S 系中的观察者看来,空间同时存在沿 z 轴正方向的电场 $E_z = vB_0$ 和沿 y 轴负方向的磁场 $B_y = -B_0$。在 S 系中的观察者看来,小球静止,故小球不受磁场力而只受电场力作用,大小为 qvB,方向沿 z 轴正方向。

由此可见,在惯性系 S 和 S' 中,带电小球受到电磁场的作用大小和方向是相同的。在 S' 系中,小球受到的是洛伦兹力的磁场力部分;而在 S 系中,小球受到的是洛伦兹力的电场力部分。

参考答案与解析

参考文献

［1］范小辉. 新编高中物理奥赛指导［M］. 南京：南京师范大学出版社,2018.

［2］张大同. 高中物理竞赛教程［M］. 5 版. 上海：华东师范大学出版社,2016.

［3］程稼夫. 中学奥林匹克竞赛物理教程 力学篇［M］. 2 版. 合肥：中国科学技术大学出版社,2013.

［4］程稼夫. 中学奥林匹克竞赛物理教程 电磁学篇［M］. 2 版. 合肥：中国科学技术大学出版社,2014.

［5］崔宏滨. 中学物理奥赛辅导 热学·光学·近代物理学［M］. 2 版. 合肥：中国科学技术大学出版社,2018.

［6］方梦非,张士兰. 高中自主招生考试直通车 物理［M］. 2 版. 上海：上海交通大学出版社,2016.

［7］刘海生. 全国高中物理自主招生与竞赛备考手册［M］. 杭州：浙江大学出版社,2011.